全国高等院校工商管理系列教材、人力资源管理专业主干课程教材

人力资源治理与人事及社会保障法规

刘凤瑜　编著

对外经济贸易大学出版社
中国·北京

图书在版编目（CIP）数据

人力资源治理与人事及社会保障法规 / 刘凤瑜编著
. —北京：对外经济贸易大学出版社，2013
全国高等院校工商管理系列教材　人力资源管理专业
主干课程教材
ISBN 978-7-5663-0842-9

Ⅰ. ①人…　Ⅱ. ①刘…　Ⅲ. ①劳动法-法规-中国-
高等学校-教材②社会保障-法规-中国-高等学校-教
材　Ⅳ. ①D922.5②D922.182.3

中国版本图书馆 CIP 数据核字（2013）第 236539 号

人力资源治理与人事及社会保障法规

刘凤瑜　**编著**
责任编辑：汪　洋　陈　昕

对外经济贸易大学出版社
北京市朝阳区惠新东街 10 号　邮政编码：100029
邮购电话：010-64492338　发行部电话：010-64492342
网址：http://www.uibep.com　E-mail：uibep@126.com

山东省沂南县汇丰印刷有限公司印装　新华书店北京发行所发行
成品尺寸：185mm×260mm　23 印张　532 千字
2014 年 1 月北京第 1 版　2014 年 1 月第 1 次印刷

ISBN 978-7-5663-0842-9
印数：0 001-2 000 册　定价：39.00 元

人力资源管理专业主干课程教材编委会名单

（按姓氏拼音先后为序）

出 版 说 明

21 世纪以来，全球经济蓬勃发展，市场竞争日益激烈，我国企业越来越紧迫地感到增强其自身竞争力的重要性。知识经济时代，人力资源已替代物质资源成为企业发展最根本的资源，企业必须不断创新适应竞争模式的改变，把人力资源管理提到战略高度，并建立适合自身的人力资源管理体系。企事业机构内外部竞争环境的变化，对国内的人力资源管理专业教育提出了新的课题，对该专业的教材也提出了更高的要求。

鉴于此，我们延请中国人民大学、清华大学、对外经济贸易大学、中央财经大学、首都经济贸易大学、北京师范大学、南开大学、西安交通大学等众多知名学府的权威学者，并联合实务界人士，共同推出了“人力资源管理专业主干课程教材”。这套丛书，既可以作为人力资源管理专业本科生教材，亦可以作为业内人士的重要参考图书。

本套丛书在讲解基本知识内容的基础上，对重点内容及其最新发展进行了极大的丰富和深化。在知识结构安排上更加完善，颇具有前瞻性和系统性。书中融入了与理论知识密切相关的现实案例，有助于读者扩大知识视野，提高理解理论的深度，拓宽思考现实问题的广度，从而在实践中解决问题。

本套丛书的每一本都是作者的倾力制作，愿她们的出版对我国的人力资源管理专业教育、人才的培养有所助益！

对外经济贸易大学出版社

2009 年 9 月

前 言

随着企业对战略性人力资源管理需求的日益迫切，企业的管理者，尤其是企业的人力资源管理者，仅仅掌握招聘、工作分析、绩效管理、培训与发展、薪酬、员工关系等人力资源传统的管理技术，已经不能满足企业对人力资源管理的要求，也不能完全适应我国当今企业新的劳动关系发展的要求。企业对劳动关系管理的重视程度，伴随着《中华人民共和国劳动合同法》的颁布实施，已经提升到了一个全新的高度。

中国社会科学院于 2012 年 12 月 19 日发布的 2013 年《社会蓝皮书》指出，2012 年，国际经济社会环境中的不稳定、不确定因素仍然突出，我国在就业、劳动关系、收入分配、社会管理等方面，仍然面临各种问题和挑战。据全国总工会统计，2012 年 1 月至 8 月，全国共发生围绕工资纠纷的、规模在百人以上的集体停工事件 120 多起，发生在 19 个省、规模在 30 人以上的达 270 多起。据人力资源和社会保障部的不完全统计，2012 年 1 月至 9 月，全国各级劳动争议仲裁机构立案受理劳动争议案件 47.9 万件，同比增长 11.9%；涉及劳动者 66 万人，同比增长 19.4%。从一些典型案例看，劳动密集型企业和小微型企业仍然是劳动争议的多发点，但一些大型企业特别是外资企业的劳动争议也频频发生，甚至引发罢工、游行等群体性事件。而引发劳动争议的因素，主要是直接利益矛盾和企业管理（特别是人力资源管理）的不规范。

伴随着劳资矛盾的不断凸显，企业人力资源管理的法制化要求越来越高，人力资源管理正在迈向一个法制化的时代。人们越来越清楚地意识到，所有人力资源管理行动必须在相关法律法规的约束下规范运行。以《中华人民共和国就业促进法》、《中华人民共和国劳动法》、《中华人民共和国劳动合同法》、《中华人民共和国社会保险法》以及《中华人民共和国劳动争议调解仲裁法》等为代表的各种适用于人力资源管理的法律法规和社会保障制度，都对人力资源的规范化管理做出了相关方面的约束。企业的管理者和人力资源管理者必须熟知相关劳动法律法规的内容，只有这样，才能更好和更有效地开展人力资源管理工作。一些人力资源管理工作者经过多年的人力资源管理实践与探索，逐渐勾勒和确定了如何进行规范化的人力资源管理的职责范围。这样，在人力资源管理领域逐渐诞生了一个新的职能部门——人力资源治理（Human Resources Governance，HR Governance）。

人力资源治理就是人力资源管理者以系统的方法，对企业整个的人力资源管理职能部门依法进行规范、控制和管理，以确保企业人力资源决策的有效性和科学性，从而改善和提高企业人力资源管理的服务质量，最终帮助企业实现其战略目标、运营目标和所设定业绩结果的过程。通过人力资源治理，企业可以有效地避免人力资源管理实践过程中的法律风险，使得企业的人力资源管理有规可循，有规必循，从而提高企业整个人力资源管理的水平和效益。

本书主要从人力资源治理的角度，对与人力资源管理密切相关的劳动人事和社会保障法律法规，如有关就业和雇佣、劳动合同、试用期、竞业限制、社会保险、劳动争议等，进行了较为详细的分析和讲解，结构明了、清晰。本书分三个部分共计八章。第一部分包括第一章，主要介绍了人力资源治理的含义及其在人力资源管理中的重要意义，并列出了人力资源管理工作者应该了解和掌握的与劳动相关的主要人事政策和社会保障法律法规。从第二章到第七章为本书的第二部分，主要系统介绍和分析了我国有关就业和雇佣、社会保障、劳动保护、变更劳动合同、终止和解除劳动合同、劳动争议等人事和社会保障法律法规，并分别从企业和员工这两个劳动关系主体的角度，就如何依法进行雇佣和就业，如何签订、变更和解除劳动合同，如何管理试用期，如何约定和实施竞业限制，如何管理社会保险，如何避免和管理劳动争议以及如何管理企业人力资源政策等方面，给出了意见和建议，以便于企业的管理者和人力资源管理者合法而有效地开展企业管理工作，也便于劳动者和即将走上工作岗位的劳动者在雇佣和劳动过程中，有效地依法保护自己的合法权益。第三部分包括第八章，主要系统介绍了企业人力资源政策及其制定过程，为企业科学管理人力资源政策提供了思路和方法。

本书的最大特色是从人力资源管理和法律两个角度，对我国与劳动相关的法律法规给予了详细的解读和分析，并结合作者本人多年的人力资源管理和劳动关系实践的经验和教训，从人力资源治理和管理的角度，对相关劳动法律法规在企业的具体贯彻和实施，给出了可操作性的意见和建议，不仅可以帮助企业的人力资源管理者正确地进行劳动管理，还可以帮助劳动者合理地履行自己的劳动权利。因此，本书的内容更接近企业人力资源管理者和劳动者的实际，就如同一个在劳动实践中可以随时出谋划策的良师益友。无论是企业还是劳动者，当在实际的劳动实践中遇到了与劳动相关的法律问题时，相信本书一定会给你，或者一个满意的答案，或者一个解决问题的思路，或者一个善意的提醒。

此外，本书还就每一讨论的专题都尽量给出较为详尽的相关劳动法律条文，这样可以节约读者学习、查找和使用相关劳动法律法规的时间。从这个意义上说，本书也是一本企业管理者、人力资源管理者和劳动者的工具书和工作指导手册。

本书的体例安排，既适合于人力资源专业的本科生、研究生、MBA、EMBA 和教师们将其作为教材或者教学参考书，也可以作为企业的管理者，尤其是人力资源管理工作者自我提高的参考书或者培训教材，还可以作为企业人力资源治理和劳动关系管理工作者的工作指南。从更广泛的意义上来说，本书还可以作为所有在企业工作的劳动者就业和工作的重要参考书。

感谢对外经济贸易大学国际商学院人力资源和组织行为学系牛雄鹰教授和刘世敏教授为我提供了可贵的实践机会。正是他们的无私帮助和支持，才使得本书得以顺利出版。

由于本书涉及大量的劳动法律法规，内容比较专业，加之作者知识有限，书中难免存在纰漏或不足之处，恳请读者予以指正，以便我们在今后修订时进行纠正。

刘凤瑜

2013 年 6 月于北京

目 录

第一章　人力资源治理与人事及社会保障法规概述　1
［学习目标］　1
［关键概念］　1
第一节　人力资源治理及其意义　2
第二节　与劳动相关的人事法规与社会保障规定概述　7
第三节　人力资源管理工作者应该了解和掌握的人事政策与社会保障法律法规　21
［本章小结］　27
［复习思考题］　28
［案例讨论］　28
第二章　与就业和雇佣相关的人事与社会保障法律法规及其管理　29
［学习目标］　29
［关键概念］　29
第一节　平等就业及其管理　30
第二节　聘用意向协议、劳动合同及其管理　47
第三节　试用期及其管理　61
第四节　竞业限制及其管理　75
［本章小结］　91
［复习思考题］　91
［案例讨论］　92
第三章　与社会保障相关的人事与社会保障法律法规及其管理　93
［学习目标］　93
［关键概念］　94
第一节　社会保障与社会保险制度概述　95
第二节　养老保险及其管理　103
第三节　医疗保险及其管理　116
第四节　工伤保险及其管理　137
第五节　失业保险及其管理　153
第六节　生育保险及其管理　166
第七节　住房公积金及其管理　176
［本章小结］　183

[复习思考题] 183
[案例讨论] 184
第四章 与劳动保护相关的人事与社会保障法律法规及其管理 185
[学习目标] 185
[关键概念] 185
第一节 劳动保护概述 185
第二节 未成年工和女职工保护及其管理 191
第三节 工作时间、休假制度、国家法定节假日与加班及其管理 199
[本章小结] 217
[复习思考题] 217
[案例讨论] 218
第五章 与劳动合同变更相关的人事与社会保障法律法规及其管理 219
[学习目标] 219
[关键概念] 219
第一节 劳动合同变更概述 220
第二节 调岗调薪及其管理 229
第三节 并购与劳动合同变更管理 240
[本章小结] 254
[复习思考题] 254
[案例讨论] 254
第六章 与终止和解除劳动关系相关的人事与社会保障法律法规及其管理 257
[学习目标] 257
[关键概念] 257
第一节 终止与解除劳动合同概述 257
第二节 终止劳动合同及其管理 264
第三节 解除劳动合同及其管理 273
[本章小结] 284
[复习思考题] 284
[案例讨论] 285
第七章 与劳动争议相关的人事与社会保障法律法规及其管理 287
[学习目标] 287
[关键概念] 287
第一节 劳动争议概述 287
第二节 劳动争议调解及其管理 301
第三节 劳动争议仲裁及其管理 315
第四节 劳动争议诉讼及其管理 322

［本章小结］　329
［复习思考题］　329
［案例讨论］　329
第八章　企业人力资源政策管理　331
［学习目标］　331
［关键概念］　331
第一节　企业人力资源政策及其制定的意义　331
第二节　企业如何制定人力资源政策　336
第三节　企业人力资源政策的管理　346
［本章小结］　350
［复习思考题］　350
［案例讨论］　351
中英文名词对照　352
主要参考文献　354

第一章

人力资源治理与人事及社会保障法规概述

学习目标

- 掌握人力资源治理的定义和主要内容
- 掌握人力资源治理的意义
- 了解我国劳动保障法律制度建设的基本情况
- 掌握我国劳动保障法律制度的主要内容
- 了解我国劳动保障法律制度建设的未来动向
- 了解人力资源管理工作者必须知道和掌握的国家人事政策与劳动保障法律法规

关键概念

人力资源治理　合规　人力资源管理稽核

对于一个企业，尤其对于一个规模中等以上的企业来说，如何保证企业制订的人力资源政策符合国家劳动法律法规的要求，如何保证企业的人力资源政策在不同的事业部、不同的部门之间得到同样的贯彻和执行，是每一个人力资源管理工作者都可能面临的一个重要问题。企业所制订的人力资源政策一定要符合国家劳动法律法规的要求，这是一个企业进行劳动实践的根本基础。大量事实证明，当企业的人力资源管理政策在企业不同的事业部、不同的部门中贯彻和执行高度一致时，员工的士气就会很高，凝聚力就会很强，企业的工作氛围也会变得很和谐。反之，员工的士气就会低落，企业各部门间也会产生种种的矛盾冲突。可见，确保企业的人力资源管理政策合规并在企业各不同部门中实践的一致性，对于企业人力资源管理工作的顺利进行，对于促进企业劳动关系和谐，具有非常重要的作用。

第一节 人力资源治理及其意义

一、什么是人力资源治理

(一) 人力资源治理的定义

人力资源治理是人力资源管理领域的一个新概念。截止到目前，无论是学术界还是人力资源管理实践领域，对人力资源治理的探讨非常少，而且人们对人力资源治理的理解也不尽相同。有人将其与人力资源管理等同起来，认为人力资源治理，就是指运用现代化的科学方法，对与一定物力相结合的人力进行合理的培训、组织和调配，使人力、物力经常保持最佳比例，同时对人的思想、心理和行为进行恰当的诱导、控制和协调，充分发挥人的主观能动性，使人尽其才，事得其人，人事适宜，以实现组织目标。还有的人基于对公司治理（Corporate Governance）的理解来解释人力资源治理，例如美世人力资源咨询公司（William Mercer）的人力资源咨询师 Marsha Sussman 认为，作为一种全新的组织管理实践，人力资源治理就是以一种系统的方法对企业的整个人力资源管理职能部门依法进行控制和管理，即基于企业利益相关者的要求、期望与企业的发展需求，通过优化组织人力资本的绩效和降低企业人力资源管理的法律风险，帮助人力资源管理者执行人力资源管理决策，从而使人力资源管理达到和实现组织的战略目标、运营目标和所设定业绩结果的过程。

毋庸置疑，人力资源治理是人力资源管理中一个全新的概念，也是一种全新的人力资源管理实践。人力资源治理的概念深受公司治理的概念与内涵的影响。借鉴美世人力资源咨询公司咨询师 Marsha Sussman 的观点，要想全面、准确地理解人力资源治理这一概念，必须要明确其服务的对象是谁，治理的内容和过程是什么以及所要达成的目标是什么。基于这些问题，本书作者认为，人力资源治理主要是以企业的整个人力资源部作为主要对象，即人力资源治理是研究企业的整个人力资源部门本身，研究企业的人力资源部门的管理是否有效，人力资源管理的政策是否符合法律要求，人力资源管理的实践是否合规和一致等问题；人力资源治理的核心内容是规范、监督与激励，即人力资源治理不仅仅研究企业人力资源管理过程中对人力资源管理实践者的规范与监督，还强调如何通过人力资源治理来保证人力资源决策的有效性和科学性，从而改善和提高企业人力资源管理的服务质量。可见，人力资源治理工作是一个企业的人力资源管理部门负责人的主要工作职责之一。随着企业业务的发展与扩大，人力资源治理工作已经逐渐从企业的人力资源管理部门负责人的工作职责中剥离出来，成为一个独立的人力资源管理职能。

综上所述，本书作者认为，人力资源治理就是以系统的方法对企业整个的人力资源管理职能部门依法进行规范、控制和管理，以确保企业人力资源决策的有效性和科学性，从而改善和提高企业人力资源管理的服务质量并最终帮助企业实现其战略目标、运营目标和所设定业绩结果的过程。

（二）人力资源治理的主要内容

基于上述对人力资源治理内涵的界定和理解，企业的人力资源治理工作将主要包括以下职责：

1. 企业人力资源政策管理

保证企业的人力资源政策符合国家的劳动法律、法规的要求，是人力资源治理工作最基本的职能之一。人力资源治理工作者是企业人力资源管理政策制订、修改工作的启动者和协调者。当企业外部法律环境发生变化以及企业的战略发展要求企业对当前的人力资源管理政策进行调整时，或者需要制订新的人力资源管理政策以适应企业的发展变化时，企业的人力资源治理工作者将会会同人力资源相关部门及法律部，共同对需要调整的人力资源管理政策或者需要制订的新政策做出必要性和可行性的分析，提出政策调整或者制订的议案，并提交企业人力资源部的管理层进行讨论，以决定是否要对当前的人力资源管理政策进行必要的调整或者是否要制订新的人力资源管理政策。因此，企业的人力资源治理工作者不仅要熟知国家的劳动法律、法规和政策，而且还要对国家的劳动法律、法规的可能变化和未来的发展趋势具有高度的敏感性。如有可能，应当与国家相关的劳动部门建立起密切的合作关系，或者与外部专业的劳动法律师事务所签订相关协议，以便及时了解和把握国家劳动法律、法规的变化，从而及时对企业的人力资源管理政策和人力资源管理实践做出必要的调整。

2. 合规管理

合规即企业制订的人力资源政策要符合国家的劳动法律法规的基本要求。企业的人力资源管理实践应严格按照国家的劳动法律法规的要求来进行。合规管理的核心工作之一，是要确保企业依法构建一整套完善的人力资源管理政策体系。为了及时把握和了解企业外部劳动环境的变化，对企业外部的劳动环境进行扫描是很多企业常用的一个确保企业人力资源管理合规的重要手段。企业外部劳动环境扫描主要针对国家劳动法律法规和政策的变化、企业所在城市及未来要拓展城市的劳动力市场变化（如外部相关人才的就业状况、劳动力供需及价格变化、人才流动趋势及老龄化趋势等）、外部劳动仲裁和劳动争议案件的动态及发展趋势、其他企业最佳劳动实践、企业主要竞争对手的劳动实践等诸多方面进行系统的信息收集、整理和分析，确定其对企业人力资源管理政策和人力资源实践的影响并提出相应的应对措施。通过对企业外部劳动环境进行扫描，可以使企业真正做到人力资源政策与人力资源实践的双“合规”。从实践的角度来说，人力资源治理不仅要在人力资源管理政策内容上确保符合劳动法律要求，更重要的是要在人力资源管理实践中依法办事。依法进行人力资源管理实践已经成为每一位人力资源管理者和企业管理者应尽的责任和义务。

3. “例外”管理

在企业的人力资源管理实践中，由于企业的外部环境时刻都在发生着变化，企业不同的业务部门之间的需求又存在着诸多的不同，因而在人力资源管理政策的执行过程中，总会出现这样或那样需要突破企业现有人力资源管理政策规定的要求。尤其是对于那些拥有诸多业务部门和跨行业业务的企业来说，依法制订和调整企业的人力资源管理政策并非难事，而如何保证企业在不同的业务部门之间，尤其是在那些跨行业的业务部门之间如何依法、依企业相关政策确保人力资源管理实践的一致性并非易事。一般来说，企业的人力资源治理工作者最难处理的，恰恰就是如何保证企业不同业务部门之间人力资源管理实践的一致性。换句话说，企业的人力资源治理工作者的工作，就是既要满足企业不同业务部门的发展需求，又要确保企业人力资源政策合规。因此，企业的人力资源治理工作者不仅要熟知国家的法律、法规及企业的人力资源管理政策，还要拥有一定的企业所在行业的专业知识及市场知识，只有这样，才能灵活而创造性地平衡好政策合规与企业不同业务部门不同需求之间的关系，在人力资源管理政策合规的基础上，最大限度地满足企业不同业务部门的发展需求。

4. 人力资源部门服务商管理

在企业的人力资源管理实践中，基于相关劳动法律规定和企业需求，人力资源部门不仅会将人力资源管理一些工作外包给外部人力资源管理方面的专业服务商，而且还会使用一些劳务派遣员工。如何确保人力资源部门的服务商及劳务派遣公司的人力资源管理合规，就成为了人力资源治理的另一项重要工作职责。一般来说，人力资源治理不仅要保证企业的人力资源政策和人力资源管理实践合规，而且还要确保人力资源部门所使用的服务商的人力资源管理实践也要合规，因为人力资源部门所使用的外部服务商在其人力资源管理过程中的任何违法行为，都可能会直接或者间接地影响着本企业的名望和声誉，有时甚至还可能会给企业带来连带的法律责任。因此，任何人力资源部门服务商的筛选和确定，都必须依照国家相关法律和企业的有关规定进行。人力资源治理的职责就是要与企业的其他相关部门（如法律部、采购部等）一起，制定外部服务商使用的策略和规则，并在使用过程中规范和监督人力资源部门服务商的合规性与服务质量。

5. 人力资源管理稽核

所谓人力资源管理稽核，就是对人力资源管理政策、操作程序和人力资源管理实践等方面做出系统分析和评价，其重点是检查企业的人力资源管理是否依法、依企业的相关政策进行了实践，其合规性如何，最终的目的是要评价企业人力资源管理的效果如何。具体来说，人力资源管理稽核就是全面理解企业人力资源管理的流程，评价企业人力资源管理流程和相关内部控制的效果和效率，并对支持人力资源管理流程的信息系统的可靠性和质量做出评价。人力资源管理稽核程序包括收集和整理信息、分析和解释数据、评价数据和根据分析结果采取行动。人力资源管理稽核着重描述人力资源信息，检查人力资源管理过程的合法、合规性。人力资源管理稽核是人力资源治理的一项重要工作，也是规范和督促企业人力资源管理实践合规的一个重要手段。在企业实际的人力资源治理过程中，人力资源治理工作者一般都会定期（如按季度、半年或者年度）对企业的人力资源管理实践依据所制订的人力资源政策进行人力资源管理自我稽核，对在人力资源管理自我稽核中发现的问题制订整改措施，并督促加以改正。

一般来说，人力资源管理稽核主要有以下职能：

（1）对企业劳动实践活动是否符合国家的劳动法律法规进行监督；

（2）对企业与人力资源管理有关的内部控制制度进行评价；

（3）对企业人力资源管理的经济性、效率性和收益性进行评价；

（4）对企业当前人力资源所必须具备的知识和技能进行评估；

（5）对企业管理者人力资源保值增值责任的履行情况进行评价。

此外，人力资源治理的工作内容还包括人力资源信息管理、人力资源部运营规则管理等。一句话，凡是能够促进企业人力资源管理及其实践合规、高效的工作内容，都属于人力资源治理的工作范畴。

二、为什么要进行人力资源治理

（一）国家劳动法律法规及其变化给人力资源管理带来的法律风险

在人力资源管理实践过程中，国家在劳动法律法规方面的任何变化，都有可能给企业人力资源管理带来一定的法律风险，稍有不慎，企业就有可能出现违法行为。2008年1月1日颁布实施的《中华人民共和国劳动合同法》（以下简称《劳动合同法》）、《中华人民共和国就业促进法》（以下简称《就业促进法》）以及随后颁布实施的《中华人民共和国劳动争议调解仲裁法》（以下简称《劳动争议调解仲裁法》）和《中华人民共和国社会保险法》（以下简称《社会保险法》）等劳动法律法规，都对企业人力资源管理乃至企业的全面经营管理产生了深远的影响，操作不慎，将会对企业人力资源管理形成现实的法律风险。因此，企业应当审时度势，未雨绸缪，利用新的劳动法律法规实施的契机，提升企业劳动关系的管理水平，避免劳资冲突，以建立和谐的劳动关系。可见，从人力资源管理的角度而言，通过人力资源治理，基于国家劳动法律法规的变化，对企业的人力资源管理政策进行调整和规范，使企业所有的人力资源管理政策既要合乎法律要求，又要满足企业经营与发展的需求，已经逐渐成为各个企业人力资源管理中的一项重要工作。

以《劳动合同法》为例，该法律的颁布实施，给企业在制定规章制度、招聘员工、订立劳动合同、为劳动者提供专项培训、与劳动者约定竞业限制与保密条款、订立无固定期限劳动合同、单方解除劳动合同、使用劳务派遣工等诸多方面都带来了大量的法律风险。对于企业而言，当国家劳动法律法规发生变化时，如何预测人力资源管理中存在的法律风险，建立健全相关劳动制度，调整人力资源管理方式，防范和控制法律风险，为企业的经营发展提供良好的环境和人才资源，已经成为企业管理和人力资源管理的首要工作任务之一。而预防和监控企业人力资源管理实践是否合规，正是人力资源治理不二的工作职责。因此，人力资源治理对于企业避免在人力资源政策上出现法律问题，规范人力资源管理实践具有非常重要的意义。

（二）企业人力资源管理实践的不一致给企业带来的高成本和法律风险

随着企业的发展和不断壮大，企业内部的业务分工和工作分工会越来越细。企业内部的各个业务部门和职能部门为了各自的团体利益，很容易形成企业内部的不良竞争，给企业带来不必要的麻烦和成本的提高。这种不良且无序的内部竞争还可能会给企业带来一定的法律风险。例如，企业内部的业务部门为了吸引和招聘所急需的人才，对同等或者相似条件的候选人可能会给出差异很大的薪资待遇。这种做法不仅破坏了企业的相关招聘政策，提高了企业的用人成本，而且还使得企业内部的公平性遭到严重破坏，甚至还会在企业内出现“歧视性”问题。企业出现这种情况的主要原因，是企业缺乏对人才招聘实践的规范、控制和监督。

再如，随着市场竞争的日益激烈，为了提高企业的竞争力，企业往往会不断地调整自己的战略目标并不断优化自己的资源、技术、组织结构和核心能力。企业的这种战略调整往往会伴随着人员的调整。在人员调整过程中，对于企业不能安置的员工，企业不得不依法解除员工的劳动合同并依法支付经济补偿金。然而，在支付员工经济补偿金问题上，不同的业务部门为了“容易”解决问题，往往会基于员工的要求给予不同的、高于法律规定的经济补偿金。但是，实际上，企业的这种做法不仅没有能够使得问题很“容易”地得到解决，反而会使得问题更难以解决，最终即使企业支付给员工远远高于法律要求的经济补偿金，员工也不会满意，因为他们总觉得自己所拿到的经济补偿金不是最高的。出现这种情况的主要原因，也是企业缺乏对离职管理实践的规范、控制和监督。

可见，缺乏对人力资源管理实践的规范、控制和监督，常常会给企业带来高成本和法律风险。在政策合规的基础上确保企业人力资源管理实践的一致性，对于企业控制经营成本和降低法律风险具有重要的现实意义。

（三）人力资源治理是企业人力资源管理合规、规范和有效的重要手段

为了减少和避免国家法律法规变化给企业带来的法律风险，为了避免企业内部各业务部门和职能部门人力资源管理实践的不一致给企业带来的成本提高和法律风险，人力资源治理这一人力资源管理体系中新的人力资源管理职能顺势而生，成为当今企业人力资源管理体系中的重要组成部分，而且在人力资源管理体系中占据着重要位置。通过人力资源治理，企业的人力资源管理政策可以得到及时的更新与修订。这时候，企业的人力资源管理政策不仅能够实时反映当今国家及地方劳动法律法规最新的要求，而且还将企业的发展需求与国家劳动法律的要求有机地结合在一起，非常贴近企业和员工的实际，具有很强的指导性和操作性。更重要的是，人力资源管理政策从此有了正式的归属与管理部门，企业人力资源管理政策的制订和修改从此有了标准化的规则与指南。

通过人力资源治理，企业的人力资源管理会变得规范有序。这时候，企业的人力资源管理不仅能够实践当今最新的企业管理和人力资源管理的理论，而且还将企业的发展需求与最新的企业管理理论和人力资源管理理论有机地结合在一起，使得企业的人力资源管理更加简洁、有效和规范。更重要的是，人力资源管理从此有了自己运作的规则和评价标准。

通过人力资源治理，企业的人力资源管理实践变得更加合规，各业务部门和职能部门的人力资源管理操作具有更高的一致性。这时候，企业的人力资源管理实践严格地按照企业人力资源管理政策的规定与要求展开，企业各业务部门和职能部门基于工作需要的特殊要求，在合规的前提下得到了充分的理解与尊重，使得企业的人力资源管理实践更加高效，具有了高度的一致性。更重要的是，人力资源管理实践从此有了制度保障。

第二节 与劳动相关的人事法规与社会保障规定概述

一、我国劳动保障法律制度建设的基本情况

劳动保障法律制度属于上层建筑，与国家经济社会发展的进程紧密相联。与此同时，劳动保障法律制度建设又是我国法制建设的重要组成部分，与国家法制建设进程紧密相联。概括起来说，自新中国成立以来，我国劳动保障法律制度的建设，大体上经历了以下四个阶段。

第一阶段，新中国成立初期至"文革"开始。这一阶段，可以称之为我国劳动保障法律制度建设的探索时期。新中国成立伊始，党和国家面临着百废待兴的局面，比较重视运用政策、法律等手段促进包括劳动保障事业在内的各项事业的发展。这一时期，国家特别把发展生产和保护劳动的任务放在突出位置，进行了大量的立法活动，先后制定了一系列劳动保障法律和行政法规。《中国人民政治协商会议共同纲领》明确规定：在国家经营的企业中，目前时期应实行工人参与生产管理的制度，即建立在厂长领导下的工人管理委员会。私人经营的企业，为实现劳资两利的原则，应由工会代表工人职员与资方订立集体合同。公私企业目前一般应实行 8 小时与 10 小时的工作制，特殊情况酌情办理。人民政府应按照各地各业情况规定最低工资。逐步实行劳动保险制度。保护青工女工的特殊利益。实行工矿检查制度，以改进工矿的安全和卫生设备。1954 年《中华人民共和国宪法》（以下简称《宪法》）对我国劳动关系和社会关系的调整与公民的基本权利和义务做出了规定。其中，第十六条规定了劳动的性质和国家鼓励和支持劳动的态度。第十九条规定了公民的劳动权。第九十二条规定了公民的休息权。第九十三条规定劳动者在年老、疾病或者丧失劳动能力的时候，有获得物质帮助的权利。国家举办社会保险、社会救济和群众卫生事业，并且扩大这些设施，以保证劳动者享受这种权利。第一百条规定了公民有遵守劳动纪律的义务。这些规定，为我国劳动保障领域的法律制度建设提供了宪法依据。这一阶段，我国在劳动保障法律制度建设方面进行了积极而有效的探索，陆续制定了《中华人民共和国工会法》（以下简称《工会法》）、《中华人民共和国劳动保险条例》（以下简称《劳动保险条例》）、《政务院关于劳动就业问题的决定》、《救济失业工人暂行规定》、《国营企业内部劳动规则纲要》、《工厂安全卫生规程》、《国务院关于改革工资的决定》、《国务院关于工人、职员退休处理的暂行规定》、《关于国营、公私合营、合作经营、个体经营和企业和事业单位的学徒的学习期限和生活补贴的暂行规定》等。1957 年年初，国家还进行了《中华人民共和国劳动法》（以下简称《劳动法》）的起草准备工作（但随后由于开始了"反右"斗争和"大跃进"等运动，使劳动法的起草工作被迫停顿了下来），将我国劳动保障事业的发展纳入了法制的轨道，为我国劳动保障法律制度建设的进一步发展奠定了初步的基础。

第二阶段，"文化大革命"十年动乱时期。这一阶段，是我国劳动保障法律制度建

设的停滞阶段。劳动保障领域的立法不仅没有任何发展，而且已有的劳动法律、法规也无法执行。

第三阶段，党的十一届三中全会至2007年年底。这一阶段，是我国劳动保障法律制度建设的快速发展阶段。1982年《宪法》第二十一条规定："国家发展医疗卫生事业，发展现代医药和我国传统医药，鼓励和支持农村集体经济组织、国家企业事业单位和街道组织举办各种医疗卫生设施，开展群众性的卫生活动，保护人民健康。"第四十五条规定："中华人民共和国公民在年老、疾病或者丧失劳动能力的情况下，有从国家和社会获得物质帮助的权利。国家发展为公民享受这些权利所需要的社会保险、社会救济和医疗卫生事业。"这些法律规定为我国新时期劳动保障法制建设指明了方向。随着我国社会主义市场经济体制的逐步建立和发展，劳动保障体制改革的不断深化，劳动保障法律制度建设取得了一定的发展。从总体上看，特别是从1994年到2007年十多年的时间里，国家加快了劳动保障立法的步伐，全国人大及其常委会陆续制定颁布了《劳动法》、《中华人民共和国职业教育法》（以下简称《职业教育法》）、《民办教育促进法》、《工会法（修订）》、《职业病防治法》、《安全生产法》等九部与劳动保障事业有关的法律；国务院陆续制定了《社会保险费征缴暂行条例》、《失业保险条例》、《工伤保险条例》、《禁止使用童工规定（修订）》、《全国年节及纪念日放假办法》、《使用有毒物品作业场所劳动保护条例》、《中外合作办学条例》等七个行政法规，发布了关于职工工作时间的规定和基本养老保险、基本医疗保险制度改革的决定；劳动保障行政部门制定了近四十个部门规章，内容涉及培训就业、劳动工资、社会保险等方面；全国各省、自治区、直辖市和较大的地级市也制定了一系列有关劳动保障方面的地方性法规和规章。同时，我国还批准了二十三个国际劳工公约，涉及劳动就业政策、最低工资、最低就业年龄等方面。一句话，我国的劳动保障立法步伐在加快，劳动保障立法的调整领域或者覆盖范围在拓展，功能在增加。

经过二十多年的探索，我国与劳动合同制度有关的法规政策体系已初步形成。自《劳动法》颁布实施以来，原劳动部相继制定了一系列有关劳动合同制度的配套规章和政策，概括起来主要有《关于实行劳动合同制度若干问题的通知》、《违反和解除劳动合同的经济补偿办法》、《违反〈劳动法〉有关劳动合同规定的赔偿办法》、《关于贯彻执行〈中华人民共和国劳动法〉若干问题的意见》、《关于实行劳动合同制度若干问题的通知》、《关于企业职工流动若干问题的通知》、《关于加强劳动合同管理完善劳动合同制度的通知》、《企业经济性裁员规定》等十几项配套法规规章。全国有十七个省、自治区、直辖市颁布了劳动合同方面的地方性法规和地方政府规章。从某种意义上说，我国的劳动保障领域基本上做到了有法可依，劳动保障事业基本走上了法制化的轨道，为保障劳动者的合法权益、协调劳动关系、推进劳动保障事业的健康发展提供了有效的法律保障。

第四阶段，从2008年至今。这一阶段，是我国劳动保障法律制度建设完善阶段。随着我国改革开放和经济体制改革的不断深入以及市场经济的建立，在劳动就业和劳动保障方面，许多新情况、新问题、新矛盾都暴露了出来。如何切实保障劳动者的合法权益，促进社会和谐发展已经逐步成为了我国社会的焦点问题。

在劳动就业保障方面，由于城镇新增就业人口、下岗人员再就业、农村富余劳动力转移等新情况的出现，形成了我国劳动力供大于求的基本格局。在这种情况下，出现了一些用人单位不与劳动者签订劳动合同、随意解除劳动关系、滥用试用期、为逃避法定义务签订短期劳动合同、限制劳动者自由择业和合理流动、集体合同签订率不高甚至流于形式等诸多问题。多年的全国人大常委会劳动法执法检查情况也表明，由于劳动合同有关规定不具体，对用人单位合同义务的规定不够，使劳动合同签订率偏低、内容不规范，严重影响劳动者合法权益的保护和劳动合同制度的全面实施。针对以上情况，迫切需要根据劳动法确立的原则和有关规定，制定一部专门规范市场经济条件下劳动合同制度的法律，对劳动合同的订立、履行、解除以及相应的法律责任等做出明确具体的规定。

在社会保障体系建设方面，经过多年的努力，尽管我国的社会保险体系已初步建立，尽管我国在社会保险领域已经颁布了大量的行政法规、规章和相关文件，各项社会保险分别通过单项法规或政策进行了规范，但缺乏综合性统一法律；社会保险强制性偏弱，一些用人单位拒不参加法定社保，或长期拖欠保费；城乡之间，地区之间，机关、事业单位、企业之间社保制度缺乏衔接。基本劳动法律的缺位，各种规定层级无序、规范分散，导致我国社会保险制度难以定型，缺乏权威性、稳定性，全国各地的制度也不统一。社会保险制度是完善我国社会主义市场经济体制、构建和谐社会和全面建设小康社会的重要支柱性制度，社会各界对制定社会保险法的呼声越来越高。

为了适应新的经济与劳动形势，构建和谐的劳动关系，国家从 2008 年开始颁布实施了一系列劳动保障法律法规。全国人大及其常委会从 2008 年 1 月 1 日开始陆续颁布实施了《就业促进法》、《劳动合同法》、《劳动争议调解仲裁法》、《社会保险法》，国务院制定了《企业职工带薪年休假实施办法》、《关于职工全年月平均工作时间和工资折算问题的通知》、《全国年节及纪念日放假办法》、《中华人民共和国个人所得税法实施条例》（以下简称《个人所得税法实施条例》），中华人民共和国人力资源和社会保障部制定了《中华人民共和国劳动合同法实施条例》（以下简称《劳动合同法实施条例》）、《在中国境内就业的外国人参加社会保险暂行办法》等法规，最高人民法院颁布了《最高人民法院关于审理劳动争议案件适用法律若干问题的解释（三）》、《最高人民法院关于审理劳动争议案件适用法律若干问题的解释（四）》，大大丰富和完善了我国劳动保障法律制度建设，在很大程度上有效地调节着劳资关系和社会的和谐稳定。

二、我国劳动保障法律制度的主要内容

概括来讲，通过多年艰苦的立法实践，我国逐步确立了如下劳动保障法律制度：

（一）全面实行劳动合同法律制度

我国的劳动合同制度从二十世纪八十年代中期开始试点，在九十年代得到大力推行，至今已在城镇各类企业中广泛实施。

为了适应经济体制改革的需要，实现劳动用工由计划经济时期的固定工制度向劳动合同制度的转变，以 1994 年颁布实施的《劳动法》为标志，我国正式确立了劳动合同

法律制度。按照相关法律规定，用人单位与劳动者依法建立劳动关系，应该书面订立有固定期限、无固定期限或以完成一定的工作为期限的劳动合同；在订立劳动合同的过程中，劳动关系双方必须遵循平等自愿、协商一致的原则。实行劳动合同制度，明确了劳动者与用人单位双方的权利和义务，保障了劳动者择业自主权和用人单位的用人自主权。

劳动合同制度是一种适合我国社会主义市场经济要求的新型劳动制度。《劳动法》设专章对劳动合同进行了规范，原劳动部还陆续发布了《企业经济性裁减人员规定》（劳部发［1994］第447号）、《违反和解除劳动合同的经济补偿办法》（劳部发［1994］第481号）、《违反〈中华人民共和国劳动法〉有关劳动合同规定的赔偿办法》（劳部发［1995］第223号）等配合《劳动法》有关劳动合同规定贯彻实施的行政规章，以此确立了劳动合同法律制度。2008年颁布实施的《劳动合同法》及《劳动合同法实施条例》，标志着我国劳动合同法律制度的不断成熟和完善，也标志着适应市场经济发展需要的新型劳动用人制度在我国的确立。

劳动合同是有工作能力的劳动者实现劳动权利和履行劳动义务的一种重要的法律形式。劳动者与用人单位签订劳动合同后，就意味着劳动者自身应该享有的劳动权利和应该履行的劳动义务都被纳入了国家法律管理和保护的体系中，便得劳动者在尽职尽责履行劳动义务的前提下，其个人的合法权益均得到了切实的保护。因此，实行劳动合同制度是维护劳动者权利与义务，体现劳动者主人翁地位的保障制度。

我国劳动合同法律制度的确立和完善，实现了劳动关系的合同化、市场化，发挥着协调单个劳动者与用人单位之间的个别劳动关系的作用，促进了劳动力资源的合理配置，增加了劳动者的竞争意识和促进劳动者自身素质的提高，有利于调动劳动者的积极性和创造性。

（二）健全劳动关系协调机制，建立平等协商、签订集体合同的法律制度

平等协商集体合同制度是市场经济条件下协调劳动关系的重要法律制度，也是维护职工合法权益的有效机制。1994年《劳动法》的颁布实施，标志着集体合同制度作为调整劳动关系的一项重要法律制度在我国正式建立。回顾十多年集体合同工作走过的历程，我们可以看到，我国的集体合同制度是与建立和完善社会主义市场经济体制过程同步发展起来的。

1. 集体合同由少到多，覆盖面不断扩大

二十多年来，我国各级工会把推行平等协商集体合同制度作为工作重点，许多地方成立了由党委和政府负责人牵头的集体合同工作协调领导小组，将其纳入地方发展和法制化建设的重要内容。国家协调劳动关系三方会议，全总和各省、区、市总工会先后制定下发了一系列集体合同工作指导意见，总结经验，推广典型，加强指导和服务，有力地推动了集体合同工作的发展。各地根据劳动关系实际，努力创新集体合同建制形式，取得了良好效果。全国总工会公布的数据显示，2010年，全国签订集体合同数已达140.7万份，覆盖企业243.8万个，覆盖职工数高达18 465.1万（中华全国总工会研究66室，2011）。

2. 工资集体协商稳步发展，已成为集体合同的核心内容

我国各级工会抓住贯彻《工资集体协商试行办法》的契机，积极推动企业开展工

资集体协商。全总和地方各级工会通过召开会议、下发文件等形式进行推动。通过举办培训班、研讨会提高工会干部和职工代表的业务水平和协商技巧，为工资集体协商奠定了良好基础。《中华全国总工会 2011 年至 2013 年深入推进工资集体协商工作规划》中规定，2011 年年底实现已建工会组织的企业工资集体协商建制率达到 60%，2012 年年底要达到 70%，2013 年年底达到 80%。对于外资企业，2011 年年底实现世界 500 强在华企业工资集体协商建制率达到 80% 以上，2012 年达到 90% 以上，2013 年建制率达 100%。

3. 区域性、行业性集体合同逐步推开，为小企业协调劳动关系提供了法律武器

我国各级工会以非公有制企业为重点，特别是在小企业集中的乡镇、街道、社区和经济开发区，通过推行区域性行业性平等协商集体合同制度提高建制率，扩大覆盖面，促进了集体合同工作的发展。按照全国总工会的目标，从 2010 年到 2012 年，力争用三年时间基本在各类已建工会的企业实行集体合同制度。对未建工会的小企业，通过签订区域性、行业性集体合同努力提高覆盖比例。截至 2010 年 9 月，全国共签订集体合同 140.8 万份，覆盖企业 243.9 万个，覆盖职工 1.85 亿人（《人民日报》，2011 年 5 月 1 日第 1 版）。

4. 集体合同工作规范化、法制化进程加快，其权威性不断增强

全总和各省、自治区、直辖市总工会积极推动和参与制定集体合同法规，《集体合同规定》、《工资集体协商试行办法》等一批规范性文件陆续发布。全国已有十七个省人大颁布了集体合同地方性法规，有的省还以政府令的形式颁布了集体合同规定。全国和各省、市总工会积极参与配合人大和政府的执法检查活动，将平等协商集体合同制度实施情况作为《劳动法》、《工会法》执法检查和劳动法律监督的重要内容，有的还对平等协商集体合同制度实施情况进行了专项检查。这些都对我国进一步增强集体合同制度的严肃性和权威性起到了有力的推动作用。据对上海市、河北省、福建省、广西壮族自治区、重庆市、云南省、陕西省、宁夏回族自治区等八省（直辖市、自治区）5 907 名职工的调查，有 56.1% 的职工认为集体合同很有作用，职工对集体合同满意率在 80% 以上的占 64%。据江苏省和广东省对企业经营者的调查，认为集体合同有作用或很有作用的分别占 94.87% 和 84.95%。一些企业经营者认为，集体合同是协调企业劳动关系的“小宪法”，既规范了企业管理，又保障了职工合法权益。

5. 劳动关系三方协调机制普遍建立，为集体合同的深入发展创造了良好条件

修订后的《工会法》第三十四条规定，各级人民政府劳动行政部门应当会同同级工会和企业方面代表，建立劳动关系三方协商机制，共同研究解决劳动关系方面的重大问题。劳动关系三方协调机制，是市场经济条件下协调劳动关系的一个有效途径。我国协调劳动关系三方机制的实践性探索工作，是在 1983 年中国正式恢复在国际劳工组织活动开始的。以此为开端，由中国劳动和社会保障部、中华全国总工会和中国企业联合会、中国企业家协会作为中国的政府、工人和雇主的代表组成三方代表团，参与国际劳工组织和亚太地区一系列劳工活动。1990 年 9 月 7 日，我国人大常委会批准了国际劳工组织第 144 号公约，即《三方协商促进履行国际劳工标准公约》，表明我国正式承诺

遵循国际通行的三方性原则来协商处理劳动关系方面的问题。根据《劳动法》和《工会法》的相关规定，职工一方与企业、实现企业化管理的事业单位可以就劳动报酬、工作时间、休息休假、劳动安全卫生、保险福利等事项，进行平等协商、签订集体合同。原劳动部还发布了《工资集体协商试行办法》（劳社部令［2000］第9号）、《集体合同规定》（劳社部令［2004］第22号），对集体协商内容、程序、协商代表的保护等事项做了具体规定。《劳动合同法》中还设有“集体合同”的专项章节，有力地推进了企业集体合同的签署。三方之间的协作配合工作更加密切。一些省、自治区、直辖市在党委和政府的高度重视和直接领导下，于二十世纪九十年代中期开展了建立三方协调机制的探索。1996年，海南省在国内率先建立了劳动关系三方协调机制。2001年8月，国家一级劳动关系三方协调机制正式建立。目前，全国三十一个省、自治区、直辖市全部建立了省一级三方协调机制。市（地）三方协调机制的建制率达94.11%，县（市辖区、县级市）级三方协调机制建制率达53.53%。2002年8月2日，全国建设系统建立了全国第一个行业最高层面的劳动关系三方协调机制。截至2004年年底，全国共建立各级劳动关系三方协调机制6 684个，三方协调机制网络格局初步形成。随着2008年《劳动合同法》的颁布实施，各级三方会议坚持政府宏观调控，劳动关系主体双方自主协调的劳动关系调整原则，把推行集体合同制度作为工作重点，不断加强协调劳动关系工作，完善劳动关系调整体制，以不断促进劳动关系的和谐稳定和企业效益的稳步增长，积极维护劳动者的合法权益。2009年，全国地级以上城市和二十六个省份的县（市）区建立了由政府、工会和企业方面代表组成的协调劳动关系三方机制，各级协调劳动关系三方机制组织共计1.4万多家。此外，自2006年起，国家开始开展“创建劳动关系和谐企业与工业园区”活动，通过制定、实施和谐劳动关系创建标准、推动建立劳动关系协调机制、表彰先进典型等措施，促进企业和工业园区内劳动关系的和谐稳定。截至2009年年底，全国三十一个省（自治区、直辖市）开展了和谐劳动关系创建活动。

（三）统一实行基本劳动标准

一是实行最低工资保障制度。最低工资标准是国家为了保护劳动者的基本生活，在劳动者提供正常劳动的情况下，强制规定用人单位必须支付给劳动者的最低工资报酬。最低工资保障制度是我国一项劳动和社会保障制度。1993年11月24日原劳动部颁发了《企业最低工资规定》（［1993］第333号），还制定了《关于实施最低工资保障制度的通知》、《工资支付规定》等配套法规。2003年12月30日原劳动部颁布了《最低工资规定》（劳社令［2004］第21号），进一步明确了最低工资标准确定方法，并确立了最低工资调整机制。最低工资标准的确定和调整方案，由各省、自治区、直辖市人民政府劳动保障行政部门会同同级工会、企业联合会和企业家协会研究拟订，并报经劳动保障部同意。《劳动法》第四十八条规定，国家实行最低工资保障制度。用人单位支付劳动者的工资不得低于当地最低工资标准。最低工资标准每年会随着生活费用水平、职工平均工资水平、经济发展水平的变化而由当地政府进行调整。最低工资标准一般采取月最低工资标准和小时最低工资标准两种形式，月最低工资标准适用于全日制就业劳动者，小时最低工资标准适用于非全日制就业劳动者。一般包括奖金和一些补贴。最低工资标准每两年至少调整一次。

目前，我国内地所有省、自治区、直辖市人民政府均正式颁布实施了当地的最低工资标准。

二是调整了工时制度。工时制度，即工作时间制度，据现有情况，我国目前有三种工作时间制度，即标准工时制、综合计算工时制、不定时工时制。

标准工时制是我国运用最为广泛的一种工时制度。根据标准工时制的规定，工作时间比较固定，且延长工作时间有明确严格的限制条件。继《劳动法》确立了每天 8 小时、每周工作时间不超过 44 小时的工时制度后，国务院于 1995 年决定将每周工作时间调整为 40 小时。

为统一全国年节及纪念日的假期，1949 年 12 月 23 日政务院发布了《全国年节及纪念日放假办法》，规定每年法定节假日为 7 天；1999 年 9 月 18 日《国务院关于修改〈全国年节及纪念日放假办法〉的决定》（第一次修订），将每年法定节假日由 7 天增加到 10 天；2007 年 12 月 14 日《国务院关于修改〈全国年节及纪念日放假办法〉的决定》（第二次修订），将每年法定节假日由 10 天增加到 11 天。

三是对未成年工和女职工实行特殊劳动保护。对未成年工和女职工实行特殊的劳动保护，是现代文明社会的标志。我国在宪法和法律上都做出了明确的专门规定。《宪法》第四十八条规定："中华人民共和国妇女在政治的、经济的、文化的、社会的和家庭的生活等各方面享有同男子平等的权利"，"国家保护妇女的权利利益，实行男女同工同酬，培养和选拔妇女干部"。《劳动法》、《女职工劳动保护规定》和《未成年工特殊保护规定》（劳部发［1994］第 498 号）也对此做出了相关规定。为了保证人类健康繁衍生存和劳动力再生产的质量，国家根据妇女的生理特点，对妇女劳动者在劳动过程和劳动力市场中实施特殊保护。

未成年工是指年满 16 周岁未满 18 周岁的劳动者。对未成年工的特殊劳动保护，主要是针对未成年工还处于生长发育期的特点，以及接受义务教育的需要，采取的特殊劳动保护措施。国际劳工组织对未成年人的特殊劳动保护，从最低就业年龄、体检、夜间工作及井下作业等分别制定标准，涉及的公约近二十个。1984 年我国政府批准了国际劳工组织《确定准许使用儿童从事工业劳动的最低年龄公约》，2002 年批准了《最恶劣形式的童工公约》，为我国进一步同使用童工现象作斗争、保护未成年人的合法权益提供了法律依据。2002 年 10 月，国务院颁布了新的《禁止使用童工规定》，其中规定了童工年龄标准和使用童工罚款标准。关于未成年工的劳动保护，《未成年工的特殊保护规定》明确规定了未成年工的年龄标准、禁止从事劳动的范围、用人单位定期对未成年工进行健康检查的标准。《关于界定文艺工作者、运动员、艺徒概念的通知》，明确规定了特殊工种的界定标准。

值得一提的是，2008 年 1 月 1 日实施的《就业促进法》，再一次明确规定了国家保障妇女享有与男子平等的就业劳动权利。用人单位招用人员，除国家规定的不适合妇女的工种或者岗位外，不得以性别为由拒绝录用妇女或者提高妇女的录用标准。用人单位录用女职工，不得在劳动合同中规定限制女职工结婚、生育的内容。该法律的颁布实施，大大丰富了我国基本劳动标准方面的法律制度。

（四）强化积极就业的方针政策

就业乃民生之本。为了做好就业工作，我国陆续颁布一系列的劳动法律法规以规范和促进公平就业。《劳动法》、《职业教育法》、《残疾人保障法》、《中华人民共和国妇女权益保障法》（以下简称《妇女权益保障法》）和原劳动保障部发布的《劳动力市场管理规定》（劳社部令［2000］第10号）、《中外合作职业介绍机构设立管理暂行规定》（劳社部令［2001］第14号）、《境外就业中介管理规定》（劳社部令［2002］第15号）和《招用技术工种从业人员规定》（劳社部令［2000］第6号）等，在扩大就业方针、扶持困难群体就业、强化服务培训和劳动力市场管理方面做出了初步的规定。

为了促进就业，促进经济发展与扩大就业相协调，促进社会和谐稳定，自2008年1月1日起施行《就业促进法》。作为一部与民众利益密切相关的法律，《就业促进法》明确提出，各级人民政府要创造公平就业的环境，消除就业歧视，制定政策并采取措施对就业困难人员给予扶持和援助。该法律的颁布实施，标志着我国就业促进法律制度的确立与完善。

（五）实施全面的社会保险制度

社会保险是一种社会保障制度，为了使劳动者在暂时或永久丧失劳动能力以及失业时获得物质帮助和补偿，国家通过立法设立社会保险基金。

1. 全面社会保险制度的初步形成

新中国成立之初，《中国人民政治协商会议共同纲领》中就明确规定：在国家经营的企业中，逐步实行劳动保险制度。1954年《宪法》第九十三条规定国家举办社会保险、社会救济和群众卫生事业，并且扩大这些设施，以保证劳动者享受这种权利。此外，国家在这一时期还制定了《劳动保险条例》等法规。改革开放后，为了适应社会主义市场经济体制要求，迫切需要国家制定一系列有关社会保险方面的法律法规，以适应城镇各类企业职工和个体劳动者对社会保险方面的需求。因此，国务院出台了一系列有关基本养老保险、基本医疗保险、失业保险、工伤保险及生育保险等法规和规章，这标志着我国社会保险制度的初步形成。

（1）推进养老保险制度改革。1984年，我国各地进行养老保险制度改革。1997年，国家制定了《关于建立统一的企业职工基本养老保险制度的决定》，开始在全国建立统一的城镇企业职工基本养老保险制度。经过十几年的推进，基本养老保险的参保职工已由1997年年底的8 671万人增加到2010年年底的25 707万人。其中，农民工参保人数为3 284万人。在国家连续六年提高企业退休人员基本养老金的基础上，从2010年1月1日起，再次提高企业退休人员基本养老金水平。2010年年底，全国企业参保退休人员月人均基本养老金达到1 362元。此外，机关事业单位职工和退休人员仍实行原有的养老保障制度。

1991年，中国部分农村地区开始进行养老保险制度试点。农村养老保险制度以“个人交费为主、集体补助为辅、政府给予政策扶持”为基本原则，实行基金积累的个人账户模式。从2009年起开展新型农村社会养老保险的试点工作。截至2010年年底，全国27个省、自治区的838个县（市、区、旗）和四个直辖市部分区县纳入国家新型农村社会养老保险（简称新农保）试点，总覆盖面约为24%。国家新农保试点参保人数达到1.03亿人，其中60岁以下参保人数7 414万人。此外，还有15个省份的316个县（市、区、旗）自行开展了新农保试点。全国共计1.43亿人参加新农保。北京、天津、浙江、江苏、宁夏、青海、海南、西藏等八个省、自治区、直辖市已经实现新农保制度全覆盖。在待遇支付方面，全国共有4 243万农民领取了新农保养老金，其中国家试点地区待遇领取人数为2 863万人。

为了适应社会主义市场经济体制要求，建立起一个适用于城镇各类企业职工和个体劳动者、资金来源多渠道、保障方式多层次、社会统筹与个人账户相结合、权利与义务相对应、管理服务社会化的养老保险制度，国务院先后发布了《关于职工退休、退职的暂行办法》、《国务院关于企业职工养老保险制度改革的决定》、《国务院关于深化企业职工养老保险制度改革的通知》、《关于建立统一的企业职工基本养老保险制度的决定》和《关于完善城镇职工社会保障体系的试点方案》等一系列规范性文件，规定了养老保险的覆盖范围、享受条件、支付方式、待遇标准、过渡办法和调整机制等内容，确立了目前我国养老保险制度的基本框架。

（2）实行失业保险制度。失业保险制度是国家通过立法强制实施，由社会集中建立失业保险基金，对非因本人意愿中断就业失去工资收入的劳动者提供一定时期的物质帮助及再就业服务的一项社会保险制度。它是社会保障体系的重要组成部分，是社会保险的重要项目之一。

失业保险既是社会保障体系的重要组成部分，又是形成市场就业机制的必要条件。1998年12月16日，国务院常务会议通过，并于1999年1月22日颁布了《失业保险条例》，将城镇各类企业和事业单位的职工依法纳入失业保险。并规定了各类企业事业单位和职工双方共同缴纳失业保险费，建立失业保险基金，在失业保险基金入不敷出时，国家财政给予必要补贴。失业保险制度的主要内容包括建立专项基金、建立专门管理机构、健全对失业员工的管理和服务及建立转业训练和生产自救等。

《失业保险条例》吸取了我国失业保险制度建立和发展的实践经验，借鉴了国外有益做法，在许多方面做了重大调整，体现了社会主义市场经济对失业保险制度的要求，体现了失业保险制度服务改革和稳定大局的精神，为形成具有中国特色的基本完善的失业保险制度打下了坚实基础。

截至2010年年底，全国参加失业保险人数为13 376万人，比2009年年底增加660万人。其中，参加失业保险的农民工人数为1 990万人，比2009年年底增加347万人。

（3）建立医疗保险制度。我国的医疗保险制度建立于二十世纪五十年代。长期以来，我国的医疗保险制度主要分为三种，一是适用于企业职工的劳保医疗制度，二是适用于机关事业单位工作人员的公费医疗制度，三是适用于农村居民的合作医疗制度。

劳保医疗制度是根据1951年2月26日政务院公布的《劳动保险条例》建立起来的。该制度主要适用于国营企业和部分集体企业的职工。劳保医疗费用在1953年以前全部由企业负担。1953年改为根据行业性质分别按工资总额的5%~7%提取。1969年，财政部发布规定要求中央国营企业的奖励基金、福利费和医药卫生费实行合并提取办法，统一按照企业工资总额的11%提取的职工福利基金直接计入成本。针对劳保医疗中企业和国家负担过重的情况，1966年4月劳动部和全国总工会颁发了《关于改进企业职工劳保医疗制度几个问题的通知》，对劳保医疗做了一些新规定，如规定职工患病和非因工负伤，就诊所需的挂号费和出诊费均由职工个人负担；医疗时所需的贵重药品由企业负担，但服用营养滋补药品的费用，应由职工负担等。

公费医疗制度是1952年6月政务院发布的《关于全国各级人民政府、党派、团体及所属单位的国家机关工作人员实行公费医疗预防撤谎指示》建立起来的。公费医疗制度的实施范围包括各级国家机关、党派、人民团体以及文化、教育、科研、卫生、体育等事业单位的工作人员和革命残废军人、高等院校在校学生等。公费医疗的经费来源于国家与各级政府的财政预算拨款，由各级卫生行政部门或财政部门统一管理和使用，从单位“公费医疗经费”项目中开支，实行专款专用。

合作医疗制度主要适用于农村地区，与劳保医疗和公费医疗不同的是，它并非是由国家立法强制建立的，也没有国家财政给予资金支持，而是在农村地区，通过集体和个人集资筹集医疗经费，为农村居民提供医疗保健服务的一种互助救济制度。合作医疗制度出现在二十世纪五十年代末期，普遍推行于六十年代中期。1965年中共中央批转卫生部党委《关于把卫生工作重点放到农村的报告》，强调加强农村基层卫生保健工作，推动了农村合作医疗制度的发展。到1965年年底，全国已有山西、湖北、江西等十多个省、自治区、直辖市的一部分市县实行了合作医疗制度，到1976年，全国已有90%的农民参加了合作医疗制度。农村合作医疗制度以集体经济为基础，以农民群众自愿参加为原则，合作医疗基金为集体出资和个人集资或集体投资和个人集资相结合的形式。合作医疗以量入为出为原则，群众看病只需缴纳少量费用，大部分可从合作医疗基金中报销。因此，该制度受到了农民群众的普遍欢迎，成为农村集体福利事业的一项重要内容。但自七十年代末以来，由于农村实行了经济体制改革，普遍采取了家庭联产承包责任制，使农村合作医疗制度失去了原有的经济基础，导致农村合作医疗制度在全国各地几乎消亡。

2002年10月，《中共中央、国务院关于进一步加强农村卫生工作的决定》明确指出，要“逐步建立以大病统筹为主的新型农村合作医疗制度（以下简称“新农合”）”。新农合在我国从2003年起在全国部分县（市）试点，到2010年逐步实现了基本覆盖全国农村居民。

1988年，国家开始对机关事业单位的公费医疗制度和国有企业的劳保医疗制度进行改革。1998年，国务院颁布了《关于建立城镇职工基本医疗保险制度的决定》，开始在全国建立城镇职工基本医疗保险制度，明确了城镇职工基本医疗保险制度改革的目标、原则和主要政策。

我国的基本医疗保险制度实行社会统筹与个人账户相结合的模式。基本医疗保险基金原则上实行地市级统筹。基本医疗保险覆盖城镇所有用人单位及其职工，所有企业、国家行政机关、事业单位和其他单位及其职工必须履行缴纳基本医疗保险费的义务。在基本医疗保险之外，各地还普遍建立了大额医疗费用互助制度，以解决社会统筹基金最高支付限额之上的医疗费用。国家为公务员建立了医疗补助制度。有条件的企业可以为职工建立企业补充医疗保险。国家还将逐步建立社会医疗救助制度，为贫困人口提供基本医疗保障。

我国医疗保险制度的建立，促进了我国医疗保健事业的快速发展，对于保障城乡居民身体健康，提高人民身体素质发挥了积极作用。

截至 2010 年年底，全国参加城镇基本医疗保险人数为 43 263 万人。其中，参加职工基本医疗保险人数为 23 735 万人，参加城镇居民基本医疗保险人数为 19 528 万人，参加城镇基本医疗保险的农民工人数为 4 583 万人。

（4）逐步扩大工伤保险制度覆盖范围。二十世纪八十年代末，我国开始对工伤保险进行改革。1996 年，国务院出台了《企业职工工伤保险试行办法》，开始在部分地区建立工伤保险制度。同年，劳动保障部还制定了《职工工伤和职业病致残程度鉴定标准》，为鉴定工伤和职业病致残程度提供了依据。

为了保障因工作遭受事故伤害或者患职业病的职工获得医疗救治和经济补偿，促进工伤预防和职业健康，分散用人单位的工伤风险，2003 年 4 月国务院发布了《工伤保险条例》，对工伤保险的适用范围、工伤保险基金、工伤保险的认定、工伤保险待遇、劳动能力鉴定等都做了详细规定。按照《工伤保险条例》，工伤保险费由企业按时缴纳，职工个人不缴费。工伤保险缴费实行行业差别费率和企业浮动费率。根据不同行业的工伤事故风险和职业危害程度确定不同的行业费率；工伤保险基金在直辖市和设区的市实行全市统筹，其他地区的统筹层次由省、自治区人民政府确定。

目前，各省都制定了相应的实施办法，使得该条例更有可操作性。劳动保障部也发布了与之配套的《工伤认定办法》（劳社部令［2003］第 17 号）、《因工死亡职工供养亲属范围规定》（劳社部令［2003］第 18 号）、《非法用工单位伤亡人员一次性赔偿办法》（劳社部令［2003］第 19 号）等三件部门规章，规定各类企业、有雇工的个体工商户应当为本单位职工缴纳工伤保险费，建立工伤保险基金。按照“补偿不究过错”的原则对工伤职工提供补偿和有关待遇。工伤保险基金支付的待遇主要包括工伤医疗期发生的医疗费用；工伤医疗期结束后根据劳动能力丧失程度确定的伤残补助金、抚恤金、伤残护理费等。

截至 2010 年年底，全国参加工伤保险的人数为 16 161 万人，其中农民工参加工伤保险人数 6 300 万人。

（5）积极试行生育保险制度。1986 年卫生部、劳动人事部、全国总工会、全国妇联联合印发了《女职工保健工作暂行规定》。这一《规定》是在全国范围内进行为期六年调查研究的基础上，经过科学论证，并参考各国法规制定的，为保障女职工的合法权益发挥出重大作用。1988 年 7 月国务院发布了《女职工劳动保护规定》，此规定适用于中国境内一切国家机关、团体、企事业单位的女职工。军队系统的单位可参照执行。其主要内容是对女职工的就业，劳动工作时间，孕期、产期、哺乳期待遇和保护及其他福利等做出了详细规定。

为配合《劳动法》的贯彻实施，维护企业女职工的合法权益，保障她们在生育期间得到必要的经济补偿和医疗保健，均衡企业生育费用负担，在总结各地改革经验的基础上，劳动部于 1994 年 12 月颁布了《企业职工生育保险试行办法》（劳部发［1994］第 504 号），对生育保险制度改革的内容、标准、形式等予以规范，进一步推动了各地生育保险制度改革。至此，我国生育保险制度正式建立。按照《企业职工生育保险试行办法》中相关规定，该办法适用于城镇企业及其职工。生育保险按属地原则，实行生育保险社会统筹（参加统筹的企业缴费，职工个人不缴费），建立生育保险基金，均衡企业生育费用负担，保障女职工在生育期间得到必要的经济补偿和医疗保健。

截至 2010 年年底，全国参加生育保险人数为 12 336 万人。

（6）推行补充养老保险制度。补充养老保险，即企业年金，是指企业在满足社会统筹的社会基本养老保险的基础上，为补充基本养老保险的不足，帮助企业员工建立的超出基本养老保险以上部分的一种养老形式。它属于团体寿险的一种，是我国社会保障体系的重要组成部分，是实施养老保障“多支柱”战略的重大制度安排。企业补充养老保险是我国社会养老保障体系三层次中的核心部分。国家多年来通过多途径多方面提出，鼓励企业建立三层次养老保险体系，在建立社会基本养老保险的同时，鼓励企业建立补充养老保险和个人储蓄性养老保险，充分发挥商业保险公司的作用。

我国企业补充养老保险于二十世纪八十年代开始在部分企业试行。1994 年颁布的《劳动法》第七十五条关于“国家鼓励用人单位根据本单位实际情况为劳动者建立补充保险”的规定，为建立我国企业补充养老保险制度提供了法律依据。《国务院关于深化企业职工养老保险制度改革的通知》（国发［1995］第 6 号）也对建立企业补充养老保险和个人储蓄性养老保险做出了明确规定。1995 年，原劳动部发布了《关于建立企业补充养老保险制度的意见》，对企业补充养老保险进行了初步的政策规范。各地劳动部门和社会保险机构积极开展企业补充养老保险试点工作，取得了一定的成效和经验。一些企业和行业也在建立企业补充养老保险方面进行了有益的探索。2005 年，劳动保障部发布了《企业年金试行办法》（劳社部令［2004］第 20 号）、《企业年金基金管理试行办法》（劳社部令［2004］第 23 号），在企业年金制度建设方面迈出了重要一步，对推动企业年金发展，完善多层次的养老保险体系起到了积极的促进作用。

截至 2010 年年底，全国有 3.71 万户企业建立了企业年金，缴费职工人数为 1 335 万人。年末企业年金基金累计结存 2 809 亿元。

2. 全面社会保险制度的完善

为了扩大社会保险覆盖面，规范社会保险费征缴行为，国务院于 1999 年 1 月颁布了《社会保险费征缴暂行条例》，劳动保障部发布了配套的《社会保险登记管理暂行办法》（劳社部令［1999］第 1 号）、《社会保险缴费申报缴纳管理办法》（劳社部令［1999］第 2 号）和《社会保险费征缴监督检查办法》（劳社部令［1999］第 3 号），明确规定了社会保险的覆盖范围和缴费义务人，建立了社会保险登记制度和缴费申报制度，规范了社会保险费的征缴程序，加大了对违法行为的处罚力度。

2010 年 10 月 28 日下午，全国人大常委会在经过四次审议之后，高票通过了《社会保险法》。这是最高国家立法机关就社保制度首次立法。《社会保险法》2011 年 7 月 1 日起施行，这是新中国成立以来我国第一部社会保险制度的综合性法律，是党和政府履行“让人人享有社会保障”承诺的法律保证，对于我国社会保险事业的持续发展、社会保障制度的进一步完善以及中国特色社会主义和谐社会建设具有重大而深远的意义。

《社会保险法》的颁布实施，有力促进了我国社会保险事业的持续发展，使我国社会保险制度发展全面进入法制化轨道，为推动整个人力资源社会保障事业科学发展提供了进一步的法制保障。《社会保险法》确立了广覆盖、可转移、可衔接的社会保险制度，从法律上破除了阻碍各类人才自由流动、劳动者在地区之间和城乡之间流动就业的制度性障碍，有利于形成和发展统一规范的人力资源市场。《社会保险法》进一步规范和明确了劳动者和用人单位的社会保险权利义务关系，有利于促进劳动关系的稳定与和谐。

《社会保险法》的出台，与以前颁布实施的《劳动法》、《中华人民共和国公务员法》（以下简称《公务员法》）、《劳动合同法》、《就业促进法》、《劳动争议调解仲裁法》一起，构成了我国人力资源社会保障法律体系完整的顶层架构，有力地推进了我国人力资源社会保障事业在法制轨道上实现科学发展。

（六）建立劳动保障监察制度

自1993年以来，我国逐步建立了劳动保障监察制度。《劳动法》、《中华人民共和国行政处罚法》等法律法规规定了劳动保障监察机构的职责和工作程序。根据《劳动保障监察条例》、《关于实施〈劳动保障监察条例〉若干规定》（劳部发［1994］第532号）、《劳动行政处罚若干规定》的相关规定，各级劳动保障行政部门建立了劳动保障监察机构，配备了监察员，通过开展巡视检查、举报专查、劳动保障年检和组织专项检查等方式检查用人单位遵守劳动保障法律法规的情况，制止和纠正违法行为，较好地维护了劳动者的合法权益。

劳动和社会保障行政部门依法对用人单位遵守劳动和社会保障法律法规的情况进行监督检查，对违反劳动和社会保障法律法规的行为有权制止、责令改正，并可依法给予警告、罚款等行政处罚。任何组织和个人对于违反劳动和社会保障法律法规的行为都有权检举和控告；当事人认为劳动和社会保障行政部门在实施监察执法时侵犯了其合法权益，可以提起行政复议或行政诉讼。我国各级劳动和社会保障部门按照依法行政、严格执法的原则，不断加强劳动和社会保障行政执法力度，建立健全劳动保障监察组织。截止到2009年年底，全国共建立劳动保障监察机构3 291个，配备劳动保障监察员2.3万人。

（七）加强劳动争议调解和仲裁工作

劳动争议处理制度是解决劳动争议的重要机制，是劳动争议当事人尤其是劳动者维护自身合法权益的重要法律救济途径。我国自1987年恢复劳动争议仲裁制度以来，随着1993年《企业劳动争议处理条例》和1994年《劳动法》的相继颁布实施，确立了以协商、调解、仲裁、诉讼为主要环节的劳动争议处理制度。多年来，这一制度为保护劳动关系双方当事人合法权益、促进劳动关系和谐、维护社会稳定发挥了重要作用。按照《劳动法》和《企业劳动争议处理条例》的规定，我国确立了“一调、一裁、两审”的劳动争议处理体制。即劳动争议发生后，当事人一方可以向本单位劳动争议调解委员会申请调解。调解不成，当事人一方可以向劳动争议仲裁委员会申请劳动仲裁。或者当事人一方也可以不经过本单位劳动争议调解委员会的调解，直接向劳动争议仲裁委员会申请劳动仲裁。对劳动仲裁不服的，可以向人民法院提起法律诉讼。进入法律诉讼阶段的顺序为先向工作单位所在辖区的人民法院提起诉讼，对一审不服的，可以向中级人民法院提起诉讼。中级人民法院的判决将作为终审判决。

为了进一步规范和加强劳动争议的调解和仲裁工作，劳动保障部先后发布了《劳动和社会保障行政复议办法》（劳社部令［1999］第5号）和《社会保险行政争议处理办法》（劳社部令［2001］第13号），为促进劳动保障行政部门依法行政，切实转变工作作风提供了制度保证。

但是，随着经济体制、社会结构、利益格局、思想观念不断发生深刻变化，以及工业化、城镇化、市场化、全球化进程日趋加快，就业形式和分配方式越来越多样化，经济社会生活中的一些深层次矛盾和问题不同程度地反映到劳动关系中来，劳动关系双方当事人的矛盾纠纷不断增多，劳动争议案件数量持续增长，案情日益复杂，影响越来越大。与这种情况相比，现行劳动争议处理制度存在处理劳动争议耗时长、力量不足、仲裁时效过短等问题，已经不能适应形势发展的需要。

为了完善现行劳动争议处理制度，继《劳动合同法》、《就业促进法》之后，2007年12月29日第十届全国人民代表大会常务委员会第三十一次会议表决通过了又一部劳动法律——《劳动争议调解仲裁法》。与现行规范劳动争议解决的法规相比，这部法律有诸多创新之处，体现了以人为本，及时、方便、快捷、公正化解劳动争议的立法精神，对完善我国劳动争议解决机制产生了积极的影响。

《劳动争议调解仲裁法》在坚持《劳动法》基本原则的前提下，根据经济和社会发展的要求，总结现行劳动争议处理制度的实践经验和不足，对劳动争议处理制度做了进一步完善，强化调解、完善仲裁、加强司法救济，及时妥善处理劳动争议，尽最大可能将劳动争议案件解决于基层，维护当事人合法权益。《劳动争议调解仲裁法》的颁布实施，进一步完善了劳动争议调解仲裁制度，为当事人特别是劳动者提供公正高效的法律救济，对发展和谐稳定的劳动关系，促进经济社会发展具有重大意义。如果说《就业促进法》是保障劳动者就业权利的法律、《劳动合同法》是规范用人单位与劳动者权利义务的法律，那么《劳动争议调解仲裁法》则定分止争，是实现这些权利的程序性法律。

三、进一步加强劳动保障法律制度建设的展望

我国《宪法》规定，在中国实行依法治国，建设社会主义法治国家。建立社会主义法律体系，是关系建设社会主义法治国家的一件大事。劳动保障法律是社会主义法律体系的重要组成部分，可以说劳动保障法律体系是整个社会主义法律体系的子体系。按照国家关于在2010年建立社会主义法律体系的总体要求，当前要抓紧做好劳动保障法律体系建设工作。在建立健全劳动保障法律体系的过程中，既要有全局观念和发展观点，从宏观上对立法目标和发展趋势作出整体性预测，又要从微观上对立法发展的各个局部目标有具体的认识；既要研究纵向上不同层次的法律、法规、规章之间的衔接配套，又要在横向上协调一致；既要充分重视制定新法，以适应经济和社会发展的需要，又要充分考虑随着社会的进步和形势的变化，对现有劳动保障法律适时进行修改，使立、改、废有机结合；既要保证劳动保障法律体系自身的协调一致，又要使其与其他部门法律体系及国家整个法律体系的协调一致。当前，我国必须十分重视和加强劳动保障法律体系建设，以保证劳动保障各项工作的顺利进行。

（一）重视制订劳动保障法律体系规划

从劳动保障工作的实际需要来看，劳动保障法律体系，应以《劳动法》、《劳动合同法》及《社会保险法》为龙头，以单项劳动保障法律为骨干，其他法律规范——行

政法规、规章为重要组成部分，分类组合而成内容和谐、层次分明、形式完整的劳动保障法律规范的系统。具体要求为：一是有系列完备的单项劳动保障法律、行政法规、规章；二是要求劳动和社会保险基本法律、单项法律、行政法规、规章之间，内容和谐一致，下位法不与上位法相抵触，同位法律规范互不冲突。建立劳动保障法律体系至少要有十一部法律，即《劳动法》、《职业教育法》、《工会法》、《中华人民共和国职业病防治法》（以下简称《职业病防治法》）、《劳动合同法》、《就业促进法》、《劳动争议调解仲裁法》、《社会保险法》、《中华人民共和国工资法》（以下简称《工资法》）、《中华人民共和国集体合同法》（以下简称《集体合同法》）以及《中华人民共和国劳动标准法》（以下简称《劳动标准法》）。目前，这十一部法律当中的八部法律已经颁布实施，《工资法》目前正在制定过程中。同时，我国还要制定一大批与劳动保障法律相配套的行政法规和规章。

（二）加快立法步伐

根据立法的需要和可能，按照前瞻性和现实性相结合的要求，区别轻重缓急，坚持重点突出，抓紧制定社会主义市场经济发展和劳动保障制度改革亟须的劳动保障法律、法规。劳动保障领域各项制度改革的深入展开，对劳动保障法律体系建设提出了迫切要求。不仅要及时地运用法律形式肯定、巩固、保障各项劳动保障制度改革成果，而且要发挥社会保障立法对社会保障制度改革的引导和推进作用，为劳动保障制度改革创造良好的法律环境。加快社会保障立法步伐，应将重要的社会保障法律列入国家立法计划并切实抓紧抓好计划的落实工作。

（三）提高立法质量

劳动保障立法，就是要抓住劳动保障法律制度改革中带有根本性、全局性、规律性的问题，提出切实可行的方案。立法要管用，要能解决问题。因此，在起草法律草案时，要深入进行调查研究，广泛听取有关方面的意见和建议，总结实践经验，对草案进行反复修改论证，必要时还要召开听证会，吸收实际工作者、专家等方面人员参与论证。通过大量的调查研究和反复论证工作，使法律草案更加符合实际，体现国家改革、发展、稳定的现实需要。立法还要注意吸收国外一切对我们有益的经验。积极搜集整理国际劳工公约和主要市场经济国家有关劳动保障法律制度方面的资料，并加以研究、分析、比较，对于其中反映社会保障规律性、共同性的内容，应结合中国实际予以吸收和借鉴，促进我国劳动保障法律体系的逐步完善。

第三节　人力资源管理工作者应该了解和掌握的人事政策与社会保障法律法规

在当今经济高速发展的时代背景下，现代企业管理逐渐取代了传统的管理方法，越来越受到企业管理者的青睐。而其核心就是利用现代化和科学的方法对人力、物力、财力等资源进行合理的管理和优化配置，从而促使企业组织目标、过程的实现。现代企业管理的本质，归根到底便是对人力资源的配置和管理，人力资源管理在企业中有着不同寻常的重要作用和特殊地位。要使企业效益不断提高，长时间保持强大的竞争力和旺盛的生命力，企业必须充分发挥人力资源管理的作用。企业人力资源管理的目标就是吸引人、培养人、用好人，挖掘潜力，激发活力。而人力资源管理首先要帮助企业创造一个适合吸引人才、培养人才、留住人才的良好环境，建立凭德才上岗、凭业绩取酬、按需要培训的人才资源开发机制，以满足企业经济发展和竞争对人才的需要，从而实现企业经济快速发展。而这样一个适合吸引人才、培养人才、留住人才的良好环境的创造，是以企业人力资源管理政策与实践的合规作为前提条件的。因而，良好的人力资源管理的一个基础工作就是为企业创设一个合规、开放、公平竞争的、积极的工作氛围。可见，了解和掌握国家的人事法律法规与劳动保障政策已经成为一个人力资源管理从业者必备的素质。

一、人力资源管理工作者必须掌握的国家人事政策与劳动保障法律法规

（一）需要掌握的劳动与社会保障方面的国家法律（按颁布实施时间顺序排列）

1.《劳动法》（1994 年 7 月 5 日第八届全国人民代表大会常务委员会第八次会议通过，中华人民共和国主席令第 28 号，自 1995 年 1 月 1 日起施行）

2.《职业教育法》（1996 年 5 月 15 日第八届全国人民代表大会常务委员会第十九次会议通过，中华人民共和国主席令第 69 号，自 1996 年 9 月 1 日起施行）

3.《工会法》（1992 年 4 月 3 日第七届全国人民代表大会第五次会议通过，根据 2001 年 10 月 27 日第九届全国人民代表大会常务委员会第二十四次会议《关于修改〈中华人民共和国工会法〉的决定》修正，中华人民共和国主席令第 57 号，2001 年 10 月 27 日起施行）

4.《职业病防治法》（2001 年 10 月 27 日第九届全国人民代表大会常务委员会第二十四次会议通过，中华人民共和国主席令第 60 号，自 2002 年 5 月 1 日起施行）

5.《劳动合同法》（2007 年 6 月 29 日第十届全国人民代表大会常务委员会第二十八次会议通过，中华人民共和国主席令第 65 号，自 2008 年 1 月 1 日起施行）

6.《就业促进法》（2007 年 8 月 30 日第十届全国人民代表大会常务委员会第二十九次会议通过，中华人民共和国主席令第 70 号，自 2008 年 1 月 1 日起施行）

7.《劳动争议调解仲裁法》（2007 年 12 月 29 日第十届全国人民代表大会常务委员会第三十一次会议通过，中华人民共和国主席令第 80 号，自 2008 年 5 月 1 日起施行）

8.《社会保险法》（2010 年 10 月 28 日第十一届全国人民代表大会常务委员会第十七次会议通过，中华人民共和国主席令第 35 号，自 2011 年 7 月 1 日起施行）

9.《集体合同法》（待定）

10.《工资法》（待定）

11.《劳动标准法》（待定）

（二）需要掌握的劳动与社会保障方面的国家法规、规章（按颁布实施时间顺序排列）

1.《关于发布〈国务院关于职工探亲待遇的规定〉的通知》（国务院国发［1981］36号，自1981年3月14日颁布实施）

2.《关于劳动争议受理问题的复函》（1994年3月24日，劳办发［1994］96号）

3.《国务院关于职工工作时间的规定》（1994年2月3日中华人民共和国国务院令第146号发布，根据1995年3月25日《国务院关于修改〈公务员关于职工工作时间的规定〉的决定》修订，自1995年5月1日颁布实施）

4.《劳动部关于〈中华人民共和国劳动法〉若干条文的说明》（劳办发［1994］289号，自1995年12月19日颁布实施）

5.《劳动部关于印发〈企业经济性裁减人员规定〉的通知》（劳部发［1994］447号，自1995年1月1日颁布实施）

6.《劳动部关于发布〈企业职工患病或非因工负伤医疗期规定〉的通知》（劳部发［1994］479号，自1995年1月1日起实施）

7.《劳动部关于印发〈违反和解除劳动合同的经济补偿办法〉的通知》（劳部发［1994］481号，自1995年1月1日颁布实施）

8.《关于印发〈工资支付暂行规定〉的通知》（劳部发［1994］489号，自1994年12月6日颁布实施）

9.《违反〈劳动法〉有关劳动合同规定的赔偿办法》（劳部发［1995］223号，自1995年5月10日颁布实施）

10.《关于贯彻〈企业职工患病或非因工负伤医疗期规定〉的通知》（劳部发［1995］236号，自1995年5月23日颁布实施）

11.《关于贯彻执行〈中华人民共和国劳动法〉若干问题的意见》（劳部发［1995］309号，自1995年8月4日颁布实施）

12.《劳动部办公厅关于劳动者解除劳动合同有关问题的复函》（劳办发［1995］324号，自1995年12月19日颁布实施）

13.《外国人在中国就业管理规定》（1996年1月22日，劳动部、公安部、外交部、外经贸部发布，劳部发［1996］29号）

14.《关于实行劳动合同制度若干问题的通知》（1996年10月31日，劳部发［1996］354号）

15.《财政部、国家税务总局关于住房公积金、医疗保险金、养老保险金征收个人所得税问题的通知》（财税字［1997］144号，自1998年1月1日颁布实施）

16.《住房公积金管理条例》（1999年4月3日中华人民共和国国务院令第262号发布，根据2002年3月24日《国务院关于修改〈住房公积金管理条例〉的决定》修改，自2002年3月24日颁布实施）

17.《劳动和社会保障部办公厅〈关于部分公民放假有关工资问题的函〉》（劳社厅函［2000］18号，自2000年2月12日颁布施行）

18.《财政部、国家税务总局关于个人与用人单位解除劳动关系取得的一次性补偿

收入征免个人所得税问题的通知》（财税［2001］157号，自2001年10月1日起施行）

19.《非法用工单位伤亡人员一次性赔偿办法》（2003年9月18日经劳动和社会保障部第5次部务会议通过，中华人民共和国劳动和社会保障部令第19号，自2004年1月1日起施行）

20.《最低工资规定》（2003年12月30日经劳动和社会保障部第7次部务会议通过，中华人民共和国劳动和社会保障部令第21号，自2004年3月1日起施行）

21.《关于确立劳动关系有关事项的通知》（劳社部发［2005］12号，自2005年5月25日颁布实施）

22.《台湾香港澳门居民在内地就业管理规定》（中华人民共和国劳动和社会保障部令第26号，2005年6月2日经劳动和社会保障部第10次部务会议通过，自2005年10月1日起施行）

23.《企业工会工作条例（试行）》（2006年7月6日中华全国总工会第十四届执行委员会第九次主席团全体会议审议通过）

24.《就业服务与就业管理规定》（2007年10月30日经劳动和社会保障部第21次部务会议通过，中华人民共和国人力资源和社会保障部令第28号，自2008年1月1日起施行。劳动部1994年10月27日颁布的《职业指导办法》、劳动和社会保障部2000年12月8日颁布的《劳动力市场管理规定》同时废止。）

25.《全国年节及纪念日放假办法》（2007年12月7日国务院第198次常务会议通过，自2008年1月1日起施行）

26.《关于职工全年月平均工作时间和工资折算问题的通知》（劳社部发［2008］3号，自2008年1月3日起施行）

27.《职工带薪年休假条例》（2007年12月7日经国务院第198次常务会议通过，中华人民共和国国务院令第514号，自2008年1月1日起施行）

28.《企业职工带薪年休假实施办法》（2008年7月17日经人力资源和社会保障部第6次部务会议通过，中华人民共和国人力资源和社会保障部令第1号，自2008年9月18日起施行）

29.《劳动合同法实施条例》（2008年9月3日国务院第二十五次常务会议通过，自2008年9月18日起施行）

30.《劳动人事争议仲裁办案规则》（2008年12月17日经人力资源和社会保障部第15次部务会议通过，中华人民共和国人力资源和社会保障部令第2号，自2009年9月1日起施行）

31.《工伤保险条例》（2003年4月27日中华人民共和国国务院令第375号公布。根据2010年12月20日《国务院关于修改〈工伤保险条例〉的决定修订，中华人民共和国国务院令第586号，自2011年1月1日起施行）。

32.《实施〈中华人民共和国社会保险法〉若干规定》（2011年6月29日经人力资源和社会保障部第67次部务会审议通过，中华人民共和国人力资源和社会保障部令第13号，自2011年7月1日起施行）

33.《中华人民共和国个人所得税法实施条例》（中华人民共和国国务院令第600

号，自2011年9月1日起施行）。

34.《在中国境内就业的外国人参加社会保险暂行办法》（2011年9月6日人力资源和社会保障部第67次部务会审议通过，中华人民共和国人力资源和社会保障部令第16号，自2011年10月15日起施行）

35.《女职工劳动保护特别规定》（经2012年4月18日国务院第200次常务会议通过，中华人民共和国国务院令第619号，自2012年4月28日起施行）

上述十一个劳动相关的法律和三十五个劳动法规，对于人力资源管理的意义毋庸置疑。作为一名合格的人力资源管理工作者，不仅要详细了解和掌握这些劳动法律的主要内容和含义，还应该自觉地将这些劳动法律应用于实际的人力资源管理过程中，使企业自觉地依法进行劳动实践，为创建积极和谐的劳动关系打下坚实的基础。

二、人力资源管理工作者需要了解的国家人事政策与劳动保障法律法规

（一）需要一般了解的与劳动和社会保障方面有关的国家法律（按颁布实施时间顺序排列）

1.《中华人民共和国未成年人保护法》（1991年9月4日第七届全国人民代表大会常务委员会第二十一次会议通过，2006年12月29日第十届全国人民代表大会常务委员会第二十五次会议修订，自2007年6月1日起施行）

2.《中华人民共和国献血法》（以下简称《献血法》）（1997年12月29日第八届全国人民代表大会常务委员会第二十九次会议通过，中华人民共和国主席令第93号，自1998年10月1日起施行）

3.《中华人民共和国人口与计划生育法》（以下简称《人口与计划生育法》）（2001年12月29日第九届全国人民代表大会常务委员会第二十五次会议通过，中华人民共和国主席令第63号，自2002年9月1日起施行）

4.《中华人民共和国公司法》（以下简称《公司法》）（2005年10月27日第十届全国人民代表大会常务委员会第十八次会议修订，中华人民共和国主席令第42号，自2006年1月1日起施行）

5.《中华人民共和国残疾人保障法》（以下简称《残疾人保障法》）（1990年12月28日第七届全国人民代表大会常务委员会第十七次会议通过，2008年4月24日第十一届全国人民代表大会常务委员会第二次会议修订，中华人民共和国主席令第3号，自2008年7月1日起施行）

（二）需要了解的劳动与社会保障方面的国家法规、规章（按颁布实施时间顺序排列）

1.《（残疾人）职业康复和就业公约》（1983年6月20日，国际劳工公约［1983］159号）

2.《关于工资总额组成的规定》（1989年9月30日国务院批准，1990年1月1日国家统计局令第1号发布）

3.《关于在部分城市开展残疾人劳动就业服务和按比例就业试点工作的通知》（国

家计委、劳动部、民政部、中国残联联合发布，［1992］残联群字第81号，1992年5月25日颁布实施）

4.《关于企业实行不定时工作制和综合计算工时工作制的审批办法》（劳部发［1994］503号，自1994年12月14日颁布实施）

5.《劳动部关于企业工会主席签订劳动合同问题的通知》（劳部发［1996］122号，自1996年9月12日颁布实施）

6.《最高人民法院关于产业工会、基层工会是否具备社团法人资格和工会经费集中户可否冻结划拨问题的批复》，法复［1997］6号）

7.《社会保险费征缴暂行条例》（1999年1月14日国务院第13次常务会议通过，中华人民共和国国务院令第259号，自1999年1月22日起施行）

8.《最高人民法院关于审理劳动争议案件适用法律若干问题的解释》（法释［2001］14号，2001年3月22日最高人民法院审判委员会第1165次会议通过）

9.《劳动和社会保障部办公厅关于复转军人军龄及有关人员工龄是否作为计算职工经济补偿金年限的答复意见》（劳社厅函［2002］20号，自2002年1月28日颁布）

10.《禁止使用童工规定》（2002年10月1日，国务院令第364号，2002年9月18日国务院第63次常务会议通过，自2002年12月1日起施行）

11.《最高人民法院关于在民事审判工作中适用〈中华人民共和国工会法〉若干问题的解释》（法释［2003］11号，2003年1月9日最高人民法院审判委员会第1263次会议通过）

12.《关于非全日制用工若干问题的意见》（2003年5月30日，劳社部发［2003］12号）

13.《最高人民法院关于审理人身损害赔偿案件适用法律若干问题的解释》（法释［2003］20号，2003年12月4日最高人民法院审判委员会第1299次会议通过，自2004年5月1日起施行）

14.《因工死亡职工供养亲属范围规定》（2003年9月18日经劳动和社会保障部第5次部务会议通过，中华人民共和国劳动和社会保障部令第18号，自2004年1月1日起施行）

15.《非法用工单位伤亡人员一次性赔偿办法》（2003年9月18日经劳动和社会保障部第5次部务会议通过，中华人民共和国劳动和社会保障部令第19号，自2004年1月1日起施行）

16.《国务院关于完善企业职工基本养老保险制度的决定》（国发［2005］38号，自2005年12月3日起施行）

17.《劳动保障部、人事部、民政部、财政部关于事业单位、民间非营利组织工作人员工伤有关问题的通知》（劳社部发［2005］36号，自2005年12月29日起施行）

18.《最高人民法院关于审理劳动争议案件适用法律若干问题的解释（二）》（法释［2006］6号，2006年7月10日最高人民法院审判委员会第1393次会议通过，自2006年10月1日起施行）

19.《残疾人就业条例》（2007年2月14日国务院第169次常务会议通过，中华人

民共和国国务院令第488号，自2007年5月1日起施行）

20.《关于维护乙肝表面抗原携带者就业权利的意见》（劳社部发［2007］16号，自2007年5月18日颁布施行）

21.《工会法律援助办法》（总工发［2008］52号，自2008年8月11日颁布施行）

22.《国务院办公厅关于转发人力资源和社会保障部、财政部〈城镇企业职工基本养老保险关系转移接续暂行办法〉的通知》（国办发［2009］66号，自2009年12月28日起施行）

23.《最高人民法院关于建立健全诉讼与非诉讼相衔接的矛盾纠纷解决机制的若干意见》（法释［2009］45号，自2009年7月24日颁布施行）

24.《最高人民法院关于审理劳动争议案件适用法律若干问题的解释（三）》（法释［2010］12号，2010年7月12日最高人民法院审判委员会第1489次会议通过，自2010年9月14日起施行）

25.《社会保险基金先行支付暂行办法》（2011年6月29日经人力资源和社会保障部第67次部务会审议通过，中华人民共和国人力资源和社会保障部令第15号，自2011年7月1日起施行）

26.《关于领取失业保险金人员参加职工基本医疗保险有关问题的通知》（人社部发［2011］77号，自2011年7月1日起施行）

27.《最高人民法院关于审理劳动争议案件适用法律若干问题的解释（四）》（法释［2013］4号，2012年12月31日最高人民法院审判委员会第1566次会议通过，自2013年2月1日起施行）

综上所述，了解和掌握上述劳动相关的法律、法规和政策，已经成为人力资源管理工作者所必备的基本知识和基本素质。人力资源管理工作者也只有了解和掌握这些劳动相关的法律、法规和政策，才能在企业的人力资源管理过程中确保劳动实践规范化、合规化，才能保证企业业务的正常展开和顺利进行。

本章小结

人力资源治理就是人力资源管理者以系统的方法，对企业整个的人力资源管理职能部门依法进行规范、控制和管理，以确保企业人力资源决策的有效性和科学性，从而改善和提高企业人力资源管理的服务质量，最终帮助企业实现其战略目标、运营目标和所设定业绩结果的过程。通过人力资源治理，企业可以有效地避免人力资源管理实践过程中的法律风险，使得企业的人力资源管理有规可循，有规必循，从而提高企业整个人力资源管理的水平和效益。本章介绍了人力资源治理的定义和主要内容，阐述了人力资源治理的意义；介绍了我国劳动保障法律制度建设的发展过程并将其按照时间顺序划分为四个阶段；简述了我国劳动保障法律制度的主要内容：全面实行劳动合同法律制度、健全劳动关系协调机制、建立平等协商、签订集体合同的法律制度、统一实行基本劳动标准、强化积极就业的方针政策、实施全面的社会保险制度、建立劳动保障监察制度和加强劳动争议调解和仲裁工作；展望了我国劳动保障法律制度建设的未来动向；最后，总结了人力资源管理工作者必须知道和掌握的国家人事政策与劳动保障法律法规。

复习思考题

1. 什么是人力资源治理？人力资源治理的主要内容有哪些？

2. 人力资源治理的意义是什么？

3. 我国劳动保障法律制度建设经历了哪四个阶段？

4. 我国劳动保障法律制度的主要内容有哪些？

5. 人力资源管理工作者应掌握的国家人事政策与劳动保障法律法规有哪些？为什么？

案例讨论

能力素质大致相同的候选人在同一公司为什么得到不一样的薪资待遇？

每年的三四月份是各企业进入目标校园，进行校园招聘的黄金时期。目前，各企业对目标学校的应届大学生和研究生的招聘争夺战愈演愈烈。

A公司是国内一家知名的B2B（Business To Business）电子商务的公司，其业务主要为个人消费者提供网络购物的商务平台、在线支付服务、软件研发、销售和为国内的中小企业者提供在线商务管理软件服务、为广大的中小网站和广告主提供在线交易服务等。去年春天，A公司的网络购物商务平台事业部和软件研发事业部分别到国内某知名大学招聘应届研究生。经过严格的层层面试，李甲和孙乙脱颖而出，分别与A公司的这两个事业部签订了《雇佣意向协议》。按照他们与A公司所签署的《雇佣意向协议》的约定，李甲的年薪为税前人民币10万元，而孙乙的年薪则为税前人民币15万元。不凑巧的是，李甲和孙乙在该大学同一个系、同一个专业学习，两个人还同住在一个宿舍。另外，他们两个人的学习成绩大致相当，两人都没有任何的工作经验，可谓是两个人的基本情况大致相当。

在宿舍中通过交流，李甲发现自己的薪资待遇远远低于孙乙，心里很不舒服。于是，李甲打电话给A公司负责协调自己签署《雇佣意向协议》的招聘人员，询问同等情况的应聘人员为什么薪资待遇却有如此大的差异，自己是否可以得到同等的薪资待遇。A公司的招聘人员说，他们也注意到了这个问题，因为过去由于薪资待遇的不同造成了许多应聘候选人拒绝来公司工作。其实，公司早就有统一的招聘政策和薪资政策，她自己也不知道公司各部门在招聘过程中为什么会出现这样的问题。

案例思考题：

1. A公司各事业部在招聘能力和素质大致相同的应届研究生时，给出的薪资待遇为什么会出现如此之大的差异？

2. 如果你是A公司人力资源部的负责人，从人力资源治理的角度，你会如何帮助A公司解决这一问题？

第二章

与就业和雇佣相关的人事与社会保障法律法规及其管理

学习目标

- 掌握平等就业的定义，了解就业歧视的定义及其分类
- 了解西方主要国家在平等就业方面的立法实践及其对我国平等就业立法及实践的启示
- 了解我国反就业歧视立法的概况、特点、主要内容及其存在的主要问题
- 掌握《中华人民共和国就业促进法》颁布实施的意义及其主要内容
- 了解企业在劳动用工实践中应该如何避免出现就业歧视的法律风险
- 掌握聘用意向协议的定义、特点、主要内容及缔结《聘用意向协议》应该注意的问题
- 了解并掌握我国与雇佣相关的主要劳动法律、法规的主要内容
- 掌握劳动合同的定义、主要内容、期限、类型、签订劳动合同遵循的原则、劳动合同主体的确定以及无效劳动合同的定义
- 了解企业应该如何依法与劳动者建立劳动关系
- 掌握试用期的定义、特点，了解其与实习期、见习期的区别
- 了解企业应该如何管理试用期以及员工应该如何顺利度过试用期
- 掌握竞业限制的定义、分类
- 掌握竞业限制协议的定义、主要内容以及竞业限制协议的履行
- 掌握商业秘密的定义、特点及国家对商业秘密的保护
- 掌握保密协议的定义及其与竞业限制协议的关系
- 了解企业应该如何对竞业限制进行管理

关键概念

平等就业　就业歧视　直接歧视　间接歧视　聘用意向协议　劳动合同　个体经济组织　劳动者　劳动报酬　劳动合同期限　固定期限劳动合同　无固定期限劳动合同　无效劳动合同　试用期　实习期　见习期　服务期　违约金

竞业限制 法定竞业限制 约定竞业限制 竞业限制协议 商业秘密 保密协议

第一节 平等就业及其管理

一、平等就业立法及其实践

（一）什么是平等就业

在人权观念日益深入人心的今天，平等就业原则作为劳动权的一项基本内容得到广泛的认可。人的最基本权利——生存权要求任何具有劳动能力且愿意工作的人都有获得一项工作的权利，而且这种权利还不能因为种族、性别、民族、年龄、政治态度、宗教、国籍等不同而受到歧视。因为“天赋人权，自由平等”，不能因为以上这些因素有差别就剥夺了一部分人生存及就业的权利。

然而，翻开报纸，我们时常可以看到这样的招聘启事：业务员、男、身体健康、本地户口、工作经验两年以上。这样的启事看似平常，但暴露出在平等就业上的诸多问题。性别歧视、疾病歧视、户籍歧视等非职业本身内在需要的歧视因素都影响着就业市场的公平性，近些年甚至出现血型、星座、属相等就业歧视。这种人为剥夺公民平等就业权的行为，造成了优秀人才找不到工作，社会不能人尽其才，严重伤害了社会经济发展的和谐有序。可见，实现平等就业是一个国家促进就业义不容辞的责任，也是一个国家文明程度的重要标志之一。

平等就业是指劳动者享有平等的就业权和就业机会。即一是劳动者享有平等的就业权利；二是劳动者享有平等的就业机会。这里，平等就业权指的是劳动者平等地获得就业机会的权利，即在就业机会的获得方面，劳动者不因性别、年龄、种族等人的自然差别而受歧视。

（二）就业歧视及其分类

什么是就业歧视？我国的立法中并没有关于就业歧视完整的定义。国际劳工组织的《消除（就业和职业）歧视公约》（1958 年）对其采取了“正面描述”加“反向排除”的方式。其中的正面表述为：就业和职业歧视是指“基于种族、肤色、性别、宗教、政治见解、民族血统或社会出身等原因，具有取消或损害就业或职业机会均等或待遇平等作用的任何区别、排斥或优惠。”反向排除包括：“对任何一项特定职业基于其内在需要的区别、排斥或优惠不应视为歧视”；“针对有正当理由被怀疑或证实参与了有损国家安全活动的个人所采取的任何措施，不应视为就业歧视”；“国际劳工大会通过的其他公约和建议书规定的保护或援助的特殊措施，不应视为就业歧视”；“会员国经与有代表性的雇主组织和工人组织协商确定的、为适合某些人员特殊需要而制定的其他专门措施，不应视为就业歧视。”

就业歧视有两种基本的形式：直接歧视和间接歧视。直接歧视，是指以法律规定的歧视原因，直接对特定人群实行差别待遇。如，没有合理的理由，拒绝招用残疾人、提高妇女的录用标准、对不同户籍的员工实行不同的工资标准等。简言之，直接歧视就是对条件相同的劳动者实行不同的标准从而导致显而易见的差别待遇，所以又被称为显性歧视。间接歧视，是指用表面上中立的标准适用于不同条件的人群，客观上导致一部分劳动者遭受差别待遇。相比于直接歧视，间接歧视更具隐蔽性，所以又被称为隐性歧视。

随着反就业歧视立法和执法的加强，“显而易见”的直接歧视开始减少，隐蔽性强的间接歧视正在成为关注的重点。在人力资源管理实践中，“合理甄别”往往成为就业歧视的抗辩理由。其实反就业歧视与合理甄别并不矛盾。反就业歧视基于劳动者的平等就业权，目标是保护劳动者获得平等的就业、职业和待遇机会；合理甄别源自雇主（用人单位）的自主权，是雇主行使自主权的一种方式，目的是取得最优的选择结果。反就业歧视并不排斥合理甄别，但合理甄别必须建立在无就业歧视的基础之上。

反就业歧视的目的是保障劳动者的平等就业权利。但法律上的形式平等保护并不足以保证劳动者享有实际的平等权利，因为一些特殊群体的劳动者由于生理、心理障碍以及历史上的原因实际处于劳动力市场中的弱势地位，如残疾人、妇女、少数民族等。漠视他们的实际状况必然导致事实上的不平等。

就业歧视不仅侵犯了劳动者的平等就业权利，也破坏了社会的公平正义秩序。反对就业歧视需要从政治、经济、文化、社会、法制等多个方面“齐抓共管”，需要宣传和处罚协调推进，但法制无疑是其中最主要的手段之一。世界各国的反就业歧视立法，大体可以分为两种模式：一种是通过一部或几部专门的法律文件集中规定反就业歧视的内容，可简称为集中立法模式；另一种是将反就业歧视的内容分散规定于各种不同的法律文件当中，可简称为分散立法模式。

（三）西方国家在平等就业方面对我国的有益启示

平等就业权是人权的核心内容之一。坚持公平就业，反对就业歧视，既是保障劳动者平等就业权的要求，也是维护劳动力市场公正秩序的需要。自二十世纪中期开始，加强反就业歧视立法已经成为世界性的潮流。西方国家市场经济发展历史表明，促进就业是建设现代服务型政府的一项重要职责。美国和欧盟在禁止就业歧视方面，无论是在禁止就业歧视立法还是在禁止就业歧视司法实践和劳动关系协调方面，都给我们提供了很多有益的启示。

1. 美国

美国是世界上禁止就业歧视立法较完善、救济措施较得力的国家之一。在其关于禁止就业歧视的立法中，《1964 年民权法》是联邦立法层面上具有中心地位的成文法。它禁止就业中根据种族、肤色、宗教信仰、性别和国籍而实施歧视。除此之外，美国也有许多其他的联邦成文法，禁止其他形式的身份歧视，如年龄歧视或残疾人歧视，如《1990 年美国残疾人法》、《就业年龄歧视法》、《1963 年同酬法》、《公平就业机会法》、《公平工资法》、《怀孕歧视法》等，根据这些法律，在美国，对年龄、残障、国籍、怀孕、种族、信仰、性别等方面的就业歧视行为，都要受到法律的严惩。除此之外，美国还有上百个州和地方立法，规定了自己的程序和救济手段。

《1964 年民权法》第七章对歧视问题所做的规定，是美国所有禁止就业歧视法律中范围最广泛、影响最深远的。它禁止雇主因受雇者之种族、肤色、宗教信仰、性别或原始国籍等因素而拒绝雇佣或解雇，或在工资、工作条件、待遇等方面而有所差异。但如果宗教信仰、性别或原始国籍等因素是雇主事业正常运行所必须之职业资格，该法不得适用。为了使《1964 年民权法》第七章之规定得以彻底实行，根据该法美国成立了平等就业机会委员会（Equal Employment Opportunity Commission，EEOC）。它是美国专门处理有关就业歧视事件申诉、调解及诉讼事宜的一个独立的联邦执法机构，负责铲除在招募、雇佣、晋升、解雇、薪资福利、测验、训练及其他有关就业条件上，任何基于种族、肤色、宗教信仰、性别、原始国籍、残障情况及年龄等因素所产生的歧视情形。该委员会是由五位经总统提名而由参议院同意后任命的委员所组成，由总统任命一位主席与副主席，由主席指挥一位秘书长负责委员会之行政事务，任期五年。1972 年，美国国会在平等就业机会法中对《1964 年民权法》第七章加以修正，又特别为该委员会增设法律总顾问室，负责该委员会之诉讼事宜。法律总顾问也是由总统提名，经参议院同意后任命，任期四年。除在华盛顿特区设立总部外，该委员会在美国各大地区及重要州内，设立了五十个各种地区性机构，以便与各州本身所设置之州级公平就业机构共同合作，铲除各种不同类型的就业歧视。

美国国会为推翻最高法院 1988 年至 1990 年间几则特别不利于妇女及少数民族的就业歧视判决，制定了《1991 年民权法》，它除减轻就业歧视案件原告被害人之举证责任，加强对提出所谓“反歧视”诉讼之限制，延长对歧视性年资制度提起诉讼之时效期间，以及确定某些公平就业法律在境外适用的原则外，还特别对前述《1964 年民权法》规定的救济措施进行了大幅修正。为制止采取歧视措施的雇主，并鼓励被害人勇于主动提起这类诉讼，新法除规定胜诉的被害人在故意或恶意歧视的情形下，可请求一定数额的补偿性和惩戒性损害赔偿金外，还可请求支付专家出庭费及其他相关诉讼费用，同时，为公平保障双方的合法权益，在涉及损害赔偿金时，任何一方均可请求陪审团来参审。

美国在反就业歧视方面给我们提供了许多非常有益的经验。一是反就业歧视立法需要完善。在美国，反就业歧视立法不是单纯的一部法律，而是包括宪法在内的多部法律组成的法律体系。在宪法规定的平等权和平等原则之下，还要有专门针对不同人群和歧视类型的单行法。每部单行法都有规定违反禁止歧视的认定标准、诉讼程序和救济途径。反歧视立法措施最为有力的法律保障是建立违宪审查制度。如果国会或州议会通过的单行法有违联邦宪法平等保护精神，最终将被联邦最高法院宣布无效。

二是成立专门的反就业歧视机构。美国的公平就业委员会就是一个准司法机构。作为一个独立的政府部门，公平就业委员会有权受理劳动者关于就业歧视的投诉，并可以直接开展查证工作。在掌握足够证据后，先是调解涉案各方以求达成和解协议。如果调解失败，便直接向法院起诉；如果法院判定就业歧视成立，就会依法对判罚结果强制执行。

三是反歧视诉讼。法律规定公民在受到歧视时有权向有关机构提起申诉，直至向法院提起诉讼，这是反就业歧视最有力的措施。这种诉讼不仅公民个人可以提起，有的国家还可以由就业机会平等委员会或非政府组织作为公益诉讼提起。起诉人一旦胜诉，通常会得到较大的赔偿。因为这种赔偿可包括精神补偿甚至惩罚性赔偿。如美国一名马戏团的演员因艾滋病被单位解雇，当事人将单位告上法庭，法院判赔当事人 60 万美元。通过诉讼反对歧视，保护平等就业权的效果是很明显的，也是很有效的。

四是政府在劳资关系中的正确定位。首先，贯彻法律面前人人平等的思想，政府在劳资关系中处于中立的地位，起平衡和协调作用，不倾向其中任何一方。其次，大力保障和支持工会在调解劳资关系中的独立性。再次，规定集体谈判是职工代表与企业确定劳动关系时的义务，而不仅仅是在发生利益争议时的解决途径。

2. 欧盟

反对歧视是欧盟的一项基本政策和法律基本原则，机会平等被视为自由与民主的前提和基础。《欧盟条约》第六条规定："欧盟建立在自由、民主、尊重人权和基本自由以及法治的原则之上。"该条是欧盟反就业歧视法律制度所赖以建立的基础，具有基本法的性质。近五十年中，欧盟成员国一直努力提高就业与社会保障水平，促进经济和社会和谐以及团结。欧盟已制定了多项反歧视法律，在性别歧视、种族歧视、残疾歧视、年龄歧视、宗教或信仰歧视、性倾向歧视等各方面都有了相应的法律规定。在保障种族平等和反就业歧视领域，欧盟于 2000 年制定了两项新的反歧视立法，即《关于在不同种族与民族出身的人之间实行同等待遇的第 2000/43/EC 号理事会指令》（即《种族平等指令》）与《关于建立就业与职业平等待遇总体框架的第 2000/78/EC 号理事会指令》（即《就业框架指令》）。欧盟非常重视立法的实施，要求每个成员国都应当将指令"从纸面落实到行动"。在制定两个重要反歧视指令的同时，欧盟理事会决定开始启动"共同体消除歧视行动项目（2001—2006）"。

《种族平等指令》的覆盖范围已经超越了就业机会平等的范围，还包含了社会生活的很多方面，诸如教育、社会保障福利和获得各项商品与服务的权利等。

《就业框架指令》适用于宗教或信仰歧视、残疾歧视、年龄歧视与性倾向歧视等四种歧视类型，不包括性别歧视、种族歧视与国籍歧视（这些歧视适用于《男女平等待遇指令》和《种族平等指令》等）。该指令的目的是为消除基于宗教或信仰、残疾、年龄或者性倾向等方面的就业或职业歧视和更好地在成员国内贯彻平等待遇原则而提供的一个总体框架。指令把就业歧视分为直接歧视和间接歧视两种情况。如果一项表面中立的规定、标准或者习惯做法客观上给那些具有某种宗教信仰、残疾、性倾向或者达到某一特定年龄的群体造成了不利影响，根据该指令即构成间接歧视。与直接歧视案件中的区别对待行为一般不能被正当化不同，根据间接歧视概念中的除外条款，区别对待行为所造成的歧视效果可以因被告提出的正当理由而合法化，因此法院在判断一项行为是否构成间接歧视时，"正当理由"在其中发挥着重要作用。

此外，骚扰行为与指使他人从事歧视行为亦构成该指令所称的歧视。该指令适用于共同体范围内的一切人，包括公共部门和私人部门。其具体适用领域包括以下四个方面：第一，就业、从事个体经营或从事某一职业的条件，包括选择标准、就业条件和内部提升。第二，获得各种类型的职业指导、职业培训和实际工作体验。第三，就业与工作条件。第四，参加某个工人组织或者雇主组织，或者面向特定职业人员的其他任何组织。

在赔偿与执行方面，指令要求成员国应当确保所有认为自己没有受到公正对待的人都能够获得必要的司法程序或者行政程序，包括适当的调解程序；以强制执行该指令所规定的义务，甚至与歧视指控有关的法律关系已终止以后，也能获得此类救济。成员国还应当确保相关联合会、组织和其他合法机构在当事人同意的条件下，能够代表或者支持当事人进行投诉，参加各类该指令义务的司法程序或者行政程序。

指令还规定了提起诉讼后的举证责任规则，即受害人只需要向法庭或者其他主管机构提出自己可能受到了直接歧视或间接歧视的实施，然后举证责任就转移到被告一方，由其负责证明没有违反同等待遇原则。指令对于举证责任转移的规定属于最低标准，成员国还可以在国内法中设定更加有利于投诉人的证据规则。

成员国还应当普遍建立平等待遇机构。该机构可以从属于某个主管全国人权保护或者个人权利维护的工作部门。成员国应当确保这些专门机构至少具有三项职能：第一，在不妨碍受害人和相关联合会、组织和其他合法机构的权利的前提下，独立地为歧视行为的受害者进行投诉提供援助。第二，就相关歧视问题进行独立调查。第三，就与歧视有关的某一问题发布独立报告或者提出建议。

欧盟反就业歧视立法已发展了近五十年，至今已经拥有了一个较为成熟的法律体系，其立法与实践在整体上比较成功，成员国政府在调整劳资关系中一般优先保护劳动者，给了我们很多有益的启示：

第一，反就业歧视立法中的歧视类型要尽量扩大。欧盟反就业歧视立法包括性别、地域、国籍、种族、宗教信仰、残疾、年龄、性倾向等多方面，种类繁多，内容丰富。我国的宪法和其他法律中虽然有基于平等原则的一般规定，但在立法规定和实施机制方面都存在一定程度的不足甚至缺陷。

第二，反就业歧视立法必须要彻底。欧盟在反就业歧视方面开创性地提出了“间接歧视”的概念，将表面上平等但实际上隐含歧视（尤其是性质和目的）的制度措施纳入就业指令的禁止范围。同时要求成员国采取积极措施以落实平等待遇原则，把反就业歧视法律主动转化为成员国的积极义务。

第三，反就业歧视法律制度必须要注重贯彻执行。反就业歧视重在执行，否则仅有条款而无法对权利人进行及时有效的救济。欧盟的反就业歧视法律规定了详细的诉讼程序和举证责任制度以及专门的受理机构。反就业歧视不仅是成员国的法定义务，如果成员国的公共部门构成任何性质的歧视，要接受调查、质询，甚至最后承担法律责任。

第四，政府促进就业中应倾向于保护劳动者权益。市场经济条件下劳动关系的处理，将主要由劳动关系双方运用市场机制来自行调整，而政府则通过劳动标准的制定和劳动争议的处理来对这种运行加以宏观调控，实行“主体自行协商、政府适时调整”。

（四）我国反就业歧视立法概览

迄今为止，我国采取的是典型的分散立法模式，没有一部专项的反就业歧视立法，相关的内容散见于不同的法律渊源和法律文件当中。

1. 宪法

宪法是国家的根本大法，具有最高的法律效力，一切法律、行政法规、地方性法规、自治条例和单行条例、规章都不得同宪法相抵触。《宪法》从三个方面对公民的平等权利包括平等就业权利做了原则性规定：一是总体上规定了公民的平等权和人权；二是规定了公民的劳动、休息和社会性保障的权利；三是规定了妇女等特殊群体的平等权利。《宪法》的规定为我国反就业歧视立法提供了依据。

2. 法律

由全国人大及其常委会制定的法律是我国法律体系中非常重要的组成部分，效力高于行政法规、地方性法规、部门规章和地方性规章。在现行有效的530多部法律中，内容关涉反就业歧视的法律大体可以分为两类：劳动人事类立法和特殊群体类立法。前者主要包括《劳动法》、《职业教育法》、《公务员法》、《就业促进法》、《劳动合同法》等；后者主要包括《残疾人保障法》、《妇女权益保障法》、《民族区域自治法》、《传染病防治法》等。

（1）《劳动法》。《劳动法》是劳动保障领域的基本法。《劳动法》中有关就业平等和反就业歧视的内容主要包括：一是规定了劳动者的平等就业权利：劳动者享有平等就业和选择职业的权利；二是列举了就业歧视的原因（或可称之为就业歧视的因素），即劳动者就业，不因民族、种族、性别、宗教信仰不同而受歧视；三是规定了同工同酬，即工资分配应当遵循按劳分配的原则，实行同工同酬；四是规定了妇女的平等就业权利和女职工、未成年人的特殊保护措施，并对残疾人、少数民族人员、退役军人的就业促进做出了指引。

（2）《职业教育法》。职业教育是提高劳动者就业和职业能力的重要手段。《职业教育法》第五条明确规定，公民有依法接受职业教育的权利。同时针对残疾人特别规定，残疾人职业教育除由残疾人教育机构实施外，各级各类职业学校和职业培训机构及其他教育机构应当按照国家有关规定接纳残疾学生。

（3）《公务员法》。公务员是当前我国非常“热门”的就业方向，也是一个具有导向性的就业领域。《公务员法》第五条规定，“公务员的管理，坚持公开、平等、竞争、择优的原则，依照法定的权限、条件、标准和程序进行。”

（4）《就业促进法》。2007年新出台的《就业促进法》是迄今为止最主要的一部反就业歧视立法。其内容在《劳动法》的基础上做了进一步的扩展和充实。特别是，《就业促进法》设置了《公平就业》专章，突出了反就业歧视工作的重要性。

《就业促进法》中反就业歧视的内容包括：重申了劳动者的平等就业权；扩展了就业歧视原因的种类。在《劳动法》列举的四种就业歧视原因的基础上增加了“等”，扩大了反就业歧视的范围。在第三章《公平就业》中，不仅规定了招聘录用环节不得歧视，而且规定了职业中介活动不得歧视、就业政策制定过程中不得歧视农村进城就业劳动者。同时强调了禁止性别歧视、民族歧视、残疾歧视、健康歧视；加强了纠偏措施。该法第六章《就业援助》集中规定了对就业困难人员、就业困难行业和就业困难地区的援助措施；规定了就业歧视的救济手段。该法第六十二条明确规定，“违反本法规定，实施就业歧视的，劳动者可以向人民法院提起诉讼。”

（5）《劳动合同法》。2007年出台的《劳动合同法》是规制和调整劳动关系的重要法律，也是保障劳动者职业平等的一部重要法律，从四个方面体现了反就业歧视的内容：规定了订立劳动合同的平等自愿原则；规定了用人单位招用人员时的告知义务和了解权利；规定了劳务派遣劳动者的平等待遇；对解除和终止劳动合同的情形进行了限制，体现了对女职工、老职工和患病员工的适当保护。

（6）《妇女权益保障法》。据有关统计，我国妇女占全国人口总数的 48.5%，女性就业人口占我国就业人口总数的 45.4%。性别歧视是我国当前比较严重的就业歧视领域之一。《妇女权益保障法》对妇女平等就业权的保护体现在四个方面：一是规定了妇女享有同男子平等的劳动和社会保障权利；二是具体规定了用人单位在录用、劳动报酬、晋职、晋级、评定专业技术职务等方面不得歧视妇女；三是针对妇女的特点规定了特殊保护措施；四是明确规定了“禁止对妇女实行性骚扰”。

（7）《残疾人保障法》。就业是残疾人改善生活状况、平等参与社会生活的基础。据 2006 年第 2 次全国残疾人抽样调查的结果，我国的残疾人已达到 8296 万人，占全国人口总数的 6.34%。1990 年我国颁布了《残疾人保障法》，2008 年进行了修订。《残疾人保障法》从三个方面体现了平等就业和禁止就业歧视的内容：规定了残疾人的平等权利；规定了残疾人劳动就业的原则和形式；规定了对残疾人劳动者就业服务的特别促进和劳动管理过程中的平等待遇。

（8）《中华人民共和国民族区域自治法》（以下简称《民族区域自治法》）。我国是个多民族的国家，《民族区域自治法》规定，“民族自治地方的自治机关根据社会主义建设的需要，采取各种措施从当地民族中大量培养各级干部、各级科学技术、经营管理等专业人才和技术工人，充分发挥他们的作用，并且注意在少数民族妇女中培养各级干部和各种专业技术人才……。”

（9）《传染病防治法》。疾病歧视是我国社会高度关注的一个社会问题，尤其是乙肝歧视和艾滋病歧视，涉及人群相当广泛。1989 年颁布、2004 年修订的《传染病防治法》第十六条规定，“国家和社会应当关心、帮助传染病病人、病原携带者和疑似传染病病人，使其得到及时救治。任何单位和个人不得歧视传染病病人、病原携带者和疑似传染病病人。”

3. 行政法规和中共中央国务院发布的政策性文件

有关反就业歧视方面的行政法规和国务院政策性文件可以分为三类：其一是为贯彻执行相应法律而出台的综合性配套法规，如《国务院实施〈中华人民共和国民族区域自治法〉若干规定》。其二是针对专门问题的专项立法，其中最主要的有《女职工劳动保护规定》、《残疾人就业条例》、《艾滋病防治条例》。其三是中央和国务院制定的政策性文件，如《中共中央、国务院关于做好下岗失业人员就业再就业工作的通知》（2002 年）、《中共中央、国务院关于进一步加强人才工作的通知》（2003 年）、《国务院关于进一步加强就业再就业工作的通知》（2005 年）、《国务院办公厅关于做好农民进城务工就业管理和服务工作的通知》（2003 年）、《国务院关于解决农民工问题的若干意见》（2006 年）。

4. 地方性法规和规章

涉及平等就业和反就业歧视的地方性立法，大体上也可以分为两类：一类是为贯彻落实高位阶立法而出台的配套立法；另一类是根据当地具体情况和实际需要而制定的专门立法。前者如各地制定的《妇女权益保障法》配套立法；后者如《上海市精神卫生条例》。

（1）地方性配套立法。地方性配套立法主要是依据相应的法律，对其中的原则性条文作出具体的规定，以增强可操作性。由于地方性立法内容较广、层次较多、文件繁杂，限于篇幅，难以一一列举，只能举例介绍。在此以广东省的《残疾人保障法》配套立法为例。广东省人民政府先后制定了《广东省实施〈中华人民共和国残疾人保障法〉办法》、《广东省分散按比例安排残疾人就业办法》、《广东省扶助残疾人办法》、《广东省无障碍设施建设管理规定》。广东省一些城市在此基础上又制定本市的相关文件，如《深圳市扶助残疾人办法》、《深圳市残疾人参加社会保险试行办法》、《广州市扶助残疾人优惠措施若干规定》、《韶关市扶助残疾人优惠办法》等。甚至，一些区、县还结合本地实际情况制定了自身的规定，如《佛山市高明区残疾人优惠待遇实施办法》。

（2）地方性专项立法。以《上海市精神卫生条例》为例，2001 年 12 月，上海市人大常委会通过了《上海市精神卫生条例》。《条例》第六条规定："精神疾病患者的公民权利和人格尊严受法律保护。禁止歧视、侮辱、虐待、遗弃精神疾病患者。"第四十一条进一步规定："精神疾病患者病愈后，依法享有入学、应试、就业等方面的权利。有关单位不得以曾患精神疾病为由，取消其入学、应试、就业等方面的资格。"

5. 部门规章和规范性文件

部颁规章和规范性文件中涉及平等就业和反就业歧视的内容更多。这里选择四个文件予以介绍。

（1）《就业服务与就业管理规定》。该规定是原劳动保障部颁布的《就业促进法》第一个配套规章，也是替代原《劳动力市场管理规定》的重要规章。《规定》调整范围包括招聘、录用和就业服务等环节，是涉及反就业歧视内容比较集中的一个规章文件。

（2）《人才市场管理规定》。该规定是原人事部 2005 年颁布的，其中第三条规定："人才市场活动应当遵守国家的法律、法规及政策规定，坚持公开、平等、竞争、择优的原则，实行单位自主用人，个人自主择业"；第二十六条规定："用人单位在招聘人才时，不得以民族、宗教信仰为由拒绝聘用或者提高聘用标准；除国家规定的不适合妇女工作的岗位外，不得以性别为由拒绝招聘妇女或者提高对妇女的招聘条件。"

（3）《关于维护乙肝表面抗原携带者就业权利的意见》。该意见是原劳动保障部 2007 年下发的，要求促进乙肝表面抗原携带者实现公平就业，维护乙肝表面抗原携带者的就业和健康权益。

（4）《关于进一步规范入学和就业体检项目维护乙肝表面抗原携带者入学和就业权利的通知》。该通知于 2010 年 2 月由人力资源和社会保障部、教育部、卫生部联合发布。《通知》要求，各级医疗卫生机构不得在入学、就业体检中提供乙肝项目检测服务。因职业特殊确需在入学、就业体检时检测乙肝项目的，应由行业主管部门向卫生部提出研究报告和书面申请，经卫生部核准后方可开展相关检测。

（五）我国反就业歧视立法的特点及其存在的问题

1. 我国反就业歧视立法的特点

回顾我国反就业歧视立法的进程，综览我国反就业歧视立法的内容，我国的反就业歧视立法具有下列特点：

第一，起步虽晚，但近年来进展速度很快，特别是2005年8月28日全国人大常委会正式批准《消除（就业和职业）歧视公约》以后，新的立法不断出台，丰富了反就业歧视的内容。一些既有的立法得到了修正，充实了对就业困难群体的特殊保障措施，清理了一些带有明显就业歧视性质的法规文件。

第二，综合性立法中列举的就业因素有限，但实际中已有很大突破。虽然《劳动法》、《就业促进法》中直接列举的就业歧视因素只有民族、种族、性别、宗教信仰四种，但综合分析涉及反就业歧视的各类、各层级立法，残疾、户籍、年龄、健康等实际上已经被纳入到就业歧视的因素之中。

第三，反就业歧视立法规制的范围较广，但重点集中于实现就业（招聘录用）环节。按照现有的立法内容，就业歧视包括实现就业过程中的歧视、就业中介和培训过程中的歧视、单位内部劳动管理过程中的歧视、解雇过程中的歧视和就业政策过程中的歧视，但立法调整的重点和社会关注的焦点主要还是集中在实现就业过程（招聘录用）中的歧视方面。

第四，相较于反就业歧视的一般性制度设计而言，立法对特殊就业困难群体纠偏措施规定的力度更大。如对妇女就业的特殊保护、对残疾人就业的特别优惠、对高龄劳动者就业的特别促进等。

第五，实施机制开始建立，反就业歧视立法逐步走入实际生活。在我国，由于反就业歧视立法本身的滞后，加上有关方面对就业歧视的认识不到位，大量的民间诉求或“不予受理”，或“不予支持”，或不能有效支持，导致就业歧视的救济机制长期备受质疑。近年来，随着《妇女权益保障法》的修正，特别是《就业促进法》的颁布实施，这一局面开始得到改善，大批就业歧视案件获得受理，并得到有效处理。

2. 我国反就业歧视立法存在的问题

尽管我国的反就业歧视立法近年来取得很大进展，但对应于反就业歧视现实的需要，还存在诸多问题：

第一，缺乏对就业歧视的准确定义。立法对就业歧视定义的长期回避，一方面不利于社会各界正确理解和预防就业歧视，另一方面影响了就业歧视受害人正当维护自己的权利，同时也给处理机关准确认定和妥善处理就业歧视增加了难度。

第二，立法层次偏低。我国的反就业歧视立法采取的是分散立法的模式，内容散见于不同的法律文件中。由于没有专门的反就业歧视立法，没有相对集中的规定，不利于人们全面掌握和了解反就业歧视的相关内容。而且，我国反就业歧视立法的文件还表现为不同的层次。位阶高的立法内容过于原则，操作性有待提高；位阶低的立法往往存在地区差异性。这也是实务中经常出现同一类案件不同处理结果的原因之一。

第三，立法和政策中的歧视内容并未彻底消除。法律和政策性文件是调整社会关系普遍适用的规则。其特性决定了立法和政策中的歧视后果更为严重。虽然近几年来，我国在法律、法规和政策性的清理方面作出了很大努力，也取得了很好的成果，但进一步完善的空间仍然存在。

第四，就业歧视的因素列举不全。就业歧视的因素在不同的国家和地区有不同的表现形式。具体到我国，户籍、性别、残疾、健康、年龄是发生率高、影响面广的就业歧视因素，但《劳动法》、《就业促进法》仅列举了民族、种族、性别、宗教信仰四种。法律规定同现实之间存在脱节现象。

第五，间接歧视没有规定。间接歧视的认定更具复杂性，更需要理论的研究和法律的规定。但是，到目前为止，我国的立法中尚没有间接歧视的规定，甚至没有使用间接歧视的概念，这必将影响下一步反就业歧视的深入开展。

第六，实施机制不完善。表现之一，没有建立起有效的公益诉讼制度；表现之二，劳动保障监察机构反就业歧视的职责规定不明确；表现之三，证据规则不明确。就业歧视争议中，无论是招聘录用环节的歧视还是职业管理环节、解雇环节的歧视，用人单位与被歧视人之间的实际地位都不平等，信息掌控也不对称。这一特征决定了就业歧视案件不能简单地援用普通民事诉讼的“谁主张谁举证”原则，而应该合理分配举证责任。但现行立法中并没有相关规定，给司法实践带来了困惑。

第七，公有部门的反就业歧视责任没有得到应有的强调。公有部门是公共资源的消费者，其中的公权力机关更是公共规则的制定者。公共部门理应模范遵守反就业歧视立法。但到目前为止，我国仍然没有相关的制度要求，公有单位包括政府机关、司法机关、国有企业就业歧视案例都时有发生。

二、《就业促进法》颁布实施的意义及其主要内容

（一）《就业促进法》颁布实施的意义

就业是民生之本、安国之策，关系着亿万家庭的切身利益，关系着改革发展的稳定大局。我国历年来高度重视就业和再就业工作，在不同时期都做出了一系列重大决策，依法保障公民的劳动权利和义务。《就业促进法》将多年来行之有效的就业和再就业政策措施通过法律的形式固定下来，具有十分重大的现实意义和深远的历史意义。

第一，《就业促进法》是促进社会主义和谐社会建设的一部重要法律。就业，不仅是每一位劳动者生存的经济基础和基本保障，也是其融入社会、共享社会经济发展成果的基本条件，因此，就业是民生之本；促进就业，关系到亿万劳动者及其家庭的切身利益，是社会和谐发展、长治久安的重要基础，因此，促进就业是安国之策。就业问题历来是各国经济和社会发展的核心问题之一。我国劳动力资源丰富，劳动力供大于求的格局将长期存在；就业的结构性矛盾越来越突出；新成长劳动力就业、农业富余劳动力转移就业和经济结构调整中失业人员再就业的矛盾交织，使得就业问题具有长期性、艰巨性和复杂性。促进就业是我国长期的战略任务，党的十六届六中全会把“实现社会就业比较充分”作为构建和谐社会的重要目标之一。通过法制化的手段确立国家推动经济发展同扩大就业相协调，把扩大就业放在经济社会发展的突出位置，实现社会和谐稳定，是我国做好促进就业工作、构建和谐社会的必然选择和重要内容。

第二，《就业促进法》为我国实施积极的就业政策提供了法律保障。党中央、国务院高度重视就业问题，针对我国的具体情况，借鉴世界各国成功经验，制定和实施了积极的就业政策，通过小额担保贷款、财政贴息、减免税费等措施，积极扶持劳动者自主创业、自谋职业；通过定额税收减免、优惠贷款等措施，鼓励企业吸纳下岗失业人员就

业；通过开发公益性岗位和社会保险补贴等措施，建立健全就业援助制度，帮助困难人员实现就业。2003 年以来，通过实施积极的就业政策，在经济发展中实现了新增就业的不断扩大，并基本解决了体制转轨过程中出现的下岗失业人员的再就业问题，有力保持了就业局势稳定，有效维护了改革发展稳定大局，为促进经济持续较快增长和社会和谐稳定发挥了重要作用。《就业促进法》将经过实践检验的积极的就业政策措施上升为法律规范，使促进就业的工作机制和工作体系制度化，使促进就业的各项政策措施和资金投入法制化，有利于建立促进就业的长效机制，保障我国积极的就业政策长期实施和有效运行。

第三，《就业促进法》进一步完善了我国劳动保障法律体系。立法是世界各国促进就业最普遍最重要的手段。在我国《宪法》和《劳动法》中都对促进就业做了原则规定，对促进就业发挥了积极作用。解决我国长期、艰巨而复杂的就业问题，不仅需要有综合大法的原则性要求，更需要专门的、有具体规定的就业促进立法。特别是随着我国城镇化、工业化、市场化和国际化进程的加快，就业工作、劳动关系工作、社会保障工作都出现了许多新情况和新问题，亟需形成健全的劳动保障法律体系，使整个劳动保障工作尽快走上法制化轨道。《就业促进法》是我国就业领域的第一部基本法律。它的颁布施行，标志着我国在建设以《宪法》为依据、以《劳动法》为基础、以《就业促进法》、《劳动合同法》及《社会保险法》为主干、以相关法律法规为配套的劳动保障法律体系方面，又迈出了至关重要的一步。

（二）《就业促进法》的基本内容

《就业促进法》的基本内容可以概括为：一个方针、一面旗帜、六大责任、五项制度、十大政策。

一个方针。《就业促进法》坚持劳动者自主择业、市场调节就业、政府促进就业的方针。这一方针是在十年前的中央文件中提出来的，《就业促进法》首次在法律中予以明确，并贯穿法律的整个内容。

一面旗帜。《就业促进法》高举公平就业的旗帜，创造公平就业环境。法律第三章专门对此做了规定，要求用人单位招用人员、职业中介机构从事职业中介活动，应当向劳动者提供平等的就业机会和公平的就业条件，不得有就业歧视。违反法律规定实施就业歧视的，劳动者可以向人民法院提起诉讼。

六大责任。《就业促进法》对政府在促进就业中承担的重要职责作出了明确规定，主要包括六个方面，即发展经济和调整产业结构增加就业岗位，制定实施积极的就业政策，规范人力资源市场，完善就业服务和管理，加强职业教育和培训，提供就业援助。

五项制度。《就业促进法》通过法律形式将就业工作制度化，从而将就业工作纳入法制化轨道。从大的方面来讲，主要包括五个方面，即加强对就业工作组织领导的政府责任制度，加强对劳动者工作的公共就业服务和就业援助制度，加强对市场行为规范的人力资源市场管理制度，加强对人力资源素质提升的职业能力开发制度和加强对失业治理的失业保险及预防制度。

十大政策。《就业促进法》将经过实践检验行之有效的积极就业政策上升为法律规范，主要从十个方面进行了规定，即有利于促进就业的经济发展政策，财政保证政策，税收优惠政策，金融支持政策和城乡统筹、区域统筹、群体统筹的就业政策，以及支持灵活就业、援助困难群体就业的政策，还有失业保险促进就业的政策。

（三）就业促进与政府责任

在我国，政府促进就业不仅是保障劳动者就业权实现的内在要求，也是国家保障公民生存权的重要举措。《就业促进法》涉及和就业有关的方方面面，比如政府、用人单位、劳动者个人以及社会组织等。但实际上最主要的是明确了政府在解决就业中所应承担的责任，这个责任在《就业促进法》里的总则和相关章节里也明确了六个方面：

第一，明确政府要把就业工作放在经济社会发展的突出位置，在制定经济社会发展规划的时候必须把就业放在一个非常重要的位置。

第二，政府要通过制定和实施一系列积极的就业政策来促进就业。政府的作为主要是通过政策来引导社会各方面，规范社会各方面，鼓励和支持劳动者更多的就业。

第三，政府要为劳动者提供公平就业的环境。这个公平就业的环境首先就要对人力资源市场进行相应的规范。就业是一个市场行为，但是政府对市场的管理和规范是必要的，这样才能真正保证就业的公平，反对就业歧视。

第四，政府要为劳动者提供很好的就业服务，特别是强调公共就业服务。公共就业服务主要是指由公共财政支持，免费为劳动者提供高效率、高质量的就业服务。

第五，政府应该为老百姓提高自身的职业素质、职业技能、就业能力、创业能力提供条件。就业取决于劳动者自身素质，政府不可能包揽每一个老百姓的就业，政府可以通过搞好职业教育和培训，提升劳动者的自身素质和就业能力。

第六，政府要为确实困难的就业群体提供就业援助，解决他们的就业问题。通过提供就业援助的服务，通过开发公益性的岗位，“保证每一个家庭至少有一个人就业”。

（四）就业促进与经济发展

经济增长是经济社会发展的基本条件，是解决就业问题的根本出路。但经济增长能否拉动就业同步扩大，却与经济增长方式、产业结构、人力资源开发利用的关联度等紧密相关。1995 年，联合国在哥本哈根举行的世界社会发展首脑会议《宣言》中首次提出：各国应实行“能够最大限度地促进创造就业机会的经济增长模式。”我国《就业促进法》明确规定，“国家把扩大就业放在经济社会发展的突出位置”；“县级以上人民政府把扩大就业作为经济和社会发展的重要目标，纳入国民经济和社会发展规划”；“县级以上人民政府应当把扩大就业作为重要职责，统筹协调产业政策与就业政策”。

三、企业在劳动用工实践中如何避免出现就业歧视的法律风险

一方面，平等就业是每一个公民最基本的权利之一，也是劳动者生存与获得社会尊严的重要保证。根据自己的知识、能力、兴趣爱好获得心仪的工作并实现自己的社会价值和人生价值是每一个公民的梦想。一代又一代的有识之士都在为此进行着不懈的努力。另一方面，用人单位依法享有自主用人的权利。《就业促进法》第八条明确规定：“用人单位依法享有自主用人的权利。用人单位应当依照本法以及其他法律、法规的规定，保障劳动者的合法权益。”这里，“用人单位的自主用人权”，是指用人单位在法律规定的范围内，有权利根据市场需要、生产工作要求等因素自主决定招用人的条件、数

量、时间期限和用工形式及工资报酬待遇等权利。“用人单位应当依照本法以及其他法律、法规的规定，保障劳动者的合法权益”，在我国现阶段，劳动者的合法权益主要是指劳动权、休息权、获得物质帮助权、平等权、取得劳动报酬权、获得劳动安全卫生保护权、接受职业培训权、享受社会保险和社会福利权，以及提请劳动争议处理权等权利。

可见，用人单位与劳动者天生就成为了一对博弈者。两者的博弈最终会在相关法律的调解下达成暂时的平衡。对于一个守法并以合规为己任的企业来说，在劳动用工实践中依法享有自主用人权的同时如何依法保障劳动者的合法权益？或者说，企业如何在劳动用工实践中避免出现就业歧视的法律风险？

（一）人力资源管理中容易出现就业歧视的地方

概况来说，企业在人力资源管理实践中，容易出现就业歧视的地方主要有：

1. 人员招聘

人员招聘是最容易出现就业歧视的地方。概括起来，企业在人员招聘方面容易出现的就业歧视主要表现在：

（1）年龄歧视。随着我国人口的迅速增长，我国就业结构出现年轻化趋势。许多单位在招工、招聘中强调年龄的界限。当然对企业而言，每招收一个新职工负担其培训、社会福利的费用将是一项巨大的成本，招收年轻的职工，使其为企业多效几年力无可非议，但是从平等就业原则上说，对同等能力水平的人是不应该有些项限制的。尤其是在当前我国为缓解就业压力而实行推迟就业，劳动预备制的方针指导下，年轻一代的就业年龄在未来几年内会推迟，如果企业还在招聘中坚持“只招收多少岁以下”的应聘者显然是一种歧视，不利于提高劳动者素质。另外，年龄歧视往往与性别歧视结合在一起。

（2）户口歧视。户口歧视在大学生就业中反映尤其明显。本城市的企业招工往往限定本城市户口“优先”。当然就提供往房、户口调转等角度而言，企业招聘本城职工是出于节省成本的考虑。可是现在有些企业不是限定本城市，而是“某省生源”（往往是本省）。本省不同地区与不同省不同地方之间实际没有太大差别，也许这种限定是为了吸引本省人才回流，限制本地人才外流。但是如果能引进外地更好的人才，这种限定“本省生源”的规定岂不荒谬，而更令人不平的是有的单位在招聘时往往会涉及户口及出生及成长地问题。大城市里长大的才招收，而农村与小城镇里成长的毕业生则被拒之门外。

（3）政治态度的歧视。这种现象可能是我国所独有的，与我国政治体制密切相关。在现实中，一些用人单位（不仅仅是政府部门）在招聘书中声明“党员优先”。诚然，党员在政治立场上、思想深度上会比一般人高。但是在专业技能与水平上并不见得如此。对非政府部门和非党的机构而言，招收毕业生和工作人员不是基于其对党的忠诚，对共产主义理想的信仰，而是其专业知识、能力与本单位、本企业所需要是否匹配。在一个真正思想信仰自由的国家里，政府态度不应当成为就业差别的原因（当然这里排除那种反党、反社会主义，企图颠覆国家、社会制度的极端分子）。

（4）性别歧视。男女就业不平等在我国早已是不争的事实，尽管《宪法》、《劳动法》、《妇女权益保障法》都有明确规定。但近几年在性别歧视中出现了新的情况，即使是高学历的女性也受到了较大的歧视。于是出现“女本科生找不着工作就考研，而女研究生找不着工作就继续考博的怪圈”，这里“女本科生找不着工作”主要是因为性别歧视，而“女研究生找不着工作”除了性别歧视外，还有“年龄歧视”。有些人认为女性研究生毕业一般都二十五六岁，到了该成家的年龄，结婚生子肯定不能专心工作，单位也会支出较大的福利费用，于是“宁要男大专生不要女研究生”，造成教育资源的大量浪费。

（5）学历歧视。学历往往作为证明一个人能力的手段。但是对某些不需太高要求的专业性技能而言，只要能力相当，是不应有差别的。但是现在很多单位盲目追求高学历，导致研究生当大专生用。

此外，随着我国就业形势的日益严峻，社会就业压力大已经不仅仅是单纯的工作难找，而是就业公平无法切实得到保障并逐渐成为社会的关注点。目前社会上出现的“萝卜招聘”和“世袭招聘”，实际上就是通过“量身定做”招聘条件的“内部招聘”。虽然这种招聘都要经过人事部门组织的考试，也认真履行了“逢进必考”的招聘原则，但是这样的“公开招聘”和暗箱操作的“定向招聘”的区别，也仅仅是增加了一个所谓的“正当途径”而已。这种在公开招聘中被曝光存在“一个萝卜一个坑”、因人设岗的违规行为，被公众和媒体戏称为“萝卜招聘”。这种招聘的实质是通过“量身定做”招聘条件和相关特殊程序，必要时甚至采取违法手段（如买通体检机构出示“体检不合格报告”等），将其他所有符合招聘条件的外部人员排除在外的一种“内部招聘”。这样的就业歧视现象如果得不到纠正，公平就业就无法得到保障，更无法彰显社会公平。

2. 人员任用与晋升

企业在人员任用和晋升过程中，也容易出现就业歧视的嫌疑。2013 年 5 月以来，我国媒体报道了一些“火箭提拔”官二代的事件，例如湖南常德市石门县委副书记刘某、湖南湘潭 27 岁的副县长徐某、耒阳“80 后”女副市长王某、广东揭阳 27 岁副县长江某、安徽安庆的年轻县团委副书记常某……稍加梳理便可发现类似事件中一些耐人寻味的现象。“火箭提拔”者的背后往往多有手握权力的父母。那些“火箭提拔”的官员，但凡经过调查，多存在程序问题。国家选贤任能，事关国运兴衰。一出又一出的官二代“火箭提拔”饱受质疑，更严重影响了国家选人用人的公正性，损害了党和政府的公信力。这种在人员任用和晋升过程中出现的歧视，一般不容易判断和受到法律的约束。其根本原因之一是当前的反就业歧视法律对此没有具体详尽的相关规定。

概括来说，企业在人员任用和晋升过程中，容易出现就业歧视的地方主要表现在：

（1）任人唯亲。如果一个企业在任用和晋升人员方面由于某种原因（如家族企业）的确只任用和提拔与管理层具有血缘关系或者亲属关系或者其他具有某种关系的人员，这就是任人唯亲。任人唯亲的实质就是一种就业歧视。此外，对于一个企业来说，由于企业人员资格和任用条件不公开，人员任用和晋升过程不透明，如果所任用和晋升的人员明显与相关领导有着某种关联，很容易让人产生“任人唯亲”的感觉。这种情况的“任人唯亲”很容易被员工投诉就业歧视。

（2）公报私仇。由于某种原因，企业中具有上下级关系的员工之间一旦发生过矛盾和纠纷，当企业出现人员任用和晋升机会时，如果该下级员工自认为符合任用和晋升条件，一旦落选，该员工往往会将其落选的原因归因于其直接主管的“公报私仇”。真正意义上的公报私仇的确是一种就业歧视，但在现实中，这种具有“公报私仇”嫌疑的情形虽然常被投诉为就业歧视，但由于举证等诸多因素的限制而很难被确认为就业歧视。

（3）人格特征歧视。由于某种原因，企业的某些管理者出于个人好恶而对具有某种特征或者性格的员工不喜欢。由于企业的某些管理者对这种员工的不喜欢，无论该员工的工作能力如何强，也无论其工作绩效如何优秀，当企业出现人员任用和晋升机会时，该员工都得不到提拔和重用。这种情况虽然不常见，但确实是一种真正意义上的就业歧视。

3. 劳动合同解除

因经营战略调整、组织重组等客观情况发生重大变化时，企业往往会依法裁减一些员工；员工因个人工作绩效问题经调岗或者培训仍不能改善或者医疗期满而无法恢复工作或者严重违反企业的规章制度等，企业也会依法终止劳动合同。在企业正常与员工依法解除劳动关系的实践中，如果解除劳动合同的必要证据不充足，解除的程序也不规范，一旦被解除劳动合同的员工与其主管过去曾发生过矛盾与纠纷，这种劳动合同的解除也往往会被冠以“公报私仇”而被投诉为就业歧视。企业在经济性裁员过程中，除非所有相关员工均在裁员名单之列，一旦有相关员工被排除在这个裁员名单之外，排除其的理由应该公开、透明并令人信服。否则，企业就会有就业歧视的嫌疑，尤其当被排除者与企业的某些管理层有着某种关系时，这种就业歧视的嫌疑更大。

（二）人力资源管理中如何避免出现就业歧视

很显然，企业在招用人员时，最容易出现就业歧视。因此，加强招聘管理，依法招聘、任用和管理企业所需人才，是企业避免出现就业歧视的根本策略。

1. 企业拟定招聘广告需要注意的事项

企业在草拟招聘广告时应当注意以下几点：第一，内容合法，不含有歧视性内容。有的单位在招聘启事中写道“能喝酒”、“能陪客户跳舞”等用语，还有的单位带有明显的歧视性内容，如性别歧视、身高歧视、民族歧视、不招“乙肝携带者”等内容，这显然是不符合法律规定的。

第二，用词准确。招聘广告中的用词要准确，不能模棱两可、含混不清。如有的单位在招聘启事中写道“具有一定的文化水平”，具体是指大学生还是研究生？搞不清楚，日后很容易产生纠纷。

第三，内容详尽。录用条件可分为刚性条件、柔性条件，比如，职位要求硕士研究生以上学历或者具备中高级专业技术职称，这些都是刚性条件，一目了然。还有一些比如个人品质、责任心、勤劳度、对企业的忠诚度等这些可能需要企业经过一定考核才能得出结论，便是柔性条件。

第四，已明确告知。用人单位制定的录用条件必须告知才能发生法律效力。所以用人单位要特别注意保留好招聘广告或者将录用条件、告知内容写进劳动合同，以便将来有据可查。

2. 对应聘人员情况进行审查时需要注意的事项

企业在对应聘人员情况进行审查时应当注意：第一，身份、学历、资格、工作经历等信息是否真实。根据《劳动合同法》第八条规定："用人单位有权了解劳动者与劳动合同直接相关的基本情况，劳动者应当如实说明。"需要指出的是，这里指的是"与劳动合同直接相关"的基本情况，与劳动合同没有关系的情况用人单位无权了解。第二十八条规定："即使是因为劳动者存在欺诈，致使劳动合同无效的，用人单位也要支付劳动报酬。"企业依法了解与工作相关的个人信息并不构成就业歧视。

第二，是否有潜在疾病、身体缺陷等。一般来说，求职者一旦通过面试，在正式到企业报道之前，体检是一个必要的环节。但是，按照《就业促进法》及其他法律的相关规定，除非求职者的潜在疾病、身体缺陷等对其求职的工作职位的履行有着直接的影响，否则，以此为由而拒绝该求职者明显构成就业歧视。因此，随着《就业促进法》和《劳动合同法》的颁布实施，许多企业，尤其是知识与技术密集型的企业，都纷纷取消新员工体检这一实施多年的程序。有些企业虽然还在要求新员工进行体检，但体检结果已经不作为是否录用的必要条件了。需要指出的是，坚持体检的企业并非就会有就业歧视的嫌疑。如果企业的性质和相关工作岗位的确需要求职者的身体条件达到一定的要求，这种体检就是合理的，而且企业拒绝身体条件达不到工作岗位要求的求职者不构成就业歧视。例如招聘司机的企业和招聘彩色绘图的企业拒绝有色盲的求职者、招聘播音员的单位拒绝有口吃和发音不准确的求职者等均不构成就业歧视。

第三，是否达到了法定就业年龄。我国的法定就业年龄规定为 16 岁，根据《禁止使用童工规定》的有关规定，用人单位擅自使用童工属于违法行为。因此，限制工作年龄在 16 岁以上并不构成就业歧视。

第四，是否与其他企业签订有未到期的劳动合同。企业在录用新员工时，了解和核实其是否与其他单位的劳动合同已经解除非常重要，也不构成就业歧视。《劳动合同法》第九十一条规定："用人单位招用与其他用人单位尚未解除或者终止劳动合同的劳动者，给其他用人单位造成损失的，应当承担连带赔偿责任。"《违反〈中华人民共和国劳动法〉有关劳动合同规定的赔偿办法》第六条规定："用人单位招用尚未解除劳动合同的劳动者，对原用人单位造成经济损失的，除该劳动者承担直接赔偿责任外，该用人单位应当承担连带赔偿责任。其连带赔偿的份额应不低于对原用人单位造成经济损失总额的百分之七十。"可见，用人单位在招收员工时，应慎重审查终止、解除劳动关系的证明，违规录用尚未解除劳动合同的劳动者，给原用人单位造成损失的，应向原用人单位承担连带赔偿责任。企业在招聘员工时，对于中高层管理人员、技术研发人员等重要职位应特别慎重审查。在必要情况下，为防止劳动者编造虚假的原用人单位，并以该虚假的用人单位出具的离职证明作为解除原劳动关系的证明文件，必要时可要求劳动者提供其社保缴费清单，社会保险机构出具的社保缴费清单将显示劳动者最后一个工作单位。

第五，背景情况调查。一般来说，求职者在通过面试之后，企业往往还会对其过去的经历进行背景调查，以核实求职者所提供信息的真实性。对于对求职者的背景调查，一般需要征得求职者的书面同意（尽管求职者不得不同意），而且背景调查的项目应当仅限于求职者提供给企业的个人简历中所列举出的相关信息，如工作单位及其起始时间、工作职位、上级主管、工作业绩与表现等。对于个人简历所列信息之外的信息（如收入信息），如需调查，需要征得本人同意或者让其直接提供带有真实证据的证明材料，如带有原单位印章的工资单等。

如无特殊情况，一定要在对求职者的背景调查完成之后，再允许新员工报到上班。否则，很容易让求职者产生联想（如恰好其为乙肝携带者）并认为企业对其有就业歧视。

第六，对公司原离职员工的再雇佣问题。对这类员工，企业需要关注他们过去离职的原因及过去工作绩效如何；他们过去在公司离职时是否拿过离职补偿费，有无特殊约定等。了解其过去的工作绩效及过去是否是因工作绩效问题而被公司解除劳动合同，并不构成就业歧视。因为过去如果是因为绩效问题而解除的劳动合同，这个信息已经表明其不能胜任公司的工作，是与工作密切相关的要素，因而不是工作歧视。

3. 在人力资源日常管理中需要注意的事项

为了避免出现就业歧视或者出现“歧视”的劳动纠纷，企业在人力资源管理过程中，应当注意以下事项：第一，人力资源政策的制定要按法律程序进行，并应与全体员工进行公开沟通，尤其人员任用、晋升和裁员的标准应该公开、透明。按照相关法律规定，企业在制定、修改或者决定有关劳动报酬、工作时间、休息休假、劳动安全卫生、保险福利、职工培训、劳动纪律以及劳动定额管理等直接涉及劳动者切身利益的规章制度或者重大事项时，应当经职工代表大会或者全体职工讨论，提出方案和意见，与工会或者职工代表平等协商确定。可见，人员任用、晋升和裁员政策和标准的制定如果没有经过法律程序，人员任用、晋升和裁员的政策和标准如果不进行公开沟通，一旦出现相关的劳动纠纷，企业就必然会处于不利境地，也很容易被员工投诉在人力资源管理中存在着“歧视”。

第二，企业在日常人力资源管理过程中，管理人员应当按照企业的人力资源政策进行日常管理，平等地对待每一名员工。对可能会出现“误会”的情形，例如客观上与上级领导存在同乡关系、校友关系、朋友关系等，在人员任用、晋升或者裁员过程中，更应该公开、透明，必要时还应进行公示，以消除不必要的猜疑，平息可能的“流言蜚语”。

第三，对于一些外企来说，由于劳动力市场等方面存在的巨大差异，其薪资福利政策在不同国家之间存在着一定的差距，外派员工（即与国外公司签订劳动合同）与本地员工在薪资福利待遇上也存在着一定的差距。这种不同国家之间不同的薪资福利政策，并不构成“歧视”，但需要企业的人力资源部门与全体员工进行沟通，使全体员工理解这种“不同”和“差距”。

第二节　聘用意向协议、劳动合同及其管理

劳动合同是劳动者与用人单位确立劳动关系、明确双方权利和义务的协议，是劳动者实现劳动权利和履行劳动义务的一种重要的法律形式。劳动者与用人单位签订劳动合同后，就意味着劳动者自身应该享有的劳动权利和应该履行的劳动义务都被纳入了国家法律管理和保护的体系中，便得劳动者在尽职尽责履行义务的前提下，其个人的合法权益均得到了切实的保护。

一、聘用意向协议

（一）什么是聘用意向协议

聘用意向协议又称聘用意向书，是聘用单位和受聘方在平等自愿的前提下，就工作岗位和职位、薪资福利待遇、劳动合同期限等方面，经友好协商所达成的同意聘用和同意受聘的一个雇佣意向协议。聘用意向协议在我国运用十分广泛，但其情形较为复杂，有些聘用意向协议没有任何法律意义，有的其实就是合同，对用人单位和受聘方双方产生法律约束力。

聘用意向协议是否为合同，即用人单位和受聘方双方之间的聘用合同是否成立，直接决定了用人单位和受聘方双方的责任承担及法律的适用。聘用意向协议中向受聘方发出的信息并不是能够产生法律效力的要约。要约与承诺是合同成立的必经阶段，要约内容必须具体、确定，即要约中应当包括未来可能订立的劳动合同的一些主要条款，这是一项要约能够取得法律效力的必要条件。聘用合同是有偿合同，聘用待遇等事关受聘方的切身利益，是受聘方的主要合同权利，应当为聘用合同的必备条款。聘用合同属于劳动合同，受聘方的主要义务应为提供相应的劳动。

（二）聘用意向协议的特点

基于聘用意向协议的定义，概括来说，聘用意向协议主要有以下几个特点：

1. 不适用于劳动法律性

由于聘用单位和受聘方在签订《聘用意向协议》时，双方此时并没有真正建立起劳动关系，只是通过签订《聘用意向协议》将双方的雇佣意向确定下来。因而《聘用意向协议》不是劳动合同，《聘用意向协议》的约定不受劳动法律法规的约束，而是适用于劳动法律之外的其他相关法律的约束，如合同法及民法等。也就是说，聘用单位和受聘方一旦签订《聘用意向协议》并生效，任何一方停止履行该协议，都应该按照协议中约定的违约责任进行处理，无需经过劳动仲裁等劳动争议诉讼程序。

2. 平等自愿性

聘用单位和受聘方双方在法律上是平等的，双方中任何一方都不能强迫或者胁迫另一方缔结聘用意向协议。聘用意向协议的签订必须是在双方自愿的基础上通过友好协商达成。

3. 约定内容的灵活性

既然聘用意向协议是聘用单位和受聘方在平等自愿的前提下，就工作岗位和职位、薪资福利待遇、劳动合同期限等方面，经友好协商所达成的同意聘用和同意受聘的一个雇佣意向协议，聘用单位和受聘方可以就上述内容进行充分的讨论、协商，只要双方同意，任何与雇佣相关的内容都可以在聘用意向协议中进行约定。

（三）聘用意向协议的主要内容

聘用意向协议的主要内容一般包括聘用单位和受聘方的一般信息、雇佣期限和工作岗位信息、薪资福利待遇信息以及保密协议等特殊约定信息。表 2 -2 -1 就是一份标准的《聘用意向协议》。具体来说，一份聘用意向协议一般包括下列信息：

（1）双方的一般信息，如聘用单位（甲方）的名字、受聘方（乙方）的姓名、性别、民族、出生年月、最高学历、毕业院校及专业、身份证/护照号、联系方式、家庭住址等。

（2）雇佣期限和工作岗位信息，如受聘方的工作职位（工种）、聘用合同期限、工作地点、试用期等。

（3）薪资福利待遇，如受聘方的月工资、奖金、股票、社会保险、住房公积金、商业保险、休息休假等。

（4）保密协议及其他相关约定等信息。

（四）缔结《聘用意向协议》需要注意的问题

对于聘用单位而言，在签订《聘用意向协议》时及之后应当注意：

第一，依法发布的招聘信息，确保没有任何构成就业歧视的招聘信息。

第二，发布的工作岗位信息应该真实、具体。工作岗位发生任何变化，都应及时与受聘方进行沟通，如实告知受聘方相关的工作岗位信息和薪资福利待遇，以免未来发生不必要的争议。

第三，本着诚实守信、认真负责的态度对受聘方进行筛选，慎重确定最终的受聘人选。在签订《聘用意向协议》后，一旦所确定的受聘人选不符合录用条件，不但造成聘用单位人力、物力、财力的巨大浪费（如招聘成本），也是对受聘方的不负责任，除非受聘方是第一次就业和正好处于无工作状态，因为受聘方签署了《聘用意向协议》后，需要在一个月内解除与当前雇主的劳动合同。受聘方一旦从当前用人单位辞职，又被新的聘用单位证明不符合录用条件，受聘方将会处于失业状态，造成一定的经济损失。

第四，在签订《聘用意向协议》后，一旦出现特殊情况而使得聘用单位不能履行该协议，应当及时通知受聘方，使得其停止解除与当前用人单位的劳动合同。如果此时受聘方已经完成与当前用人单位劳动合同的解除，聘用单位应尽最大可能在聘用单位内部进行重新安置并及时与受聘方进行沟通。必要时，对受聘方所造成的经济损失给予一定的补偿。

对于受聘方而言，在签订《聘用意向协议》时及之后应当注意：

第一，本着诚实守信的原则，提供给聘用单位的所有个人信息应当真实、有效，尤其是与工作岗位相关的个人信息一定要真实；

第二，在签订《聘用意向协议》前，一定要与聘用单位进行充分的沟通与讨论，既要坚持自己的既定原则，又要对非原则性问题进行适当的妥协。如果受聘方此时应聘多家聘用单位，受聘方按照自己对聘用单位心仪的程度在心中有个排序。一旦通过聘用单位的筛选，也应当慎重考虑是否同意签订《聘用意向协议》。

第三，一旦做了决定并签订了《聘用意向协议》，就应当认真履行该协议。如果受聘方还接触过其他的聘用单位，受聘方此时应当立即停止与其他聘用单位的应聘过程。

第四，在签订《聘用意向协议》后，一旦出现特殊情况而使得受聘方不能履行该协议，应当及时通知聘用单位并说明理由，不仅让聘用单位理解其难处，还使得其能有机会从其他应聘候选人中确定合适人选。

表 2-2-1　　《聘用意向协议》

聘用意向协议

甲方（聘用单位）：
乙方（受聘人员）：

性别：　　民族：　　出生年月：　　年　月
最高学历：　　毕业院校、专业：
身份证/护照号：　　联系方式：
家庭住址：

甲、乙双方在平等自愿的前提下经友好协商，初步达成本《聘用意向协议》：
1. 乙方担任岗位（工种）：
2. 聘用合同期：从　　年　　月　　日至　　年　　月　　日
3. 工作地点：
4. 薪资待遇
(1) 月薪待遇：　　元/月（税前）
(2) 奖金：
(3) 股票奖励：
5. 福利待遇
(1) 休息休假（如年假及有薪病假）：
(2) 社会保险：
(3) 住房公积金：
(4) 商业保险（如补充医疗保险等）：
6. 试用期：
7. 保密协议：
8. 其他约定：作为聘用您的必要条件，您需要
(1) 如适用，入职时请提供您前一家雇主的离职证明；
(2) 请在入职后三个月内将您的个人档案转入本公司或者本公司指定的人才服务机构；
(3) 如适用，您的背景调查结果证明您所提供的个人信息真实、令公司满意。
9. 本《聘用意向协议》生效的条件：

除非公司特别同意，下列条件中有任何一项发生，则本《聘用意向协议》将自动失效和终止：

（1）拒绝签署本《聘用意向协议》或者自接到本《聘用意向协议》之日起五个工作日，您没有签署并按时交还给公司；

（2）在入职后三十天内，拒绝签订劳动合同以及《保密协议》等相关文件；

（3）在入职后三个月内没有完成个人档案的转入手续；

（4）在没有事先通知和无合理理由的情况下，没有在双方签订的《聘用意向协议》中约定的入职日期到公司办理入职手续；

（5）背景调查结果证明有任何虚假信息。

本《聘用意向协议》表示双方有聘用和求职意向，正式聘用时双方需签订《劳动合同书》。

本《聘用意向协议》一式两份，甲、乙双方各执壹份。

我们相信，我们公司有您的加入，一定会对公司现在和未来的发展发挥重要作用。欢迎加入____________公司！

甲方（聘用单位）盖章：　　　　　　　　　　乙方（受聘人员）签字：

年　月　日　　　　　　　　　　年　月　日

第五，如果需要从前一家聘用单位辞职，应当考虑是否在《聘用意向协议》中约定“聘用单位如果违约终止履行本《聘用意向协议》，应当赔偿因自己接受本《聘用意向协议》必须从当前聘用单位辞职而造成的所有经济损失”等条款，以保护自己的合法权益。

二、劳动合同及其管理

（一）什么是劳动合同

《劳动法》第十六条规定：“劳动合同是劳动者与用人单位确立劳动关系、明确双方权利和义务的协议。建立劳动关系应当订立劳动合同。”

根据《劳动法》关于劳动合同的上述定义，劳动合同具有如下特点：

第一，劳动合同是劳动者与用人单位之间的一个协议；

第二，劳动合同这个协议主要是用于确立劳动者和用人单位双方劳动关系、明确双方权利和义务的；

第三，建立劳动关系应当订立劳动合同。

（二）签订劳动合同应当遵循的原则

《劳动法》第十七条规定：“订立和变更劳动合同，应当遵循平等自愿、协商一致的原则，不得违反法律、行政法规的规定。劳动合同依法订立即具有法律约束力，当事人必须履行劳动合同规定的义务。”《劳动合同法》第十六条规定：“劳动合同由用人单位与劳动者协商一致，并经用人单位与劳动者在劳动合同文本上签字或者盖章生效。”《劳动合同法实施条例》第十一条规定：“除劳动者与用人单位协商一致的情形外，劳动者依照劳动合同法第十四条第二款的规定，提出订立无固定期限劳动合同的，用人单位应当与其订立无固定期限劳动合同。对劳动合同的内容，双方应当按照合法、公平、平等自愿、协商一致、诚实信用的原则协商确定；对协商不一致的内容，依照劳动合同法第十八条的规定执行。”

综上所述，签订劳动合同应当遵循的基本原则为：

1. 合法公平的原则

劳动者与用人单位签订劳动合同时应当遵循合法公平的原则，即劳动者与用人单位双方应当依法、公平地签订劳动合同，签订劳动合同的程序和劳动合同的内容都应合法、公平。

2. 平等自愿的原则

劳动者与用人单位签订劳动合同时应当遵循平等自愿的原则，即劳动者与用人单位双方在法律主体上是独立的、平等的、对等的，是否建立劳动关系应当完全出于双方自愿，任何一方不得对另一方构成强迫、逼迫或者胁迫。换句话说，任何违背双方中任何一方意愿，或者通过强迫、逼迫或者胁迫等违背一方意愿而签订的劳动合同在法律上都是无效的。

3. 协商一致的原则

劳动者与用人单位签订劳动合同时应当遵循协商一致的原则，即劳动者与用人单位在签订劳动合同时，双方需要经过协商，只有在双方协商达成一致时，劳动合同的签订才是合法有效的。换句话说，当劳动者与用人单位在签订劳动合同时，任何一方都不能将劳动合同的条款强加给另一方，而是需要双方的平等协商。只有经用人单位与劳动者协商一致，并经用人单位与劳动者在劳动合同文本上签字或者盖章，劳动合同才生效。

4. 诚实守信的原则

劳动者与用人单位签订劳动合同时应当遵循诚实守信的原则，即劳动者与用人单位双方在签订劳动合同时，应当诚实守信，任何一方都不能故意隐瞒与劳动合同履行密切相关的信息。如果在订立劳动合同的过程中任何一方存在着欺诈行为，另一方都有权立即终止劳动合同，给一方造成重大损失的，有权依法要求另一方给以经济赔偿。

（三）劳动合同的主体

根据《劳动法》（第二条）、《关于贯彻执行〈中华人民共和国劳动法〉若干问题的意见》（劳部发［1995］309 号）（第一至八、十至十二以及十四条）、《劳动合同法》（第二条）以及《劳动合同法实施条例》（第三条）等相关规定，劳动合同的主体为：

1. 适用于劳动法律的用人单位

根据相关劳动法律规定，适用于劳动法律的所有组织称为用人单位，主要包括：（1）在中华人民共和国境内的企业。（2）在中华人民共和国境内的个体经济组织。这里，“个体经济组织”是指一般雇工在七人以下的个体工商户。（3）民办非企业单位，如依法成立的会计师事务所、律师事务所等合伙组织和基金会。（4）实行劳动合同制度的国家机关、事业组织、社会团体。

2. 劳动者

所有年满十六周岁（特殊工种要求至少十八周岁），依法与中华人民共和国境内的企业、个体经济组织、民办非企业单位、国家机关、事业组织、社会团体等组织形成劳动关系、建立劳动合同关系的成年人，均称为劳动者。

按照相关劳动法律规定，下列人员不适用于劳动法律和法规：（1）公务员；（2）比照实行公务员制度的事业组织和社会团体的工作人员；（3）农村劳动者（乡镇企业职工和进城务工、经商的农民除外）；（4）现役军人；（5）家庭保姆等。

此外，对下列特殊人员，企业需要特别注意和对待：

（1）禁止用人单位招用未满十六周岁的未成年人。文艺、体育和特种工艺单位招用未满十六周岁的未成年人，必须依照国家有关规定，履行审批手续，并保障其接受义务教育的权利。

（2）对于在校学习的大中专学生，利用业余时间勤工助学，不视为就业，未建立劳动关系，可以不签订劳动合同。

（3）对于富余人员、放长假的职工，用人单位应与其签订劳动合同，但其劳动合同与在岗职工的劳动合同在内容上可以有所区别。

（4）对于长期被外单位借用的人员、带薪上学人员，以及其他非在岗但仍保持劳动关系的人员，用人单位应与其签订劳动合同，但在外借和上学期间，劳动合同中的某些相关条款经双方协商可以变更。

（5）对于请长病假的职工，在病假期间与原单位保持着劳动关系，用人单位应与其签订劳动合同。

（6）对于党委书记、工会主席等党群专职人员，用人单位应与其签订劳动合同。对于有特殊规定的，可以按有关规定办理。

（7）经理由其上级部门聘任（委任）的，应与聘任（委任）部门签订劳动合同。实行公司制的经理和有关经营管理人员，应依据《公司法》的规定与董事会签订劳动合同。

（8）派出到合资、参股单位的职工，如果与原单位仍保持着劳动关系，应当与原单位签订劳动合同，原单位可就劳动合同的有关内容在与合资、参股单位订立的劳务合同时，明确职工的工资、保险、福利、休假等有关待遇。

（四）劳动合同的主要内容

根据《劳动法》（第十九条）和《劳动合同法》（第十七、十八条）的相关规定，劳动合同的内容主要包括如下条款：

（1）用人单位的名称、住所和法定代表人或者主要负责人；

（2）劳动者的姓名、住址和居民身份证或者其他有效身份证件号码；

（3）劳动合同期限；

（4）试用期；

（5）工作职责、工作内容和工作地点；

（6）工作时间和休息休假；

（7）劳动报酬及福利待遇；

（8）社会保险及补充保险；

（9）劳动保护、劳动条件和职业危害防护；

（10）劳动纪律；

（11）保守秘密；

（12）劳动合同终止的条件；

（13）违反劳动合同的责任；

（14）法律、法规规定应当纳入劳动合同的其他事项。

需要指出的是，在现实的人力资源管理实践中，很多企业一般都将上述第（4）、（5）、（6）、（7）、（8）和（11）条款写进《聘用意向协议》中。在员工进入企业签订《劳动合同》时，员工在正式到企业报到前所签订的《聘用意向协议》，就将作为双方所签订的《劳动合同》的附件和不可分割的一部分，与双方所签署的《劳动合同》具有同等的法律效力，而在双方所签署的《劳动合同》文本的主体内容中对上述内容不再赘述。

（五）劳动合同的期限和类型

根据《劳动法》（第二十条）、《关于贯彻执行〈中华人民共和国劳动法〉若干问题的意见》（劳部发［1995］309号）（第二十至二十二条）、《劳动合同法》（第十二条）和《劳动合同法实施条例》（第十一条）的相关规定，劳动合同期限的类型主要有三种：

1. 固定期限劳动合同

固定期限劳动合同，是指用人单位与劳动者约定合同终止时间的劳动合同。用人单位与劳动者协商一致，可以订立固定期限劳动合同。目前绝大多数企业均与员工签订固定期限劳动合同。签订固定期限劳动合同，当劳动合同到期时，企业可以根据自己业务发展的需要和员工的实际情况决定是否续签劳动合同，而且以劳动合同到期为由解除劳动合同，也是企业单方与员工解除劳动合同最为便捷的方式之一。但签订固定期限劳动合同，也给企业带来了一定的运营成本，因为员工加入企业的时间不同，其劳动合同到期的时间也就不同，需要人力资源运营部门花费一定的人力、物力来管理员工的劳动合同。此外，相对于与员工签订无固定期限劳动合同，签订固定期限劳动合同也不易培养员工对企业的忠诚度。

2. 无固定期限劳动合同

无固定期限劳动合同，是指用人单位与劳动者约定无确定终止时间的劳动合同。用人单位与劳动者协商一致，可以订立无固定期限劳动合同。企业在员工刚加入时就签订无固定期限劳动合同，意味着企业放弃了一种容易与员工解除劳动合同的方式，有利于培养员工对企业的忠诚度，也节省了一定的人力资源管理成本。很显然，签订无固定期限劳动合同非常有利于员工，因为签订无固定期限劳动合同，并不约束员工随时离开企业。

既然签订无固定期限劳动合同有利于劳动者，国家相关的劳动法律法规鼓励企业与员工签订无固定期限劳动合同。按照《劳动法》、《关于贯彻执行〈中华人民共和国劳动法〉若干问题的意见》（劳部发［1995］309号）、《劳动合同法》和《劳动合同法实施条例》的相关规定，企业在下列情形下，劳动者提出或者同意续订、订立劳动合同的，除劳动者提出订立固定期限劳动合同外，应当订立无固定期限劳动合同：

(1) 按照平等自愿、协商一致的原则，用人单位和劳动者只要达成一致，无论初次就业的，还是由固定工转制的，都可以签订无固定期限的劳动合同；

(2) 劳动者在该用人单位连续工作满十年的；

(3) 用人单位初次实行劳动合同制度或者国有企业改制重新订立劳动合同时，劳动者在该用人单位连续工作满十年且距法定退休年龄不足十年的；

(4) 连续订立二次固定期限劳动合同，且劳动者没有《劳动合同法》第三十九条和第四十条第一项、第二项规定的情形，续订劳动合同的；

(5) 用人单位自用工之日起满一年不与劳动者订立书面劳动合同的，视为用人单位与劳动者已订立无固定期限劳动合同。

需要指出的是，签订无固定期限劳动合同，并非意味着企业不可以也无法解除与员工的劳动合同，当企业满足法律所规定的可以解除劳动合同的情形时，企业可以依法解除与员工签订的无固定期限劳动合同。

3. 以完成一定工作任务为期限的劳动合同

以完成一定工作任务为期限的劳动合同，是指用人单位与劳动者约定以某项工作的完成为合同期限的劳动合同。用人单位与劳动者协商一致，可以订立以完成一定工作任务为期限的劳动合同。

当企业出现短期用工或者短期的工作项目时，与员工签订以完成一定工作任务为期限的劳动合同是一个合适的选择。因为企业一旦与员工签订无固定期限劳动合同或者签订固定期限劳动合同，当企业的短期用工结束或者短期工作项目完成时，除了员工自己辞职外，除非与员工协商解除劳动合同或者能够在企业内部进行安置，否则，企业将无法依法解除员工的劳动合同。即使双方协商达成了解除劳动合同的协议，企业也往往要付出巨大的解除劳动合同成本。

（六）无效的劳动合同

1. 什么是无效的劳动合同

根据《劳动法》（第十八条）、《关于贯彻执行〈中华人民共和国劳动法〉若干问题的意见》（劳部发［1995］309 号）（第十六、二十七条）、《最高人民法院关于审理劳动争议案件适用法律若干问题的解释》（法释［2001］14 号）（第十四条）以及《劳动合同法》（第二十六至二十八及八十六条）的相关规定，无效的劳动合同是指所订立的劳动合同不符合法定条件，不能发生当事人预期的法律后果的劳动合同。无效的劳动合同又可以分为全部无效劳动合同和部分无效劳动合同。需要指出的是，劳动合同部分无效，不影响其他部分效力的，其他部分仍然有效。

2. 无效劳动合同的认定

根据上述相关法律规定，在下列情形下，劳动合同无效或者部分无效：(1) 以欺诈、威胁、胁迫的手段或者乘人之危，使对方在违背真实意思的情况下订立或者变更劳动合同的；(2) 用人单位免除自己的法定责任、排除劳动者权利的；(3) 违反法律、行政法规强制性规定的。

需要指出的是，在确认劳动合同是否无效，应由人民法院或劳动争议仲裁委员会最终确认，不能由合同双方当事人决定。

3. 无效劳动合同的处理

根据上述相关法律规定，无效劳动合同的处理方法如下：

第一，被人民法院或劳动争议仲裁委员会确认劳动合同部分无效的，如果不影响其余部分的效力，其余部分仍然有效。

第二，劳动合同被确认无效，劳动者已付出劳动的，用人单位应当向劳动者支付劳动报酬。劳动报酬的数额，参照本单位同期、同工种、相同或者相近岗位劳动者的劳动报酬确定。

第三，劳动合同依照《劳动合同法》第二十六条规定被确认无效，给对方造成损害的，有过错的一方应当承担赔偿责任。

第四，由于用人单位的原因订立的无效合同，给劳动者造成损害的，应当比照违反和解除劳动合同经济补偿的支付标准，赔偿劳动者因合同无效所造成的经济损失。

（七）不签订劳动合同的处理

1. 用人单位不签订劳动合同的处理

根据《劳动法》（第九十八条）、《违反〈中华人民共和国劳动法〉有关劳动合同规定的赔偿办法》（劳部发［1995］223 号）（第二条）、《劳动合同法》（第八十二条）以及《劳动合同法实施条例》（第六条）的相关法律规定，用人单位违反国家相关法律规定，故意拖延或者故意不签订劳动合同，由劳动行政部门责令改正；对劳动者造成损害的，应当承担赔偿责任：

（1）用人单位自用工之日起超过一个月不满一年未与劳动者订立书面劳动合同的，应当依照《劳动合同法》第八十二条的规定向劳动者每月支付两倍的工资，并与劳动者补订书面劳动合同。这里，用人单位向劳动者每月支付两倍工资的起算时间为用工之日起满一个月的次日，截止时间为补订书面劳动合同的前一日。

（2）用人单位违反《劳动合同法》规定不与劳动者订立无固定期限劳动合同的，自应当订立无固定期限劳动合同之日起向劳动者每月支付两倍的工资。

（3）用人单位自用工之日起满一年未与劳动者订立书面劳动合同的，自用工之日起满一个月的次日至满一年的前一日，应当依照《劳动合同法》第八十二条的规定向劳动者每月支付两倍的工资，并视为自用工之日起满一年的当日已经与劳动者订立无固定期限劳动合同，应当立即与劳动者补订书面劳动合同。

（4）造成劳动者劳动保护待遇损失的，应按国家规定补足劳动者的劳动保护津贴和用品。

（5）造成劳动者工伤、医疗待遇损失的，应按国家规定为劳动者提供工伤、医疗待遇外，还应支付劳动者相当于医疗费用 25% 的赔偿费用。

（6）造成女职工和未成年工身体健康损失的，应按国家规定提供治疗期间的医疗待遇外，还应支付相当于其医疗费用 25% 的赔偿费用。

2. 劳动者不签订劳动合同的处理

根据《违反〈中华人民共和国劳动法〉有关劳动合同规定的赔偿办法》（劳部发［1995］223 号）（第四条）以及《劳动合同法实施条例》（第五条）的相关法律规定，劳动者违反国家相关法律规定，故意拖延或者故意不签订劳动合同，用人单位有权解除劳动合同，对用人单位造成损失的，劳动者应当承担相应的赔偿责任。在认定劳动者故意拖延或者故意不签订劳动合同时，需要注意以下两个要素：一是自用工之日起一个月内；二是经用人单位书面通知。

（1）在满足上述两个条件后，即自用工之日起一个月内，经用人单位书面通知后，如果劳动者不与用人单位订立书面劳动合同的，用人单位应当书面通知劳动者终止劳动关系，无需向劳动者支付经济补偿，但是应当依法向劳动者支付其实际工作时间的劳动报酬。

（2）自用工之日起超过一个月不满一年，劳动者不与用人单位订立书面劳动合同的，用人单位应当书面通知劳动者终止劳动关系，但需要依照《劳动合同法》第四十七条的规定支付经济补偿。

（3）如果因劳动者故意拖延或者故意不签订劳动合同而给用人单位造成损失的，劳动者应该按照相关法律规定赔偿用人单位下列损失：第一，用人单位招收录用其所支付的费用；第二，用人单位为其支付的培训费用，双方另有约定的按约定办理；第三，对生产、经营和工作造成的直接经济损失；第四，劳动合同约定的其他赔偿费用。

（八）订立劳动合同时的其他注意事项

1. 订立劳动合同时，用人单位不能收取抵押金和扣押居民身份证等证件

根据《关于贯彻执行〈中华人民共和国劳动法〉若干问题的意见》（劳部发［1995］309号）（第二十四条）以及《劳动合同法》（第八十四条）等的相关法律规定，在与劳动者签订劳动合同建立劳动关系的过程中，用人单位以任何形式向劳动者收取定金、保证金（物）或抵押金（物），如扣押劳动者居民身份证等证件、以担保或者其他名义向劳动者收取财物等，均为违法行为：

（1）用人单位在与劳动者订立劳动合同时，不得以任何形式向劳动者收取定金、保证金（物）或抵押金（物）。对违反以上规定的，应按照劳动部、公安部、全国总工会《关于加强外商投资企业和私营企业劳动管理切实保障职工合法权益的通知》（劳部发［1994］118号）和劳动部办公厅《对“关于国有企业和集体所有制企业能否参照执行劳部发［1994］118号文件中的有关规定的请示”的复函》（劳办发［1994］256号）的规定，由公安部门和劳动行政部门责令用人单位立即退还给劳动者本人。

（2）用人单位违反《劳动合同法》的相关规定，扣押劳动者居民身份证等证件的，由劳动行政部门责令限期退还劳动者本人，并依照有关法律规定给予处罚；

（3）用人单位违反《劳动合同法》的相关规定，以担保或者其他名义向劳动者收取财物的，由劳动行政部门责令限期退还劳动者本人，并以每人五百元以上二千元以下的标准处以罚款；

（4）给劳动者造成损害的，应当承担赔偿责任；

（5）劳动者依法解除或者终止劳动合同，用人单位扣押劳动者档案或者其他物品的，由劳动行政部门责令限期退还劳动者本人，并以每人五百元以上二千元以下的标准处以罚款。

2. 订立劳动合同时，用人单位应当查验劳动者的离职证明

《劳动法》第九十九条规定：“用人单位招用尚未解除劳动合同的劳动者，对原用

人单位造成经济损失的，该用人单位应当依法承担连带赔偿责任。”

《违反〈中华人民共和国劳动法〉有关劳动合同规定的赔偿办法》（劳部发［1995］223号）第六条规定：“用人单位招用尚未解除劳动合同的劳动者，对原用人单位造成经济损失的，除该劳动者承担直接赔偿责任外，该用人单位应当承担连带赔偿责任。其连带赔偿的份额应不低于对原用人单位造成经济损失总额的百分之七十。向原用人单位赔偿下列损失：（一）对生产、经营和工作造成的直接经济损失；（二）因获取商业秘密给原用人单位造成的直接经济损失。赔偿本条（二）项规定的损失，按《反不正当竞争法》第二十条的规定执行。”

根据《劳动法》和《违反〈中华人民共和国劳动法〉有关劳动合同规定的赔偿办法》（劳部发［1995］223号）的相关规定，用人单位在招用劳动者、与劳动者订立劳动合同时，除非该劳动者是第一次就业，应当查验该劳动者是否与前用人单位已经解除了劳动合同。否则，该用人单位应当承担连带赔偿责任。因此，用人单位与劳动者在签订劳动合同之前，应当要求劳动者提供其与前用人单位解除劳动合同的“离职证明”。

三、企业如何依法与劳动者建立劳动关系

根据国家相关法律规定，企业在与劳动者建立劳动关系、订立劳动合同的过程中，必须要严格按照相关法律规定和法律程序进行。具体来说，企业应该如何依法与劳动者建立劳动关系呢?

（一）签订《聘用意向协议》，信守协议约定

在达成雇佣意向后，企业和劳动者应当签订《聘用意向协议》，以协议的形式将双方的雇佣意向确定下来。但《聘用意向协议》不是劳动合同，《聘用意向协议》的约定不受劳动法律法规的约束，而是适用于合同法及民法。因此，企业和劳动者一旦签订《聘用意向协议》，双方应当认真履行协议中的相关约定。任何一方停止履行该协议，都应该按照协议中约定的违约责任进行处理。

（二）启动背景调查，严格查验相关雇佣信息

在与劳动者签订劳动合同前，应当认真查验劳动者如下相关信息：（1）如果不是初次就业，应当要求劳动者提供其与前雇主的离职证明；（2）劳动者是否与前用人单位签署过竞业限制及竞业限制的期限；（3）劳动者过去是否有过犯罪行为，其犯罪的性质和程度如何；（4）劳动者过去的工作绩效如何（如果劳动者前雇主的工作性质与职位与应聘企业的工作性质与职位相同或相似）。

一般来说，在企业和劳动者双方所签订的《聘用意向协议》中，都会要求劳动者向企业提供上述信息，或者书面同意企业自己或通过第三方背景调查公司对劳动者的上述信息进行核实。并约定，一旦劳动者上述相关信息出现问题，双方所签订的《聘用意向协议》立即失效并终止。

（三）及时签订书面劳动合同，避免在劳动合同签署前开始工作

劳动者一旦到企业报到上班，应当立即与劳动者签订劳动合同。如果因故不能与劳动者在其到企业报到当日签订劳动合同，应当约定签订劳动合同的日期，并在与劳动者正式签订劳动合同之后，才能让劳动者正式开始工作。

在与劳动者签订劳动合同的过程中，需要注意以下几点：

1. 劳动合同的文本

劳动合同的文本一般都由企业提供。劳动合同的文本最好使用当地劳动部门制订的劳动合同文本，其优点是，由于劳动合同文本是由当地劳动部门编制的，其内容和条款的法律效力不容质疑，企业不用担心劳动合同内容和条款存在法律问题。其不足是劳动合同的内容过于一般化、大众化，不能涵盖企业的具体情况和特殊要求。一般来说，小企业往往没有必要也没有能力自己编制一个劳动合同文本，往往倾向于使用当地劳动部门制订的劳动合同文本。

如果企业规模比较大，特殊要求也比较多，也可以根据自己的实际情况和需求，编制一个专门的劳动合同文本。企业在定制自己专用的劳动合同文本时，需要考虑以下几个方面：

第一，劳动合同的内容必须包含相关法律规定的必备条款，如企业的名称、住所和法定代表人或者主要负责人、劳动者的姓名、住址和居民身份证或者其他有效身份证件号码、劳动合同期限、工作内容和工作地点、工作时间和休息休假、劳动报酬、社会保险、劳动保护、劳动条件和职业危害防护以及法律、法规规定应当纳入劳动合同的其他事项；

第二，劳动合同的内容不能与现行的相关法律法规相矛盾、相冲突，更不能有违背法律的条款；

第三，自己编制的劳动合同文本在正式使用前，应当到当地劳动部门进行审批和备案。只有经过当地劳动部门审批并备案的劳动合同文本，才是一个合法有效的劳动合同文本。企业和劳动者未来一旦出现劳动争议，如果该劳动争议涉及双方所签署的劳动合同，这个经过当地劳动部门审批和备案的劳动合同文本就会很容易被法庭采纳，无需证明其法律效力。

2. 当劳动者对劳动合同的内容和条款提出质疑时

由于劳动合同一般都由企业提供，且劳动合同的全部内容和条款都经过了企业内部法律部门或者外部法律部门的审核确认，又经过了当地劳动部门的审核和备案，除了《聘用意向协议》中约定的部分内容外，其他任何内容和条款，适用于企业的所有员工，也不容做任何修改。另一方面，按照相关法律规定，企业和劳动者双方订立劳动合同应当遵循平等自愿、协商一致的原则。也就是说，劳动者有权对劳动合同的任何条款表达自己的意见，并提出自己的修改意见。这样，企业劳动合同内容的不容修改性与劳动者依法有权提出自己修改意见性构成了一对矛盾。

在就业矛盾突出、企业处于强势地位的情况下，解决这一矛盾的最终方法是，劳动者要么放弃自己对劳动合同内容的修改意见，要么放弃这个企业。除非企业劳动合同的相关内容与现行的相关法律法规有抵触，否则企业很少会接纳劳动者的意见调整和修改劳动合同的相关内容。

3. 当企业故意拖延或者故意不签订劳动合同时

尽管相关法律法规有很明确的规定，但还是有些企业故意拖延或者故意不与劳动者签订劳动合同。在这种情况下，劳动者应当主动书面提出与企业签订劳动合同。如果劳动者在企业提供劳动一个月后，企业仍然不与劳动者签订劳动合同，劳动者可以再次书面提出与企业签订劳动合同，或者可以直接到当地劳动监察部门进行投诉并要求依法获得补偿。因为故意拖延或者故意不与劳动者签订劳动合同的企业，劳动者的合法权益很难得到保障，这样的企业还是早些离开的好。

4. 当员工故意拖延或者故意不签订劳动合同时

随着《劳动合同法》的颁布实施以及国家对企业不依法签订劳动合同处罚力度的加大，使得极少数劳动者在特殊的情形下产生了故意拖延或者故意不与企业及时签订劳动合同的动机，如少数劳动者暂时应聘于一些“过渡性”的企业，想以此手段获得双倍的工资。对待这些故意拖延或者故意不签订劳动合同的劳动者，唯一有效的方法是坚持“不签订劳动合同就不能开始工作”这一原则（即在双方所签署的《聘用意向协议》中明确约定），这样，企业既可以避免可能的法律风险，又可以避免造成不必要的经济损失。

（四）建立劳动合同管理制度，加强员工档案和信息的管理

劳动者一旦到企业报到并签订了劳动合同，企业和劳动者之间的劳动关系立即建立。为了避免未来可能出现的法律风险，企业的人力资源部门应当建立起日常的劳动合同管理制度，不断加强对员工档案和员工信息的管理。

1. 企业要对所签署的劳动合同进行定期稽核

劳动合同是劳动者与企业确立劳动关系、明确双方权利和义务的协议。在未来出现劳动争议时，劳动合同对企业和劳动者来说，都是一个非常重要的法律文件。但是，由于劳动法律法规具有倾向于保护劳动者的特点，签署一个不完备的劳动合同（如劳动合同上没有劳动者的签字），对于企业具有更大的法律风险。因此，确保企业和劳动者所签署的劳动合同规范、完整变得尤为重要。因为一旦因劳动合同签署不规范、不完整而被劳动仲裁部门或者人民法院认定是一个无效的劳动合同，其结果往往对企业不利或者往往由企业来承担不利后果。

为了确保所签订的劳动合同规范而完备，企业除了要求办理劳动合同签署的工作人员认真负责并进行核查外，还应该建立一个定期稽核的制度（如每月或每季度稽核制度），由专人按照稽核项目清单，定期对全体员工的劳动合同进行稽核，发现缺项或者不规范签字等问题进行及时补签或者规范性签字，以确保每一个员工都签订了劳动合同，所签订的所有劳动合同都是规范而完备的。在稽核所签署的劳动合同的过程中，应当注意以下几点：

第一，核查是否每一个员工都签订了劳动合同。如果有员工没有签署劳动合同，原因是什么？从员工入职到发现其没有签订劳动合同为止有多长时间？是谁负责协调与该员工签订劳动合同？为什么没有及时跟进而导致这么长时间未与该员工签订劳动合同？该员工已经开始工作了没有？如果已经开始工作了，是谁批准其未签订劳动合同就开始工作的？等等。

第二，核查是否劳动合同的所有附件都已签署。一般来说，《聘用意向协议》、《保密协议》、《竞业限制》、《劳动纪律（或者规章制度）》等往往以劳动合同附件的形式出现，它们与劳动合同一起，构成了劳动合同不可分割的一部分，与劳动合同具有同等

的法律效力。如果签署了劳动合同，但其相关附件没有被全部签署，也将视为该劳动合同签署不完备。而劳动合同的这些重要附件，往往会在未来的劳动争议中发挥着重要作用。任何劳动合同重要附件的漏签，都将会对企业造成重大影响。

第三，核查劳动合同中是否存在漏签的地方。所有劳动合同中的空白项，都要求劳动者进行认真填写。填写应当使用签字笔，书写应当工整、清楚，填写的内容应当真实、详实。为了防止漏签，负责协调劳动合同签署的工作人员可以事先将需要劳动者签署的页码和地方贴上便签，不仅有利于劳动者签署，而且还不容易漏签，便于工作人员及时核查。

在核查劳动合同中是否存在漏签的地方的时候，应当重点核查是否有劳动者的签字和劳动合同签署的日期，尤其是劳动合同中需要劳动者签字的地方是否有劳动者的签字。否则，没有劳动者签字的劳动合同很可能会被认定为无效的劳动合同。

第四，核查劳动者在劳动合同中的签字是否规范和符合法律要求。现在，有一些劳动者，他们的签字越来越“艺术化”，很多签字很难与规范书写的劳动者的名字等同起来；有一些劳动者，由于某种原因给自己起了个外国名字（如英文名字），他们有意或者无意在劳动合同上签署了自己的外国名字；有一些劳动者，虽然他们签的是他们本人的中文名字，但签字很潦草或者书写的是草书而非楷书；还有一些劳动者，虽然他们的签字很规范，也没有签他们的外国名字，但签字使用的是铅笔、圆珠笔而非签字笔（或者钢笔）。这样的签字，在特殊情况下劳动者一旦否认，很可能会被劳动仲裁部门或者人民法院采纳，从而会对企业产生不利影响。因此，在劳动合同的核查过程中注意签字的规范性非常重要。

2. 企业要加强对劳动合同等重要法律文件和资讯的管理

首先，制定企业资讯管理政策。为了加强对劳动合同等重要劳动法律文件和资讯的管理，企业应当制定重要劳动法律文件和资讯管理的相关政策（如企业资讯管理政策），将企业的重要文件和资讯按国家相关政策和保密程度进行分类，规定企业不同密级的文件和资讯需要保存的时间长度和保存的方式。对于所有接触企业保密信息的员工，要求他们必须签订保密协议（实际上，大多数企业都要求全体员工在入职时必须签订保密协议），并定期提醒他们按照企业的相关规定管理保密信息。

其次，建立劳动合同借阅管理制度。由于种种原因，或者员工手中的那份劳动合同丢失，需要借阅企业手中的那份劳动合同，或者企业管理层由于某种原因需要借阅劳动合同，企业的人力资源部门应当建立其员工个人档案（包括劳动合同）借阅制度，对所有借阅的劳动合同等重要法律文件进行登记，管理好借阅记录，并按规定将借阅出去的劳动合同等重要法律文件及时催要回来。

第三，如果条件允许，企业应当对劳动合同等重要的劳动法律文件和资讯进行终生保存。对那些按照相关政策和规定已经失效和过了保存期的文件和资讯，也要定期进行处理，以保证企业资讯管理合规和有效。

第三节　试用期及其管理

一、什么是试用期

试用期是伴随着《劳动法》的出台而出现的。《劳动法》规定，劳动合同可以约定试用期，但最长不得超过六个月。那什么是试用期呢？

（一）试用期的含义

《关于贯彻执行〈中华人民共和国劳动法〉若干问题的意见》（劳部发［1995］309号）第十九条规定："试用期是用人单位和劳动者为相互了解、选择而约定的不超过六个月的考察期。一般对初次就业或再次就业的职工可以约定。在原固定工进行劳动合同制度的转制过程中，用人单位与原固定工签订劳动合同时，可以不再约定试用期。"由上可知，试用期是一个考察期。所谓考察期，是用人单位和劳动者为相互了解、选择而约定的时期。在这个时期内，用人单位和劳动者双方都有权根据自己对对方的满意程度做出是否继续履行劳动合同的决定。也就是说，在试用期中，双方的劳动关系还处于"非正式"状态，企业对员工进行思想品德、劳动态度、实际工作能力、身体情况等进行进一步考察，考核其是否合格的时间期限，员工对企业是否符合自己期望进行了解的期限。对于劳动者来说，应该要特别重视试用期，并在试用期期间展示出自己对工作岗位的胜任能力。有些劳动者对试用期不重视，没有在试用期展示出自己对工作岗位应有的胜任能力，结果被用人单位证明不符合录用条件。当用人单位已经决定解除劳动合同时才醒悟过来，但此时已为时晚矣。

在劳动合同中约定试用期，一方面可以维护企业的利益，为每个工作岗位找到合适的员工。从某种意义上说，试用期是法律赋予企业选择员工的一项特殊权利。企业在录用一名员工时仅仅是通过面试的方式或者劳动者自己提供的一些书面材料来判断其工作的经验和能力，因此，法律规定企业有权在签订劳动合同时约定一定期限的试用期，以便企业更好地考察员工是否符合录用条件。从这个意义上说，试用期就是供企业考察新员工是否适合其工作岗位的一项制度，给企业考察员工是否与录用要求相一致的时间，避免企业遭受不必要的损失。另一方面，可以维护新招收员工的利益，使被录用的员工有时间考察了解企业的工作内容、劳动条件、劳动报酬等是否符合劳动合同的规定。在劳动合同中规定试用期，既是订立劳动合同双方当事人的权利与义务，同时也为劳动合同其他条款的履行提供了保障。

在实际的劳动用工过程中，滥用试用期侵犯劳动者权益的现象还时有发生，包括什么样的劳动岗位需要约定试用期，约定多长的试用期，以什么作为参照设定试用期等，实践中比较混乱。企业通常不管是什么性质、多长期限的工作岗位，也不管有没有必要约定试用期，一律约定试用期，只要期限不超过《劳动法》规定的六个月即可，用足法律规定的上限。有的企业与员工签订一年期限的劳动合同，其中半年为试用期；有的生产经营季节性强的企业甚至将试用期与劳动合同期限合二为一，两者的期限一样长，试用期到了，劳动合同也到期了；有的员工在同一企业往往被不止一次约定试用期，换一个岗位约定一次试用期。试用期问题是劳动合同立法中劳动者意见最多的问题之一。

（二）试用期的主要特点

基于试用期的定义，试用期具有如下特点：

1. 试用期是一个约定的条款

试用期是一个约定的条款，如果双方没有事先约定，企业就不能以试用期为由解除劳动合同。劳动合同双方当事人（企业和劳动者）必须就试用期条款充分协商，取得一致，试用期条款才能成立。合同是双方当事人意思表示一致的结果，是在互利互惠基础上充分表达各自意见，并就合同条款取得一致后达成的协议。因此，任何一方都不得凌驾于另一方之上，不得把自己的意志强加给另一方，更不得以强迫命令、胁迫等手段签订劳动合同试用期条款。

需要指出的是，劳动合同是不是必须要约定试用期？既然《劳动合同法》中有试用期的规定，如果在劳动合同中不约定试用期，违法吗？按照相关法律，试用期的约定，对于企业来说，是一种权利，而不是义务。所以，如果企业认为没有约定试用期的必要，当然可以不约定试用期。同样，约定试用期，对员工来说，也是一种权利，而非义务。当企业与员工都主张自己的权利时，企业主张不约定试用期，员工主张约定试用期，怎么解决这个问题？两者的行为都是合法的，都在合法地行使法律所赋予的权利，那么在合法的基础上，劳动合同又具有合同的性质，必须双方协商一致，方能生效。所以如果真的出现企业主张不约定试用期，员工主张约定试用期，解决的方法只能由双方去协商、去沟通、去做思想工作，由双方协商解决，法律不作干涉。如果协商不成，则只能罢签劳动合同。

2. 劳动者在试用期间应当享有全部的劳动权利

相关劳动法律限定了试用期的约定条件，劳动者在试用期间应当享有全部的劳动权利。这些权利包括取得劳动报酬的权利、休息休假的权利、获得劳动安全卫生保护的权利、接受职业技能培训的权利、享受社会保险和福利的权利、提请劳动争议处理的权利以及法律规定的其他劳动权利。此外，劳动者在试用期间还享有包括依照法律规定，通过职工大会、职工代表大会或者其他形式，参与民主管理或者就保护劳动者合法权益与企业进行平等协商的权利。用人单位对劳动者不能因为试用期的身份而加以限制，与其他劳动者区别对待。

3. 试用期包括在劳动合同期限内

劳动法律明确规定，试用期包括在劳动合同期限内。也就是说，不管劳动合同双方当事人订立的是一年期限的劳动合同，还是三年、五年期限的劳动合同，如果约定了试用期，劳动合同期限的前一段期限（比如可能是三天、五天或者一个星期，也可能是一个月或者两个月）是试用期，试用期包含在整个劳动合同期限内。相关劳动法律禁止用人单位不订立劳动合同而单独约定试用期。

试用期是劳动合同期限的组成部分。劳动合同仅约定试用期的，试用期不成立，该期限为劳动合同期限。换句话说，试用期是劳动合同期限的一部分，只不过这一时期主要用于考察彼此对对方是否满意，是法律给用人单位和劳动者再一次机会决定是否继续履行双方所签署的劳动合同。

试用期的长短取决于劳动合同期的长短。

4. 劳动合同双方当事人权利义务的大体平等

相关劳动法律关于试用期的规定体现了劳动合同双方当事人权利义务的大体平等。如关于劳动合同的解除中规定，劳动者在试用期内可以通知企业解除劳动合同；劳动者在试用期期间被证明不符合录用条件的，企业也可以解除劳动合同。

（三）试用期与实习期

试用期不同于实习期。实习期是指大中专院校为在校学生安排的了解社会和生活、锻炼和提高自身素质等的一个社会实践活动时期。两者的主要区别为：

第一，当事人的身份不同。处于试用期中的自然人一方只能是劳动者；而处于实习期间的自然人一方是在校学生。

第二，权利义务关系不同。试用期的当事人双方存在着劳动关系，企业对劳动者承担无过错责任，与劳动者共同履行缴纳社会保险费用的义务，向劳动者支付的工资报酬不得低于当地最低工资标准。而学生实习所在的单位对于实习学生，不承担无过错责任，不须执行最低工资标准。

第三，主体间的关系依据不同。企业与劳动者，包括在试用期的权利义务关系由《劳动合同法》及其相关规定进行规范，如劳动合同期限在三个月以内的，不得约定试用期，劳动合同期限在三个月以上一年以内的，试用期不得超过一个月；劳动合同期限在一年以上三年以内的，试用期不得超过两个月；劳动合同期限在三年以上的固定期限劳动合同和无固定期限劳动合同，试用期不得超过六个月。

第四，当事人的目的不同。在试用期间，主要体现企业目的，即为了得到满足企业需要的人力资源；在实习期间，对于实习学生所在的单位来讲，学生的实习活动，和劳动者的生产经营活动有相同或相似之处，但在目的上有本质的不同，学生实习活动主要体现的是学校与学生的共同目的，是为了提高实习学生的自身素质。

（四）试用期与见习期

按照国家相关规定，对于新就业的大学生来说，存在着见习期问题。在现实的劳动用工实践中，有的企业只规定了见习期，而不执行试用期，薪酬标准执行国家有关见习期待遇的统一标准。而有些经济实力较强的欧、美企业，则不采用见习期，只采用了试用期。还有一些国有企业是两种形式并存。但是，对于应届毕业生的转正定级，各个企业都严格执行，这样做的优点是便于员工的有序流动，同时也增加了企业的凝聚力，达到留住优秀人才的目的。另外，企业要多在管理制度上下功夫，运用合理的规章制度来规范员工的行为，将合适的人才配备到合适的岗位上，避免人才的浪费，见习期与试用期的矛盾是能够解决好的。

那么什么是见习期？见习期与试用期有什么不同？根据国家相关规定，用人单位招收应届毕业生后，原则上都要安排见习，大专、本科见习期期限为一年，研究生则没有见习期。对入学前已从事一年以上有关专业实际工作的，经所在单位批准，可免去见习期。见习期满如果合格，则为该劳动者办理转正手续，为其评定专业职称，聘任相应职务，确定工作岗位。如果见习期满，达不到见习要求的，可延长见习期半年到一年，或者降低工资标准；表现特别不好的，可予以辞退，由学校重新分配。可见，见习期是用人单位对应届毕业生进行业务适应及考核的一种制度，不是劳动合同制度下的概念，而是人事制度下的做法。

原劳动部在1996年全面实行劳动合同制时也以复函的形式规定，“关于见习期与试用期，大中专、技校毕业生新分配到用人单位工作的，仍应按原规定执行为期一年的见习制度，见习期内可以约定不超过半年的试用期。”

在实行劳动合同制度后，见习期制并没有被废除，而是与试用期共同存在。这样就出现了有些用人单位要求毕业生有一年的见习期。还有一些用人单位，既规定了见习期，又规定了试用期，并且把试用期作为见习期的一部分。

由于法律法规对见习期内的权利义务没有具体的规定，因此，见习期与现行的劳动合同制确实有不相适应之处。不少业内人士已经提出，见习期制度应尽早明确废除。如果用人单位既规定了见习期，又规定了试用期，则在试用期内执行《劳动合同法》有关试用期的规定，试用期结束后的见习期内，按人事部及高等院校关于见习期的规定执行。

企业与应届毕业生是以劳动合同的形式确定双方的劳动关系，明确双方的权利和义务，双方应遵守劳动合同的约定。“试用期”的约定不可一概而论约定好还是不约定好，应该结合企业特点和实际情况来选择。正确的做法是在接收毕业生前，严格考察接收对象的综合素质，加强接收后的培训使用，尽量减少应届毕业生的流失。对于准备长期培养使用的应届毕业生，企业可以不约定试用期，但应该在薪酬制度上针对应届毕业生做相关规定。以北京、上海为例，不可否认的是，有部分应届毕业生为达到户口迁移、暂时落脚等目的，在一开始就已经打算办理完毕相关手续后违约走人，这对用人单位来讲损失是比较大的，虽然在劳动合同中约定了违约金，但是如果约定了试用期，对方在试用期内提出解除劳动合同，依照有关规定，用人单位难以执行收取违约金的约定。

概况来说，见习期和试用期两者的主要区别为：

第一，从功能上看：设立见习期是企业便于对劳动者熟悉业务、提高技能的教育和培训，其主要功能是学习；而试用期强调的是相互了解、选择，认定彼此是否适应，其功能是评判。

第二，从适用对象上看：见习期仅适用于首次参加工作的劳动者（一般为毕业的学生）；而试用期对变更工作后的劳动者同样适用。

第三，从适用上的不利后果看：企业可以对表现特别不好的见习生退回学校，由学校重新分配；而对于处于试用期的员工则是解除劳动合同。

二、试用期的主要内容

（一）试用期期限及其确定

根据《关于贯彻执行〈中华人民共和国劳动法〉若干问题的意见》（劳部发［1995］309号）（第十九条）、《劳动法》（第二十一条）、《劳动部关于实行劳动合同制度若干问题的通知》（劳部发［1996］354号）（第三条）以及《劳动合同法》（第十九条）的相关法律规定，考虑到法律的溯及力等问题，概括起来，试用期期限及其长度确定的规定如下：

1. 试用期的期限最长不能超过六个月

根据相关法律规定，六个月是试用期的最大长度。也就是说，用人单位与劳动者约定的试用期最长是不能超过六个月的。因此，对于签订固定期限劳动合同的用人单位而言，其约定的劳动合同期限越短，试用期的期限相应也就越短。

2. 试用期期限的确定规则

劳动合同期限三个月以上不满一年的，试用期不得超过一个月；劳动合同期限一年以上不满三年的，试用期不得超过二个月；三年以上固定期限和无固定期限的劳动合同，试用期不得超过六个月。

3. 不能约定试用期的情形

按照相关法律规定，用人单位不能约定试用期的情形主要包括：

（1）以完成一定工作任务为期限的劳动合同或者劳动合同期限不满三个月的，不得约定试用期。

（2）劳动者在同一用人单位发生工作岗位、工作职位、工作地点等变化时，不得再次约定试用期。

（3）非全日制用工，不得约定试用期。

4. 试用期可以约定的次数

根据上述相关法律规定，概括来说，同一用人单位与同一劳动者只能约定一次试用期。

一般来说，用人单位只能对初次或者再次就业的劳动者约定试用期。换句话说，如果劳动关系没有间断，无论劳动者的工作岗位如何变换，一个劳动者在同一个用人单位只能有一次的试用期。由于我国的特殊情况，一些国营企业在原固定工进行劳动合同制度的转制过程中，用人单位与原固定工签订劳动合同时，可以不再约定试用期。

（二）劳动者在试用期的待遇

根据《劳动合同法》（第二十条）和《劳动合同法实施条例》（第十五条）的相关法律规定，概括来说，劳动者在试用期内，其薪资福利待遇如下：

1. 工资不得低于本单位相同岗位最低档工资 80% 或者劳动合同约定工资的 80%，并不得低于用人单位所在地的最低工资标准。

2. 试用期的福利与通过了试用期的员工的福利待遇相同。按照相关法律规定，试用期包含在劳动合同期限内。而在劳动合同期限内，用人单位为劳动者办理缴纳社会保险等是法定义务。除了社会保险外，用人单位现行的其他所有福利项目，都与通过了试用期的员工的福利待遇一样。

此外，劳动者在试用期间应当享有全部的劳动权利。这些权利包括取得劳动报酬的权利、休息休假的权利、获得劳动安全卫生保护的权利、接受职业技能培训的权利、享受社会保险和福利的权利、提请劳动争议处理的权利以及法律规定的其他劳动权利。还包括依照法律规定，通过职工大会、职工代表大会或者其他形式，参与民主管理或者就保护劳动者合法权益与用人单位进行平等协商的权利。不能因为试用期的身份而加以限制，与其他劳动者区别对等。

值得一提的是，现在越来越多的用人单位对劳动者执行试用期与通过试用期后一样的薪资待遇。也就是说，无论劳动者是否在试用期内，用人单位均按照劳动合同约定的薪资福利待遇。用人单位的这一做法，其目的主要是为了吸引和留住其渴求的人才，体现出以人为本、平等待人的企业文化。

（三）在试用期可以解除劳动合同的情形

根据《劳动法》（第二十四条）、《劳动合同法》（第二十一、三十六、三十九条）以及《劳动合同法实施条例》（第十八、十九条）的相关规定，概括来说，在试用期内，可以解除劳动合同的情形主要有：

1. 劳动者可以解除劳动合同的情形

（1）劳动者与用人单位协商一致的；

（2）劳动者在试用期内提前三日通知用人单位的。

可见，相关法律对劳动者在试用期解除劳动合同是相当宽松的，不需要劳动者有什么理由，只要求提前三日书面通知用人单位即可。

2. 用人单位可以解除劳动合同的情形

（1）用人单位与劳动者协商一致的；

（2）劳动者在试用期间被证明不符合录用条件的；

（3）符合《劳动合同法》第三十九条和第四十条第一、二项规定的情形的。

在实际的劳动实践中，用人单位根据“劳动者在试用期间被证明不符合录用条件”为由解除劳动合同并非易事。如果用人单位根据“劳动者在试用期间被证明不符合录用条件”为由与劳动者解除劳动合同，需要满足以下几个条件：

（1）在聘用劳动者时与劳动者就录用条件进行过充分的沟通，劳动者在入职用人单位时签署了该“录用条件”；

（2）用人单位在试用期内有充分的证据证明劳动者不符合录用条件；

（3）用人单位在依法作出解除劳动合同决定时，劳动者仍在试用期内。

需要指出的是，在用人单位依法作出在试用期解除劳动合同决定时，如果此时劳动者出现患病或者非因工负伤，在规定的医疗期内的，或者女职工在孕期、产期、哺乳期的，尽管法律并没有约束用人单位不可以立即解除劳动合同，但劳动者的这些情形很容易博得劳动仲裁员和法官的同情，而一旦劳动者将自己没有符合录用条件归因于这些情形，便使得用人单位的证明“劳动者不符合录用条件”的证据变得不够充分。因此，在这种情况下，用人单位最好与劳动者通过友好协商解除劳动合同。如果与劳动者通过协商达不成解除劳动合同的协议，用人单位还可以暂时“中止”与劳动者的劳动合同，待劳动者的这些情形消失后，用人单位仍有充分的证据证明劳动者“不符合录用条件”，而此时劳动者仍然处在试用期内，用人单位可以依法解除劳动者的劳动合同。

3. 劳动者在试用期期间，用人单位不可以解除劳动合同的情形

（1）用人单位出现《劳动合同法》第四十条第三项规定的情形的。

（2）用人单位出现《劳动合同法》第四十一条规定的情形的。

需要指出的是，尽管法律有此规定，但在现实的劳动实践中，由于市场竞争的日趋

激烈，用人单位往往因不断调整自己的经营战略而不得不做出裁员的决定。由于裁员涉及整体业务部门的调整，此时该业务部门中仍处于试用期的新员工必然在裁员之列。在这种情况下，用人单位一方面可以在组织内部积极对他们进行重新安置。如果单位内部无法安置，最好通过协商一致解除劳动合同，尽量避免采取单方裁员的方式解除劳动合同。

（四）用人单位违反试用期规定的处罚

根据《劳动法》（第九十八条）和《劳动合同法》（第八十三条）的相关规定，概括来说，用人单位违反试用期规定的处罚主要有：

（1）用人单位违反相关法律规定的条件解除劳动合同或者故意拖延不订立劳动合同的，由劳动行政部门责令改正；对劳动者造成损害的，应当承担赔偿责任。

（2）如果用人单位违法约定试用期，由用人单位以劳动者试用期满月工资为标准，按已经履行的超过法定试用期的期间向劳动者支付赔偿金。如果用人单位在试用期内违法解除与劳动者的劳动合同，应支付给劳动者双倍的经济补偿或者恢复劳动者的劳动关系，对劳动者造成损害的，应当承担赔偿责任。

（3）用人单位违反法律规定与劳动者约定试用期的，由劳动行政部门责令改正；违法约定的试用期已经履行的，由用人单位以劳动者试用期满月工资为标准，按已经履行的超过法定试用期的期间向劳动者支付赔偿金。

三、企业试用期管理

在实际的劳动实践中，企业侵犯试用期劳动者合法权利的事情时有发生。为了更好地保护劳动者的合法权益，一方面，国家有关法律法规对设定试用期作出了若干条限制性规定，以规范企业的试用期用工实践；另一方面，在试用期内，《劳动法》赋予了劳动者特权，即劳动者享有对劳动合同的任意解除权。哪怕企业与劳动者约定了服务期，但是当两者重合时，要优先适用试用期的规定。也就是说，在这段时间内，劳动者仍然可以随时解除劳动合同，企业无权加以阻挠。因此，对于一个守法的企业来说，无疑需要认真对待试用期，加强对试用期的管理，使得试用期也能为企业发挥吸引人才和留住人才的作用。而对于劳动者来说，也要在试用期管理好自己，使自己能够平稳地渡过试用期，并通过试用期更好地了解企业、适应企业并找到发挥自己才干的真正舞台。

（一）企业应该如何管理好试用期

1. 企业试用期的违法表现

试用期是劳动关系确立的初始阶段，是依法签订劳动合同并经双方充分协商一致同意后的合同条款，是企业与劳动者相互考察、了解和熟悉的劳动用工过程，是企业与劳动者均可以依法解除劳动关系而包含在劳动合同期限内的特殊时期，具有法律约束力，需劳资双方共同遵守，任何一方违背都应承担法律责任。但是，由于种种原因，企业往往在试用期上有违法表现。

（1）约定试用期过长。有的企业只签订了为期一年的劳动合同，却约定试用期为三个月，甚至有的为六个月。从表面来看，这种做法似乎是企业的用工自主权，试用期包括在劳动合同期内，也经双方协商一致，双方都有选择的余地，但实际上试用期超过了有关法律规定。

（2）随意解除劳动者。有的企业招聘劳动者在试用期结束后，以各种理由辞退了劳动者，因为试用期的工资低甚至不发工资，这些企业实际上是在赚廉价劳动力。例如，一些商场在销售黄金期到来之际大量招聘营业员，而等销售黄金期一过，就以试用期不合格为由辞退。一些房地产公司和广告公司在用人之际，也会利用“试用期”的幌子使用廉价劳动力。一些从事药品、保健品、化妆品的销售公司也往往借设办事处之名，以高薪招聘“市场部经理”或“业务经理”，引来众多的应聘者，有的应聘者熬过试用期，公司却借口考核不过关，一纸通知让其走人，应聘者也是当了一回廉价劳动力。

（3）不为劳动者办理社保。《劳动法》第七十二条规定：“社会保险基金按照保险类型确定资金来源，逐步实行社会统筹。用人单位和劳动者必须依法参加社会保险，缴纳社会保险费。”从劳动法该条的规定，可以确定只要建立了劳动关系就应当依法参加社会保险，缴纳社会保险费。《劳动部关于实行劳动合同制度若干问题的通知》（劳部发［1996］354号）第三条规定，试用期包括在劳动合同期限中，也就是说，试用期同样属于劳动关系的存续期间，因此，试用期内企业也应当为员工缴纳社会保险费。《劳动合同法》也有类似规定。但是，有的企业以试用期是考察期或者试用期内没有正式建立劳动关系为由，不给劳动者缴纳社会保险费（如养老、失业、医疗、生育、工伤保险）和住房公积金等。

（4）试用期内工资低于当地的最低工资标准。企业和劳动者当事人双方关于试用期的待遇必须依法约定，不得违反法律关于法定劳动标准（如最低工资）的规定。因为法定劳动标准乃属法律强制性规定的范畴，不能由当事人通过约定予以改变。实践中，有些企业根本就没有注意到这些法律原则，约定的试用期内工资低于当地的最低工资标准。这是违反法律规定的，也构成了对劳动者合法权益的损害。

（5）使用一段时间后再订立劳动合同。有的企业在与劳动者建立劳动关系之时，不与劳动者订立书面劳动合同，在劳动关系存续了一定期间后，方与劳动者订立书面劳动合同，而将订立劳动合同前的这一期间作试用期对待。有的企业则事先单独与劳动者订立一份试用期合同，在试用期间届满后再与劳动者订立所谓“正式”的劳动合同。有的企业虽然也将试用期约定在劳动合同期限之内，但是却违反关于试用期不得超过最长期限的规定，使得约定的试用期超过相应劳动合同期限所允许的最长期限。

（6）单独订立试用期合同。企业与劳动者单独订立试用期合同，其实质是将应当包含在劳动合同期限之内的试用期人为地分离出来，使得试用期与劳动合同期限成为相互完全独立的两个阶段，这是违反法律规定的。这种做法使得劳动者一方在劳动关系建立之后，对于劳动合同的完整期限究竟有多长时间跨度处于一种无法预知的状态，对于自己的权利无法充分知晓，背离了法律所追求的公平和公正。

2. 企业试用期违法原因分析

（1）理解歧义。我国相关法律对在试用期内当事人双方解除劳动合同规定了较为宽松的条件：劳动者在试用期间被证明不符合录用条件的，企业可以解除劳动合同且不需支付经济补偿金；在试用期内劳动者也可以随时通知企业解除合同。对这一法律规定，有许多企业和劳动者误认为在试用期内，企业和劳动者都有权随时与对方解除合同。这一理解与法律规定相悖，从法律规定的本意来看，试用期内解除劳动合同的权利不是一项对等的权利。对劳动者来说，在试用期内解除合同是一项绝对权利，不附加任何条件；而对企业来说，在行使这项权利时，必须证明劳动者不符合录用条件，否则，不能单方面解除合同。

（2）认识错误。错误认识之一，认为试用期满后才需要签订劳动合同。根据相关法律等规定，试用期应该包括在劳动合同期限中。因此，企业招用劳动者，即使是处于试用期中，也应当依法签订劳动合同；错误认识之二，认为试用期内劳动者不适用最低工资保障制度。原劳动部颁布的《关于贯彻执行〈中华人民共和国劳动法〉若干问题的意见》规定，劳动者与企业形成劳动关系后，试用期间在法定工作时间内提供了正常劳动的，其所在的企业应当支付其不低于最低工资标准的工资。可见，企业支付给试用期劳动者的工资低于当地最低工资标准的，属于违法行为；错误认识之三，认为可以不为试用期劳动者参加社会保险。根据《社会保险法》等规定，企业应依法为职工参加社会保险、缴纳社会保险费，职工包括与企业有劳动关系的所有个人。这表明，试用期劳动者与企业也建立了劳动关系，企业必须依法为其参加社会保险并缴费。企业应当摒弃错误认识，自觉遵守有关试用期劳动者权益保护的法律规定。执法部门应全面正确地掌握劳动保障法律法规对试用期劳动者的保护规定，加大执法力度，切实维护试用期劳动者的劳动合同、工资、社会保险等各项权益，使滥用试用期的企业无违法得利可图，从而自觉规范用工行为。

（3）企业的强势地位。相对于劳动者弱势群体来说，企业由于经济实力强，可以聘请专业的法律人士为自己寻找法律空隙，规避法律风险，损害了劳动者的权益却往往让劳动者很难找到破绽。

（4）监督不力。改革开放以来，强调企业自主权过多，对企业的用工制度的监督特别是对私营企业的用工监督不力，一些监督部门害怕戴上“管卡压”的帽子，不敢行使监督权力，导致一些企业置《劳动法》不顾，任意损害工人的合法权益。

（5）一些地方政府害怕投资者离开。有的地方政府，为了吸引外资，给外商造成良好印象，向劳动行政部门负责人“打招呼”，要求劳动部门不要“得罪”外资企业老板，在发生劳动争议时不是站在公正的立场上处理争议，而是迁就外商，偏袒外资企业，从而损害了员工的利益。

（6）就业岗位的缺乏。当前人才市场总体上供大于求，企业与求职者之间一强一弱的关系比较明显，试用期不签劳动合同，往往是强弱双方初步博弈形成的一个结果。企业为了最大限度降低用工成本，利用求职者急切上岗的心理，在“试用”上要花招，不与求职者签合同，不为其办理养老、失业、医疗等社会保险，并想办法延长试用期限，在试用期快结束时找个借口把求职者一脚踢开。试用期顺理成章地成了“剥削期”。

（7）利益驱动。企业采取“超长”试用期，主要是试用者的待遇一般比正式员工低，企业可以节约用人成本。有的企业为了追逐利润最大化，有时会冒违法之险。有的企业认为，低人工成本是利润最大化的主要途径，于是，尽可能把人员工资压低。

3. 科学管理试用期

（1）在大力倡导“以人为本”的时代，企业要转变观念，在人力资源管理中真正实践“以人为本”理念，并用“以人为本”的理念管理试用期。

结合企业的性质、企业文化、用工实际以及外部劳动力市场的供需情况，企业应当充分利用试用期对新的劳动者的工作能力进行进一步考察，并帮助新员工尽快适应工作环境和进入工作角色。

不同性质的企业会对试用期有不同的处理。一个“以人为本”的企业，其企业文化会体现在人力资源管理的方方面面，包括对待试用期。这样的企业对待在试用期的员工，更多的是如何帮助新员工尽快了解和适应企业的工作环境、组织结构、管理政策、企业文化和工作资源，使新员工能够快速融入到企业这个大家庭中，并在工作中展示出自己的工作能力。相反，一个不注重“以人为本”的企业，其对待试用期员工更多的是考察和筛选，更注重用工成本的控制。

企业所需人才的劳动力市场的供需情况也影响着企业对待试用期的态度。如果企业所需的大部分人才在劳动力市场上比较紧缺，人才竞争比较激烈，企业往往会通过各个环节展示其良好的企业文化，也往往会将试用期打造成一个吸引人才和留住人才的舞台，比如实行试用期与非试用期相同的薪资（即不实行试用期工作制度）、在试用期提供更多高质量的培训项目甚至海外培训项目等。相反，如果企业所需人才在劳动力市场供大于求，企业有很大的空间挑选人才，其在对待试用期问题上会更侧重于对新员工进行考察而非“帮助”他们适应，也往往会实行试用期工作制度。

尽管约定试用期是法律赋予企业的一项权利，只要不违法，企业也完全可以按照法律规定的最低标准来对待新员工，但对试用期员工不同的待遇会产生不同的用工效果。在试用期内，由于《劳动法》赋予了劳动者特权，即劳动者享有对劳动合同的任意解除权，而企业在招聘该员工的过程中又花费了巨大的成本，企业如果不善待新员工，如果有选择和新的工作机会，新员工肯定会离开该企业。这样的结果不仅使企业遭受了巨大的经济损失，而且其“名声”也会传播出去，影响其他劳动者未来选择该企业。可见，企业选择在试用期“苛刻”地对待新员工并非上策，而善待新员工，帮助他们尽快适应工作，平稳渡过试用期才是上策。

（2）制定试用期管理政策和流程，建立“师傅带徒弟”制度，对试用期员工要进行定期反馈。

一个成熟的企业往往都会有很成熟的试用期管理政策和流程。大量劳动实践证明，一个拥有完善试用期管理政策和流程的企业，管理人员和新员工在试用期有章可循，试用期往往会很平稳地渡过，在试用期发生劳动争议案件的几率少之又少。企业成熟的试用期管理制度意味着：第一，企业对每一个工作岗位的招聘都有具体、详实而又操作性强的录用标准以及对该录用条件进行考核的具体指标。第二，这个具体、详实而又操作性强的录用标准会在劳动合同中进行约定，或者作为劳动合同的一个附件在新员工入职时签署入档。第三，企业会有试用期管理操作指南，企业的每一名管理者都会按照该指南要求与流程对新员工的试用期进行管理。第四，企业的人力资源管理系统会定期提醒新员工的直接主管对新员工进行考核，并做好相关文件的存档工作。第五，对新员工在试用期是否胜任工作岗位要求的考核一般采取多资源考核体系（如360度评价方法）而非直接主管一人的评价，以增加考核结果的客观性。第六，如果试用期考核通过，企业的管理层会向新员工发送一封祝贺信，祝贺其顺利通过试用期并预祝今后取得更多成绩；一旦确定新员工不符合录用条件并决定解除劳动合同，解除劳动合同的过程将依照相关法律程序进行。

“师傅带徒弟”是一项能够帮助新员工尽快适应工作和进入工作角色的很好的制度，也是企业成熟的试用期管理的一个例证。其做法是，企业在新员工入职后，除了让新员工参加“新员工入职培训”外，还安排与其工作相同或者曾经在该工作岗位上工作过的有经验的老员工作为“师傅”带一带新员工，分享他们过去在履行该工作职责方面的经验和教训。通过“师傅带徒弟”，新员工往往会少走很多弯路，适应工作环境的能力也会大大提高。

此外，建立定期对新员工进行反馈的制度也非常有利于新员工平稳渡过试用期。一般来说，在新员工入职后，其直接主管在每周都会与新员工进行一对一的对话沟通，对新员工在本周工作职责的完成情况给出直接反馈意见，并针对不足提出改进意见。在每周的一对一沟通过程中，其直接主管还会将企业的工作能力要求与标准、工作所需的资源等方面对新员工进行指导，必要时还安排专门的培训，使新员工在试用期能够出色地履行自己的工作职责。

（3）解雇试用期员工要依法进行。在试用期内，如果新员工确实不符合企业的录用条件，按照相关法律规定，企业又很难提供“确凿”的可解除劳动合同的“证据”（如工作能力和工作态度等软性指标），企业应该与新员工进行友好协商解除劳动合同。如果协商解除不成，企业也应该在获得法律认可的相关理由和证据后依法解除劳动合同。

在劳动实践中，大多企业一般都很难提供确凿的证据证明劳动者“在试用期间不符合录用条件”，因而企业在试用期劳动争议案件中大多败诉。因此，企业在使用劳动合同试用期的问题上，尤其在试用期依法解除劳动合同问题上，应注意做好如下几个方面的工作：第一，在进行招聘人才之前，要根据招聘职位的要求，制定出完整的、具有操作性的录用条件；第二，将具体的录用条件写入劳动合同中，或者把岗位录用标准作为劳动合同附件；第三，对处在试用期内的员工，要注意在工作中随时按录用条件进行考察；第四，发现员工不符合条件时，要及时取得能证明员工不符合录用条件的证据；第五，证明员工不符合录用条件后，若想与其解除劳动合同，要在试用期内解除，否则，拖过试用期后就会带来很多麻烦。

（4）在试用期要处理好各种特殊情况。由于种种原因，新员工在试用期有时会出现一些极端的特殊情况。而在试用期处理好这些特殊情形，是企业进行试用期管理的一项重要工作。

第一，企业有证据证明员工“在试用期间不符合录用条件”，但此时员工在试用期正在患病或非因公负伤，用人单位是否可以与之解除劳动合同？这一问题的实质是企业解除劳动合同是否合法。换句话说，员工在试用期内发生医疗期情形的，企业如有证据证明职工不符合录用条件的，企业是否可以解除职工的劳动合同？认为解除劳动合同属违法行为的主要理由是，根据《劳动法》第二十九条和《劳动合同法》第四十二条规定，由于员工因病而在医疗期内，企业不得解除其劳动合同。认为解除合法的理由是，有效的证据均足以证明员工不符合录用时的要求，根据《劳动法》第二十五条第（一）款规定和《劳动合同法》第三十九条第（一）款的规定，企业可以解除劳动合同，故企业解除劳动合同的行为合法。

实际上，《劳动法》第二十九条及《劳动合同法》第四十二条所规定“医疗期不得解除劳动合同”的限制性规定有特定的对象。该对象就是《劳动法》第二十六条和二十七条以及《劳动合同法》第四十条和四十一条的情形。因此，限制性规定是有条件的，而不是绝对的。“试用期不符合录用条件”的规定属于特别规定，其发生条件是特定的，即“试用期”和“不符合录用条件”，只要符合这两个条件的，企业就可以解除员工的劳动合同，与此同时，“试用期”的规定不属于《劳动法》第二十六条和二十七条以及《劳动合同法》第四十条和四十一条的情形。而劳动部《关于贯彻执行〈中华人民共和国劳动法〉若干问题的意见》（劳部发［1995］309号）第三十条明文规定：“劳动法第二十五条为用人单位可以解除劳动合同的条款，即使存在第二十九条规定的情况，只要劳动者同时存在第二十五条规定的四种情形之一，用人单位也可以根据第二十五条规定解除劳动合同。”因此，只要企业根据事实认定员工不符合录用条件，企业解除与患病员工的劳动合同也是合法的。

需要指出的是，尽管企业依法解除劳动合同是合法的，但可能不合情理，因为员工此时正处于患病状态，很容易博得人们的同情。这时企业与之解除劳动合同容易让人觉得企业“无情”。正确的做法是，企业可以暂时中止与该员工的劳动合同，待员工痊愈后或者过了医疗期后，再与之依法解除劳动合同。此外，企业在解除劳动合同时，还可以适当考虑给员工一定的医疗补助金。

第二，在试用期内，企业发现员工患精神病，是否可以解除劳动合同？关于精神病问题，劳动部办公厅在劳办发［1995］1号文件《对〈关于患有精神病的合同制工人解除劳动合同问题的请示〉的复函》中已做了明确规定：“合同制工人在试用期间患精神病不符合录用条件的，应按劳动部办公厅《关于患有精神病的合同制工人医疗期问题的复函》的规定执行，即企业招用的合同制工人在试用期内发现患有精神病、不符合录用条件的，可以解除劳动合同”。

对于此类情形，与上述患病员工同样也容易博得人们的同情。企业在依法解除劳动合同时可以考虑给予一定的医疗补助金。

第三，员工在试用期内辞职，企业是否可以追索培训费？这一问题的出现，往往是当员工要求调动、解除劳动关系、违约出走时发生。根据1995年10月10日劳动部办公厅《关于试用期内解除劳动合同处理依据问题的复函》（劳办发［1995］264号）的精神，分别不同情况进行处理：

一是审查企业有无追索培训费的权利。企业向劳动者追索培训费，必须持有本单位出资培训职工的费用凭证，这是处理追索培训费争议的前提，否则，无权向劳动者追索培训费。

二是企业出资培训劳动者，劳动者在试用期内要求解除劳动合同，企业不得要求劳动者支付培训费。

三是只有在试用期满，劳动合同期内，劳动者要求解除劳动关系时，企业方可要求劳动者支付培训费用。具体支付办法是：约定服务期的，按服务期等分出资金额，以劳动者已履行的服务期递减支付；没有约定服务期的，按五年服务期等分出资金额，以劳动者已履行的服务期限递减支付；双方对递减计算方式已有约定的，从其约定。

四是企业出资招用劳动者，劳动者在合同期内（包括试用期）与企业解除劳动关系，企业可依法索赔。1995 年 5 月 10 日，劳动部发布《违反〈劳动法〉有关劳动合同规定的赔偿办法》第四条规定："劳动者违反规定或劳动合同的约定解除劳动合同，对用人单位造成损失的，劳动者应赔偿用人单位下列损失：（1）用人单位招收录用其所支付的费用；（2）用人单位为其支付的培训费用，双方另有约定的按约定办理；（3）对生产、经营和工作造成的直接经济损失；（4）劳动合同约定的其他赔偿费用。"在劳动实践中，赔偿额一般还要考虑劳动者违规情节、认错态度、经济承受能力等因素酌情而定。

五是劳动合同期限届满终止劳动关系，企业不得要求劳动者支付培训费。

第四，企业有证据证明员工"在试用期间不符合录用条件"，但此时员工在试用期已经怀孕，企业是否可以与之解除劳动合同？这一问题的实质是用人单位解除劳动合同是否合法。换句话说，员工在试用期内发生女职工"三期"（指孕期、产期、哺乳期）情形的，企业如有证据证明职工不符合录用条件的，用人单位是否可以解除职工的劳动合同？认为解除劳动合同属违法行为的主要理由是，根据《劳动法》第二十九条和《劳动合同法》第四十二条规定，由于女职工在孕期、产期、哺乳期内，用人单位不得解除其劳动合同。认为解除合法的理由是，有效的证据均足以证明员工不符合录用时的要求，根据《劳动法》第二十五条第（一）款规定和《劳动合同法》第三十九条第（一）款的规定，企业可以解除劳动合同，故企业解除劳动合同的行为合法。

实际上，《劳动法》第二十九条及《劳动合同法》第四十二条所规定"女职工在孕期、产期、哺乳期内不得解除劳动合同"的限制性规定有特定的对象。该对象就是《劳动法》第二十六条和二十七条以及《劳动合同法》第四十条和四十一条的情形，因此，限制性规定是有条件的，而不是绝对的。"试用期不符合录用条件"的规定属于特别规定，其发生条件是特定的，即"试用期"和"不符合录用条件"，只要同时符合这两个条件的，企业就可以解除员工的劳动合同，与此同时，"试用期"的规定不属于《劳动法》第二十六条和二十七条以及《劳动合同法》第四十条和四十一条的情形。而劳动部《关于贯彻执行〈中华人民共和国劳动法〉若干问题的意见》（劳部发［1995］309 号）第三十条明文规定："《劳动法》第二十五条为用人单位可以解除劳动合同的条款，即使存在第二十九条规定的情况，只要劳动者同时存在第二十五条规定的四种情形之一，用人单位也可以根据第二十五条规定解除劳动合同。"因此，只要企业根据事实认定员工不符合录用条件，企业解除与处于"三期"内员工的劳动合同是合法的。

需要指出的是，尽管企业依法解除劳动合同是合法的，但可能也不合情理，因为员工此时正处于怀孕状态，很容易博得人们的同情。企业最好通过友好协商解除劳动合同。

（二）劳动者如何平稳地渡过试用期

还有什么比在“试用期”遭到淘汰更叫人难过的呢？失去的不仅仅是工作，更重要的是可能失去对自己的信心和再次寻找工作的勇气。现在许多企业规定的试用期一般为三个月，为企业和劳动者双方提供了解与磨合的机会，要在新的工作岗位上站稳脚跟，就必须在这段时间里，给上司和同事一个良好的印象。

1. 做好入职或上任的准备

到用人单位报到或上任前，如有可能，应对工作岗位职责描述进行细致的研究。结合自己的优缺点制定详尽的行动计划，尽快缩短自己与新岗位要求之间的距离。

2. 尽快了解企业文化

如今，越来越多的企业在新人入职时已不仅仅只做简单的引见，而是往往安排了好几轮的培训等待新人。这些培训帮助员工了解企业的行为规范、福利待遇、可用资源等，更重要的是将企业文化灌输到员工的大脑中。

每个企业都有自己的独特氛围，要熟悉“规则”，而不要凭以前的经验办事。比如，接到找人电话，你会询问来电话者是什么人，以向被找者传送电话的基本信息，也许你在以前的企业都是这样做的，但可能新企业的同事们却不喜欢这种做法，认为应保留个人隐私等。

3. 制定试用期目标，注意第一印象

如可能，为自己制定一个试用期目标。这一工作最好在上任第一周或第二周对工作有了一定了解后完成，并主动向上司报告。上班的第一天，穿着要得体，谈吐自然，给上司、同事留下良好的第一印象。此外，主动编制工作计划。可以每周或两周编制一次，让上司对你的工作安排心中有数，同时也向上司表明你在有计划地开展工作。

4. 踏实做好眼前事

新员工特别是刚毕业的大学生有很高的工作热情，希望得到一份富有挑战性的、激动人心的工作，并希望这份工作能发挥自己的专长、证明自己的能力并获得提升的机会。一些管理专家也认为，企业此时能做的最重要的事情之一，就是争取为新员工提供的第一份工作是富有挑战性的。但是，眼下大多数企业往往不敢赋予新员工更多的责任、更大的权力，而只是提供相对比较简单、并无多大挑战性的工作。现实总是与理想存在着差距，遇到这样那样不如意的事情时，新员工，尤其是刚毕业的新人会轻易产生跳槽的想法。而事实上，蜻蜓点水似地换过几次工作之后才发现，这样那样的问题几乎到哪里都存在。因此，克服浮躁心态，别看轻眼前的工作对于新人来说至关重要。

此外，要尽量量化一些工作。例如，你是一位部门经理，可以将与各部门之间经理沟通的频率定为每周一次等。这样强制性的规定可以避免因工作太忙而疏忽了某项工作。

5. 了解企业对你的真实期待

由于岗位描述相对不具体，从中很难确定企业对你的具体要求。因此，你有必要与上司详细讨论一下你的工作安排和他对你的期望。此外，由于新人对工作需要有一个熟悉过程，在试用期比较容易犯的错误，不是因对某项工作花费了太多的时间和精力而影响了其他工作，就是“眉毛胡子一把抓”，没有使关键工作得以深入开展。因此，应根据工作的性质和领导的意图，将自己工作岗位上的所有职责和接手的工作任务，按轻重缓急确定哪项工作需要优先做，哪项工作可以缓一缓再做，使自己的工作安排得井井有序，做到有条不紊。

6. 注重小节为自己加分

复印机没有纸了，悄悄地给加上；饮水机没水了，主动给送水公司打个电话；准备一块抹布，不指望卫生都由清洁工来搞；早来几分钟、晚走几分钟，最后一个上班车……这些不起眼的小事能给人留下好印象。要学会当听众，每个企业都免不了有说长道短的人。初入新环境，多了解“状况”，多听听当然无妨，但切不可自己妄加评论，以免言多语失。注意锋芒不可太露。在试用期谁都想给企业留下好印象，但过犹不及，要循序渐进，以免面面俱到但又一事无成。不能以自我为中心，如果因为业务不熟悉而犯错，除了承认之外，向上司或是同事请教以免再犯是最好的办法。千万不要犯了错误还给自己找借口。

7. 了解试用期考核重点

新人入职之后，职能部门和人力资源部门便开始对其工作进行考核。职能部门的考核，重点在于其个人的专业水准是否能足以应付所在的岗位要求，而人力资源管理部门则重点考核该职员对新环境的适应能力、人际交往能力、协作能力、表达能力等方面。另外，对于处在管理岗位上的员工，还会重点考察其工作计划能力。

当然，新人的“来历”不一样，企业考核的重点会不同。刚刚步入职场不具备经验的新鲜人，企业会重点看其是否具有培养潜力，是否有积极的工作态度。而对于以前有过工作经验的人，则主要考察其能否很快上手以及工作经验是否属实，其次，还要看其到达新环境后与同事的合作能力。了解了这一点，新人或许就能对如何顺利度过试用期多一些心理准备。

第四节 竞业限制及其管理

竞业限制条款在劳动合同中为延迟生效条款，也就是劳动合同的其他条款法律约束力终结后，该条款才开始生效。

当事人在劳动合同或者保密协议中约定竞业限制条款的，必须同时约定经济补偿的内容。企业应当在终止或解除劳动者劳动合同后，给予劳动者经济补偿。该经济补偿标准、数额由当事人自行约定。在约定竞业限制条款时应当同时约定具体的违约责任的承担方式和内容，但不得再约定解除劳动合同的提前通知期。

竞业限制的约定不得违反法律、法规的规定。

一、什么是竞业限制

（一）竞业限制及其分类

竞业限制又称为竞业禁止或者竞业避让，其概念有广义和狭义之分。广义的竞业限制是指对与特定的营业行为具有竞争性的特定行为予以禁止的制度。其主要特点为：一是禁止的客体是特定的行为；二是被禁止的主体不以特定人为限，不特定的人也包括在内。因此这是对于一般的任何人都加以禁止的制度。例如，商标法上的商标专用权，禁止他人使用其商标；专利法上的专利权，禁止他人侵害其专利；民法和公司法上的企业名称权，禁止他人使用相同或者类似的名称；反不正当竞争法上的不正当竞争行为的禁止。

狭义的竞业限制是指对特定营业具有特定关系的特定人的行为予以禁止的制度，其主要特点是禁止的客体虽然也是特定的行为，但被禁止的主体限于特定的人，而且该特定人须与该特定营业具有特定的法律关系，如委任关系、雇佣关系等等。因此，劳动法律所指的竞业限制是指狭义上的竞业限制（以下如无特殊说明，均指这种狭义的竞业限制），即企业对负有保守企业商业秘密的劳动者，在劳动合同、知识产权权利归属协议或技术保密协议中约定竞业限制条款，即劳动者在终止或解除劳动合同后的一定期限内不得在生产同类产品、经营同类业务或有其他竞争关系的企业任职，也不得自己生产与原单位有竞争关系的同类产品或经营同类业务。限制时间由当事人事先约定，但不得超过二年。

显然，竞业限制是对劳动者择业权加以限制的一种措施，其目的主要是为了保护企业的商业秘密不因劳动者离去而外流，防止劳动者利用其在工作期间掌握的商业秘密从事不正当竞争。此外，竞业限制是基于诚实信用原则而产生的劳动者的基本职业道德要求，也是世界各国在法律及实践中广泛采取的做法。

竞业限制包括法定竞业限制和约定竞业限制。法定竞业限制，是指劳动者基于法律的直接规定而产生的竞业禁止。法定竞业限制主要是对董事、经理等企业的高级管理人员做出的竞业禁止。因为这些主体都是企业的高层领导者，一般都是核心人物，他们易于掌握和接触企业的商业保密事项，为了防止机密外泄，法律必须对其做出竞业禁止规定。例如，《公司法》第六十一条规定，董事、经理不得自营或者为他人经营与其所任职公司同类的营业或者从事损害本公司利益的活动。《合伙企业法》第三十条规定，合伙人不得自营或者同他人合作经营与本合伙企业相竞争的业务。《中外合资经营企业法实施条例》第三十七条第四款规定：“总经理或副总经理不得兼任其他经济组织的总经理或者副总经理，不得参与其他经济组织对本企业的商业竞争。”

约定竞业限制，是指企业与特定的从业人员用合同的方式或者保密协议的方式约定的竞业禁止。约定竞业限制的理论基础是契约自由原则，法律不进行强行规范，但不得违背社会公共利益与法律的禁止性规定。可见，约定竞业限制属于劳动合同约定自治的主要内容之一，约定的竞业限制是依据企业和劳动者在劳动、劳务合同或单独的竞业限制协议（条款），劳动者应当承担的竞业限制义务。涉及此项竞业限制制度的规定目前还不太多，除了《劳动合同法》中的相关规定外，目前相关的规定都是层次较低的部门规章、地方法规、规章等，如劳动部《关于企业职工流动若干问题的通知》（1996 年 10 月 31 日）中的第二项规定、国家科委颁布的《关于加强科技人员流动中技术秘密管理的若干意见》（1997 年 7 月 2 日）中的第七项规定，地方性立法如《上海市劳动合同条例》第十六条、北京市《中关村科技园条例》第四十四条、深圳经济特区《企业技术秘密保护条例》第十七条、珠海市《企业技术秘密保护条例》等规定。

（二）竞业限制的构成

根据竞业限制的定义，竞业限制必须具有两个构成要件：

第一，劳动者必须是原企业的关键人员，即掌握了解商业秘密的人员。关键人员应包括：（1）是企业的技术人员，具体是技术研制、开发、利用人员；（2）是企业的高级管理人员，具体是董事、总监、经理等；（3）是其他人员，如办公室主任、部门经理、档案管理人员等。

第二，新企业与原企业必须是同类且具有竞争关系。只生产经营同类产品而没有竞争关系的企业不形成竞业限制的前提条件。如甲乙两企业虽然生产同一种产品，但甲的产品只能在国内销售，而乙的产品只能销往国外，国内不得销售。此种情况可以认定甲乙两企业不存在竞业限制，因为他们之间不存在竞争关系。

1. 竞业限制的主体问题

一般来说，如果立法对竞业限制的主体问题没有规定，很可能会出现竞业限制的主体范围过宽的现象，从而导致企业不论员工从事何种岗位、是何种文化程度以及是否接触到商业秘密，均一律签订竞业限制协议，那么这种做法就明显不妥。这样，会使用人单位对其利益不会造成威胁和损害的人员也给予了竞业限制，既损害了他们的劳动权利，又支付了不必要的经济补偿，增加了企业的成本。为避免出现这种状况，如果劳动者是一般员工，在工作中不可能也不会接触到企业的商业秘密，则企业无需与员工签订竞业限制协议。企业只选择与那些能接触、了解或掌握企业商业秘密的人员及高级管理人员签订竞业限制协议，就可以达到保护企业核心秘密和经营利益的目的。

《劳动合同法》第二十四条明确规定：竞业限制的人员限于用人单位的高级管理人员、高级技术人员和其他负有保密义务的人员。竞业限制的范围、地域、期限由企业与劳动者约定。

2. 竞业限制的客体范围

竞业限制的同业禁止义务，当今法律是有明确规定的。然而，竞业限制需要员工保密的客体信息范围却没有明确的界定标准。一般认为竞业限制的客体信息范围是有限度的。只有用人单位花费了大量人力、物力所开发的商业秘密（具体包括专有技术、财务信息、企业策划、重大决策、重要投资计划等）、经营效益、业务关系等信息，才是竞业禁止的动因，不能把一般的商业信息、知识技能和经验作为限制对象。国家科委《关于加强科技人员流动中技术秘密管理的若干意见》第七条第二款规定："竞业限制条款一般应包括竞业限制的具体范围，但与竞业限制内容相关的技术秘密已为公众所知悉，或者已不能为本单位带来经济利益或竞争优势，不具有实用性，竞业限制条款自行禁止。"

具体说来，竞业禁止限制的信息范围应该符合以下条件：一是非公知的市场信息。公知的一般商业信息、知识、技能与行业经验属于所有市场主体的公共资源，每个市场主体都平等地享有利用的权利。若将此作为竞业禁止的范围，显然不合情理。只有企业独有的为外界所不知的信息，企业才有必要作为竞业禁止加以限制。一是具有同业竞争优势的信息。具有同业竞争优势的信息又具体体现为权利人采取了防止竞争对手获悉的一定措施，对权利人具有相当的实用性，能为权利人现实地利用，并且能为权利人带来经济利益的实用信息。而相对于竞争对手并无竞争优势，且在竞争对手获悉之后并不对权利人产生任何影响的信息自无作为竞业禁止加以限制的必要。

（三）竞业限制条款及其法律风险

当企业要求员工的保密义务期限长于劳动合同期限时，一般通过竞业限制条款来约束。但是，竞业限制条款严格限定了员工择业权，因此法律做出了很多限制性规定，也为该条款增添了很多产生法律风险的可能。

1. 缺乏经济补偿导致条款无效

相关劳动法律规定，要求劳动者履行竞业限制条款，必须向劳动者支付经济补偿金。一些地方劳动部门还明确规定了补偿金支付的最低标准和支付方式。若企业不支付相应的补偿金，或支付不符合法律规定，都将影响该条款的效力，产生法律风险。

2. 期限过长的法律风险

相关劳动法律严格规定，竞业限制最长不得超过两年，超过期限的竞业禁止约定效力同样受到质疑。

3. 限制就业权的条款无效

竞业限制条款限制的并非是员工的就业权而是择业权。就业权是劳动者的宪法权利，不是任何企业都可以限制的。企业可以限制的仅仅是劳动者再次就业的范围，一般包括地域限制、业务限制、形式限制。若企业企图限制劳动者的就业权将使条款无效。

（四）竞业限制的由来及国家相关规定

竞业限制起源于公司法中的董事、经理竞业禁止制度。目的是为防止董事、经理等利用其特殊地位损害公司利益，各国公司法都规定了董事经理的竞业禁止义务，尤其是西方国家首先建立了董事、经理竞业禁止制度。

我国有关竞业限制的相关法律规定主要有：

（1）旧《公司法》（已废除）第六十一条第一款规定："董事、经理不得自营或者为他人经营与其所任职公司同类的营业或者从事损害本公司利益的活动。从事上述营业或者活动的，所得收入应当归公司所有。"

（2）新《公司法》第一百四十九条第（五）项规定："（董事、高级管理人员不得:）未经股东会或者股东大会同意，利用职务便利为自己或者他人谋取属于公司的商业机会，自营或者为他人经营与所任职公司同类的业务。"

（3）《合伙企业法》第三十条规定："合伙人不得自营或者同他人合作经营与本合伙企业相竞争的业务。除合伙协议另有约定或者经全体合伙人同意外，合伙人不得同本合伙企业进行交易。合伙人不得从事损害合伙企业利益的活动。"

（4）《个人独资企业法》第二十条规定："投资人委托或者聘用的管理个人独资企业事务的人员不得有下列行为：……（六）未经投资人同意，从事与本企业相竞争的业务；（七）未经投资人同意，同本企业订立合同或者进行交易；……"

（5）《刑法》第一百六十五条规定："国有公司、企业的董事、经理利用职务便利，自己经营或者为他人经营与其所任职公司、企业同类的营业，获取非法利益，数额巨大的，处三年以下有期徒刑或者拘役，并处或者单处罚金；数额特别巨大的，处三年以上七年以下有期徒刑，并处罚金。”

（6）国家科委《关于加强科技人员流动中技术秘密管理的若干意见》规定：“单位可以在劳动聘任合同、知识产权权利归属协议或技术保密协议中，与对本单位技术权益和经济利益有重要影响的有关行政管理人员、科技人员和其他相关人员协商、约定竞业限制期内不得在生产同类产品或经营同类业务且具有竞争关系或其他利害关系的其他单位任职，或自己生产、经营与原单位有竞争关系的同类产品或业务。”

由于企业部分员工常常对企业的经营和技术情况了如指掌，员工在跳槽后也往往选择与其以前形成的业务特长相同或者近似的业务。一旦在跳槽后从事这些职业，不但易于成为原就职企业强劲的竞争对手，而且由于自身的便利和业务的需要，往往会使用原企业的商业秘密。为防止出现这种局面，西方国家率先将公司董事、经理竞业禁止制度移植到商业秘密和其他经营利益的保护中来，从而形成竞业限制。企业采取与员工订立竞业限制协议的办法，以保护企业的竞争利益和商业秘密。

（五）竞业限制条款应当遵守公平原则

根据国家相关竞业限制的法律规定，劳动者在解除或终止劳动关系的竞业限制期间将不能利用自己比较占优势的从业技术进行劳动，并获取相应的劳动报酬。竞业限制作为对劳动权能的限制，必将导致劳动者竞业限制期间收入的降低，这往往会造成劳动者生活质量的下降。为了保障劳动者竞业限制期间的生活质量，竞业限制因此应当遵守公平原则，并进行必要的合理性限制。根据《劳动合同法》第二十三条、第二十四条的规定，企业在与劳动者约定竞业限制条款时，应当约定经济补偿金。也就是说，竞业限制对企业来说，其应当支付竞业限制劳动者在竞业限制期间的经济补偿金，并在与劳动者约定竞业限制条款时，对竞业限制劳动者的主体范围和保密事项范围、竞业限制的地域范围和竞业限制年限进行合理的限制。如果企业不约定竞业限制经济补偿金或不实际支付该经济补偿金的，竞业限制约定条款对劳动者无效。

二、实施竞业限制的意义

随着市场竞争的日趋激烈，各企业间人才的争夺也日趋激烈和白热化。一些企业纷纷以高薪、住房、职务等优厚待遇，从竞争对手处挖走人才。为此，如何以现行法律为依据，正确分辨和应对企业间的人才竞争，这个问题成为当前人力资源管理关注的话题之一。

（一）推行竞业限制的必要性

企业的人才，尤其是专业人才、技术骨干、大客户经理、项目经理、财务经理等掌握着企业重要技术、商业秘密的员工，他们的流失将可能造成企业重要商业秘密的泄露，给企业造成无法估量的损失。企业的关键岗位、技术、商业秘密在某种程度上可以说是企业生死存亡的关键因素。一些竞争对手常利用不正当手段，通过人才的争夺，企图置对方于死地。为了防止人力市场不当竞争，维护公正、有序的市场竞争秩序，推行竞业限制是很有必要的。

（二）推行竞业限制的可行性

推行同业竞业限制不是为了制约人才的自由流动，限制竞争，保护垄断，不是为了限制劳动者的就业权和择业权，事实上，它是企业商业秘密保护的一种事后补救，它是对可能导致侵犯商业秘密行为的事前禁止。实践中，尤其在高新技术行业，侵犯商业秘密的行为屡有发生，而保密条款的约定却又是那么乏力，尤其在事后的证据的收集上更是困难重重，因此对商业秘密的保护采取事前的防范措施是十分必要的。国家相关法律已经明确规定，劳动合同当事人可以在劳动合同中约定保守企业商业秘密的有关事项。

（三）竞业限制是用人单位维权的重要手段

劳动者的违约责任一直是企业关注的焦点。如何降低员工跳槽带来的风险，自然成为企业，特别是人力资源管理者必须攻克的“堡垒”。

按照《劳动合同法》的相关规定，企业只可对进行过专业技术培训的或者约定有竞业限制的员工约定违约金。正是基于这样的规定，在《劳动合同法》实施之后，劳动者的跳槽、辞职行为被赋予了极大的自由度。劳动者只要提前三十日以书面形式向用人单位提出解除劳动合同通知，劳动者的辞职将不受任何违约责任的约束。如果辞职的劳动者是一名普通员工，其去留自然对企业不会产生太大影响。试问：跳槽者是企业的一名重要管理人员，或者专业技术人员，其结果会是如何呢？在人力资本、人才被不断重视的今天，答案非常明确：高级管理人员或专业技术人员的跳槽，不但会影响企业正常的生产经营秩序，带走各种资源，而且可能反过头来侵害原单位的利益。对这类人员流动或流动方向的制约，成为人力资源战略管理的一项重要内容。而战略战术的效果，将取决于竞业限制实施的情况。可见，竞业限制已经成为用人单位维权的重要手段。

三、竞业限制协议

企业采取竞业限制措施的基本方法是在劳动合同中规定竞业禁止条款，或者在保密合同中订立竞业禁止条款，或者单方制定保护商业秘密的规章制度，或者单独与劳动者签订竞业限制协议，从而约束劳动者，以保护企业的商业秘密不受侵犯。

（一）什么是竞业限制协议

竞业限制协议也称竞业禁止协议、竞业限制合同或竞业禁止合同，是双务有偿合同，离职员工承担保守原用人单位的商业秘密、不与原企业竞争的义务，应享有获取一定经济报酬的权利，目的是平衡双方的利益，合理设置双方权利义务是关键。可见，竞业限制合同产生的义务既是法定义务又可为约定义务。

竞业限制协议的订约对象只限于掌握企业重要商业秘密，或者对企业的竞争优势构成重要影响的关键技术人员和管理人员。竞业限制的范围包括同行业与本企业有竞争关系且本企业认为已经成为或者可能成为竞争对手的各类企业。竞业限制期限的计算，应当综合考虑离职员工所掌握的商业秘密能够在市场上保持竞争优势的时间、企业在该商业秘密的基础上进行后续开发的进度等情况，最长不得超过两年。

一般认为，竞业限制协议限制了宪法赋予劳动者的劳动权和择业自主权。因此，对于竞业限制协议的生效条件必须加以严格的限制，原则上必须具有合法性和合理性。所谓合法性是指竞业限制协议不得违反法律的有关规定；所谓合理性是指协议约定的内容对受限制的义务人和施加限制的权利人应平等互利、公平合理。

（二）竞业限制协议的主要内容与文本格式

企业一般会将保密协议与竞业限制协议捆绑起来让劳动者签署。表2－4－1是一份典型的《保密及竞业限制协议》。概况起来，竞业限制协议一般包括以下几方面的内容：（1）企业和劳动者的基本信息，如用人单位名称、劳动者姓名、身份证号等基本信息。（2）劳动者的工作职位及保密责任等信息。（3）企业和劳动者各自的义务。（4）竞业限制的起止时间。（5）企业和劳动者双方的违约责任。（6）知识产权归属。（7）合同的效力。（8）企业和劳动者双方签字确认。

（三）竞业限制补偿与违约金的标准

1. 竞业限制补偿与违约金的标准问题

由于《劳动合同法》在有关竞业限制的规定中，并没有规定企业按月给予劳动者经济补偿的标准，也未规定劳动者违反竞业限制约定的，应当向企业支付违约金的具体标准，而是由企业与劳动者协商确定。既然劳资双方协商确定，由于劳资双方地位的不平等，实践中难免出现企业利用其优势地位订立不平等协议的情形。如果企业与劳动者在竞业限制协议中约定竞业限制期限内按月给予劳动者经济补偿一百元，而劳动者违反竞业限制约定的，需向企业支付违约金五十万元，这种约定是否有效呢？从法条上看，该约定似乎不违反法律规定，毕竟是双方协商确定的结果，但该约定是否公平合理呢？《劳动合同法》第三条规定："订立劳动合同，应当遵循合法、公平、平等自愿、协商一致、诚实信用的原则。"可见，该约定虽然形式上不违反法律规定，但实质上却违反了劳动合同订立的公平原则，显失公平。

由于《劳动合同法》没有规定企业按月给予劳动者经济补偿的标准，也未规定劳动者违反竞业限制约定的，应当向企业支付违约金的具体标准，而是交由企业与劳动者协商确定。在实际的劳动实践中，企业需注意，在与劳动者协商确定补偿金和违约金数额时，应当遵循自愿、公平的原则，避免利用强势地位约定不合理的补偿及违约条款，损害劳动者的合法权益。但是，在司法实践中对是否公平的认定也是有一定难度的，多少补偿金对应多少违约金才算合理呢？二者之间的平衡点在哪里？估计只能由实施条例或司法解释来解决了。

我国一些地方劳动部门在过去的劳动实践中，对补偿金和违约金做出过一些具体规定，企业和劳动者在协商约定补偿金和违约金时，可以予以参考。例如，《浙江省技术秘密保护办法》第十五条规定："竞业限制补偿费的标准由权利人与相关人员协商确定。没有确定的，年度补偿费按合同终止前最后一个年度该相关人员从权利人处所获得报酬总额的三分之二计算。"为了更好地解决竞业限制经济补偿标准问题，最高人民法院于2013年2月1日颁布实施了《最高人民法院关于审理劳动争议案件适用法律若干问题的解释（四）》。按照该解释第六条的规定："当事人在劳动合同或者保密协议中约定了竞业限制，但未约定解除或者终止劳动合同后给予劳动者经济补偿，劳动者履行了竞业限制义务，要求用人单位按照劳动者在劳动合同解除或者终止前十二个月平均工资的30%按月支付经济补偿的，人民法院应予支持。前款规定的月平均工资的30%低于劳动合同履行地最低工资标准的，按照劳动合同履行地最低工资标准支付。”自此，竞业限制经济补偿有了法律标准。

表 2-4-1 **《保密及竞业限制协议》**

保密及竞业限制协议

甲方：

乙方： 身份证号码：

乙方为甲方高级管理人员，知悉甲方商业秘密及技术秘密，负有保密义务。甲乙双方根据相关法律法规，本着平等自愿和诚信的原则，经协商一致，达成下列条款，双方共同遵守：

一、乙方义务

1.1 未经甲方同意，在职期间不得自营或者为他人经营与甲方同类的行业，不得到与甲方有竞争关系的单位就职；

1.2 不论因何种原因从甲方离职，离职后二年内不得到与甲方有竞争关系的单位就职。

1.3 不论因何种原因从甲方离职，离职后二年内不得自办与甲方有竞争关系的企业或者从事与甲方生产经营有关的产品的生产。

1.4 在职期间或离职以后，不得以任何原因向第三方泄漏其所知悉的商业秘密及技术秘密。

1.5 竞业限制的期限包括劳动合同履行期内及劳动合同终止后二年内。

二、甲方义务

2.1 甲方应在劳动合同终止后按月向乙方支付竞业限制补偿费。竞业限制补偿费标准为乙方劳动合同终止前的月基本工资，竞业限制补偿期限为____年。

2.2 甲方通过银行将竞业限制补偿费支付至乙方银行卡上，如乙方拒绝领取，甲方可以将补偿费向甲方所在工会提存。

三、竞业限制开始及终止

3.1 乙方从甲方离职时，应提前与甲方确认其是否开始离职后的竞业限制义务。甲方如确认乙方有竞业限制必要，应发给《竞业限制开始通知书》，乙方离职后竞业限制义务开始；甲方如确认乙方无竞业限制必要，应发给《竞业限制终止通知书》，乙方无需承担离职后竞业限制义务。

3.2 如乙方拒绝收取《竞业限制开始通知书》或《竞业限制终止通知书》，或甲方无法联系乙方，甲方可以根据乙方提供的地址发给通知书，如乙方拒绝签收或送达不能，视为乙方已经收取。

3.3 乙方在离开甲方时未提出确认申请的，其离职后竞业限制义务自其离开在甲方的工作岗位之日起自动开始，竞业限制期内乙方可以向甲方提出竞业限制确认申请，甲方确认乙方有竞业限制必要并发给《竞业限制开始通知书》后，乙方可以开始领取竞业限制补偿金，但在此之前的竞业限制补偿金视为乙方主动放弃。甲方确认乙方无竞业限制必要时应发给《竞业限制终止通知书》，乙方竞业限制义务终止，在此之前即使乙方履行了竞业限制义务也无权领取补偿金。

3.4 乙方擅自离职或不辞而别，导致甲方无法联系乙方或乙方拒绝联系，甲方如确认乙方有竞业限制必要，甲方按乙方提供的地址发给《竞业限制开始通知书》，如乙方拒绝签收或送达不能，视为乙方已经收到《竞业限制开始通知书》，乙方离职后竞业限制义务自其离开在甲方的工作岗位之日起开始计算，乙方应获得的竞业限制补偿费，因乙方违约在先，导致甲方无法支付，由甲方向有关部门办理提存。

3.5 甲方如确认乙方无竞业限制必要，甲方按乙方提供的地址发给《竞业限制终止通知书》，如乙方拒绝签收或送达不能，视为乙方已经收到《竞业限制终止通知书》，乙方无需承担离职后竞业限制义务。

3.6　乙方在甲方及甲方关联公司工作期间履行竞业限制义务，甲方无需给乙方任何补偿。乙方离开甲方及其关联公司后如按照本协议的约定履行了竞业限制义务，甲方应给予竞业限制补偿金。

四、违约责任

4.1　乙方违反规定义务，应向甲方支付违约金三十万元，乙方因违约行为所获得的收益应当归甲方。

4.2　甲方不履行规定义务，拒绝支付乙方的竞业限制补偿费，甲方应承担赔偿责任。

五、知识产权归属

乙方承认在其任职于甲方期间全部与履行职务而取得的发现、发明及其他知识产权归属甲方，并承诺以其最大努力与甲方合作，以使甲方获得完全的专有权。

六、合同效力

本协议自双方签字盖章后生效。

甲方：（签章）　　　　　　　　　　乙方：（签名）

年　月　日　　　　　　　　　　年　月　日

---

2. 竞业限制补偿金的发放

竞业限制补偿金应该怎样发放?《最高人民法院关于审理劳动争议案件适用法律若干问题的解释（四）》给出了答案，即劳动者履行了竞业限制义务，用人单位应当按照劳动者在劳动合同解除或者终止前十二个月平均工资的30%按月支付经济补偿金。

需要指出的是，有些用人单位在劳动者入职时所签订的竞业限制协议中，约定用人单位按月发放给劳动者的工资中，已经包含了竞业限制经济补偿费等。这种在工资中划出一部分作为保密费或竞业限制补偿金的做法是没有法律根据的，因为国家对工资是有严格规定的。根据国务院转发的国家统计局《关于工资总额组成的规定》第四条规定：“工资总额由下列六个部分组成：（一）计时工资；（二）计件工资；（三）奖金；（四）津贴和补贴；（五）加班加点工资；（六）特殊情况下支付的工资。”同时，在第十条规定：“特殊情况下支付的工资。包括：（一）根据国家法律、法规和政策规定，因病、工伤、产假、计划生育假、婚丧假、事假、探亲假、定期休假、停工学习、执行国家或社会义务等原因按计时工资标准或计时工资标准的一定比例支付的工资；（二）附加工资、保留工资。”从这些规定中可以看出，保密费不属于工资的组成部分。如果企业的商业秘密确需特殊保护，建议将保密费单列作为企业的一项独立费用支出。

此外，有关竞业限制经济补偿的规定明确指出，“约定在终止或者解除劳动合同后，给予劳动者经济补偿。”也就是说，竞业限制的经济补偿只能在合同终止或解除合同后给予，如果在事先给付的费用，是不能作为竞业限制的经济补偿。

3. 违约金约定应遵守公平和衡平原则

由于竞业限制协议涉及企业和员工双方的利益，其中隐含着企业的合法权益与员工的自主择业权、劳动权之间的冲突。一方面，企业的合法权益应该得到保护，因为商业秘密等权益是维持其竞争力和竞争优势的根本，企业通过知识创新创造了商业秘密等合法权益，对侵犯企业合法权益的行为给予放任就会打击企业进行知识创新的积极性，妨碍技术和经济的进步。另一方面，保证劳动者的择业自由，促进劳动力的合理流动，不仅有利于劳动者发挥自身的最大价值，也会促进整个社会的发展和繁荣。竞业限制协议在一定程度上损害了劳动者的择业自由，阻碍了人才的自由流动，使得劳动者无法在其最能实现自我价值的领域里自由竞争和施展才华。可见，上述两种权益各有其经济、法律及道德的依据，都有其合理性，任何一方都不应把自己的利益凌驾于对方的利益之上，而应该致力于实现双方之间的利益平衡。所以，违约金约定应遵守公平和衡平原则。

四、保密义务与竞业限制

（一）商业秘密概述

1. 商业秘密的含义

根据《劳动法》、《劳动部关于企业职工流动若干问题的通知》（劳部发［1996］355号）和《反不正当竞争法》的相关规定，概况起来，商业秘密指的是不为公众所知悉、能为权利人带来经济利益、具有实用性并经权利人采取保密措施的技术信息和经营信息。因此，商业秘密包括两部分：非专利技术和经营信息，如管理方法、产销策略、客户名单、货源情报等经营信息，生产配方、工艺流程、技术诀窍、设计图纸等技术信息。商业秘密关乎企业的竞争力，对企业的发展至关重要，有的甚至直接影响到企业的生存。

2. 商业秘密的特点

商业秘密和其他知识产权（专利权、商标权、著作权等）相比，其特点为：

第一，商业秘密的前提是不为公众所知悉，而其他知识产权都是公开的，对专利权甚至有公开到相当程度的要求。

第二，商业秘密是一项相对的权利。商业秘密的专有性不是绝对的，不具有排他性。如果其他人以合法方式取得了同一内容的商业秘密，他们就和第一个人有着同样的地位。商业秘密的拥有者既不能阻止在他之前已经开发掌握该信息的人使用、转让该信息，也不能阻止在他之后开发掌握该信息的人使用、转让该信息。

第三，能使经营者获得利益，获得竞争优势，或具有潜在的商业利益。

第四，商业秘密的保护期不是法定的，取决于权利人的保密措施和其他人对此项秘密的公开。一项技术秘密可能由于权利人保密措施得力和技术本身的应用价值而延续很长时间，远远超过专利技术受保护的期限。

3. 国家对商业秘密的保护

我国有关法律从不同角度对商业秘密加以保护。第一，从商业秘密持有者与侵害商业秘密者之间的关系看，除了双方没有任何关系，但侵害者通过不正当手段，如盗窃、利诱、胁迫等侵害商业秘密情形外，侵害商业秘密主要发生在买卖、承揽、授权、雇佣关系中，其中在雇佣关系中是最容易发生侵害商业秘密行为的。《反不正当竞争法》对通过不正当手段侵害商业秘密的行为做了规范。《合同法》对存在民事合同关系情形下侵害商业秘密的行为做了规范。《反不正当竞争法》对存在保守商业秘密约定或者权利人有关保守商业秘密要求的情形下的侵害商业秘密的行为做了规范，这包括民事主体之间的合同约定和雇佣关系下的约定。《公司法》、《刑法》主要对存在劳动关系的侵害商业秘密的情形做了规范。

第二，在存在劳动关系的情形下，现有法律对商业秘密的保护都有一个前提，即都是劳动者自营或者为他人经营，不包括劳动者到其他企业中工作的情形。《公司法》第一百四十八条规定："董事、监事、高级管理人员应当遵守法律、行政法规和公司章程，对公司负有忠实义务和勤勉义务。"第一百四十九条规定："董事、高级管理人员不得有未经股东会或者股东大会同意，利用职务便利为自己或者他人谋取属于公司的商业机会，自营或者为他人经营与所任职公司同类的业务；擅自披露公司秘密；违反对公司忠实义务的其他行为。董事、高级管理人员违反前款规定所得的收入应当归公司所有。如《反不正当竞争法》规定的是经营者，根据该法第二条的规定，经营者是指从事商品营利性服务的法人、其他经济组织和个人。"

第三，不同法律对商业秘密的保护范围不同。《反不正当竞争法》的保护面宽，这主要体现在三个方面：首先是《反不正当竞争法》对侵害主体的资格没有限制，所有知晓商业秘密并违反约定或者规定的劳动者，都可以构成侵害商业秘密。《公司法》规定的侵害主体为董事、高级管理人员。《刑法》则规定的是国有公司、企业的董事、经理。其次是《反不正当竞争法》既保护非专利技术，也保护经营信息。而《公司法》和《刑法》则主要保护商业机会，商业机会包括经营信息，但不包括非专利技术。最后是《反不正当竞争法》不仅规范劳动者工作期间的保守商业秘密行为，而且规范劳动者离职后的保守商业秘密行为。而《公司法》和《刑法》只是规范劳动者任职期间的保守商业秘密的行为。

一般来说，获得商业秘密的合法手段包括：独立开发获得；合法购买；从公开渠道观察获得；合法接受许可获得及通过反向工程获得等。劳动关系具有特定的人身属性，由劳动者对用人单位忠诚义务演化出劳动合同的保密义务（忠诚义务在英国法上被法院视作劳动合同的默示义务），并进而扩展为竞业限制或竞业禁止。

（二）什么是保密协议

在劳动实践中，企业与劳动者往往在一份协议中同时约定保守商业秘密和竞业限制义务，比如订立《保密及竞业限制协议》，常常导致人们一种模糊认识，认为保密协议和竞业限制协议没有什么区别，二者是一回事。

保密协议和竞业限制协议是两个不同的法律概念。保密协议是指企业针对知悉企业商业秘密的劳动者签订的要求劳动者保守企业商业秘密的协议。保密协议应当以书面形式签订，一般应具备以下主要条款：（1）保密的内容和范围；（2）保密协议双方的权利和义务；（3）保密协议的期限；（4）违约责任。

在保密协议有效期限内，劳动者应严格遵守本企业保密制度，防止泄露企业技术秘密，不得向他人泄露企业技术秘密，非经企业书面同意，不得使用该商业秘密进行生产与经营活动，不得利用商业秘密进行新的研究和开发。竞业限制协议是指企业与劳动者约定在解除或者终止劳动合同后一定期限内，劳动者不得到与本企业生产或者经营同类产品、从事同类业务的有竞争关系的其他企业任职，或者自己开业生产或者经营同类产品的书面协议。竞业限制是保密的手段，通过订立竞业限制协议，可以减少和限制商业秘密被泄露的概率。保密是竞业限制的目的，订立竞业限制协议最终的目的是保护企业的合法权益。

（三）保密协议和竞业限制协议的关系

约定竞业限制通常是企业为了保护其商业秘密或者保持其竞争优势，通过合同要求特定的员工与其约定在离职后的一定时间或者一定地域内不得从事与原雇主有竞争性的职业活动，包括不得自己开业、不得受雇于其他雇主的条款。可见，本质上，竞业限制也是保护企业商业秘密的一种有效手段。从这个意义上，两者是统一的。

竞业限制协议和保密协议虽然同为保护商业秘密的一种手段，但是，竞业限制协议又有许多不同于保密协议的独特性质。概况起来，它们之间的区别如下：

第一，保密义务一般是法律的直接规定或劳动合同的随附义务，即是法定的，无论员工与企业是否有明确的约定，劳动者在职期间和离职以后均应履行该义务。也就是说，不管企业与劳动者是否签订保密协议，劳动者均有义务保守商业秘密。我国《反不正当竞争法》第十条就侵犯商业秘密的情形做出了相应的规定。因此，不管劳动者与企业之间是否存在明示的保守商业秘密的约定，劳动者在离职以后均应承担商业秘密的保守义务。而竞业限制是基于企业与劳动者的约定而产生的，没有约定的，无须承担竞业限制义务，企业也不能追究劳动者的违约责任。企业只能在劳动者侵犯其商业秘密的范围内，通过侵权诉讼来追究劳动者违反保密义务的法律责任，其保护秘密的范围仅限于法定意义上的商业秘密，而不包括企业的其他秘密。

第二，保密义务是保护抽象的商业秘密。保密义务要求保密者不得泄露商业秘密，侧重的是不能“说”；竞业限制义务是保护具体的技术领域、经营领域，竞业限制义务要求劳动者不能到竞争企业任职或自营竞争业务，禁止的是竞业行为，不论劳动者是否泄露、使用了商业秘密，也即只要员工从事了与原企业相同或者近似的业务，就违反了协议的规定，而无需证明是否泄露、使用了商业秘密，侧重的是不能“做”。很显然，对违反保密协议的证明显然要比违反竞业限制协议的证明要困难得多。

第三，保密义务劳动者承担的义务仅限于保密，仅一般地保护商业秘密信息，并不限制劳动者的就业权，而竞业限制义务不仅仅限制劳动者泄密，还限制劳动者的就业，彻底禁止有关商业秘密的竞争行为，劳动者的负担重很多。

第四，保密义务一般期限较长，只要商业秘密存在，劳动者的保密义务就存在，而竞业限制期限较短，最长不超过二年。

第五，保密义务是一种道德义务，没有期限限定。员工履行保密义务，企业无需额外支付费用。而竞业限制可以在法定期限内约定期限，在竞业限制期限内，企业需要支付一定的补偿金。

因此，企业在劳动实践中，在与劳动者签订保密及竞业限制协议时，需明确保密协议与竞业限制协议之间的联系和区别。企业应当严格按照法律的规定，在协议中约定具体的竞业限制补偿金，千万不要把保密费错误当成竞业限制补偿金。

（四）劳动者泄露商业秘密的法律责任

《劳动和社会保障部办公厅关于劳动争议案中涉及商业秘密侵权问题的函》（劳社厅［1999］69号）第一条规定：“《中华人民共和国反不正当竞争法》（以下简称《反不正当竞争法》）第二十条第一款规定了被侵害的竞业者的损失难以计算时，确定侵权人的赔偿项目；第二款规定了被侵害的经营者的合法权益受到侵害，可以向人民法院提起诉讼。原劳动部《违反〈劳动法〉有关劳动合同规定的赔偿办法》（劳部发［1995］223号）第五、六条关于按《反不正当竞争法》第二十条规定执行的含义，是指适用第一款的规定。”第二条规定：“劳动合同中如果明确约定了有关保守商业秘密的内容，由于劳动者未履行，造成用人单位商业秘密被侵害而发生劳动争议，当事人向劳动争议仲裁委员会申请仲裁的，仲裁委员会应当受理，并依据有关规定和劳动合同的约定作出裁决。”

《劳动合同法》第九十条规定：“劳动者违反本法规定解除劳动合同，或者违反劳动合同中约定的保密义务或者竞业限制，给用人单位造成损失的，应当承担赔偿责任。”

客观来说，我国目前尚未建立完善的诚信机制，劳动者违法解除劳动合同的行为、违反劳动合同约定事项的行为也经常发生，影响企业正常的生产经营活动，给企业造成损失。劳动合同法应对劳动合同双方的合法权益给予保护，劳动者应对其违法、违约行为承担赔偿责任。

根据上述相关法律规定，劳动者赔偿责任的构成要件包括下列三点，三者缺一不可：

第一，有违法行为或者违约行为，即存在劳动者违反本法规定解除劳动合同，或者违反劳动合同中约定的保密事项或者竞业限制的行为。

第二，损害事实，即劳动者的违法或者违约行为给用人单位造成损失。

第三，损害事实与违法或者违约行为之间的因果关系，即劳动者违反法律规定解除劳动合同，或者违反劳动合同中约定的保密事项或者竞业限制的行为和企业的损失之间具有因果关系。

按照《劳动合同法》所规定的劳动者的违法行为主要包括以下两种：

1. 劳动者违反《劳动合同法》相关规定解除劳动合同的行为

企业基于与劳动者签订的劳动合同来确定本单位的劳动者数量、工作安排、计划进度等，劳动者随意解除劳动合同将会影响企业正常生产经营活动的进行，给企业造成一定程度的经济损失。因此，应当对劳动者提出解除合同的时间、方式做出一定的限制，维护解除劳动合同的严肃性，同时使企业有足够的时间，招聘新的劳动者，调度计划等。因此，《劳动合同法》规定劳动者违反规定解除劳动合同，给企业造成损失，应当对用人单位承担赔偿责任：一是企业招录其所支付的费用；二是企业为其支付的培训费用，双方另有约定的按约定办理；三是劳动合同约定的其他赔偿费用。

2. 劳动者违反劳动合同中约定的保密事项或者竞业限制的行为

劳动合同是用人单位和劳动者对双方权利义务的约定，因此，充分尊重用人单位和劳动者双方的意愿。《劳动合同法》第二十三条规定：“用人单位与劳动者可以在劳动合同中约定保守用人单位商业秘密的有关事项。”对负有保守用人单位商业秘密义务的劳动者，如果违反了竞业限制约定，应当按照约定向用人单位支付违约金。劳动者违反劳动合同中约定的保密义务或者竞业限制，对用人单位造成损失的，还应当对用人单位的实际损失承担赔偿责任。

五、竞业限制管理

随着市场的开放和竞争的加剧，竞业限制应该成为企业的常规化管理工具。现在，我国企业对知识产权、核心竞争力越来越重视，更需要尽快引入类似“保密和非竞争协议”的限制机制。企业在执行竞业限制协议时，必须意识到，与之紧紧联系在一起的是“期限”和“补偿”。用人单位在“解密期”内给员工应有的补偿金，员工在规定期限内不从业于竞争公司或进行竞争性营业活动，这是双方遵守竞业限制协议的应有之意。

（一）企业在实行竞业限制时应该注意的问题

虽然法律上对企业实行竞业限制给予保障，企业与劳动者可以在劳动合同中予以约定，也可以单独以合同方式加以约定，但在约定时应注意以下几个问题：

1. 应遵循平等、自愿、诚实信用和目的合法的原则

根据相关劳动法律规定，订立和变更劳动合同，应当遵循平等自愿、协商一致的原则。合同法中也有公平、自愿、诚实信用原则的规定，无论签订劳动合同或订立竞业限制条款都必须遵循这个基本原则，违背了这个原则，所订立的条款或合同无效。

合同的内容应当符合法律、法规的规定，任何与法律法规相违背的条款或合同都是无效的。《反不正当竞争法》明确规定，非法获取商业秘密，披露、使用或允许他人使用非法获取的商业秘密，合法掌握技术秘密的人员非法披露、使用或允许他人使用其所掌握的商业秘密以及第三人明知或应知上述情况仍获取、使用或披露他人商业秘密的四种行为，均为法律所禁止和打击的。侵犯商业秘密是一种严重的经济犯罪行为，《中华人民共和国刑法》对此也做了明确的规定，并制定了相应的刑事责任。企业的商业秘密是受法律保护的，订立同业竞业限制条款或合同的目的正是为了保护用人单位的商业秘密，基于此目的而订立的竞业限制条款或合同是合法有效的，若是出于限制竞争，限制人才自由流动目的而订立，则该条款或合同无效。

2. 要有明确的商业秘密保护范围

商业秘密是指不为公众所知悉，能为权利人带来经济利益，具有实用性，并经权利人采取保密措施的技术信息和经营信息。因此，企业应首先制订有关保护商业秘密的规章制度，明确哪些技术信息和经营信息属于应保护的商业秘密，并采取相应的保密措施加以规范，不能将该行业的一般知识技能和专业技能都纳入商业秘密的具体范围。

3. 要有明确的适用对象

竞业限制虽然对制约劳动者跳槽、防范商业秘密泄露、流失具有一定的作用，但是企业毕竟也要额外的付出，即支付竞业限制补偿金。因此在竞业限制对象的选择上，既要考虑企业的需要，又要符合法律规定。根据《劳动合同法》第二十四条规定，竞业限制的人员限于企业的高级管理人员、高级技术人员和其他负有保密义务的人员。企业

只应当与接触、知悉、掌握商业秘密的员工签订竞业禁止协议，而不是普通员工或职工，更不能是全体员工。

在企业中，从事技术研究、企业管理、财务管理、销售管理等工作的人员应该都属于可适用竞业限制条款或合同的对象，这些人员的流动将会给企业造成巨大损失，导致企业客户流失，技术信息与经营信息泄露，也可滋长企业间的不正当竞争。另外，还要有明确的竞业限制的对象企业，最好要列出与本企业相似的、有竞争性的企业名单，以便于操作。要特别说明的是，对于那些技能比较单一的特殊职业和行业的人员而言，竞业限制直接关系到他们的谋生问题。因此，当劳动者的劳动权与企业的经营优势相冲突时，劳动者的劳动权利高于企业的竞争优势，企业不可以通过竞业限制协议来限制劳动者的自由就业权利。

4. 要有竞业限制期限的约定

竞业限制规定了限制的期限，这样可以在员工流失情况下尽量减少企业商业秘密的泄露，保护企业合法利益。竞业限制期限的约定可根据商业秘密的价值，竞争优势的持续时间以及员工掌握秘密的程度双方协商确定，但应注意法律规定了一个最长期限，不超过两年。对于企业领导、部门领导，被评为拔尖人才、跨世纪人才、专业带头人、大客户部经理及从事科研工作的人员可以约定竞业限制的最高期限为两年，对一般掌握企业商业秘密的人员可根据其所在岗位，其所掌握的商业秘密对同业竞争对手的利用价值及离开后将会对本企业造成的损失约定不同的竞业限制期限。对于期限的法律最高限定，双方在协商确定时必须严格遵守，不得随意超越，否则会造成对人才流动的恶意限制导致无效。

5. 要有确定的经济补偿数额

如果企业与劳动者签订了竞业限制的合同，企业则要支付相应的费用，这体现了公平原则，也是实行同业竞业限制的一项重要的内容。在合同中应明确补偿的数额或计算方式、支付方式等，对于支付方式双方可协商约定按月支付或在解除劳动合同时一次性支付。企业必须履行给付补偿的义务，这是实行同业竞业限制的先行条件，否则员工可依据先履行抗辩权，不履行同业竞业限制的义务。

6. 要有明确的违约责任

企业违反竞业限制有关约定，不支付经济补偿金，势必造成这一条款的不能履行，劳动者可不履行竞业限制条款的有关义务。然而企业依约支付了经济补偿金后，劳动者一旦违约，则必须承担相应的违约责任，违约责任要通过事先约定加以明确。在合同中可直接约定一定数额的违约金，也可约定违约金的计算公式。具体数额法律没有明确规定，若因违约行为侵犯了企业的商业秘密造成了损害，违约者还应承担相应的赔偿责任。在合同中可事先约定此种情形下的损害计算方法，那么根据合同法有关规定，在违约金不足以弥补实际损失时，违约者还应支付相应的赔偿金。需要指出的是，竞业限制补偿金与违约金的确定要体现公平合理性，而违约金的标准既要考虑到劳动者从事同行竞争后的预测损失，也要考虑到劳动者的承受能力。超出劳动者承受能力的违约责任约定，是难以执行的。

7. 企业应将同业竞业限制的有关规定形成书面文字，作为重要的规章制度，予以

颁布执行

一个企业如果正确采用了竞业限制的措施，一旦有人违反，企业可以依法追究对方的违约责任。原劳动部在1996年颁发的《关于企业职工流动若干问题的通知》（劳部发［1996］335号）特别规定，企业还可以以企业规章制度的形式规定竞业限制的有关事项。所以，对企业来讲，最好的形式是在有了规章制度的基础上，经过平等协商再与员工订立具有个性化内容的《竞业限制协议》。如果员工与企业不能就竞业限制达成一致，则应按照企业已有的规章制度执行。

8. 把握好竞业限制协议签订的时机

无论是高级管理人员，还是高级技术人员，其之所以"高级"，是因为其在某一领域或行业具备了专业技术或特殊管理技能，占有了该领域的关键资源，离开了这一领域或行业，其某项技能或资源可能就失去了相应价值。竞业限制协议签订后，直接导致职工在离开原单位的一定期限内，不能到自己熟悉的专业领域去就业。因此，对于任何一名员工来说，为自己的职业发展带上枷锁，肯定有违本意，甚至不愿与单位约定竞业限制条款。在企业"未雨绸缪"和劳动者职业发展之间，势必展开博弈。企业应当在劳动者入职或岗位、薪酬提升之际，与劳动者签订竞业限制协议，切莫等到职工提出离职后，才想到竞业限制的必要性。

9. 脱密期与脱密措施

脱密期是指用人单位可以约定掌握商业秘密的人员在离职之前必须提前通知用人单位，并为用人单位再工作一定期限（该期限最长不超过六个月），该期限满，员工才可以正式离职。在这段时期之内，用人单位可以把员工调至不需保密的部门工作，以确保员工不再接触新的商业秘密，因此，脱密期也可以称为提前通知期。确立涉密人员解除劳动合同的提前通知期，即在该提前通知期限内实施脱密措施。例如在该确定的提前通知期限内，调整员工的工作岗位，变更员工的劳动合同以减少秘密的泄露风险。当然在此要注意的是，如果约定了提前六个月的通知期，就不能再约定竞业限制条款，两者只能选择一种。考虑到确立脱密期限的约定企业不需要支付补偿金，而如果签订竞业限制条款或者协议，那么必须要支付补偿金来使得该条款有效。从企业的利益考虑，建议企业针对一般人员可以签订脱密期条款，避免签订竞业限制条款带来的经济补偿问题；而针对高层管理人员或者技术人员或者其他可以接触到企业重要商业秘密的人员则可以签订竞业限制条款。

（二）劳动者在签订《竞业限制协议》时的注意事项

概括来说，劳动者在签订竞业限制协议时应注意：

1. 要求企业明确自己是否属于应限制主体，并在合同中注明。

2. 要求企业明确限制从业的时间、行业或单位、地域范围等，对企业不合理的要求有权拒绝。

3. 要求企业明确补偿费的数额及支付方式，并在《竞业限制协议》中注明，企业不按时足额支付补偿费的，《竞业限制协议》自动失效。

4. 自身权益受到侵害时，要敢于应诉，敢于对企业不合理的要求提出抗辩，必要时请求法院保护自己的合法权益。

本章小结

平等就业是指劳动者享有平等的就业权和就业机会。实现平等就业是一个国家促进就业义不容辞的责任，也是一个国家文明程度的重要标志之一。劳动合同是劳动者与用人单位确立劳动关系、明确双方权利和义务的协议，是劳动者实现劳动权利和履行劳动义务的一种重要的法律形式。劳动者与用人单位签订劳动合同后，就意味着劳动者自身应该享有的劳动权利和应该履行的劳动义务都被纳入了国家法律管理和保护的体系中，便得劳动者在尽职尽责履行义务的前提下，其个人的合法权益均得到了切实的保护。本章主要介绍了平等就业和就业歧视的定义，介绍了美国及欧盟等西方主要国家在平等就业方面的立法实践及其对我国平等就业立法及实践的启示；简述了我国在反就业歧视立法方面的概况、特点、主要内容及存在的主要问题以及《中华人民共和国就业促进法》颁布实施的意义及其主要内容，阐述了企业在劳动用工实践中应该如何避免出现就业歧视的法律风险；介绍了聘用意向协议的定义、特点、主要内容及缔结《聘用意向协议》应该注意的问题；介绍了劳动合同的定义、主要内容、期限、类型、签订劳动合同遵循的原则以及什么是无效的劳动合同，阐述了企业应该如何依法与劳动者建立劳动关系；介绍了试用期的定义、特点及其与实习期、见习其的区别，简述了企业应该如何管理试用期以及员工应该如何顺利度过试用期；最后，介绍了竞业限制、商业秘密、竞业限制协议的定义、特点、主要内容以及竞业限制协议的履行，简述了企业应该如何对竞业限制进行管理。

复习思考题

1. 什么是平等就业？结合目前社会上出现的各种不同类型的就业歧视现象，分析其发生的原因，并尝试提出相应的对策。

2. 美国和欧盟在平等就业方面的立法和实践对我国平等就业的有益启示有哪些？

3. 《中华人民共和国就业促进法》的主要内容及对改善我国平等就业的意义是什么？

4. 我国反就业歧视立法的特点、成就和存在的问题是什么？

5. 企业在劳动用工实践中应该如何避免出现就业歧视的法律风险？

6. 聘用意向协议的主要特点是什么？

7. 企业缔结《聘用意向协议》需要注意哪些问题？

8. 签订劳动合同应该遵循哪些原则？

9. 什么是无固定期限劳动合同？在哪些条件下员工可以与用人单位签订无固定期限劳动合同？

10. 订立劳动合同应当注意的主要问题是什么？

11. 企业应该如何依法与劳动者建立劳动关系？

12. 什么是试用期？试用期的主要特点是什么？

13. 用人单位有证据证明员工“在试用期间不符合录用条件”，但此时员工在试用期正在患病或非因公负伤，用人单位是否可以与之解除劳动合同？

14. 在试用期内，用人单位发现员工患精神疾病，是否可以解除劳动合同？

15. 员工在试用期内辞职，用人单位是否可以追索培训费？

16. 什么是约定竞业限制？什么是竞业限制协议？竞业限制协议的主要内容有哪些？

17. 什么是商业秘密？商业秘密的主要特点是什么？

18. 保密协议与竞业限制协议的区别是什么？

19. 用人单位在实施竞业限制时应注意哪些问题？

案例讨论

公司还能与李某继续履行《聘用意向协议》吗？

李某为北京某知名大学的应届硕士毕业生，通过层层选拔和面试，他被某知名的IT公司录取并签订了《雇佣意向协议书》和《三方协议》。李某家不在北京，由于种种原因，公司不能帮助李某解决北京户口。由于北京户口对于李某来说非常重要，他自己通过某种关系和某种手段可以获得北京户口。于是，他向公司提出，由于公司不能帮助他解决北京户口，他自己能解决，但需要要回与公司已经签订的《三方协议》。与此同时，他仍想继续履行与公司所签订的《雇佣意向协议书》，即他仍然愿意到该公司来工作。

案例思考题：

1. 假如你是该公司招聘人员，在这种情况下，公司是否还可以继续履行《雇佣意向协议书》，让李某正常报到？如行，为什么？如不行，问题在哪里？

2. 作为人力资源管理者，你应该如何正确处理这种情况？你的建议是什么？

第三章

与社会保障相关的人事与社会保障法律法规及其管理

学习目标

- 掌握社会保障和社会保障制度的定义和主要内容，了解社会保障制度产生的标志与历史，了解建立社会保障制度的意义和作用
- 掌握我国社会保险制度的历史发展过程和主要特点
- 掌握《中华人民共和国社会保险法》颁布实施的意义、立法原则、基本框架和特色
- 了解我国养老保险制度的建立和发展过程
- 掌握基本养老保险的定义和我国基本养老保险制度的主要内容
- 掌握我国养老保险金的计算方法，了解我国职工养老保险金的管理和发展趋势
- 了解补充养老保险和个人储蓄性养老保险的定义、主要内容和作用
- 了解企业应该如何进行养老保险管理
- 了解我国医疗保险制度及其建立与发展过程
- 掌握基本医疗保险的定义和我国基本医疗保险制度的主要内容
- 了解补充医疗保险、商业医疗保险和农村医疗保险的定义、主要内容和作用
- 了解企业应该如何进行医疗保险管理
- 掌握工伤的定义、分类，了解工伤事故及其构成要件
- 了解工伤保险制度起源以及我国工伤保险制度建立和发展的过程
- 掌握工伤保险的定义、特点、原则和作用，掌握我国有关工伤保险的有关规定
- 了解企业应该如何进行工伤保险管理
- 掌握失业保险制度的定义、起源和我国失业保险制度建立和发展过程
- 掌握失业保险的定义和主要特点，掌握我国有关失业保险的有关规定
- 了解企业应该如何进行失业保险管理
- 掌握生育保险制度的定义，了解国外有关生育保险制度的主要内容以及我国生育保险制度建立和发展过程
- 掌握生育保险的定义和主要内容，掌握我国有关生育保险的有关规定

- 了解企业应该如何进行生育保险管理
- 了解住房公积金制度的定义和主要内容，了解我国住房公积金制度建立和发展的过程
- 掌握住房公积金的定义和主要特点，了解我国住房公积金提取的步骤
- 了解企业应该如何进行住房公积金管理

关键概念

社会保障　社会保障制度　社会保险制度　社会福利制度　社会救济制度　社会优抚制度　社会互助制度　社会保险　基本养老保险　补充养老保险　医疗保险制度　公费医疗制度　基本医疗保险　医疗期　大病统筹　医疗保险基金　补充医疗保险　商业医疗保险　重大疾病保险　意外伤害保险　人身保险　农村医疗保险　工伤　公伤　职业病　工伤保险　劳动能力鉴定　失业保险制度　失业保险　失业保险金　失业人员　生育保险制度　生育保险　住房公积金制度　住房公积金

"社会保障"（Social Security）一词最早出自美国1935年颁布的《社会保障法》。美国1999年出版的《社会工作词典》将社会保障定义为："一个社会对那些遇到了已经由法律做出定义的困难的公民，如年老、生病、年幼或失业的人提供的收入补助。"《新大不列颠百科全书》对社会保障的定义是："社会保障是对病残、失业、作物失收、丧偶、妊娠、抚养子女或退休的人提供现金待遇。"国际劳工局1984年对社会保障的界定是："社会保障即社会通过一系列的公共措施对其成员提供的保护，以防止他们由于疾病、妊娠、工伤、失业、残疾、老年及死亡而导致的收入中断或大大降低而遭受经济和社会困窘，对社会成员提供的医疗照顾以及对有儿童的家庭提供的补贴。"可见，社会保障是一个国家和社会在通过立法对国民收入进行分配和再分配，对社会成员特别是生活有特殊困难的人们的基本生活权利给予保障的社会安全制度。社会保障的本质是维护社会公平进而促进社会稳定发展。我国《宪法》规定："中华人民共和国公民在年老、疾病或者丧失劳动能力的情况下，有从国家和社会获得物质帮助的权利。"一般来说，社会保障由社会保险、社会救济、社会福利、优抚安置等组成。其中，社会保险是社会保障的核心内容。

社会保障制度是国家通过立法制定的社会保险、救助、补贴等一系列制度的总称，是现代国家最重要的社会经济制度之一，其作用在于保障全社会成员基本生存与生活需要，特别是保障公民在年老、疾病、伤残、失业、生育、死亡、遭遇灾害、面临生活困难时的特殊需要。由国家通过国民收入分配和再分配实现。由社会福利、社会保险、社会救助、社会优抚和安置等各项不同性质、作用和形式的社会保障制度构成整个社会保障体系。现代国家必须制定社会保障法律规范，保证社会保障制度真正得到贯彻实施。本书将主要侧重于介绍我国社会保障制度中与劳动就业密切相关的社会保险制度。有关社会福利制度、社会救济制度、社会优抚制度、社会互助制度以及个人储蓄积累保障，请参看其他相关书籍，这里将不做任何赘述。

第一节　社会保障与社会保险制度概述

一、社会保障制度概述

社会保障制度是在政府的管理之下，以国家为主体，依据一定的法律和规定，通过国民收入的再分配，以社会保障基金为依托，对公民在暂时或者永久性失去劳动能力以及由于各种原因生活发生困难时给予物质帮助，用以保障居民的最基本的生活需要。社会保障制度是通过集体投保、个人投保、国家资助、强制储蓄的办法筹集资金，国家对生活水平达不到最低标准者实行救助，对暂时或永久失去劳动能力的人提供基本生活保障，逐步增进全体社会成员的物质和文化福利，保持社会安定，促进经济增长和社会进步。

我国的社会保障制度是在经济体制改革过程中逐步建立起来的，原先的主要职能是解决国有企业下岗职工和离退休职工的生活保障问题，为国有经济战略性调整提供服务。这样发展起来的社会保障制度，重城市、轻农村，重职工（尤其是国有企业职工）、轻社会一般成员的特征明显。

（一）社会保障制度产生的标志与历史

社会保障制度起源于十九世纪末的欧洲工业社会，1601 年英国女王颁行了世界上第一部《济贫法》，这是现代社会保障制度的萌芽。现代社会保障制度的核心部分是为劳动者提供社会保险，第一个建立社会保险制度的是后起的资本主义国家——德国。德国在俾斯麦时期颁布的《疾病社会保险法》、《工伤事故》、《老年和残障》，标志着世界上第一个最完整的保险体系的建立，社会保障制度产生。1935 年美国国会通过了综合性的《社会保障法》，“社会保障”一词由此产生，它标志着现代社会保障制度的形成。

在社会保障制度的发展过程中，第二次世界大战是个分水岭。总的来说，第二次世界大战以前的社会保障制度在保障项目、覆盖率和保障水平等方面各国可能不同，但是相同的一点是：社会保障只是保证居民拥有维持生存所必需的生活资料。“二战”以后，社会保障进入到另一个阶段，福利国家纷纷出现，其先锋是英国。

二十世纪七十年代，社会保障制度改革的实践纷纷出现于工业国家。目前社会保障制度已推行到全世界的 160 多个国家和地区。建立健全与经济发展水平相适应的社会保障体系，是经济社会协调发展的必然要求，是社会稳定和国家长治久安的重要保证。

我国的社会保障体系包括社会保险、社会福利、优抚安置、社会救助和住房保障等。社会保障制度的基本特征是公平性、普遍性、法制性和互济性。

（二）社会保障制度的主要内容

社会保障制度是国家通过立法而制定的社会保险、救助、补贴等一系列制度的总称，是现代国家最重要的社会经济制度之一，其作用在于保障全社会成员基本生存与生活需要，特别是保障公民在年老、疾病、伤残、失业、生育、死亡、遭遇灾害、面临生活困难时的特殊需要，由国家通过国民收入分配和再分配实现。由社会福利、社会保险、社会救助、社会优抚和安置等各项不同性质、作用和形式的社会保障制度构成整个社会保障体系。具体而言，社会保障制度包括以下几个方面：

1. 社会保险制度

社会保险制度是指由国家依法建立的，使劳动者在年老、患病、伤残、生育和失业时，能够从社会获得物质帮助的制度。

2. 社会福利制度

社会福利制度在广义上与社会保障同义，狭义上指由国家或社会在法律和政策范围内向全体公民普遍地提供资金帮助和优化服务的社会性制度。

3. 社会救济制度

社会救济制度是指国家通过国民收入的再分配对因自然灾害或其他经济、社会原因而无法维持最低生活水平的社会成员给予救助，以保障其最低生活水平的制度。

4. 社会优抚制度

社会优抚制度是指国家依法定的形式和政府行为，对有特殊贡献的军人及其眷属实行的具有褒扬和有待赈恤性质的社会保障制度。

5. 社会互助制度

社会互助制度是指民间组织对部分劳动者的帮助，主要是解决政府政策规定之外、没有很好解决但仍需获得外界帮助的实际困难。社会互助是社会救助的补充，是社会成员的基本权利。

6. 个人储蓄积累保障

个人储蓄积累保障是个人或家庭将部分资金存入银行的一种保障形式，是社会保障的一种有效而必要的补充。

（三）社会保障制度的战略意义

现代社会保障制度，能从更宏观的意义上促进资源的有效配置。其战略性有五：

首先，现代市场经济不仅强调竞争原则，而且强调保障机制。我国改革三十余年在促进国民经济快速发展的同时，社会上也产生了一个弱势阶层。根据国家统计局 2010 年的相关统计数据估计，我国弱势阶层的人数已达 1.4 亿至 1.8 亿，约占全国总人口的 11% 至 14% 。这就需要国家在效率与公平的天平上，更加重视公平，给予弱势阶层一定的保障。解决得好，社会则和谐发展；解决得不好，可能引发社会动荡。

其次，现代市场经济不仅强调动力机制，而且强调平衡机制。应该说，改革三十多年，动力机制得到了一定发挥，但与之协调的平衡机制没有及时建立起来。表现在：城乡差距、地区差距、行业差距日益加大；就业压力越来越大，行政垄断集团无法抑制；国家财富增加了，但国民并不幸福；教育的不公平加剧；经济发展与生态环境的矛盾凸现等等，不一而足。

第三，现代市场经济不仅需要资本推动，而且需要温情政府。我们知道，资本是高效的分配资源，但是资本本身是没有人情味的。那么，如何使社会主义市场经济既高效又有人情味呢？这就需要温情的政府在稳定宏观经济的同时，维护弱势群体的基本生活保障和医疗需要，把大量的资金用于公共事业，给全体公民安全感，让社会大众无后顾之忧。

第四，现代市场经济不仅需要经济效率，而且需要社会公平。经济学告诉我们，市场追随的是货币选票，“富人们养的宠物所喝的牛奶，正是穷人孩子维持健康的必需品。”之所以出现这种现象，有人认为是市场失灵的结果。其实根本不是。因为，市场机制正在做它应该做的事，即把物品分配给有货币选票的人。解决的途径只能是通过公平进行再分配，解决收入的缺陷：一方面，政府通过转移支付，给低收入者提供补贴；另一方面，编制“安全网”，保护不幸者免受困苦。

第五，现代市场经济不仅需要单一发展，而且需要协调发展。协调发展的要点有：以健全社会保障为核心，促进社会公平，使经济效率与社会公平协调一致；以解决“三农”问题为核心，促进农村经济发展，使城乡协调一致；以开发西部、振兴东北、中部崛起为核心，促进相对落后的区域和发达区域的协调发展；以解决环境问题、增强企业社会责任为核心，促进循环经济的发展，使人与环境协调发展；以放宽限制、讲究公平竞争为核心，促进对内开放与对外开放的协调发展；以政治体制改革为核心，促进经济体制、政治体制、文化体制协调发展。这六个协调发展，首位的是健全社会保障。我们不能因种种阻扰而忽视弱势群体，不能把眼光盯在短期的经济效率上而忽视社会公平。社会保障，应当是我国当前的首位任务。

党的十五大明确提出了“建立社会保障体系，试行社会统筹和个人账户相结合的养老、医疗保险制度，完善失业保险和社会救济制度，提供最基本的社会保障”。中共十六大进一步明确地把“社会保障体系比较健全、社会就业比较充分”作为全面建设小康社会的目标之一。中共十八大报告明确提出，到 2020 年我国将实现社会保障全面覆盖。全覆盖、保基本、多层次、可持续的社会保障体系建设新目标，体现了执政党的责任与担当，也体现了执政党维护社会公平正义的决心。

（四）社会保障制度的四大作用

社会保障的根本原则就是社会公平，社会保障是所有社会成员效用的最大化。著名经济学家 A. C. 庇古教授在《福利经济学》一书中指出：“社会保障政策可以扩大一国的经济福利，因为穷人得到效用的增加要大于富人效用的损失，使社会总效用增加。”它通过设计一种制度，使人们不因没有特权而受到伤害，不因分工所形成的社会地位而变得卑贱。其作用有四：

第一，保障权利公平。公民享受教育、健康和最低生活保障的权利，在西方被统称为“福利权利”或“社会权利”，被视为对基本公民权的拓展，或社会公民权的一部分。联合国《人权宣言》中有关“福利条款”对这一权利进行了明确规定，如第二十二条：“每个人，作为社会的一员，有权享受社会保障，并有权享受他的个人尊严和人格的自由发展所必需的经济、社会和文化方面各种权利的实现”。社会保障把保障每个人的生存权、发展权放在首位。享受了全民的社会保障，就意味着基本生活得到了保证，从而在一个公平的起点上参与社会竞争。

第二，保障机会公平。机会公平是指，任何社会成员只要符合法律规定的条件，都应被覆盖在社会保障范围内，均等地获得社会保障的机会。一些富人把穷人当作不负责任甚至天生懒惰的人，这是不对的。他们之所以受穷在很大程度上是因为环境、条件缺失，机会缺乏所致。社会保障制度可使他们中的悲观者前行，无力者有力，增强他们的机会，从而为他们创造一个尽可能公平竞争的起点。

第三，维护规则公平。规则公平指一视同仁，既不能对弱势群体歧视，又不能对特权阶层倾斜。通过社会保障机制，重点保护社会的极端贫困人口（即在绝对生存需求线下的群体）。因为和高收入群体相比，低收入阶层和弱势群体，从风险管理获得的保护也是最不完善的。这就意味着，不实施社会保障，他们可能落入所谓“贫困陷阱”之中，形成恶性循环。

第四，调节分配公平。一般来说，分配公平提高效率，分配不公损害效率。当前，一些国有单位之所以效率低下，很大程度上与分配不公有关。那么，社会保障通过收入再分配的功能进行调节，可以在一定程度上减少差别，缓解社会矛盾，有利于社会稳定。

（五）社会保障制度重点保障的四类人群

消除贫穷既是个人的事，也是政府的责任。在我国，当前有四类人群需重点保障。

第一类人群：失地农民。根据国家统计局 2010 年相关统计数据估计，目前中国失地农民数量达 5 000 万人，而且随着城市化进程的加快，失地农民数量在增加。有关研究表明，如果按现行征地制度和城市化发展速度，到 2030 年，我国失地农民将超过 7 800 万人。按理说，农民失地后应该得到合理补偿，但现实情况不容乐观，大多数失地农民经济补偿不合理、生活水平下降，就业困难、社会保障缺乏，沦落到“种田无地，上班无岗，社保无份”的艰难境地，成为城市中最困难的群体。国土资源部提供的数据表明：目前征地纠纷、违规占地问题占信访受理总量的 73%。

第二类人群：城市中的下岗职工。目前有 3 000 万国有企业员工下岗。这类群体生活艰辛，他们中的大多数人是中年人。目前用人单位普遍存在严重的年龄歧视，让他们无处就业。一些国有企业在管理者收购（MBO）中，实行员工工龄买断制，几万安抚费就把员工打发了，把员工无情地推向市场，下岗职工只能在贫穷中跋涉。

第三类人群：外地流动人群。在没有流动之前，这些人在所居住的城市可能享有相应的社会保障，但目前我国的社会保障制度不健全，一旦他们流动出来，原来享有的社会保障可能终止，这样，不足以解决流动人口的后顾之忧。

第四类人群：在读和失业的大学生。在读的大学生没有被涵盖在我国社会保障之内，在求学的三四年时间里，他们被社会保障所遗忘。目前，公办大学的医疗保障制度采取的是 1998 年的标准，每人 40 元至 60 元不等，这点费用对于大病支出来说简直是杯水车薪；不少大学生毕业后找不到工作，他们的户口就放在学校的就业指导中心，属于既没有工作单位，又没有居住城市归属的“边缘人”，与社会保障无缘。

（六）我国社会保障制度的主要问题

中国社科院发布的 2007 年社会保障绿皮书指出，2006 年“社会保障”首次取代“下岗就业”问题，成为城市居民关注的首要社会问题。十年前，国务院决定在全国城市建立最低生活保障制度。不能不说，目前我国离人人享有社会保障的目标还有很大差距，主要存在五大差距：

1. 社会保障没有惠及全民

在社会保障制度中，覆盖面最广的是基本养老保险制度，但参加该制度的在职职工加上机关事业单位职工还不到2亿人，相对于近2.8亿城镇从业人员、4.2亿第二产业和第三产业从业人员以及7.6亿全社会从业人员的总数来说，养老保险的覆盖面分别只有70%、45%和25%左右。另一方面，占中国劳动力绝大多数的农民工、乡镇企业工人和农民却几乎与社会保障制度无缘。国家社保基金的供给严重向城市倾斜，占35%的城市人口得到近80%的社保基金。在养老保障方面，根据中国老龄研究中心对全国城乡老年人口抽样调查的数据，城市老年人的养老保险覆盖率达到70%以上，而农村老年人的覆盖率不到4%。如果考虑到部分农村享受养老保险的居民实际上是将原来在城镇就业时获得的养老保险带回农村的情况，养老保险在真正农民中的覆盖比率可能更低。社会保障待遇差别也大。不同行业、企业职工之间的收入与离退休待遇差别拉大，机关事业单位离退休职工待遇约是企业职工的一倍多。

2. 社会保障横向比较总量水平低

财政社会保障支出主要是指社保支出中政府所承担的部分。根据这一口径，2008年，包含社会保险基金在内的社会保障支出占全国财政支出的比重为22.2%，占GDP的比重为5.2%。2010年财政社会保障和就业支出为9 130.62亿元，占全国财政支出的10.2%。从国际上看，在发达市场经济国家的公共财政体系中，社会保障及福利方面的公共消费或者说收入支持方面的支出是政府最主要的支出项目，占财政支出的比重一般高达30%~50%，占GDP的比重也大都在10%~30%之间。如果以国家加社会的社会保障支出计算，2002年中国则为7 318.2亿元，占到GDP的7.15%。即便如此，与国际比较，我国社会保障支出的水平仍然是很低的。人均GDP超过1 000美元的国家，社保支出占GDP的比重基本超过10%。

3. 医疗保障体系两极分化

急剧上涨的医疗费用和不完善的医疗保障体系，是中国百姓近年来最关心的问题之一。尽管城镇职工基本医疗保险制度的覆盖面不断扩大，新型合作医疗在农村地区迅速扩展，但是，仍有很多人没有被医疗保障制度所覆盖；同时，目前的医疗保障补偿水平无法抵消迅速增长的医疗费用。第三次全国卫生服务调查发现：城市享有城镇职工基本医疗保险的人口比例为30.2%、公费医疗4.0%、劳保医疗4.6%、购买商业医疗保险占5.6%，没有任何医疗保险的占44.8%；在农村，参加合作医疗的人口比例为9.5%、各种社会医疗保险占3.1%、购买商业医疗保险占8.3%、没有任何医疗保险的占79.1%。在社会救济方面，2004年用于城镇最低生活保障的支出为172.7亿元，而农村最低生活保障支出和农村定期救济支出之和为30.7亿元，仅占城镇最低生活保障支出的17.8%。目前医疗保障体系的主要弊端在于：医疗保障体系两极分化。一方面，目前我国超过一半的人口还没有医疗保障，就是已经有了医疗保障的人，其保障水平也比较低；另一方面，对特殊群体存在保障过度的现象。2006年曾有媒体披露中科院调查报告显示，我国政府投入的医疗费用中，80%是为850万以党政干部为主的群体服务的。

4. 保障基金不能随着人走而流动

目前，受保障主体只有在政府、国有企事业单位就业，才能享受完整的失业、医疗、退休这三大保障。尽管一些民营企业也给职工上保险，但非常不规范。这样，一旦离开体制内到体制外发展，这三大保障就没有了，保障基金不能随着人走而流动。这就是为什么一些国有单位的下岗职工宁可领取救济金，也不愿到民企就业的深刻原因。

二、我国的社会保险制度

社会保险制度是社会保障制度中最重要的部分。我国社会保险制度最大的特点是制度缺位与福利早熟并存。制度的缺位是指对农民的保障制度缺位，福利的早熟是指城市中某些项目福利水平太高。

（一）我国城镇社会保险制度的沿革

1952 年 2 月政务院公布了《劳动保护条例》，标志着新中国的社会保险体系的建立，其保障对象是企业职工，保险项目包括疾病、负伤、生育、医疗、退休、死亡和待业等。国家机关工作人员的退休办法遵循的是 1952 年 12 月公布的《国家机关工作人员退休处理暂行办法》。从二十世纪五十年代初到 1966 年期间，社会保障制度有基金、有管理、有监督，基金的收集、管理和监督是分立的，在人口老龄结构轻且经济发展较快的情况下，这一制度运行良好。1966 年后，社会保险制度转变成企业保险制度。从保险理论的角度看，这一改变是一种退步，因为它违背了保险大数法则的前提。

企业保险制度之所以能够运行，原因有二：一方面此时企业人口结构年轻化，退休人口不多，养老负担不重，医疗负担也不重，直到 1978 年，仍有 30 个在职人员来养一个退休人员；另一方面，在各行业、各企业内部，赡养率虽然也是不同的，但是当时国有企业几乎是一统天下，而国有企业的最后“老板”都是国家，企业的盈亏、企业负担的轻重无关企业的痛痒，所以人们对企业保险制度并无太敏感的反映。

1984 年，我国社会保险制度进入改革阶段。社会保险制度改革首先是从项目开始的，当以企业为单位的公费医疗制度日益成为企业的负担时，二十世纪九十年代初，开始了对医疗保险制度改革的尝试。

经过三十年的努力，我国建立起了以城镇职工为保障对象的社会保险制度体系。主要项目有社会统筹与个人账户制度相结合的养老社会保险（以下简称统账制度）、社会统筹与个人账户制度相结合的医疗社会保险、失业保险、工伤保险、生育保险。

（二）我国的社会保险及其特征

社会保险（Social Insurance）是一种为丧失劳动能力、暂时失去劳动岗位或因健康原因造成损失的人口提供收入或补偿的一种社会和经济制度。社会保险计划由政府举办，强制某一群体将其收入的一部分作为社会保险税（费）形成社会保险基金，在满足一定条件的情况下，被保险人可从基金获得固定的收入或损失的补偿，它是一种再分配制度，它的目标是保证物质及劳动力的再生产和社会的稳定。

社会保险的主要项目包括养老社会保险、医疗社会保险、失业保险、工伤保险、生育保险等等。

社会保险具有五大特征：第一，社会保险的客观基础是劳动领域中存在的风险，保险的标的是劳动者的人身。第二，社会保险的主体是特定的。包括劳动者（含其亲属）与用人单位。第三，社会保险属于强制性保险。第四，社会保险的目的是维持劳动力的再生产。第五，保险基金来源于企业和劳动者的缴费及财政的支持。保险对象范围限于职工，不包括其他社会成员。保险内容范围限于劳动风险中的各种风险，不包括此外的财产、经济等风险。

社会保险具有三个主要功能：一是稳定社会生活的功能，二是再分配的功能，三是促进社会经济发展的功能。促进经济发展的功能表现在两个方面：第一是社会保险制度作为需求管理的一个重要工具来发挥作用，从而对经济起正面的作用。第二是社会保险基金的有效利用可以促进经济的持续繁荣。

三、《社会保险法》颁布实施的意义、立法原则和特色

2010 年 10 月 28 日，中华人民共和国第十一届全国人民代表大会常务委员会第十七次会议通过了《社会保险法》，自 2011 年 7 月 1 日起施行。《社会保险法》分为十二章，共计九十八条，首次以立法形式确立了社会保险制度的基本框架，重点对社会保险的原则、各险种的覆盖范围、社会保险待遇项目和享受条件、社会保险征缴、社会保险基金监督、法律责任等做出了明确规定。

《社会保险法》是中国特色社会主义法律体系中起支架作用的重要法律，是一部着力保障和改善民生的法律。它的颁布实施，是我国人力资源和社会保障法制建设中的又一个里程碑，对于建立覆盖城乡居民的社会保障体系，更好地维护公民参加社会保险和享受社会保险待遇的合法权益，使公民共享发展成果，促进社会主义和谐社会建设，具有十分重要的意义。

（一）《社会保险法》颁布实施的重要意义

第一，建立覆盖城乡居民的社会保障体系是我国坚持立党为公、执政为民的具体体现，是推动科学发展观、促进社会和谐的重要工作，是保增长、保民生、保稳定的重要任务，也是国家长治久安的重要条件。《中共中央关于制定国民经济和社会发展第十二个五年规划的建议》明确要求，坚持把保障和改善民生作为加快转变经济发展方式的根本出发点和落脚点，促进社会公平正义，并对加快推进覆盖城乡居民的社会保障体系建设做出了全面部署。《社会保险法》对各项社会保险做出了全面的制度安排和规范，将我国建立健全社会保障体系的重大决策和战略部署转化为根本性、稳定性的国家法律制度，必将对构建社会主义和谐社会和国家的长治久安发挥重要的保障和推动作用。

第二，《社会保险法》的颁布实施，使我国社会保险制度发展全面进入法制化轨道。《社会保险法》规范了社会保险关系，规定了用人单位和劳动者的权利与义务，强化了政府责任，明确了社会保险行政部门和社会保险经办机构的职责，确定了社会保险相关各方的法律责任。《社会保险法》的颁布实施，使社会保险制度更加稳定、运行更加规范，使相关各方，特别是广大劳动者有了维护自身合法权益的有力武器，并必将带动一系列单项法规、规章和规范性文件的制定实施，从而使社会保险体系建设全面进入法制化的轨道。

第三，《社会保险法》的颁布实施，为推动整个人力资源社会保障事业的科学发展提供了进一步的法制保障。《社会保险法》不仅对社会保险工作是极大的促进，也将对整个人力资源社会保障工作产生积极而深远的影响。《社会保险法》确立了广覆盖、可

转移、可衔接的社会保险制度，从法律上破除了各类人才自由流动阻碍，破除了劳动者在地区之间和城乡之间流动就业的制度性障碍，有利于形成和发展统一规范的人力资源市场；《社会保险法》进一步规范和明确了劳动者和用人单位的社会保险权利义务关系，有利于促进劳动关系的稳定与和谐。《社会保险法》的出台，与以前颁布实施的《劳动法》、《公务员法》、《劳动合同法》、《就业促进法》、《劳动争议调解仲裁法》等法律一起，构成了我国人力资源社会保障法律体系完整的顶层架构，对推进人力资源社会保障事业在法制轨道上实现科学发展具有重要意义。

（二）《社会保险法》的立法原则

《社会保险法》从草案起草，到国务院审议，再到全国人大常委会审议修改，始终坚持了以下几个原则：

一是贯彻落实党中央的重大决策部署。党的十四届三中全会以来，中央对社会保障制度改革和事业发展做出了一系列重大决策，特别是关于广覆盖、保基本、多层次、可持续等带有根本性的基本方针，关于社会保险要独立于用人单位之外、资金来源多渠道、管理服务社会化以及加强基金管理监督的要求等，都在法律制定中得到充分体现。

二是使广大人民群众共享改革发展成果。按照党的十七大提出的到2020年全面建设小康社会、基本建立覆盖城乡居民的社会保障体系的目标，《社会保险法》确立的我国社会保险制度框架，把城乡各类劳动者和居民分别纳入相应的社会保险制度，努力实现制度无缺失、覆盖无遗漏、衔接无缝隙，使全体人民在养老、医疗等方面有基本保障，无后顾之忧。

三是公平与效率相结合，权利与义务相适应。《社会保险法》从我国基本国情和社会主义初级阶段的实际出发，在政府主导的社会保险制度上，优先体现公平原则，做出适当的普惠性安排，通过增加政府公共财政投入，加大社会财富再分配力度，防止和消除两极分化，促进社会和谐；同时体现激励和引导原则，坚持权利与义务相适应，把缴费型的社会保险作为社会保障的核心。

四是确立框架，循序渐进。《社会保险法》全面总结我国社会保险制度改革发展的实践经验，借鉴世界各国社会保险的有益做法，确立了我国社会保险体系建设的总体框架、基本方针、基本原则和基本制度；同时，基于我国社会保险体系建设正处在改革发展过程中，新情况、新问题不断出现，需要继续探索和实践，《社会保险法》也保持了必要的灵活性，做出了一些弹性的或授权性的规定，为今后的制度完善和机制创新留出了空间。

（三）《社会保险法》的基本框架和特色

《社会保险法》是一部关于社会保险的全国性、综合性的社保“基本法”，新的制度和规定主要体现在以下几个方面：

1. 确立了我国社会保险体系的基本框架

《社会保险法》规定，国家建立基本养老保险、基本医疗保险、工伤保险、失业保险、生育保险等社会保险制度，保障公民在年老、疾病、工伤、失业、生育等情况下依法从国家和社会获得物质帮助的权利。

2. 明确了我国各项社会保险制度的覆盖范围

《社会保险法》将我国境内所有用人单位和个人都纳入了社会保险制度的覆盖范围。基本养老保险制度和基本医疗保险制度覆盖了我国城乡全体居民；工伤保险、失业保险和生育保险制度覆盖了所有用人单位及其职工；被征地农民按照国务院规定纳入相应的社会保险制度；在我国境内就业的外国人，也应当参照《社会保险法》的相关规定参加我国的社会保险。

3. 规定了我国社会保险制度的筹资渠道

国家多渠道筹集社会保险资金。《社会保险法》规定了各项社会保险制度的筹资渠道，明确了用人单位、个人和政府在社会保险筹资中的责任。

4. 规定了各项社会保险的待遇项目和享受条件

为了保障参加社会保险的个人及时足额领取社会保险待遇，《社会保险法》在现行规定基础上，分别概括地规定了各项社会保险的待遇和享受条件，并在总结实践经验的基础上有所发展。

总之，《社会保险法》的颁布实施，明确了职工基本养老保险、基本医疗保险、失业保险转移制度；明确规定个人跨统筹地区就业的，其基本养老保险关系、基本医疗保险关系、失业保险关系随本人转移，缴费年限累计计算；明确规定了社会保险行政部门和卫生行政部门应当建立异地就医医疗费用结算制度，该制度的确立将使参保人在异地就医也能享受基本医疗保险待遇；明确规定了社会保险基金先行支付及追偿制度，规定了工伤保险基金、基本医疗保险基金先行支付制度，以及向第三人追偿的制度等。《社会保险法》实施后，企业应当详细了解并掌握法律的具体规定，并根据法律的要求对本企业的社会保险的管理和缴纳做出适法性调整，预防可能的法律风险。

第二节　养老保险及其管理

一、我国的养老保险制度

（一）我国养老保险制度及其发展

1984 年，我国各地进行养老保险制度改革。1997 年，我国政府制定了《关于建立统一的企业职工基本养老保险制度的决定》，开始在全国建立统一的城镇企业职工基本养老保险制度。

我国的基本养老保险制度实行社会统筹与个人账户相结合的模式。基本养老保险覆盖城镇各类企业的职工；城镇所有企业及其职工必须履行缴纳基本养老保险费的义务。目前，企业的缴费比例为工资总额的 20% 左右，个人缴费比例为本人工资的 8% 。企业缴纳的基本养老保险费一部分用于建立统筹基金，一部分划入个人账户；个人缴纳的基本养老保险费计入个人账户。基本养老金由基础养老金和个人账户养老金组成，基础养老金由社会统筹基金支付，月基础养老金为职工社会平均工资的 20% ，月个人账户养老金为个人账户基金积累额的 1/139（满 60 岁时）。个人账户养老金可以继承。对于新制度实施前参加工作、实施后退休的职工，还要加发过渡性养老金。

经过十几年的推进，基本养老保险的参保职工已由1997年年末的8 671万人增加到2012年8月底的4.32亿人，加上职工养老保险，总计覆盖超过7亿人；领取基本养老金人数由2 533万人增加到1.8亿人。可以说，我国建立起世界上最大的基本养老保险制度，几千年来中国人老有所养的愿望初步实现。

1991年，我国部分农村地区开始进行养老保险制度试点。我国新型农村社会养老保险制度是在2008年十七届三中全会上正式决定推出，2009年，国务院正式启动新型农村社会养老保险试点。随后在2011年，国务院又启动了城镇居民社会养老保险试点。截止到2012年7月1日，全国所有县级行政区全部开展新型农村和城镇居民社会养老保险工作，基本实现了制度全覆盖，比原计划提前了8年。农村养老保险制度以“个人交费为主、集体补助为辅、政府给予政策扶持”为基本原则，实行基金积累的个人账户模式。

（二）我国多层次养老保险制度的建立

多层次的养老保险制度是指我国在经济不发达的情况下，为了使养老保险既能发挥保障生活和安定社会的作用，又能适应不同经济条件的需求，以利于劳动生产率的提高，而建立的国家基本养老保险与企业补充养老保险和职工个人储蓄性养老保险相结合的制度。

基本养老保险是第一层次，也是最高层次，它是按国家统一政策规定强制实施的、原则上适用于城镇各类企业的、为保障广大离退休人员基本生活需要的一种养老保险制度。

第二层次是由国家宏观调控、企业内部决策执行的企业补充养老保险，它是指由企业根据自身经济承受能力，在国家规定的实施政策和实施条件下自愿为本企业职工所建立的一种辅助性的养老保险。

第三层次是个人储蓄性养老保险，指在国家宏观调控下，劳动者个人基于自身经济能力和为了满足更高的生活需求，自愿参加、自愿选择经办机构的一种养老保险方式。

实行多层次的养老保险制度的意义在于：它可以在不降低职工退休后基本生活水平的同时，适当控制国家法定基本养老保险待遇水平的增长，从而维系一个能健康运行、长远发展的养老保险制度。

二、基本养老保险

基本养老保险又称为养老社会保险，国家对达到法定年龄退出劳动领域的劳动者，为保障其基本生活需要，由社会保障基金提供的生活补偿费用的一种社会保险。养老保险的前提是劳动者在劳动年龄阶段为社会付出了剩余劳动，做出了一定贡献，因此，在劳动者退出劳动领域之后，社会需要对其生活进行保障。在我国，养老社会保险的范围是城镇一切有收入并参加了社会养老保险的劳动者。财政拨款的行政事业单位不在其列，因为这些单位工作人员资金都来自国家财政收入，从长期来说，这部分人员养老保险资金的缴纳和给付，都是同一口袋中的支出，属于国家保障性质。

目前，我国社会基本养老保险有三种不同的制度，即：城镇居民社会养老保险、城镇职工基本养老保险和新型农村社会养老保险制度（以下简称“新农保”）。这三个养老保险制度根据参保对象的就业特征分为两类，一类是居民养老保险制度，主要是城镇居民养老保险和新农保制度，覆盖城乡居民；一类是职工基本养老保险制度，包括企业职工养老保险制度和机关事业单位退休制度，覆盖职工。

（一）我国城镇居民的基本养老保险

国务院总理温家宝 2011 年 6 月 1 日主持召开国务院常务会议，决定启动城镇居民社会养老保险试点。试点坚持保基本、广覆盖、有弹性、可持续的原则，实行社会统筹与个人账户相结合的制度模式，通过个人缴费与政府补贴相结合的方式筹集资金，与其他社会保障政策相配套，保障城镇居民老年基本生活。

1. 什么是城镇居民基本养老保险

一般来说，当城镇居民有稳定的工作时，应当按照规定参加职工养老保险；如果失业了，按照政策规定，可以自愿参加城镇居民养老保险。但不能同时参加两种养老保险。对灵活就业人员，按照《社会保险法》的相关规定，既可以参加职工养老，也可以参加城镇居民养老。前者缴费高，但只要有能力，制度鼓励灵活就业人员参加职工养老，当下缴费高一点儿，将来待遇领取也高。城镇居民养老保险是托底的，缴费水平低，待遇相对也低。对于重度残疾人参保，国家会代替缴费。考虑到目前人员流动性大，有关部门正在就不同养老保险制度间的转移和衔接进行研究，主要原则有三条：一是待遇只能领取一个；二是简单明了，便于转移接续；三是维护参保者权益，保证参保者不论最后领取哪种待遇，权益没有受任何损害。

2. 参加城镇居民养老保险的条件

参加城镇居民养老保险要具备三个条件：一是年满 16 周岁，不含在校学生；二是不符合职工基本养老保险参保条件的城镇非从业居民；三是城镇户籍。其中第二点所说的“不符合职工基本养老保险参保条件”的，是指没有纳入行政事业单位编制管理或未参加机关事业单位养老保险，也不符合企业职工养老保险参保条件。

3. 领取城镇居民养老金的条件

领取城镇居民养老金需要具备以下几个条件：首先，在领取年龄上，无论男女都要求年满 60 周岁。制度实施时，已年满 60 周岁且未享受职工基本养老保险待遇以及国家规定的其他养老待遇的，不用缴费，可按月领取基础养老金；距领取年龄不足 15 年的，应按年缴费，也允许补缴，累计缴费不超过 15 年；距领取年龄超过 15 年的，应按年缴费，累计缴费不少于 15 年。

其次，领取时，可由本人或其直系亲属代为提出申请，经过核定后，由银行或其他金融机构代发养老保险金。如果参保人员死亡，其个人账户中的资金余额，除政府补贴外，可以依法继承；政府补贴余额用于继续支付其他参保人的养老金。

第三，目前城镇居民养老保险的基础养老金标准是每月 55 元，城镇居民的基础养老金标准和新农保一致。确定这样的标准，是因为我国不同地区的发展很不均衡，需要由国家来负担基础养老金的人数非常多。目前国家首先要解决制度“从无到有”的问题，重在制度建设，然后是实现全覆盖，再逐步解决待遇“从低到高”的问题。随着经济发展，国力增强，国家将会逐步调整基础养老金标准，在适当的时候根据经济发展和物价水平做调整，让居民分享改革发展的成果。地方政府可以根据实际情况提高基础养老金的水平。

（二）新型农村社会养老保险制度（新农保）

1. 什么是新型农村社会养老保险制度（新农保）

新型农村社会养老保险制度（新农保）是相对老农保而言的。1992 年民政部印发《县级农村社会养老保险基本方案（试行）》，尝试在农村推行社会养老保险制度。由于其资金来源主要依靠农民自己缴费形成个人账户，实际上施行的是自我储蓄模式，社会化程度不高，未能充分调动农民的积极性。2008 年，《中共中央关于推进农村改革发展若干重大问题的决定》中首次提出，要按照个人缴费、集体补助、政府补贴相结合的要求，建立新型农村社会养老保险制度。2009 年，《国务院关于开展新型农村社会养老保险试点的指导意见》（1 – 2009 332 号）发布，在全国范围开始推行新农保的试点工作。

建立新农保的基本原则是“保基本、广覆盖、有弹性、可持续”。一是从农村实际出发，低水平起步，筹资和待遇标准要与经济发展及各方面承受力相适应；二是个人、集体、政府合理分担责任，权利与义务相适应；三是政府引导和农民自愿相结合，引导农民普遍参保；四是中央确定基本原则和主要政策，地方制订具体办法，对参保居民实行属地管理。

2. 新型农村社会养老保险制度（新农保）基金的筹集

与老农保相比，新农保最大的特点就在于其采取个人缴费、集体补助和政府补贴相结合的筹资模式。按照《国务院关于开展新型农村社会养老保险试点的指导意见》的规定，新农保基金从以下途径筹集：

（1）个人缴费。参加新农保的农村居民应当按规定缴纳养老保险费。缴费标准目前设为每年 100 元、200 元、300 元、400 元、500 元 5 个档次，地方可以根据实际情况增设缴费档次。参保人自主选择档次缴费，多缴多得。国家依据农村居民人均纯收人增长等情况适时调整缴费档次。

（2）集体补助。有条件的村集体应当对参保人缴费给予补助，补助标准由村民委员会召开村民会议民主确定。鼓励其他经济组织、社会公益组织、个人为参保人缴费提供资助。

（3）政府补贴。政府对符合领取条件的参保人全额支付新农保基础养老金，其中中央财政对中西部地区按中央确定的基础养老金标准给予全额补助，对东部地区给予 50% 的补助。

地方政府应当对参保人缴费给予补贴，补贴标准不低于每人每年 30 元；对选择较高档次标准缴费的，可给予适当鼓励，具体标准和办法由省（区、市）人民政府确定。对农村重度残疾人等缴费困难群体，地方政府为其代缴部分或全部最低标准的养老保险费。

3. 参加新型农村社会养老保险（新农保）的条件

年满 16 周岁（不含在校学生）、未参加城镇职工基本养老保险的农村居民，可以在户籍地自愿参加新农保。参保办理以村（社区、居委）为单位，参保单位办理登记手续，首次参保时应填写《参加养老保障（险）单位登记表》。符合参保条件的人员填写《农民基本养老保险参保人员基本情况登记表》；参保人员若为现役军人或退伍军人，需提供人民武装部出具的从军证明，填写《农民基本养老保险服役士兵政府补助申请表》，报镇（街道）劳动保障管理服务所。

4. 领取新农保养老金的条件

一是年满 60 周岁、未享受城镇职工基本养老保险待遇的农村有户籍的老年人，可以按月领取养老金。二是新农保制度实施时，已年满 60 周岁、未享受城镇职工基本养老保险待遇的，不用缴费，可以按月领取基础养老金，但其符合参保条件的子女应当参保缴费；距领取年龄不足 15 年的，应按年缴费，也允许补缴，累计缴费不超过 15 年；距领取年龄超过 15 年的，应按年缴费，累计缴费不少于 15 年。

在新农保试点地区，凡已参加了老农保，年满 60 周岁且已领取老农保养老金的参保人，可直接享受新农保基础养老金；对已参加老农保、未满 60 周岁且没有领取养老金的参保人，应将老农保个人账户资金并入新农保个人账户，按新农保的缴费标准继续缴费，待符合规定条件时享受相应待遇。

（三）我国城镇职工的基本养老保险

1. 职工养老金制度在我国的建立

1991 年，《国务院关于企业职工养老保险制度改革的决定》（国发［1991］33 号）规定：随着经济的发展，逐步建立起基本养老保险与企业补充养老保险和职工个人储蓄性养老保险相结合的制度。1997 年，《国务院关于建立统一的企业职工基本养老保险制度的决定》（国发［1997］26 号）中更进一步明确：各级人民政府要把社会保险事业纳入本地区国民经济与社会发展计划，贯彻基本养老保险只能保障退休人员基本生活的原则，为使离退休人员的生活随着经济与社会发展不断得到改善，体现按劳分配原则和地区发展水平及企业经济效益的差异，各地区和有关部门要在国家政策指导下大力发展企业补充养老保险，同时发挥商业保险的补充作用。

目前，按照国家对基本养老保险制度的总体思路，未来基本养老保险目标替代率确定为 58.5%。由此可以看出，今后基本养老金主要目的在于保障广大退休人员的晚年基本生活。

2. 职工养老保险的缴纳

（1）参保人群的确定：（a）职工必须参加基本养老保险；（b）无雇工的个体工商户、未在用人单位参加基本养老保险的非全日制从业人员以及其他灵活就业人员；（c）公务员和参照《公务员法》管理的工作人员参加基本养老保险的办法由国务院另行规定；（d）进城务工的农村居民依照《社会保险法》的相关规定参加社会保险；（e）外国人在中国境内就业的，参照《社会保险法》规定参加社会保险。

（2）职工养老保险的缴纳手续。缴费单位在每月规定时间内到所在区、市社会保险登记机构办理职工增减变化申报，提交以下资料：（a）职工增减变化表；（b）增加职工情况，应提交《劳动合同变更（续订）花名册》，其中本市再就业的，还应提交《职工养老保险手册》、《社会保障卡》，属统筹范围外转入的，还应提交转出地社会保险经办机构出具的养老保险关系转移单；（c）减少职工情况，因在职职工死亡、离退休、终止或解除劳动合同、参军、出国定居、工伤完全丧失劳动能力等不同原因，提交有关证件和资料。

(3) 职工养老保险的缴费方式：(a) 职工参加基本养老保险，由用人单位和职工共同缴纳基本养老保险费。(b) 无雇工的个体工商户、未在用人单位参加基本养老保险的非全日制从业人员以及其他灵活就业人员参加基本养老保险的，由其个人缴纳基本养老保险费。(c) 国有企业、事业单位职工参加基本养老保险前视同缴费年限期间应当缴纳的基本养老保险费由政府承担。

(4) 职工养老保险缴费标准。《社会保险法》第十二条规定："用人单位应当按照国家规定的本单位职工工资总额的比例缴纳基本养老保险费，记入基本养老保险统筹基金。职工应当按照国家规定的本人工资的比例缴纳基本养老保险费，记入个人账户。"这里的"国家规定"指的是《国务院关于建立统一的企业职工基本养老保险制度的决定》，按照此规定，用人单位缴纳基本养老保险费的比例，一般不得超过企业工资总额的20%，具体比例由省、自治区、直辖市的人民政府确定。个人缴纳基本养老保险费的比例，最终要达到本人缴费工资的8%。目前各省市用人单位和个人缴纳基本养老保险费的比例不同，且在不断调整。如：上海按照单位22%、个人8%的比例缴纳，北京按照单位20%、个人8%的比例缴纳。表3－2－1为2012年全国主要城市职工基本养老保险费单位与个人缴纳基数与比例。

3. 职工养老金的计算方法

参加城镇企业职工基本养老保险社会统筹的人员，达到国家规定的退休年龄，实际缴费年限（含视同缴费年限，下同）满15年以上的，按月计发基本养老金。根据最新的养老金计算办法，职工退休时的养老金由两部分组成：养老金＝基础养老金＋个人账户养老金。

这里，基础养老金＝（全省上年度在岗职工月平均工资＋本人指数化月平均缴费工资）÷2×缴费年限×1%＝全省上年度在岗职工月平均工资（1＋本人平均缴费指数）÷2×缴费年限×1%。

个人账户养老金＝个人账户储存额÷计发月数（50岁为195、55岁为170、60岁为139，不再统一是120)。

表3－2－1　2012年全国主要城市职工基本养老保险费缴纳基数与比例　(单位：元)

城市		缴费基数	单位缴纳比例	单位缴费上限	职工缴纳比例	职工缴费上限	总计缴纳比例	总计缴费上限
北京	本地	14 016.00	20%	2 803.20	8%	1 121.28	28%	3 924.48
	外地	14 016.00	20%	2 803.20	8%	1 121.28	28%	3 924.48
上海		12 993.00	22%	2 858.46	8%	1 039.44	30%	3 897.90
广州	本地	11 289.00	20%	2 257.80	8%	903.12	28%	3 160.92
	外地城镇	11 289.00	12%	1 354.68	8%	903.12	20%	2 257.80
	外地农村	11 289.00	12%	1 354.68	8%	903.12	20%	2 257.80
成都		9 481.00	20%	1 896.20	8%	758.48	28%	2 654.68

（续表）

城市		缴费基数	单位缴纳比例	单位缴费上限	职工缴纳比例	职工缴费上限	总计缴纳比例	总计缴费上限
重庆		20 021.00	17%	3 404.00	8%	1 602.00	25%	5 006.00
长沙		8 880.00	20%	1 776.00	8%	710.40	28%	2 486.40
大连		12 432.00	20%	2 486.40	8%	994.56	28%	3 480.96
福州		9 333.00	18%	1 679.94	8%	746.64	26%	2 426.58
杭州		8 932.75	14%	1 250.59	8%	714.62	22%	1 965.21
济南		8 859.00	19%	1 683.21	8%	708.72	27%	2 391.93
昆明		8 847.00	20%	1 769.40	8%	707.76	28%	2 477.16
南京		13 678.00	20%	2 735.60	8%	1 094.24	28%	3 829.84
南宁		8 544.60	20%	1 708.92	8%	683.57	28%	2 392.49
青岛		8 190.00	18%	1 474.20	8%	655.20	26%	2 129.40
深圳	本地	13 785.00	14%	1 929.90	8%	1 102.80	22%	3 032.70
	外地	13 785.00	13%	1 792.05	8%	1 102.80	21%	2 894.85
沈阳		11 439.00	20%	2 287.80	8%	915.12	28%	3 202.92
天津		11 331.00	20%	2 266.20	8%	906.48	28%	3 172.68
乌鲁木齐		9 012.00	20%	1 802.40	8%	720.96	28%	2 523.36
武汉		11 410.80	20%	2 282.16	8%	912.86	28%	3 195.02
西安		9 760.00	20%	1 952.00	8%	780.80	28%	2 732.80
合肥		10 161.00	20%	2 032.20	8%	812.88	28%	2 845.08
贵阳		8 427.00	20%	1 685.40	8%	674.16	28%	2 359.56
珠海		11 289.00	10%	1 129.00	8%	903.00	18%	2 032.00
山西		10 974.00	20%	2 194.80	8%	877.92	28%	3 072.72
哈尔滨		8 529.99	22%	1 876.60	8%	682.40	30%	2 559.00
南昌		10 949.00	20%	2 189.80	8%	875.92	28%	3 065.72
郑州		8 885.25	20%	1 777.05	8%	710.82	28%	2 487.87
呼和浩特		10 119.00	20%	2 023.80	8%	809.52	28%	2 833.32
苏州		12 915.00	20%	2 583.00	8%	1 033.20	28.00%	3 616.20

需要说明的是，本人指数化月平均缴费工资 = 全省上年度在岗职工月平均工资 × 本人平均缴费指数。在上述公式中可以看到，在缴费年限相同的情况下，基础养老金的高低取决于个人的平均缴费指数，个人的平均缴费指数就是自己实际的缴费基数与社会平均工资之比的历年平均值，低限为 0.6，高限为 3。因此在养老金的两项计算中，无

论何种情况，缴费基数越高，缴费的年限越长，养老金就会越高。养老金的领取是无限期规定的，只要领取人生存，就可以享受按月领取养老金的待遇，即使个人账户养老金已经用完，仍然会继续按照原标准计发，况且，个人养老金还要逐年根据社会在岗职工的月平均工资的增加而增长。因此，寿命越长，就可以领取得越多，相对于交费来说，肯定更加划算。

4. 职工养老金的领取

（1）职工养老金领取的条件和标准。按照国家的相关规定，男满 60 周岁、女满 55 周岁（管理、专业技术岗位的人员，城镇个体工商户等）或者男满 55 周岁、女满 50 周岁（生产岗位的人员），为正常退休年龄。对于特殊工种，男满 55 周岁、女满 50 周岁可以退休享受养老保险待遇。如果职工患有某种疾病，男满 50 周岁以上、女满 45 周岁以上可以办理病退手续，享受养老保险待遇。职工达到法定退休年龄经批准退休后，凭个人账户将储蓄性养老保险金一次总付或分次支付给本人。

退休人员退休金从劳动保障行政部门审批退休的次月起开始领取。企业因各种原因逾期给职工办理退休，其退休时间以达到法定退休年龄的时间为准，基本养老金的计发办法，按照达到法定年龄退休时基本养老金的计发办法执行。因企业原因使退休人员未能按时领取的养老金，由企业负担。

因病或非因工死亡的企业退休人员丧葬补助费按本市上一年度三个月在岗工资一次性发给；如果死亡人员有供养直系亲属，按本市上一年度十个月在岗工资发给一次性救济费。

需要指出的是，职工在其养老保险缴满 15 年后选择不再继续缴费，可否申请退休？肯定不能。按照国家相关规定，职工从参加工作之日起，就应参加养老保险且需连续缴费。在此期间，只有升学、入伍、判刑、劳教期间不缴费，领取失业救济金期间也可以选择不缴费，除此之外，应按规定连续缴费至法定退休年龄。

（2）企业退休人员养老金的调整。为了更好地让退休人员共享改革发展的成果，为了让退休人员的生活有一定的物质保证，为了促进社会分配更加公平合理，国家多年来一直连续上调企业退休人员的基本养老金。数据显示，企业参保退休人员的月平均养老金已经从 1995 年的每月 321 元，提高到 2013 年的每月 1 900 元左右。

5. 我国职工养老金的管理和发展的趋势

概括来说，我国职工养老金的管理和发展的趋势，一是提高基本养老金标准，二是基本养老金进入资本市场。

在我国，管理养老金等社保基金的组织，一般都是社保局下属机构，他们集保费征收、基金管理、投资运作等多种职能于一身，以政企合一的方式运营基金。这种缺乏监督、信息不透明的运营方式，难免存在暗箱操作、效率低下的问题。更重要的是，对企业年金、养老金的受托人，老百姓除了社保局，别无选择。可以说，社保局一手垄断了养老金的管理和运营。在这种情况下，即便养老金实现了市场化运营，也有可能难以真正确保这些资金的安全。

基本养老金入市乃大势所趋，主体应是债市。养老金和资本市场是高度契合的。一方面，资本市场贵在长期持有，而不是暂时投机。在发达的、成熟的资本市场中，养老金投资的占比很大。实践证明，养老金符合长期投资、价值投资的理念。另一方面，未来我国养老金入市，一定能极大推动国内资本市场的发展与完善。反过来看，发达的国内资本市场，又能最大程度地保证社会保险基金的保值增值。长期来看，社会保险基金投资资本市场是必然趋势。可以预见，养老金入市运营，只要没有大的全球金融危机或全国性系统危机，就不会有太大问题。即使产生了一定风险，其影响也是暂时性的，可能是当期的账面浮亏，并不是长期难以挽回的损失。未来经济恢复了，收益又可以收回来。

成立于2001年的全国社保基金在十年的投资运作过程中取得了骄人成绩。截至2010年年末，基金资产总额8 566.90亿元，自成立以来的累计投资收益额达2 772.60亿元，年均投资收益率9.17%，远超同期2.3%的CPI增幅。作为社保基金委托投资部分的重要责任承担人，基金公司为实现如此优异的业绩作出了重大贡献。

自2005年规范化运作以来，企业补充养老保险部分企业年金也取得了优异成绩。截至2010年年底，企业年金基金规模达2 809亿元。几年来，由机构管理的企业年金基金平均投资收益率达11.5%，实现了保值增值。

三、企业补充养老保险

企业补充养老保险是指由企业根据自身经济实力，在国家规定的实施政策和实施条件下为本企业职工所建立的一种辅助性的养老保险。它居于多层次的养老保险体系中的第二层次，由国家宏观指导、企业内部决策执行。企业补充养老保险与基本养老保险既有区别又有联系。其区别主要体现在两种养老保险的层次和功能上的不同，其联系主要体现在两种养老保险的政策和水平上相互联系、密不可分。

（一）什么是企业补充养老保险

企业补充养老保险是指在国家基本养老保险的基础上，依据国家政策和本企业经济状况建立的、旨在提高职工退休后生活水平、对国家基本养老保险进行重要补充的一种养老保险形式。企业补充养老保险也叫企业年金。

企业补充养老保险是指企业按规定缴纳基本养老保险费后，可以在国家政策指导下，根据本单位经济效益情况，为本单位职工提供的基本养老金之外的补充养老金。例如，深圳市社保局补充保险中心专门办理此项业务。它的主要特征是同企业经济效益挂钩，效益好时多补充，效益不好时少补充或不补充。补充养老保险强调效益，企业有充分的自主权。按照市社保局的相关规定，只有参加了基本养老保险、按时足额缴纳了基本养老保险费并且上年赢利、民主管理基础好的企业才可办理补充养老保险。它满足了不同层次企业的要求。对于职工来讲，不论企业效益如何，都有不断增加福利的欲望，但只有效益好的企业才能把它变成现实。

实行企业补充养老保险也符合国际惯例。世界上多数实行市场经济的国家都推行了企业补充养老保险。如美国，基本养老金提供的养老金相当于退休前平均工资的40%，补充养老金约为30%，大约有70%的企业加入了补充养老保险计划。德国1975年通过了《企业补充养老保险法》，补充养老金相当于在职工资收入的15%，有三分之一的企业参加了补充养老保险。在日本，参加了厚生年金（即基础养老金）的民营企业有

60% 实行了补充养老保险制度。

（二）企业补充养老保险的性质和特点

1. 企业补充养老保险的性质

（1）自愿性。在国外，大多数国家的补充养老保险是自愿性的。目前，我国的基本养老保险待遇水平相对较高，因此不宜实行强制性补充养老保险，应给予企业自愿选择的权力。不过，由于经济状况较好的企业往往更愿意通过发放奖金和其他形式的短期福利来作为调动职工积极性的手段，而不愿建立属于长期福利的补充养老保险。另一方面，基本养老保险待遇水平的逐步下降（从目前的 80% 下降到 60%）又需要其他形式的养老保险来补充，因此，国家需要对企业是否建立补充养老保险进行一定的规范和监督，促使和推动有条件的企业建立补充养老保险。

（2）政府的职能。既然企业有权决定是否建立补充养老保险，企业也应该有权选择由谁来管理补充养老保险基金。我们认为，补充养老保险基金不宜由政府的社会保险机构来管理。社会保险机构管理一方面会增加政府的责任和负担；另一方面，政府管理基金的效率一般不如市场。因此，政府应从补充养老保险基金管理中退出来，让企业自主选择多样化、专业性的机构实施补充养老保险基金的管理和投资运营。政府的责任主要是政策规范和监督。

可见，企业补充养老保险既不同于社会保险（不强制），也不同于商业保险（政府给予优惠政策、政府施加相对较强的约束），它是介于两者之间的一种特殊的养老保险形式。我们不应该为非此即彼的归类而过多地争论，而应着眼于对这种特殊的养老保险进行有别于社会保险和商业保险的政策规范。

2. 我国目前的企业补充养老保险的主要特点

概括来说，我国目前的企业补充养老保险的主要特点是：

（1）采用个人账户积累模式。

（2）一般情况下，只有企业缴费，职工个人不缴费。

（3）缴费来源主要是企业的自有基金、奖励与福利基金，基本不能享受税收优惠政策。

（4）积累基金只能存银行、买国债，不能进行市场化投资。

（5）企业自愿建立，国家不强制。

（三）企业补充养老保险的作用

建立企业补充养老保险具有十分重要的作用，其主要表现在：首先，可以提高职工退休后的生活水平。随着社会的进步和经济的发展，职工的养老保障需求会相应提高，部分经济效益较好的企业也有提高职工福利水平的能力。在这种情况下，允许这类企业为其职工建立补充养老保险，可以满足职工较高层次的养老保障需求。

其次，有利于密切职工与企业的关系，稳定职工队伍，增强企业的凝聚力和吸引力，促进企业发展。

最后，规模不断壮大的企业补充养老保险基金把大量即期消费资金转化为长期储蓄资金，有助于促进资本市场的发育和国民经济的增长。

企业补充养老保险是指由企业根据自身经济实力，在国家规定的实施政策和实施条件下为本企业员工所建立的一种辅助性的养老保险。它居于三层次的养老保险体系中的第二层次，由国家宏观指导、企业内部决策执行。企业补充养老保险费可由企业完全承担，或由企业和员工双方共同承担，承担比例由劳资双方协议确定。广义的补充养老保险包括职业年金计划、互助基金保险及商业年金计划（商业养老保险）等。

需要提醒的是企业年金的个人所得税问题。按照劳动保障部《企业年金试行办法》（劳动保障部第20号令）的规定，企业和职工个人缴纳的企业年金费用，属于补充养老保险金性质。根据《个人所得税法实施条例》第二十五条的规定，企业缴纳的企业年金费用，应在计入职工企业年金个人账户的当月并入职工个人工资薪金收入计征个人所得税；职工个人缴纳的企业年金费用，不得从纳税人的应纳税所得额中扣除。职工退休或出境定居按规定提取年金时，不再计征个人所得税。

（四）我国企业补充养老保险的现状和发展趋势

1. 我国补充养老保险的基本现状

在我国，企业补充养老保险于二十世纪八十年代开始在部分企业试行。1995年，原劳动部发布了《关于建立企业补充养老保险制度的意见》，对企业补充养老保险进行了初步的政策规范。1997年，《国务院关于建立统一的企业职工基本养老保险制度的决定》中，明确了企业补充养老保险和基本养老保险的关系，以及发挥商业保险在社会保障体系中的补充作用。2000年，国务院颁布《关于完善城镇社会保障体系试点方案》，将企业补充养老保险更名为企业年金，并确定辽宁省为试点省份。2004年4月，劳动部发布《企业年金试行办法》，确定了我国企业年金的制度特点和运作方式。根据国家发改委就业和收入分配司2007年发布的《中国企业年金发展报告》的相关数据，截至2005年年底，全国建立企业年金的企业约2.4万个，参加职工924万人。企业年金覆盖职工人数占当年全国基本养老保险覆盖的职工人数的7.04%。而世界发达国家企业年金的覆盖率均在50%以上。由此可以看出，我国企业补充养老保险覆盖范围太小，还难以形成对基本养老保险的有力补充。

2. 我国企业补充养老保险发展缓慢的原因

我国企业补充养老保险的发展一直比较缓慢，近几年甚至出现停滞不前的状况。影响企业补充养老保险发展的原因有三个方面：

（1）国家政策不明确、不到位。第一，性质未定。补充养老保险是社会保险还是商业保险？它应该由社会保险机构经办还是由商业性机构经办？是国家强制性的还是企业自愿性的？目前对这些问题还没有明确的政策规定，不同部门之间还存在着不同的看法。第二，缺乏优惠政策的激励。补充养老保险缴费主要来源于企业自有资金和奖励福利基金，国家还没有制定相关的税收优惠政策，这在很大程度上抑制了企业建立补充养老保险的积极性。第三，基金投资受限。出于对国内金融市场不完善的担心，政府还不允许补充养老保险基金进入资本市场，基金的保值增值难以实现，从而使得补充养老保险缺乏对企业和职工的吸引力。

（2）近几年宏观经济形势不好。在国有企业结构调整和制度转换过程中，以及整个经济增长乏力的情况下，相当一部分企业经济状况欠佳，缴纳基本养老保险费尚且困难，自然无力建立补充养老保险。

（3）基本养老保险待遇水平居高不下（全国平均替代率一直维持在 80% 以上），补充养老保险缺乏发展空间。

3. 我国企业补充养老保险的发展趋势

相关数据显示，我国基本养老保险替代率将逐步降到 60%，而国外基本养老保险待遇水平普遍在 40% 左右。尽管待遇水平相对较低，在普遍性的人口老龄化趋势下，许多国家已经面临着严重的养老保险财务赤字和制度危机。缩减国家养老保险的水平，加强企业补充养老保险和个人储蓄性养老保险的作用，成为各国养老保险制度改革的共识。因此，从长远来看，有着相同的人口老龄化趋势的中国，也要对整个养老保险体系的结构进行适当调整，缩减基本养老保险的水平，赋予企业补充养老保险以更大的责任。为此，建议我国的企业补充养老保险的发展分三步走：

第一步，依据基本养老保险水平，建立相对应的企业补充养老保险。依据统一制度后的基本养老保险的替代率水平，初步建立与之相配合的企业补充养老保险（可称“小补充保险”），并实行市场化管理。补充养老保险的缴费水平为 5%～8% 以内，其补充养老金替代率达到 20% 以内。

第二步，在调整基本养老保险结构（30% 的基础养老金 +8% 的个人账户）的基础上，在企业补充养老保险发展趋于稳定和成熟的时候（投资回报率较高，能够提供较好的保障水平），建立退出机制，允许职工将基本养老保险个人账户退出基本养老保险，与补充养老保险个人账户合并，实行市场化管理运营。

第三步，正式将基本养老保险个人账户分离出来，与目前的“小补充保险”合并，建立大补充保险。基本养老保险保证 30% 左右的基本养老金；而扩大后的企业补充养老保险将提供 50% 左右待遇水平。届时可以将企业补充养老保险更名为“职业养老保险”。随着中国社会主义市场经济体制的逐步建立和不断走向成熟，运用市场机制来管理和运营职业养老保险基金，完全可以保障职业养老保险的稳定性和高效性，确保职工有一个舒适的退休生活。

四、个人储蓄性养老保险

个人储蓄性养老保险是我国多层次养老保险体系的一个组成部分，是由职工自愿参加、自愿选择经办机构的一种补充保险形式。

由社会保险机构经办的职工个人储蓄性养老保险，由社会保险主管部门制定具体办法，职工个人根据自己的工资收入情况，按规定缴纳个人储蓄性养老保险费，记入当地社会保险机构在有关银行开设的养老保险个人账户，并应按不低于或高于同期城乡居民储蓄存款利率计息，以提倡和鼓励职工个人参加储蓄性养老保险，所得利息记入个人账户，本息一并归职工个人所有。职工达到法定退休年龄经批准退休后，凭个人账户将储蓄性养老保险金一次总付或分次支付给本人。职工跨地区流动，个人账户的储蓄性养老保险金应随之转移。职工未到退休年龄而死亡，记入个人账户的储蓄性养老保险金应由其指定人或法定继承人继承。实行职工个人储蓄性养老保险的目的，在于扩大养老保险经费来源，多渠道筹集养老保险基金，减轻国家和企业的负担；有利于消除长期形成的保险费用完全由国家“包下来”的观念，增强职工的自我保障意识和参与社会保险的主动性；同时也能够促进对社会保险工作实行广泛的群众监督。

个人储蓄性养老保险可以实行与企业补充养老保险挂钩的办法，以促进和提高职工参与的积极性。

五、企业养老保险管理

根据国家关于养老保险的相关规定，为了更好地维护职工的合法权益，降低企业的法律风险，企业应当建立起养老保险管理制度。

（一）依法建立养老保险管理制度，足额为员工缴纳养老保险

企业应当加强为职工缴纳养老保险必要性的认识，形成自觉履行养老保险缴纳义务的意识。依法缴纳社会保险包括养老保险是每一个企业应尽的法律责任。由于种种原因，一些企业没有为职工缴纳养老保险。随着国家一系列劳动法律的出台，职工的维权意识越来越强。由于外部整体的就业形势，员工迫于就业的压力，在短时间内可能容忍企业不为他们缴纳养老保险。一旦就业形势好转或者员工个人的就业能力增强，他们必然会要求企业为其补缴养老保险，否则，企业将会不得不面临一场法律诉讼。

由于养老保险涉及员工的个人切身利益，养老保险是员工最为关心的社会保险。尽管大多数员工目前距离退休还很遥远，但是养老保险涉及员工未来退休后的生活保障问题，因此，除了薪资待遇外，员工在择业和就业时往往关心企业是否能够为员工缴纳养老保险。从某种意义上说，养老保险已经成为企业吸引人才和留住人才的一个重要因素。作为一项重要的法定福利，养老保险制度的建立及其管理已经成为企业人力资源管理的一项重要内容。

（二）建立企业年金制度，通过企业年金留住企业的核心人才

有条件的企业还可以建立企业年金制度，彻底解决员工未来的“后顾之忧”。企业年金又称为补充养老保险，是国家鼓励企业为解决员工未来退休待遇而推出的一项措施，是企业为员工提供的又一个重要福利。通过企业年金制度，企业可以长期留住核心人才，鼓励员工长期为企业服务，有利于培养员工对企业的忠诚度。

（三）严格按照国家的相关规定，按时缴纳养老保险

首先，企业养老保险参保登记、缴费申报核定环节顺畅便利。按照国家的相关业务工作程序，及时将企业参保养老保险登记、变更、注销等事项所需材料收集齐全，按时提交给养老保险经办机构或者社保管理机构，做到既不欠缴、漏缴，也不多缴或重复缴纳。特别是对于新员工的养老保险的建立或者转入以及离职员工养老保险的转出，应该及时办理，防止员工在本单位出现养老保险不连续缴纳情况。

其次，按照国家规定，制定企业员工的退休政策，及时为达到法定退休年龄的员工办理养老保险停缴、退休待遇申报和审核等工作，使达到法定退休年龄的员工能够顺畅地享受养老金。

第三，如果企业将养老保险的缴纳外包给外部专业的人力资源管理公司，通过这些专业公司为企业的员工缴纳社会保险，企业应当加强对这些服务商的管理，定期对企业养老保险的缴纳情况进行审核和监控。由于这些外部专业人力资源管理公司与当地的社会保险机构有着千丝万缕的联系，或者干脆其前身就是当地社保机构或者当地劳动人事

部门的“三产”，他们不仅熟知相关的法律规定和操作流程，更重要的是他们常常能够帮助企业解决一些“疑难杂症”。

企业将社保的缴存外包给专业的人力资源管理公司，并非意味着企业在养老保险缴纳问题上就万事大吉了。相反，企业必须要加强和完善对该服务商的管理，建立必要的养老保险缴纳流程，定期对本企业养老保险的缴纳情况进行审核，确保企业真正做到依法、按时在当地社保管理机构为员工缴纳了养老保险。例如，服务商是否按照相关缴存流程及时为企业的新员工建立社保账户，是否及时为离职员工撤缴社保，是否存在养老保险的漏缴情况以及如果出现漏缴，是否及时为漏缴的员工补缴了养老保险。企业只有按照相关外部协议，密切监控本企业养老保险缴纳的情况，才能使企业在社会保险制度方面真正实现劳动合规。

第三节　医疗保险及其管理

一、我国的医疗保险制度

医疗保险制度是指一个国家或地区按照保险原则为解决居民防病治病问题而筹集、分配和使用医疗保险基金的制度。它是居民医疗保健事业的有效筹资机制，是构成社会保险制度的一种比较进步的制度，也是目前世界上应用相当普遍的一种卫生费用管理模式。

西方国家社会保险制度的建立，大多是从医疗保险起步的。医疗保险始于1883年德国颁布的《劳工疾病保险法》，其中规定某些行业中工资少于限额的工人应强制加入医疗保险基金会，基金会强制性征收工人和雇主应缴纳的基金。这一法令标志着医疗保险作为一种强制性社会保险制度的产生。特别是1929年至1933年世界性经济危机后，医疗保险立法进入全面发展时期，这个时期的立法，不仅规定了医疗保险的对象、范围、待遇项目，而且对与医疗保险相关的医疗服务也进行了立法规范。目前，所有发达国家和许多发展中国家都建立了医疗保险制度。

（一）我国医疗保险制度及其基本特征

1. 我国医疗保险制度的建立及其发展

自1921年8月中国劳动组合书记部成立开始，中国共产党人在为劳动大众争取基本的医疗保险方面进行了不懈的努力，就医疗保险问题提出了一系列议案。在革命根据地和解放区，颁布了涉及医疗保险内容的诸多具体规定。1949年，中华人民共和国成立，随着社会主义经济建设的迅速展开，全国统一的社会保险制度开始启动。我国《宪法》规定：“中华人民共和国公民，在年老、疾病或者丧失劳动能力的情况下，有从国家和社会获得物质帮助的权利。国家发展为公民享受这些权利所需要的社会保险、社会救济和医疗卫生事业。”1951年年初，《劳动保险条例》正式颁布。1953年，国家又对《劳动保险条例》进行了修改，于1953年1月颁布了《关于中华人民共和国劳动保险条例若干修正的决定》，同时公布了修正后的条例，从而使劳保医疗制度得以建立。1952 年 6 月，政务院颁布了《关于全国人民政府、党派、团体及所属事业单位的国家工作人员实行公费医疗预防措施》，公费医疗保险制度开始在全国实行。我国农村合作医疗起源于二十世纪四十年代陕甘宁边区的“医药合作社”。中华人民共和国成立以后，随着土地革命的结束，农村互助合作风起云涌，不少地方由群众自愿筹资成立了医疗互助组织，如保健所、医疗所。1956 年，全国人大一届三次会议通过了《高级农村合作社示范章程》，对合作社的社员因公负伤或因公致病的医疗给予了明确规定。不久，全国普遍出现了以集体经济为基础，集体与个人相结合，具有互助互济性质的农村合作医疗。至此，我国以公费医疗、劳保医疗、农村合作医疗为主要内容的医疗保险制度基本形成。

我国的医疗保险制度建立于二十世纪五十年代。长期以来，我国的医疗保险制度主要分为三种，一是适用于企业职工的劳保医疗制度，二是适用于机关事业单位工作人员的公费医疗制度，三是适用于农村居民的合作医疗制度。劳保医疗制度是根据 1951 年 2 月 26 日政务院公布的《劳动保险条例》而建立起来的。该制度主要适用于国营企业和部分集体企业的职工。劳保医疗费用在 1953 年以前全部由企业负担；1953 年改为根据行业性质分别按工资总额的 5% ~7% 提取。1969 年，财政部发布规定要求中央国营企业的奖励基金、福利费和医药卫生费实行合并提取办法，统一按照企业工资总额的 11% 提取职工福利基金直接计入成本。

针对劳保医疗中企业和国家负担过重的情况，1966 年 4 月劳动部和全国总工会颁发了《关于改进企业职工劳保医疗制度几个问题的通知》，对劳保医疗做了一些新规定，如规定职工患病和非因工负伤，其就诊所需的挂号费和出诊费用均由职工个人负担；医疗时所需的贵重药品，由企业负担，但服用营养滋补药品的费用，应由职工负担等。

公费医疗制度是根据 1952 年 6 月政务院发布的《关于全国各级人民政府、党派、团体及所属单位的国家机关工作人员实行公费医疗预防撒谎指示》建立起来的。公费医疗制度的实施范围包括各级国家机关、党派、人民团体以及文化、教育、科研、卫生、体育等事业单位的工作人员和革命残废军人、高等院校在校学生等。公费医疗的经费来源于国家与各级政府的财政预算拨款，由各级卫生行政部门或财政部门统一管理和使用，从单位“公费医疗经费”项目中开支，实行专款专用。享受公费医疗人员门诊、住院所需的诊疗费、手术费、住院费、门诊费等药费，均由医药费拨付；但住院的膳食、就医路费由患病者本人负担，如果确实有困难的，可由机关给予补助，在行政经费内报销。

合作医疗制度主要适用于农村地区，与劳保医疗和公费医疗不同的是，它并非是由国家立法强制建立的，也没有国家财政给予资金支持，而是在农村地区，通过集体和个人集资筹集医疗经费，为农村居民提供医疗保健服务的一种互助互济制度。合作医疗制度出现在二十世纪五十年代末期，普遍推行于六十年代中期。1965 年党中央批转卫生部党委《关于把卫生工作重点放到农村的报告》，强调加强农村基层卫生保健工作，推动了农村合作医疗制度的发展。到 1965 年年底，全国已有山西、湖北、江西等十多个省、自治区、直辖市的一部分市县实行了合作医疗制度，到 1976 年，全国已有 90% 的农民参加了合作医疗制度。农村合作医疗制度以集体经济为基础，以农民群众自愿参加为原则，合作医疗基金为集体出资和个人集资或集体投资和个人集资相结合的形式。但自七十年代末以来，由于农村实行了经济体制改革，普遍采取了家庭联产承包责任制，使农村合作医疗制度失去了原有的经济基础，导致农村合作医疗制度在全国各地几乎消亡。

1988年，我国政府开始对机关事业单位的公费医疗制度和国有企业的劳保医疗制度进行改革。1998年，国家颁布了《关于建立城镇职工基本医疗保险制度的决定》，开始在全国建立城镇职工基本医疗保险制度。为配合基本医疗保险制度改革，国家同时推动医疗机构和药品生产流通体制的改革。通过建立医疗机构之间的竞争机制和药品生产流通的市场运行机制，努力实现“用比较低廉的费用提供比较优质的医疗服务”的目标。

在基本医疗保险之外，各地还普遍建立了大额医疗费用互助制度，以解决社会统筹基金最高支付限额之上的医疗费用。国家为公务员建立了医疗补助制度。有条件的企业可以为职工建立企业补充医疗保险。国家还将逐步建立社会医疗救助制度，为贫困人口提供基本医疗保障。

我国的基本医疗保险制度改革正稳步推进，基本医疗保险的覆盖范围不断扩大。截止到2012年年底，全国参加城镇基本医疗保险的人数为53 589万人。其中，参加城镇职工基本医疗保险人数26 467万人，参加城镇居民基本医疗保险人数27 122万人。参加城镇基本医疗保险的农民工4 996万人。

2. 我国医疗保险制度的基本特征

我国医疗保险制度的基本特征可以概括为：

（1）医疗资源配置的非市场性。现代企业对于紧缺资源的配置主要表现为计划方式、市场方式和介于两者之间的计划与市场结合的方式。医疗保险制度作为一项基本的社会经济制度，它是时代发展的产物，反映一定历史阶段的社会关系和生产力发展水平，与一定时期社会、政治和经济发展政策取向紧密相联。我国医疗保险制度产生于新民主主义时期，在以计划经济为特征的社会主义时期获得了迅速发展，突出反映了医疗经济的公有制性质。国家运用计划手段对医疗资源进行高度集中管理，以单一的行政手段对医疗资源的生产、交换、分配、消费等各个环节实行统一计划，医疗经济所有权、经营权、使用权整体合一，对医疗卫生资源的分配和消费行为负责，实际上谁都可以不负责，医疗卫生资源消费缺乏必要的约束。不但形成了畸形的药品、医疗卫生体制，而且导致了非理性医疗消费，造成了医疗分配领域的平均主义和大锅饭，带来资源的巨大浪费。

（2）同一制度的平均主义与不同制度的差异性。我国医疗保险具有独特的板块结构，这种板块结构表现为全民保健、公费医疗、劳保医疗、合作医疗。除全民保健具有普遍性外，公费医疗覆盖机关、事业单位，劳保医疗覆盖城镇职工及其家属、子女，合作医疗覆盖农村居民。医疗保险制度按照单位和居民的不同身份，分为公费医疗制度、劳保医疗制度和农村合作医疗制度。由于它们资金来源渠道不同、享受待遇的对象不同，范围不一样，这种体制必然出现不少问题：其一，强化了职工或居民身份界限，阻碍了人力资源的优化配置和人才的合理流动；其二，就医疗保险分制度而言，平均主义非常严重，浪费惊人；其三，各医疗保险分制度之间，由于按职业或身份享受待遇，保健程度迥然不同。

（3）医疗保险二元结构。医疗保险制度按各分制度特点确定不同的资金来源渠道。公费医疗全部由国家财政包下来，职工就医，除挂号费外，所有费用均由财政负担，个人不需支付费用。劳保医疗由企业提取，在福利费用中开支，由企业自行管理，实际上是企业保险。农村合作医疗费用，由集体与个人共同负责，局限性很大。正是由于这种医疗保险资金管理办法，使我国医疗保险制度大致分为城镇职工医疗保险和农村居民合作医疗两大分制度，这种制度恰恰是与我国二元经济结构相一致的，体现了我国城乡社会结构的特点和经济发展水平。

（二）我国的基本医疗保险制度及其改革

加快医疗保险制度改革，保障职工基本医疗，是建立社会主义市场经济体制的客观要求和重要保障。在认真总结近年来各地医疗保险制度改革试点经验的基础上，国务院决定，在全国范围内进行城镇职工医疗保险制度改革。1998 年 12 月，国务院决定在全国范围内进行城镇职工基本医疗保险制度改革，发布了《关于建立城镇职工基本医疗保险制度的决定》（国发［1998］44 号）。城镇职工医疗保险制度改革的主要任务是：适应社会主义市场经济体制的要求，根据财政、企业和个人的承受能力，建立保障职工基本医疗需求的社会医疗保险制度。

1. 改革的任务和原则

医疗保险制度改革的主要任务是建立城镇职工基本医疗保险制度，即适应社会主义市场经济体制，根据财政、企业和个人的承受能力，建立保障职工基本医疗需求的社会医疗保险制度。

建立城镇职工基本医疗保险制度的原则是：基本医疗保险的水平要与社会主义初级阶段生产力发展水平相适应；城镇所有用人单位及其职工都要参加基本医疗保险，实行属地管理；基本医疗保险费由用人单位和职工双方共同负担；基本医疗保险基金实行社会统筹和个人账户相结合。

2. 覆盖范围和缴费办法

城镇所有用人单位，包括企业（国有企业、集体企业、外商投资企业、私营企业等）、机关、事业单位、社会团体、民办非企业单位及其职工，都要参加基本医疗保险。乡镇企业及其职工、城镇个体经济组织业主及其从业人员是否参加基本医疗保险，由各省、自治区、直辖市人民政府决定。

基本医疗保险原则上以地级以上行政区（包括地、市、州、盟）为统筹单位，也可以县（市）为统筹单位，北京、天津、上海、重庆四个直辖市原则上在全市范围内实行统筹（以下简称统筹地区）。所有用人单位及其职工都要按照属地管理原则参加所在统筹地区的基本医疗保险，执行统一政策，实行基本医疗保险基金的统一筹集、使用和管理。铁路、电力、远洋运输等跨地区、生产流动性较大的企业及其职工，可以相对集中的方式异地参加统筹地区的基本医疗保险。

基本医疗保险费由用人单位和职工共同缴纳。用人单位缴费率应控制在职工工资总额的6%左右，职工缴费率一般为本人工资收入的2%。随着经济发展，用人单位和职工缴费率可做相应调整。

3. 建立基本医疗保险统筹基金和个人账户

要建立基本医疗保险统筹基金和个人账户。基本医疗保险基金由统筹基金和个人账户构成。职工个人缴纳的基本医疗保险费，全部计入个人账户。用人单位缴纳的基本医疗保险费分为两部分，一部分用于建立统筹基金，一部分划入个人账户。划入个人账户的比例一般为用人单位缴费的30%左右，具体比例由统筹地区根据个人账户的支付范围和职工年龄等因素确定。

统筹基金和个人账户要划定各自的支付范围，分别核算，不得互相挤占。要确定统筹基金的起付标准和最高支付限额，起付标准原则上控制在当地职工年平均工资的10%左右，最高支付限额原则上控制在当地职工年平均工资的4倍左右。起付标准以下的医疗费用，从个人账户中支付或由个人自付。起付标准以上、最高支付限额以下的医疗费用，主要从统筹基金中支付，个人也要负担一定比例。超过最高支付限额的医疗费用，可以通过商业医疗保险等途径解决。统筹基金的具体起付标准、最高支付限额以及在起付标准以上和最高支付限额以下医疗费用的个人负担比例，由统筹地区根据以收定支、收支平衡的原则确定。

4. 健全基本医疗保险基金的管理和监督机制

基本医疗保险基金纳入财政专户管理，专款专用，不得挤占挪用。

社会保险经办机构负责基本医疗保险基金的筹集、管理和支付，并要建立健全预决算制度、财务会计制度和内部审计制度。社会保险经办机构的事业经费不得从基金中提取，由各级财政预算解决。

基本医疗保险基金的银行计息办法：当年筹集的部分，按活期存款利率计息；上年结转的基金本息，按三个月期整存整取银行存款利率计息；存入社会保障财政专户的沉淀资金，比照三年期零存整取储蓄存款利率计息，并不低于该档次利率水平。个人账户的本金和利息归个人所有，可以结转使用和继承。

各级劳动保障和财政部门，要加强对基本医疗保险基金的监督管理。审计部门要定期对社会保险经办机构的基金收支情况和管理情况进行审计。统筹地区应设立由政府有关部门代表、用人单位代表、医疗机构代表、工会代表和有关专家参加的医疗保险基金监督组织，加强对基本医疗保险基金的社会监督。

5. 妥善解决有关人员的医疗待遇

离休人员、老红军的医疗待遇不变，医疗费用按原资金渠道解决，支付确有困难的，由同级人民政府帮助解决。离休人员、老红军的医疗管理办法由省、自治区、直辖市人民政府制定。二等乙级以上革命伤残军人的医疗待遇不变，医疗费用按原资金渠道解决，由社会保险经办机构单独列账管理。医疗费支付不足部分，由当地人民政府帮助解决。

退休人员参加基本医疗保险，个人不缴纳基本医疗保险费。对退休人员个人账户的计入金额和个人负担医疗费的比例给予适当照顾。

国家公务员在参加基本医疗保险的基础上，享受医疗补助政策。具体办法另行制定。

为了不降低一些特定行业职工现有的医疗消费水平，在参加基本医疗保险的基础上，作为过渡措施，允许建立企业补充医疗保险。企业补充医疗保险费在工资总额4%以内的部分，从职工福利费中列支，福利费不足列支的部分，经同级财政部门核准后列入成本。

国有企业下岗职工的基本医疗保险费，包括单位缴费和个人缴费，均由再就业服务中心按照当地上年度职工平均工资的60%为基数缴纳。

二、基本医疗保险

基本医疗保险是为补偿劳动者因疾病风险造成的经济损失而建立的一项社会保险制度。通过用人单位和个人缴费，建立医疗保险基金，参保人员患病就诊发生医疗费用后，由医疗保险经办机构给予一定的经济补偿，以避免或减轻劳动者因患病、治疗等所带来的经济风险。

基本医疗保险是社会保险制度中最重要的险种之一，它与基本养老保险、工伤保险、失业保险、生育保险等共同构成现代社会保险制度。

我国目前建立了城镇职工基本医疗保险制度、新型农村合作医疗制度和城镇居民基本医疗保险制度。其中，城镇职工基本医疗保险由用人单位和职工按照国家规定共同缴纳基本医疗保险费，建立医疗保险基金，参保人员患病就诊发生医疗费用后，由医疗保险经办机构给予一定的经济补偿，以避免或减轻劳动者因患病、治疗等所带来的经济风险。新型农村合作医疗和城镇居民基本医疗保险实行个人缴费和政府补贴相结合，待遇标准按照国家规定执行。

（一）城镇居民基本医疗保险

党中央、国务院历来重视解决广大人民群众的医疗保障问题，不断完善医疗保障制度。到2007年，我国没有医疗保障制度安排的主要是城镇非从业居民。为实现基本建立覆盖城乡全体居民的医疗保障体系的目标，国务院决定，从2007年起开展城镇居民基本医疗保险试点（以下简称试点）。2007年有条件的省份选择2至3个城市启动试点，2008年扩大试点，2009年试点城市达到80%以上，2010年在全国全面推开，逐步覆盖全体城镇非从业居民。通过三年多的试点，我国逐步完善了城镇居民基本医疗保险的政策体系，形成了较合理的筹资机制、健全的管理体制和规范的运行机制，逐步建立了以大病统筹为主的城镇居民基本医疗保险制度。

1. 什么是城镇居民基本医疗保险

城镇居民基本医疗保险是社会医疗保险的组成部分，具有强制性，采取以政府为主导，以居民个人（家庭）缴费为主，政府适度补助为辅的筹资方式，按照缴费标准和待遇水平相一致的原则，为城镇居民提供医疗需求的医疗保险制度。

2. 参加城镇居民基本医疗保险的条件

不属于城镇职工基本医疗保险制度覆盖范围的中小学阶段的学生（包括职业高中、中专、技校学生）、少年儿童和其他非从业城镇居民都可自愿参加城镇居民基本医疗保险。

（1）提交参保材料。以家庭为单位参保的城镇居民，应当提供户口簿、居民身份证或公安机关出具的其他有效身份证明的原件及复印件。属于重度残疾人、享受低保待遇人员、特殊困难家庭人员和低收入家庭60周岁以上老年人等特殊身份人员，应当提供相关凭证原件及复印件。具有本市非农业户籍、年满18周岁的在校学生随家庭参保的，应当提供学生证件原件及复印件。大中专院校学生参保时，学生需提供《学生证》或学校出具的学籍证明。属于重度残疾、享受低保待遇、特殊困难家庭和享受国家助学贷款的学生，应当同时提供符合规定的相关凭证。在本市接受义务教育的外地农民工子女参保时，应当提供其父母参加本市城镇职工基本医疗保险、农民工医疗保险或农民工工伤保险的参保缴费证明，学校出具的学生证明、户口簿原件及复印件。

（2）缴纳基本医疗保险费用。缴费标准为：学生、儿童每人每年筹资标准是100元，个人缴纳医疗保险费60元，其余40元由政府补助。重度残疾、享受低保待遇和特殊困难家庭的学生儿童，个人不缴费，医疗保险费全部由政府补助。非从业城镇成年居民按照每人每年560元筹资，缴费和补助标准是：① 重度残疾人、享受低保待遇人员、特殊困难家庭人员和低收入家庭60周岁以上老年人，个人不缴费，医疗保险费全部由政府补助；② 70周岁以上的老年人个人缴纳医疗保险费120元，其余440元由政府补助；③ 其他非从业城镇居民个人缴纳医疗保险费330元，其余230元由政府补助。

对城市的参保居民，政府每年按不低于人均40元给予补助，其中，中央财政从2007年起每年通过专项转移支付，对中西部地区按人均20元给予补助。在此基础上，对属于低保对象的或重度残疾的学生和儿童参保所需的家庭缴费部分，政府原则上每年再按不低于人均10元给予补助，其中，中央财政对中西部地区按人均5元给予补助；对其他低保对象、丧失劳动能力的重度残疾人、低收入家庭60周岁以上的老年人等困难居民参保所需家庭缴费部分，政府每年再按不低于人均60元给予补助，其中，中央财政对中西部地区按人均30元给予补助。中央财政对东部地区参照新型农村合作医疗的补助办法给予适当补助。财政补助的具体方案由财政部门和劳动保障、民政等部门研究确定，补助经费要纳入各级政府的财政预算。

3. 参加城镇居民基本医疗保险的待遇

（1）保险待遇。① 城镇居民基本医疗保险基金主要用于支付参保居民的住院和门诊大病、门诊抢救医疗费，支付范围和标准按照城镇居民基本医疗保险药品目录，诊疗项目和医疗服务设施范围和标准执行。② 起付标准（即门槛费）与城镇职工基本医疗保险一样，即三级980元、二级720元，一级540元。③ 就医管理：城镇居民基本医疗保险参保居民就医实行定点首诊和双向转诊制度，将社区卫生服务中心、专科医院、院店合作和二级及其以下医疗机构确定为首诊医疗机构，将部分三级综合和转科医疗机构确定为定点转诊医疗机构，参保居民就医时应首先在定点首诊医疗机构就诊，因病情确需转诊转院治疗的，由定点首诊医疗机构出具转院证明，方可转入定点转诊医院接受住院治疗，等病情相对稳定后，应转回定点首诊医院。④ 支付比例：基金支付比例按不同级别医疗机构确定，一级（含社区卫生服务中心）、二级、三级医疗机构基金支付比例为75%、60%、50%。城镇居民连续参保缴费满2年后，可分别提高到80%、65%、55%。⑤ 基本保额：一个自然年度内，基本医疗保险统筹基金的最高支付限额为每人每年 1.6 万元。如果是由于慢性肾功能衰竭（门诊透析治疗）、恶性肿瘤（门诊放、化疗）、器官移植抗排异治疗、系统性红斑狼疮、再生障碍性贫血（简称“门诊大病”）患者，年统筹基金最高支付限额可提高到每人 2 万元。

（2）医疗费用报销范围。参保人员在定点医疗机构、定点零售药店发生的下列项目费用纳入城镇居民基本医疗保险基金报销范围：① 住院治疗的医疗费用；② 急诊留观并转入住院治疗前 7 日内的医疗费用；③ 符合城镇居民门诊特殊病种规定的医疗费用；④ 符合规定的其他费用。

（3）医疗费用报销比例。一是学生、儿童。在一个结算年度内，发生符合报销范围的 18 万元以下医疗费用，三级医院起付标准为 500 元，报销比例为 55%；二级医院起付标准为 300 元，报销比例为 60%；一级医院不设起付标准，报销比例为 65%。

二是年满 70 周岁以上的老年人。在一个结算年度内，发生符合报销范围的 10 万元以下医疗费，三级医院起付标准为 500 元，报销比例为 50%；二级医院起付标准为 300 元，报销比例为 60%；一级医院不设起付标准，报销比例为 65%。

三是其他城镇居民。在一个结算年度内，发生符合报销范围的 10 万元以下的医疗费，三级医院起付标准为 500 元，报销比例为 50%；二级医院住院起付标准为 300 元，报销比例为 55%；一级医院不设起付标准，报销比例为 60%。城镇居民在一个结算年度内住院治疗二次以上的，从第二次住院治疗起，不再收取起付标准的费用。转院或者二次以上住院的，按照规定的转入或再次入住医院起付标准补足差额。

（二）新型农村合作医疗（新农合）

农村合作医疗保险是由我国农民（农业户口）自己创造的互助共济的医疗保障制度，在保障农民获得基本卫生服务、缓解农民因病致贫和因病返贫方面发挥了重要的作用。合作医疗在我国将近 50 年的发展历程中，先后经历了 20 世纪 40 年代的萌芽阶段、50 年代的初创阶段、60—70 年代的发展与鼎盛阶段、80 年代的解体阶段和 90 年代以来的恢复和发展阶段。面对传统合作医疗中遇到的问题，卫生部组织专家与地方卫生机构进行了一系列的专题研究，为建立新型农村合作医疗打下了坚实的理论基础。

2002 年 10 月，《中共中央、国务院关于进一步加强农村卫生工作的决定》明确指出：要“逐步建立以大病统筹为主的新型农村合作医疗制度”，“到 2010 年，新型农村合作医疗制度要基本覆盖农村居民”，“从 2003 年起，中央财政对中西部地区除市区以外的参加新型合作医疗的农民每年按人均 10 元安排合作医疗补助资金，地方财政对参加新型合作医疗的农民补助每年不低于人均 10 元”，“农民为参加合作医疗、抵御疾病风险而履行缴费义务不能视为增加农民负担”。

我国新型农村合作医疗制度从 2003 年起在全国部分县（市）试点，本着多方筹资，农民自愿参加的原则，新型农村合作医疗的试点地区正在不断的增加，通过试点地区的经验总结，为将来新型农村合作医疗在全国的全面开展创造了坚实的理论与实践基础。到了 2010 年，我国逐步实现基本覆盖全国农村居民。2011 年 2 月 17 日，中国政府网发布了《医药卫生体制五项重点改革 2011 年度主要工作安排》。这份文件明确，2011 年政府对新农合和城镇居民医保补助标准均由上一年每人每年 120 元提高到 200 元；城镇居民医保、新农合政策范围内住院费用支付比例力争达到 70% 左右。

1. 什么是新型农村合作医疗（新农合）

新型农村合作医疗（新农合）是指由政府组织、引导、支持，农民自愿参加，个人、集体和政府多方筹资，以大病统筹为主的农民医疗互助共济制度。采取个人缴费、集体扶持和政府资助的方式筹集资金。

2. 参加新型农村合作医疗（新农合）的条件

凡拥有当地常住农业户口、未参加国家城镇职工基本医疗保险和城镇居民基本医疗保险的城乡居民，均可以户为单位，整户参保新型农村合作医疗。已参加当地城镇居民基本医疗保险或异地城镇职工基本医疗保险的人员，不得参保新型农村合作医疗，重复参保无效。

符合新农合参保条件的人员，应持本人户口本（原件和复印件）、一寸免冠近照一张，至户籍所在地的街道、镇劳动保障站以及区或市医保经办机构办理参保缴费手续（其中农村户籍居民包括农转非人员由村委会或居委会统一组织），同时领取《基本医疗保险证历本》。符合免缴条件的人员在办理参保手续时还应按规定提供相关证件或证明（原件和复印件）。

3. 新型农村合作医疗（新农合）的筹资渠道

根据国家有关规定，目前全国新型农村合作医疗试点县市筹集资金的主要渠道有两条：一是各级财政补贴；二是参加合作医疗的农民缴纳。从 2006 年开始，开展新型农村合作医疗试点的县市，按参加合作医疗的人数计算，每人每年总资金为 50 元，其中中央财政补助 20 元，省、州、县（市）财政共计配套 20 元，参加合作医疗的农民缴纳 10 元。

由于新型农村合作医疗的性质是“互助共济”，即自愿参加合作医疗的农民，必须每年缴纳一定的费用。缴纳标准可根据当地经济发展水平而定。国务院国办发［2004］3 号文件规定，参合农民个人缴费数额，原则上每人每年不低于 10 元，经济发达地区可在农民自愿的基础上，根据农民收入水平及实际需要相应提高缴费标准。既然是互助共济，就必须是以大病统筹为主，即解决参合农民患大病以后，急需住院治疗的医疗费用。但考虑到参加合作医疗农民的积极性，也考虑到我国农民就医的实际情况，将合作医疗资金划成两个部分，其中大部分用作住院医疗补偿基金，小部分作为参加合作医疗农民的门诊补偿基金，建立家庭门诊账户。参合农民的家庭门诊账户，以家庭为单位，每人每年提取 6 ~ 8 元，用于当年家庭成员门诊费用的补偿。以家庭为单位包干使用，用完为止，超支不补。当年结余的结转下年度继续使用。

农民缴纳合作医疗资金，可由农民自缴，也可以由集体经济统一缴纳，还可以由社会捐赠。

4. 新型农村合作医疗（新农合）的特殊政策

（1）对五保户、特困户、残疾人等特殊（弱势）群体参加合作医疗的，其个人应缴纳的资金，由民政部门解决。

（2）对独生子女户、两女结扎户等计划生育优待户参加合作医疗的，其个人应缴纳的资金，由计划生育部门解决。

（3）凡是参加合作医疗的孕产妇住院分娩，按照分娩方式，分别给予固定补助。

根据各县市制定的方案，平产每例补偿150~250元，剖宫产每例补偿400~600元。病理产科按住院病人相关规定补偿。贫困孕产妇住院分娩，还应享受“降消”项目的贫困救助补助。

（4）特殊疾病、慢性病常年门诊治疗的，如肿瘤、再生障碍性贫血、肝硬化、老年慢性支气管炎、尿毒症等疾病，可在合作医疗基本用药目录以内，每年享受一定的补偿，其补偿标准和具体病种由县市制定。

（5）新型农村合作医疗（新农合）补偿政策。参加合作医疗的农民，无论门诊或住院，实际发生的医疗费用，只要符合合作医疗相关规定，均可获得一定比例的补偿。①门诊补偿。参合农民在定点医疗机构门诊就医，其医药费用，可按县市制定的门诊补偿办法及补偿程序，获得补偿，但在非定点医疗机构就医的不予补偿。②住院补偿。参合农民因病需住院治疗，必须在定点医疗机构住院，其补偿方式及补偿比例，需按县市制定的实施细则（方案）要求进行补偿。

（三）城镇职工基本医疗保险

1. 参加人员

按照国务院《关于建立城镇职工基本医疗保险制度的决定》（国发［1998］44号）的规定，城镇所有用人单位，包括企业（国有企业、集体企业、外商投资企业、私营企业等）、机关、事业单位、社会团体、民办非企业单位及其职工，都要参加基本医疗保险。这就是说，必须参加城镇职工基本医疗保险的单位和职工，既包括机关事业单位也包括城镇各类企业，既包括国有经济单位也包括非国有经济单位，既包括效益好的企业也包括困难企业。这是目前我国社会保险制度中覆盖范围最广的险种之一。

但对乡镇企业及其职工、城镇个体经济组织业主及其从业人员是否参加基本医疗保险，国家明确由各省、自治区、直辖市人民政府确定。这主要是考虑到对这部分人群管理的状况和医疗保险本身的特殊性。如果硬性纳入基本医疗保险，而管理能力又跟不上，则有可能导致医疗费用支出不受控制，增加基金超支的风险。

值得一提的是，根据劳动和社会保障部《关于贯彻两个条例扩大社会保障覆盖范围加强基金征缴工作的通知》（劳社部发［1999］10号）规定，农民合同制职工参加单位所在地的社会保险，社会保险经办机构为职工建立基本医疗保险个人账户。农民合同制职工在终止或解除劳动合同后，社会保险经办机构可以将基本医疗保险个人账户储存额一次性发给本人。

2. 缴费标准

基本医疗保险费由用人单位和个人共同缴纳，体现国家社会保险的强制特征和权利与义务的统一。医疗保险费由单位和个人共同缴纳，不仅可以扩大医疗保险资金的来源，更重要的是明确了单位和职工的责任，增强个人自我保障意识。国家规定的用人单位缴费率和个人缴费率的控制标准为：用人单位缴费率控制在职工工资总额的6%左右，具体比例由各地确定，职工缴费率一般为本人工资收入的2%。表3-3-1为2012年全国主要城市职工基本医疗保险费单位与个人缴纳基数与比例。

表 3－3－1　　2012 年全国主要城市职工基本医疗保险费单位与个人缴纳基数与比例　　（单位：元）

城市		缴费基数	单位缴纳比例	单位缴费上限	职工缴纳比例（包括大病）	职工缴费上限	总体缴纳比例（包括大病）	总体缴费上限
北京	本地	14 016.00	10.0%	1 401.60	2% ＋3	283.32	12% ＋3	1 684.92
	外地	14 016.00	10.0%	1 401.60	2% ＋3	283.32	12% ＋3	1 684.92
上海		12 993.00	12.0%	1 559.16	2.0%	259.86	14.0%	1 819.02
广州	本地	14 367.00	8% ＋12.45	1 161.81	2.0%	287.34	10% ＋12.45	1 449.15
	外地城镇	14 367.00	8% ＋12.45	1 161.81	2.0%	287.34	10% ＋12.45	1 449.15
	外地农村	14 367.00	8% ＋12.45	1 161.81	2.0%	287.34	10% ＋12.45	1 449.15
成都		8 502.00	7.5%	637.65	2.0%	170.04	9.5%	807.69
重庆		20 021.00	8.0%	1 602.00	2% ＋2	402.00	10% ＋2	2 004.00
长沙		8 880.00	8.0%	710.40	2.0%	177.60	10.0%	888.00
大连		12 432.00	8.0%	994.56	2.0%	248.64	10.0%	1 243.20
福州		10 431.00	8.0%	834.48	2.0%	208.62	10.0%	1 043.10
杭州		8 932.75	11.5%	1 027.27	2% ＋4	182.66	13.5% ＋4	1 209.92
济南		8 859.00	9.0%	797.31	2.0%	177.18	11.0%	974.49
昆明		8 371.00	10% ＋16.74	853.84	2% ＋1	168.42	12% ＋17.74	1 022.26
南京		13 678.00	9.0%	1 231.02	2% ＋10	283.56	11% ＋10	1 514.58
南宁		8 544.60	8.0%	697.80	2.0%	192.30	10% ＋35.6	890.10
青岛		8 190.00	9.0%	737.10	2.0%	163.80	11.0%	900.90
深圳	本地	13 785.00	6.5%	896.03	2.0%	275.70	8.5%	1 171.73
	外地	13 785.00	6.5%	896.03	2.0%	275.70	8.5%	1 171.73
沈阳		11 145.00	8.0%	891.60	2.0%	222.90	10.0%	1 114.50
天津		11 331.00	10.0%	1 133.10	2.0%	226.62	12.0%	1 359.72
乌鲁木齐		9 012.00	9.0%	811.08	2.5%	225.30	11.5%	1 036.38
武汉		9 606.90	8.0%	768.55	2% ＋7	199.14	10% ＋7	967.69
西安		10 420.00	7% ＋6.4	735.80	2% ＋1.6	210.00	9% ＋8	945.80
合肥		10 161.00	8% ＋15	827.88	2%	203.22	10% ＋15	1 031.10
贵阳		8 427.00	7.5%	632.03	2%	168.54	9.5%	800.57
珠海		10 230.00	6.0%	614.00	2%	205.00	8.0%	819.00

（续表）

城市	缴费基数	单位缴纳比例	单位缴费上限	职工缴纳比例（包括大病）	职工缴费上限	总体缴纳比例（包括大病）	总体缴费上限
山西	10 974.00	7% +5	773.18	2%	219.48	9% +5	992.66
哈尔滨	9 116.25	7.5% +2.5	686.22	2% +2.5	184.83	9.5% +5	871.04
南昌	10 949.00	6%	656.94	2%	218.98	8%	875.92
郑州	无封顶	8.0%		2.0%		10.0%	
呼和浩特	10 119.00	6% +4.17	611.31	2% +4.17	206.55	8% +8.34	817.86
苏州	12 915.00	9%	1 162.35	2% +5	263.30	11% +5	1 425.65

需要指出的是，个人缴费基数应按国家统计局规定的工资收入统计口径为基数，即以全部工资性收入，包括各类奖金、劳动收入和实物收入等所有工资性收入为基数，乘以规定的个人缴费率，即为本人应缴纳的基本医疗保险费。另外，个人缴费一般不需个人到社会保险经办机构去缴纳，而是由单位从工资中代扣代缴。

3. 建立账户

按照《国务院关于建立城镇职工基本医疗保险制度的决定》（国发［1998］44 号）的规定，个人账户的注入资金来自于个人缴费和单位缴费两部分：个人缴费的全部记入个人账户，单位缴费的一部分记入个人账户。单位缴费一般按 30% 左右划入个人账户。但由于每个年龄段职工的医疗消费支出水平存在很大差别，因此在统筹地区确定单位缴费记入每个职工划入账户比例时，要考虑年龄因素，确定不同年龄档次的不同划入比例。确定单位缴费划入个人账户的具体比例，由统筹地区根据个人账户的支付范围和职工年龄等因素确定。

统筹基金的注入资金主要来自单位缴费部分。单位缴费用于划入个人账户后剩余的部分即为统筹基金的资金。

4. 账户处理

职工个人医疗保险账户的本金和利息均归职工个人所有，可以结转使用和继承。因此，参加基本医疗保险的职工死亡后，其个人医疗账户仍有余额的，可作为遗产，由其亲属按《继承法》规定实施继承。同时，其个人医疗账户台账、《职工医疗社会保险手册》由医疗社会保险机构收回注销。

5. 定点医疗

根据劳动保障部等部门《关于印发城镇职工基本医疗保险定点医疗机构管理暂行办法的通知》（劳社部发［1999］14 号）的规定，参保人员在获得定点资格的医疗机构范围内，提出个人就医的定点医疗机构选择意向，由所在单位汇总后，统一报送统筹地区社会保险经办机构。社会保险经办机构根据参保人的选择意向统筹确定定点医疗机构。

除获得定点资格的专科医疗机构和中医医疗机构外，参保人员一般可再选择 3 至 5 家不同层次的医疗机构，其中至少应包括 1 至 2 家基层医疗机构（包括一级医院以及各类卫生院、门诊部、诊所、卫生所、医务室和社区卫生服务机构）。

参保人员对选定的定点医疗机构，可在1年后提出更改要求，由统筹地区社会保险经办机构办理变更手续。

6. 费用报销

根据劳动保障部等部门《关于印发城镇职工基本医疗保险定点医疗机构管理暂行办法的通知》（劳社部发［1999］14号）规定，参保人员应在选定的定点医疗机构就医，并可自主决定在定点医疗机构购药或持处方到定点零售药店购药。除急诊和急救外，参保人员在非选定的定点医疗机构就医发生的费用，不得由基本医疗保险基金支付。因此，职工如患急病确实来不及到选定的医院医治，而是自己到附近的医院诊治，持医院急诊证明，其医药费用可由基本医疗保险基金按规定支付。

7. 医疗期限

根据原劳动部1994年发布的《企业职工患病或非因工负伤医疗期规定》的规定，医疗期是指用人单位职工因患病或非因工负伤而停止工作治病休息，用人单位不能解除劳动合同的时限。

原劳动部1994年发布的《企业职工患病或非因工负伤医疗期规定》，对医疗期主要有以下几条规定：

（1）企业职工因患病或非因工负伤，需要停止工作医疗时，根据本人实际参加工作年限，给予3个月到24个月的医疗期。实际工作年限10年以下的，在本单位工作5年以下的为3个月；5年以上的为6个月。实际工作年限在10年以上的，在本单位工作5年以下的为6个月；5年以上10年以下的为9个月；10年以上15年以下的为12个月；15年以上20年以下为18个月；20年以上的为24个月。

（2）医疗期3个月的按6个月内累计病休时间计算；6个月的按12个月内累计病休时间计算；9个月的按15个月内累计病休时间计算；12个月的按18个月内累计病休时间计算；18个月的按24个月内累计病休时间计算；24个月的按30个月内累计病休时间计算。

为了便于记忆，表3－3－2概括了国家有关医疗期的相关规定。

表3－3－2　国家有关医疗期长度的规定

社会工龄	在本单位服务年限	医疗期长度	累计期限
小于10年	小于5年	3个月	6个月
	大于/等于5年	6个月	12个月
大于/等于10年	小于5年	6个月	12个月
	5年至10年	9个月	15个月
	10年至15年	12个月	18个月
	15年至20年	18个月	24个月
	大于/等于20年	24个月	30个月

（3）企业职工在医疗期内，其病假工资、疾病救济费和医疗保险待遇按照有关部门规定执行。

（4）企业职工非因工致残和经医生或医疗机构认定患有难以治疗的疾病，在医疗期内医疗终结，不能从事原工作，也不能从事用人单位另行安排的工作的，应当由劳动鉴定委员会参照工伤与职业病致残程度鉴定标准进行劳动能力的鉴定（自 2002 年 4 月 5 日之后，按《职工非因工伤残或因病丧失劳动能力程度鉴定标准（试行）》（劳社部发［2002］8 号）执行）。被鉴定为一至四级的，应当退出劳动岗位，中止劳动关系，办理退休、退职手续，享受退休、退职待遇；被鉴定为五至十级的医疗期内不得解除劳动合同。

（5）企业职工非因工致残和经医生或医疗机构认定患有难以治疗的疾病，医疗期满，应当由劳动鉴定委员会参照工伤与职业病致残程度鉴定标准进行劳动能力的鉴定（自 2002 年 4 月 5 日之后，按《职工非因工伤残或因病丧失劳动能力程度鉴定标准（试行）》（劳社部发［2002］8 号）执行）。被鉴定为一至四级的，应当退出劳动岗位，解除劳动关系，并办理退休、退职手续，享受退休、退职待遇。

（6）医疗期满尚未痊愈者，被解除劳动合同的经济补偿问题按照国家有关规定执行。

8. 大病统筹

大病统筹是我国医疗保险的一种模式，由于条件所限，目前只能做到市级统筹，各地对此项制度有不同的做法，例如上海的住院医疗保险统筹。但其制定都是遵循“小病分流，大病统筹”的原则，即规定一个起付线，从几百元到几千元不等，完全根据当地的经济承受能力和医疗待遇水平而定，起付线以下的医疗费用由职工个人负担，超过起付线以上的部分由社会保险机构按比例支付。

根据国家关于职工医疗保险制度改革的原则，以北京市为例，按照北京市有关规定，企业为员工统一参加了大病医疗费统筹（以下简称统筹），保证本企业职工和退休人员患大病时得到基本医疗，均衡企业医疗费用负担。

大病统筹的原则是：互助互济，风险共担；保证基本医疗，克服浪费；国家、企业、个人三者合理负担。

大病医疗实行定点医院制度。职工和退休人员患病凭医疗保险卡到定点医院就诊。确需转院治疗的，应当履行转院审批手续。

职工和退休人员患病确需做特种检查、特种治疗或者使用贵重药品的，应当履行有关审批手续，并由职工和退休人员个人承担部分费用。

统筹基金支付医疗费用，采取分档计算，累加支付的办法。在进行大病医疗费用的报销时，企业需填写《大病医疗费用社会统筹基金拨付审批表》，上报区县社会保险基金管理机构审核拨付。在医疗费用中，统筹基金支付后的剩余部分，由企业和个人共同负担。企业负担的部分不得低于 70%。

三、企业补充医疗保险

企业补充医疗保险是企业在参加城镇基本医疗保险的基础上，国家给予政策鼓励，由企业自主举办或参加的一种补充性医疗保险形式。

企业补充医疗保险的主要形式有：（1）商业医疗保险机构举办；（2）社会医疗保险机构经办；（3）大集团、大企业自办。

我国医疗保险制度改革的目标，是实现多层次的医疗保险体系。因此，国家鼓励企业建立补充医疗保险制度，以保证该企业职工医疗保险待遇水平不降低。具体规定是：按规定参加各项社会保险并按时足额缴纳社会保险费的企业，可自主决定是否建立补充医疗保险。补充医疗保险基金，用于企业按规定参加当地基本医疗保险，对城镇职工基本医疗保险制度支付的待遇以外，由职工个人负担的医药费用的适当补助，减轻参保职工的医疗费负担。企业补充医疗保险费在工资总额5%以内的部分，企业可直接从成本中列支，不再经同级财政部门审批。企业补充医疗保险办法应与当地基本医疗保险制度相衔接。企业补充医疗保险资金由企业或行业集中使用和管理，单独建账，单独管理，用于本企业个人负担较重的职工和退休人员的医疗费补助，不得划入基本医疗保险个人账户，也不得另行建立个人账户或变相用于职工其他方面的开支。财政部门和劳动保障部门要加强对企业补充医疗保险资金管理的监督和财务监管，防止挪用资金等违规行为。

目前，有条件的企业和单位在依法缴纳基本医疗保险的基础上，往往都选择为职工再上一份企业补充医疗保险，除了为职工承担基本医疗保险中个人承担部分的医疗费用外，更重要的是还为职工上了重大疾病保险、人身保险、意外伤害保险等特殊医疗险种，为职工解除了后顾之忧，大大丰富了职工的福利待遇。由于下文会专门对重大疾病保险、人身保险、意外伤害保险等特殊医疗险种进行介绍，这里不做赘述。

四、商业医疗保险

商业医疗保险是医疗保障体系的组成部分，单位和个人自愿参加。国家鼓励用人单位和个人参加商业医疗保险。

商业医疗保险是指由保险公司经营的，赢利性的医疗保障。消费者依一定数额交纳保险金，遇到重大疾病时，可以从保险公司获得一定数额的医疗费用。

（一）我国的商业医疗保险及其现状

我国医疗改革的目的是要建立一个由基本医疗保险、用人单位补充保险、商业医疗保险三者共同支撑的健康保障体系。新医改确定，单位为职工交纳其工资总额的6%作为统筹基金，职工看病所需费用超过本地年平均工资10%的，统筹资金开始为职工支付费用，但最高支付限额控制在本地职工年平均工资的四倍左右。

目前的商业医疗保险最突出的问题是价格高，保障程度低。

虽然医疗保险的投保价格超出百姓的承受能力，但经营此项业务的许多保险公司仍然亏本，主要由两种现象导致：一是逆选择，即投保者在得知自己得病时才去投保，并以各种手段瞒过保险公司的检查，投保后保险公司不得不依照条款支付其医疗费用。二是道德风险，即病人和医院联合起来对付保险公司，采用小病大治、开空头医药费的方式，使保险公司支付高额费用。在许多地方，甚至出现了人不住院，只在医院虚开床位的骗取保险费的方式。

（二）商业医疗保险的种类

随着医疗体制改革的推进，各大保险公司的商业医疗保险险种也顺应形势，逐渐多了起来。概况起来，我国目前的商业医疗保险险种主要有：

1. 普通医疗保险

普通医疗保险是医疗保险中保险责任最广泛的一种，负责被保险人因疾病和意外伤害支出的门诊医疗费和住院医疗费。普通医疗保险一般采用团体方式承保，或者作为个人长期寿险的附加责任承保，一般采用补偿方式给付医疗保险金，并规定每次最高限额。

2. 意外伤害医疗保险

意外伤害医疗保险负责被保险人因遭受意外伤害支出的医疗费，作为意外伤害保险的附加责任。保险金额可以与基本险相同，也可以另外约定。一般采用补偿方式给付医疗保险金，不但要规定保险金额即给付限额，还要规定治疗期限。

3. 住院医疗保险

住院医疗保险负责被保险人因疾病或意外伤害需要住院治疗时支出的医疗费，不负责被保险人的门诊医疗费，既可以采用补偿给付方式，也可以采用定额给付方式。

4. 手术医疗保险

手术医疗保险属于单项医疗保险，只负责被保险人因施行手术而支出的医疗费，不论是门诊手术治疗还是住院手术治疗。手术医疗保险可以单独承保，也可以作为意外保险或人寿保险的附加险承保。采用补偿方式给付的手术医疗保险，只规定作为累计最高给付限额的保险金额；定额给付的手术医疗保险，保险公司只按被保险人施行手术的种类定额给付医疗保险费。

5. 特种疾病保险

特种疾病保险以被保险人患特定疾病为保险事故。当被保险人被确诊为患某种特定疾病时，保险人按约定的金额给付保险金，以满足被保险人的经济需要。一份特种疾病保险的保单可以仅承保某一种特定疾病，也可以承保若干种特定疾病。可以单独投保，也可以作为人寿保险的附加险投保，一般采用定额给付方式，保险人按照保险金额一次性给付保险金，保险责任即终止。

（三）商业医疗保险与社会医疗保险的区别

商业医疗保险与社会医疗保险的区别首先在于，两者属性不同。商业医疗保险是人寿保险公司运用经济补偿手段经营的一种险种，是社会经济活动的一个方面，是由保险人与投保人双方按照自愿原则签订合同来实现的，人寿保险公司可以从中赢利。而社会医疗保险是国家根据宪法规定，为保护和增进职工身体健康而设立的一种社会保障制度，是国家或地方通过立法强制执行的，不取决于个人意志，同时作为一种社会福利事业具有非赢利性质。

其次，保险对象和作用不同。商业医疗保险以自然人为保险对象，其作用在于当投保的公民因意外伤害或疾病而支出医疗费用时，可获得一定的经济补偿以减轻损失，而不是为了保障被保险人的基本生活，也不具有维护社会公平的作用。社会医疗保险主要以劳动者为保险对象，当劳动者因患病就医而支出医疗费用时，由社会保险部门或其委托单位给予基本补偿，有利于社会安定和维护社会公平，实际上是国民收入再分配的一个方面。

再次，两者权利与义务对等关系不同。商业医疗保险的权利与义务建立在合同关系上，任何一个有完全行为能力的公民或法人，只要与保险公司自愿签订保险合同并按合同规定交纳了保险费，其本人或成员就能获得相应的保险金给付的请求权，保险金额的多少取决于所缴保险费数额的多少，即保险公司与投保人之间的权利与义务关系是一种等价交换的对等关系，表现为多投多保，少投少保，不投不保。而社会医疗保险的权利与义务关系建立在劳动关系上，只要劳动者履行了为社会劳动的义务，就可以享受社会医疗保险待遇，有时为了便于用经济手段进行管理，增强劳动者的费用意识，要求缴少量保险费，但他们所领取的保险给付金与所交纳的保险费数额并不成正比例关系，即权利与义务关系并不对等。

（四）重大疾病保险

1. 什么是重大疾病保险

据国家卫生部 2008 年 6 月公布的数据表明：人的一生罹患重大疾病的机会高达 72.18%。目前重大疾病的平均治疗花费一般都在 10 万元以上（还不包括恢复费用和误工费用）。那么，员工靠什么来抵御这突如其来的风险呢？重大疾病保险简而言之就是以疾病为给付保险金条件的疾病保险，即只要被保险人罹患保险条款中列出的某种疾病，无论是否发生医疗费用或发生多少费用，都可获得保险公司的定额补偿。

重大疾病险是指由保险公司经办的以特定的重大疾病，如恶性肿瘤、心肌梗死、脑溢血等为保险对象，当被保人患有上述疾病时，由保险公司对所花医疗费用给予适当补偿的商业保险行为。根据保费是否返还来划分，重大疾病险可分为消费型重大疾病保险和返还型重大疾病保险。

重大疾病保险作为医疗保险的一个重要补充，对员工的健康保障具有非常重要的意义。一般来说，社保只报销那些因疾病引起的医疗费用，因意外伤害导致的医疗费用不能报销；社保不对非工作期间发生的意外伤害和意外医疗责任进行赔付；无论意外身故还是疾病身故，社保都是没有身故赔偿的，身故后只是返还当时个人账户的金额，而这部分的金额是很少的。此外，我国的社保报销或者单位报销首先是一个先支出再补偿的概念，这就意味着即使属于赔付范围，员工也必须先开支出去多少，才能在这个基础之上报销回来多少，而且员工报销的数额不会大于开支总额。不在公费医疗药品清单目录上的进口药和营养药是不能报销的。社会医疗统筹基金对医保人员的保障是“保而不包”的，社保有起付线限制，额度内的费用需要自付，住院费用和大病医疗的自付比例和金额相对都比较高。所以，对于没有医保的人来说，重大疾病保险尤其重要。而对医保覆盖对象来说，重大疾病保险可作为一种必要补充。

2. 员工在购买重大疾病保险时需要注意的事项

员工在购买重大疾病保险时，首先应坚持最大诚信原则。在投保时，对自己的健康状况、年龄等，凡是影响保险公司同意承保或者提高保险费率的重要事实，不能隐瞒或虚报，要履行如实告知的义务。

其次，员工在购买重大疾病保险时，需要弄清楚所购保险的各项条款：

（1）重大疾病的定义。曾经这是保险消费者最大的难题，因为它们非常专业，而且各家保险公司的标准不一，令人很难分析比较，如今中国保险行业协会与中国医师协会合作，已经对我国重大疾病保险产品中最常见的25种疾病的表述进行了统一和规范，今后人们投保重大疾病险，只要看哪些疾病是在保障范围内即可。

（2）保险责任。通俗讲就是你买了这张保单后，保险公司承诺会为你做些什么，因此是最重要、最应理解清楚的条款。

（3）责任免除。指保险公司按法律规定或合同约定，不承担保险责任的范围，责任免除条款内容会在合同中以列举方式规定。例如：自残、犯罪、吸毒、先天性疾病、艾滋病、战争、核辐射等等。在投保前，应通读一遍这些责任免除条款，知道在哪些情况下，保险公司是不承担保险责任的。

（4）保费缴纳。条款中通常会写明投保人应当以什么样的方式缴付保费、缴费的最后时限等，投保人应当按照约定及时缴费，防止保单中止或者失效。

（5）保险金的领取。一旦发生保险事故后，应如何及时与保险公司取得联系并索赔，特别要注意应在多长时间内向保险公司提出申请，申请时应提供哪些文件等，以免错失良机。在投保重大疾病险时，千万不要忽视阅读保险条款，尤其是那些与自己利益密切相关的内容。否则签下了保单才觉得有所不妥，那就悔之晚矣。

总之，购买保险时，如果不细看保险细则，这就有可能对自己应享有的权利和应履行的义务不清楚，很容易造成权益受损。很多保险理赔纠纷就是由于投保人当初没有弄清保险条款所致。同时，看清条款，也利于投保人有合理的预期，毕竟保险公司不是“包管”公司。

此外，员工还应该保管好有关的单、证、票、据等。凡是与投保有关的单据，如投保单、保险单以及与病情有关的票证如各种证明、病历、发票等，都应妥善保管。因遗失此类票据而发生保险纠纷的事例也是屡见不鲜的。

（五）意外伤害保险

意外伤害保险是指以意外伤害而致身故或残疾为给付保险金条件的人身保险。意外伤害保险中所称意外伤害是指，在被保险人没有预见到或违背被保险人意愿的情况下，突然发生的外来致害物对被保险人的身体明显、剧烈地侵害的客观事实。

1. 什么是意外伤害保险

意外伤害保险有三层含义：第一，必须有客观的意外事故发生，且事故原因是意外的、偶然的、不可预见的。第二，被保险人必须因客观事故造成人身死亡或残废的结果。第三，意外事故的发生和被保险人遭受人身伤亡的结果，两者之间有着内在的、必然的联系。

意外伤害保险的基本内容。投保人向保险人交纳一定量的保险费，如果被保险人在保险期限内遭受意外伤害并以此为直接原因或近因，在自遭受意外伤害之日起的一定时期内造成死亡、残废、支出医疗费或暂时丧失劳动能力，则保险人给付被保险人或其受益人一定量的保险金。

意外伤害保险的保障项目为死亡给付和残废给付。意外死亡给付和意外伤残给付是意外伤害保险的基本责任，其派生责任包括医疗给付、误工给付、丧葬费给付和遗族生活费给付等责任。

2. 意外伤害保险的特征

意外伤害保险的特征主要包括：

（1）保险金的给付。保险事故发生时，死亡保险金按约定保险金额给付，残废保险多按保险金额的一定百分比给付。

（2）保费计算基础。意外伤害保险的纯保险费是根据保险金额损失率计算的，这种方法认为被保险人遭受意外伤害的概率取决于其职业、工种或从事的活动，在其他条件都相同时，被保险人的职业、工种、所从事活动的危险程度越高，应交的保险费就越多。

（3）保险期限。意外伤害保险的保险期较短，一般都不超过一年，最多三年或五年。

（4）责任准备金。年末未到期责任准备金按当年保险费收入的一定百分比（如40%、50%）计算，与财产保险相同。

3. 意外伤害保险的可保风险

（1）不可保意外伤害。不可保意外伤害，也可理解为意外伤害保险的除外责任，即从保险原理上讲，保险人不应该承保的意外伤害，如果承保，则违反法律的规定或违反社会公共利益。

不可保意外伤害一般包括：被保险人在犯罪活动中所受的意外伤害，被保险人在寻衅斗殴中所受的意外伤害，被保险人在酒醉、吸食（或注射）毒品（如海洛因、鸦片、大麻、吗啡等麻醉剂、兴奋剂、致幻剂）后发生的意外伤害以及由于被保险人的自杀行为造成的伤害。对于不可保意外伤害，在意外伤害保险条款中应明确列为除外责任。

（2）特约保意外伤害。特约保意外伤害，即从保险原理上讲虽非不能承保，但保险人考虑到保险责任不易区分或限于承保能力，一般不予承保，只有经过投保人与保险人特别约定，有时还要另外加收保险费后才予承保的意外伤害。

特约保意外伤害包括：战争使被保险人遭受的意外伤害，被保险人在从事登山、跳伞、滑雪、赛车、拳击、江河漂流、摔跤等剧烈的体育活动或比赛中遭受意外伤害，核辐射造成的意外伤害以及医疗事故造成的意外伤害（如医生误诊、药剂师发错药品、检查时造成的损伤、手术切错部位等）。

（3）一般可保意外伤害。一般可保意外伤害，即在一般情况下可承保的意外伤害。除不可保意外伤害、特约保意外伤害以外，其余均属一般可保意外伤害。

4. 意外伤害保险的给付方式

意外伤害保险属于定额给付性保险，当保险责任构成时，保险人按保险合同中约定的保险金额给付死亡保险金或残废保险金。死亡保险金的数额是保险合同中规定的，当被保险人死亡时如数支付。

残废保险金的数额由保险金额和残废程度两个因素确定。残废程度一般以百分率表示，残废保险金数额的计算公式是：残废保险金 = 保险金额 × 残废程度百分率。

在意外伤害保险中，保险金额同时也是保险人给付保险金的最高限额，即保险人给付每一被保险人死亡保险金、残废保险金累计以不超过该被保险人的保险金额为限。

（六）人身保险

随着人们生活水平的提高，风险意识的增强，居安思危不仅体现在对物质补偿的需求上，而且发展到越来越多的人寻求养老的保障、死亡的怃恤、伤残的给付等。我国经济体制改革以来，个体经济、集体经济的发展，医疗、待业、住房、分配制度的改革等，都使人们对人身保险有了进一步的需求。

1. 什么是人身保险

人身保险，是以人的寿命和身体为保险标的的保险。当人们遭受不幸事故或因疾病、年老以致丧失工作能力、伤残、死亡或年老退休时，根据保险合同的约定，保险人对被保险人或受益人给付保险金，以解决其因病、残、老、死所造成的经济困难。

（1）传统人身保险。传统人身保险的产品种类繁多，但按照保障范围可以划分为人寿保险、人身意外伤害保险和健康保险。而人寿保险又可分为定期寿险、终身寿险、两全保险、年金保险等，健康保险则又可分为疾病保险、医疗保险、失能收入损失保险、护理保险等。其中，年金保险因其在保险金的给付上采用每年定期支付的形式而得名，实际操作中年金保险还有每季度给付、每月给付等多种形式。养老年金保险可以为被保险人提供老年生活所需的资金，教育年金保险则可以为子女教育提供必要的经费支持。

投保人可能会在人身意外伤害保险和定期寿险的选择上难以抉择，其实两者还是有较大不同的。首先，意外伤害保险承保因意外伤害而导致的身故，不承保因疾病而导致的身故，而这两种原因导致的身故都属于定期寿险的保险责任范围。其次，意外伤害保险承保因意外伤害导致的残疾，并依照不同的残疾程度给付保险金。定期寿险有的不包含残疾给付责任，有的虽然包含残疾责任，但仅包括《人身保险残疾程度与保险给付比例表》中的最严重的一级残疾。最后，意外伤害保险一般保险期间较短，多为一年及一年期以下，而定期寿险则一般保险期间较长，可以为五年、十年、二十年甚至更长时间。

（2）新型人身保险。随着经济的发展，资本市场化程度的日益提高，近几年在国内投资市场上又出现了将保障和投资融于一体的新型投资型险种，主要包括分红型、万能型、投资连结型等三种类型。由于这种新型人身保险与投资理财相关，有兴趣的读者可以参看相关书籍，这里不再详述。

2. 人身保险的特点

人身保险具有如下特点：第一，定额给付性质的保险合同。大多数财产保险是补偿性合同，当财产遭受损失时，保险人在保险金额内按其实际损失进行补偿。大多数人身保险不是补偿性合同，而是定额给付性质的合同，只能按事先约定金额给付保险金。健康保险中有一部分是补偿性质，如医疗保险。在财产保险方面，大多数财产可参考其当时市价或重置价、折旧来确定保险金额，而在人身保险方面，生命价值就难有客观标准。保险公司在审核人身保险的保险金额时，大致上是根据投保人自报的金额，并参照投保人的经济情况、工作地位、生活标准、缴付保险费的能力和需要等因素来加以确定。

第二，长期性保险合同。人身保险的特点之一就是其保险期限长。个别人身保险险种期限较短，有几天，甚至几分钟的，如旅客意外伤害保险和高空滑车保险，则另当别论。投保人身保险的人不愿将保险期限定得过短的一个原因是，人们对人身保险保障的需求具有长期性；另一个原因是，人身保险所需要的保险金额较高，一般要在长期内以分期缴付保险费方式才能取得。

第三，储蓄性保险。人身保险不仅能提供经济保障，而且大多数人身保险还兼有储蓄性质。作为长期的人身保险，其纯保险费中大部分是用来提存准备金，这种准备金是保险人的负债，可用于投资取得利息收入，以期用于将来的保险金给付。正因为大多数人身保险含有储蓄性质，所以投保人或被保险人享有保单质押贷款、退保和选择保险金给付方式等权利。财产保险的被保险人没有这些权利。

第四，不存在超额投保、重复保险和代位求偿权问题。由于人身保险的保险利益难以用货币衡量，所以人身保险一般不存在超额投保和重复保险问题。但保险公司可以根据被保险人的需要和收入水平加以控制，使保险金额不高得过分。同样代位求偿权原则也不适用于人身保险。如果被保险人的伤害是由第三者造成的，被保险人或其受益人既能从保险公司取得保险金，又能向肇事方提出伤害赔偿要求，保险公司不能行使代位求偿权。

3. 人身保险的分类

人身保险包括人寿保险、健康保险和人身意外伤害险。

（1）人寿保险。人寿保险简称寿险，是一种以人的生死为保险对象的保险，是被保险人在保险责任期内生存或死亡，由保险人根据契约规定给付保险金的一种保险。人寿保险的业务范围包括生存保险、死亡保险、两全保险。生存保险是以约定的保险期满时被保险人仍然生存为保险条件，由保险人给付保险金的保险，如养老年金保险。死亡保险是以保险期限内被保险人死亡为保险条件，由保险人给付保险金的保险。两全保险是以保险期限内被保险人死亡和保险期满时被保险人仍然生存为共同保险条件，由保险人给付保险金的保险，如简易人身险。

（2）健康保险。健康保险是以非意外伤害而由被保险人本身疾病导致的伤残、死亡为保险条件的保险。

（3）人身意外伤害保险。人身意外伤害保险是以人的身体遭受意外伤害为保险条件的保险。

4. 人身保险保险金的申请和给付

被保险人在人身保险保险单有效期间，发生保险责任范围内的死亡或残废时，被保险人或其受益人应通过投保单位向保险公司申请给付保险金，并提供下列单证：

（1）保险单及投保单位的证明。

（2）被保险人死亡时，应提供死亡证明书。

（3）被保险人因意外事故造成残废时，应提供治疗医院出具的残废程度证明。保险公司接到申请后，经过调查核实，按规定给付保险金。如果从伤亡事故发生日起经过足二年不提出申请，即作为自动放弃处理。

五、企业医疗保险管理

根据国家关于医疗保险的相关规定，为了更好地维护职工的合法权益，降低企业的法律风险，企业应当建立起医疗保险管理制度。

依法缴纳社会保险包括医疗保险是每一个企业应尽的法律责任。企业应当加强为职工缴纳医疗保险必要性的认识，形成自觉履行医疗保险缴纳义务的意识。由于种种原因，一些企业没有为职工缴纳医疗保险。按照相应的法律规定，这样的企业员工一旦生病，所有的医疗费用将都由企业承担。如果企业拒绝为其报销因生病而产生的医疗费，企业还将会面临一场法律诉讼。

事实上，目前许多企业，特别是许多大型企业不仅依法为员工缴纳了医疗保险，而且还为员工额外购买了补充医疗保险、重大疾病保险和人身意外保险等商业保险。这些补充医疗保险为员工构建了一个相对完善的医疗保障体系，成为了企业吸引人才、留住人才的重要措施。

此外，还有的企业专门制定带薪病假政策，为员工每年提供一定天数的带薪病假。如果员工因病需要休更长的病假，这些企业还规定休长期病假的员工可以享受高于法律规定的工资待遇和享受长于法律规定的医疗期。

尽管企业的补充医疗保险及优厚的带薪病假政策只是激励中的一个保健因素，但是企业的这些做法不仅体现了企业“以人为本”的企业文化，而且在员工中树立了良好的企业品牌形象。这样的企业往往成为员工现在和未来的首选雇主。

需要指出的是，有些大型企业和一些外资企业，往往将医疗保险等社会保险的缴纳一并外包给外部专业的人力资源管理公司，通过这些专业公司为企业的员工缴纳医疗保险等社会保险。企业将医疗保险等社保的缴存外包给专业的人力资源管理公司，并非意味着企业在医疗保险等问题上就万事大吉了。相反，企业必须要加强和完善对该服务商的管理，建立必要的社保缴纳流程，定期对本企业医疗保险等社保的缴纳情况进行审核，确保企业真正做到依法、按时在当地社保管理机构为员工缴纳医疗保险。例如，服务商是否按照相关缴存流程及时为企业的新员工建立医疗保险等社保账户，是否及时为离职员工撤缴社保，是否存在着医疗保险等的漏缴等情况。企业只有按照相关协议，密切监控本企业医疗保险等社会保险缴纳的情况，才能使企业在社会保险制度方面真正实现劳动合规。

第四节　工伤保险及其管理

一、工伤概述

（一）什么是工伤

工伤，又称为产业伤害、职业伤害、工业伤害、工作伤害，是指劳动者在从事职业活动或者与职业活动有关的活动时所遭受的不良因素的伤害和职业病伤害。

关于“工伤”的概念，1921 年国际劳工大会通过的公约中对“工伤”的定义是：“由于工作直接或间接引起的事故为工伤。”1964 年第 48 届国际劳工大会也规定了工伤补偿应将职业病和上下班交通事故包括在内。因此，当前国际上比较规范的“工伤”

定义包括两个方面的内容，即由工作引起并在工作过程中发生的事故伤害和职业病伤害。职业病，是指企业、事业单位和个体经济组织的劳动者在职业活动中，因接触粉尘、放射性物质和其他有毒、有害物质等因素而引起的疾病。

（二）工伤分类

按照对职工身体造成伤害显现的时间和程度，工伤可以分为显性工伤和隐性工伤。

显性工伤，即在职业活动所涉及的区域内，由于工作中工作环境恶劣、条件不良、任务过重或突发性事故导致的对劳动者身体的伤害。

隐性工伤，即因职业特有的工作环境危害造成的职业病。所谓的职业病，是指劳动者在工作中因接触到职业性有毒、有害因素而导致的疾病。职业病又可以分为广义的职业病和狭义的职业病两种。广义职业病：所有因工作环境危害造成的疾苦都属于职业病。这个概念范围很广，任何国家都不可能把所有的职业病都纳入工伤保险范围内。狭义职业病：即法定职业病，是指在工伤保险中所称的职业病。

（三）工伤与公伤

工伤是劳动者在从事职业活动或者与职业活动有关的活动时所遭受的不良因素的伤害和职业病伤害。而公伤，则相对于非因公负伤而言，是因公负伤的简称。之前由于体制的原因我国国家机关、事业单位干部职工因工作原因负伤致残通常采用该术语。也就是说，公伤只是存在于国家机关公务员和参照《公务员法》管理的事业单位和社会团体人员，对于与国家机关、参照《公务员法》管理的事业单位和社会团体之间形成劳动关系的其他工作人员仍然适用工伤。

概况来说，工伤与公伤的主要区别：第一，主体及相互间关系不同。工伤发生在劳动关系中，也就是用人单位和劳动者之间，公伤发生在国家机关、参照《公务员法》管理的事业单位和社会团体与其工作人员之间，这种关系不属于劳动关系，带有行政属性。

第二，确定待遇的依据不同。工伤待遇由工伤保险条例和地方行政法规确定。公伤待遇由人事、劳动和社会保障部门会同财政部门制定。

第三，能否参加工伤保险待遇不同。工伤可参加工伤保险，享受工伤保险待遇。公伤不可参加工伤保险，不能享受工伤保险待遇，而是享受相关的公伤待遇。

第四，待遇支付主体不同。工伤享受工伤保险待遇，参加工伤保险的，由工伤保险基金按规定支付，未参加工伤保险的，由用人单位比照工伤保险待遇支付。公伤待遇由所在单位支付。

第五，争议解决途径不同。因工伤待遇发生纠纷，根据具体情况的不同可以适用劳动争议仲裁、申请行政复议、提起行政诉讼和民事诉讼解决。对单位公伤待遇有异议的，只能先通过人事争议仲裁裁决，对裁决不服的可以向人民法院提起民事诉讼。

（四）工伤事故及其构成要件

1. 工伤事故

工伤事故是指企业职工和个人雇工在工作时间、工作场所内，因工作原因所遭受的人身损害，以及罹患职业病的意外事故，即“三公”原则。

（1）工伤事故是发生在各类企业（包括私人雇工）中的事故。

（2）工伤事故是各类企业、个体工商户雇佣的职工遭受人身伤亡的事故，而不是财产遭受损害的事故。职工是指与用人单位存在劳动关系（包括实施劳动关系）的各种用工形式、各种用工期限的劳动者。

（3）工伤事故是职工在执行工作职责中发生的事故。

（4）工伤事故是在企业与受害职工之间产生权利义务关系的法律事实。

2. 工伤事故赔偿的条件

工伤事故的损害赔偿责任适用无过错责任原则，工伤事故损害赔偿责任必须具备以下要件：

（1）职工与企业或雇主之间必须存在劳动关系，包括企业作为用人单位，与职工之间没有签订书面劳动合同而建立了实际的事实劳动关系。

（2）职工必须有受到人身损害的事实。

（3）职工的损害必须在其履行工作职责的过程中发生，即在工作时间、工作场所因工作原因发生的事故。

二、工伤保险

（一）什么是工伤保险

1. 工伤保险及其认定

工伤保险又称为职业伤害保险，是劳动者在工作中或在规定的特殊情况下，遭受意外伤害或患职业病导致暂时或永久丧失劳动能力以及死亡时，劳动者或其遗属从国家和社会获得物质帮助的一种社会保险制度。根据上述工伤保险的定义，工伤保险的概念包含以下两层含义：一是工伤发生时劳动者本人可获得物质帮助；二是劳动者因工伤死亡时其遗属可获得物质帮助。

劳动者因工负伤或因职业病暂时失去劳动能力，不管什么原因，不管责任在个人或在企业，都享有社会保险待遇，即补偿不究过失原则。工伤保险是通过社会统筹的办法，集中用人单位缴纳的工伤保险费，建立工作保险基金，对劳动者在生产经营活动中遭受意外伤害或职业病，并由此造成死亡、暂时或永久丧失劳动能力时，给予劳动者法定的医疗救治以及必要的经济补偿的一种社会保障制度。这种补偿既包括医疗、康复所需费用，也包括保障基本生活的费用。

2. 工伤保险的特点

工伤保险的主要特点为：第一，工伤保险对象的范围是在生产劳动过程中的劳动者。由于职业危害无所不在，无时不在，任何人都不能完全避免职业伤害。因此工伤保险作为抗御职业危害的保险制度适用于所有职工，任何职工发生工伤事故或遭受职业疾病，都应毫无例外地获得工伤保险待遇。

第二，工伤保险的责任具有赔偿性。工伤即职业伤害所造成的直接后果是伤害到职工的生命健康，并由此造成职工及其家庭成员的精神痛苦和经济损失，也就是说劳动者的生命健康权、生存权和劳动权受到影响、损害甚至被剥夺了。因此工伤保险是基于对工伤职工的赔偿责任而设立的一种社会保险制度，其他社会保险是基于对职工生活困难的帮助和补偿责任而设立的。

第三，工伤保险实行无过错责任原则。无论工伤事故的责任归于用人单位还是职工个人或第三者，用人单位均应当承担保险责任。

第四，工伤保险不同于养老保险等险种，劳动者不缴纳保险费，全部费用由用人单位负担，即工伤保险的投保人为用人单位。

第五，工伤保险待遇相对优厚，标准较高，但因工伤事故的不同而有所差别。

第六，工伤保险作为社会福利，其保障内容比商业意外保险要丰富。除了在工作时的意外伤害，也包括职业病的报销、急性病猝死保险金、丧葬补助（工伤身故）等。

2010 年 12 月 20 日，国务院第 136 次常务会议通过了《国务院关于修改〈工伤保险条例〉的决定》。该《决定》对 2004 年 1 月 1 日起施行的《工伤保险条例》做出了修改，扩大了上下班途中的工伤认定范围，同时还规定了除现行规定的机动车事故以外，职工在上下班途中受到非本人主要责任的非机动车交通事故或者城市轨道交通、客运轮渡、火车事故伤害，也应当认定为工伤。在赔付方面，医疗费用通常是由工伤保险先报销后，商业保险扣除已赔付部分对剩下的金额再进行赔偿。身故或残疾保险金则是分别按照约定额度给付，不存在冲突现象。通常建议将商业意外保险作为社保的补充和完善。

（二）工伤保险遵循的原则

工伤保险主要遵循以下十个基本原则：

（1）无责任补偿（无过失补偿）原则；（2）国家立法、强制实施原则；（3）风险分担、互助互济原则；（4）个人不缴费原则；（5）区别因工与非因工原则；（6）经济赔偿与事故预防、职业病防治相结合原则；（7）一次性补偿与长期补偿相结合原则；（8）确定伤残和职业病等级原则；（9）区别直接经济损失与间接经济损失原则；（10）集中管理原则。

（三）工伤保险的作用

第一，工伤保险作为社会保险制度的一个组成部分，是国家通过立法强制实施的，是国家对职工履行的社会责任，也是职工应该享受的基本权利。工伤保险的实施是人类文明和社会发展的标志和成果。

第二，实行工伤保险保障了工伤职工医疗以及其基本生活、伤残抚恤和遗属抚恤，在一定程度上解除了职工和家属的后顾之忧。工伤补偿体现出国家和社会对职工的尊重，有利于提高他们的工作积极性。

第三，建立工伤保险有利于促进安全生产，保护和发展社会生产力。工伤保险与生产单位改善劳动条件、防病防伤、安全教育、医疗康复、社会服务等工作紧密相联。对提高生产经营单位和职工的安全生产，防止或减少工伤、职业病，保护职工的身体健康，至关重要。

第四，工伤保险保障了受伤害职工的合法权益，有利于妥善处理事故和恢复生产，维护正常的生产、生活秩序，维护社会安定。

三、我国的工伤保险制度

（一）工伤保险制度概述

1. 工伤保险制度确立及其发展

工伤保险是工业化进程的必然产物。在工业化初期，工人发生工伤事故是由法院根据民事法典中有关条文裁决的。由于工人负不起大笔的诉讼费或者担心起诉雇主会被解雇，所以一般都不敢向法院提起诉讼，也就得不到任何赔偿。

世界上最早实行工伤保险的国家是俾斯麦时期的德国，它于1884年实行了《工人灾害赔偿法》。随后英国、法国、美国、日本等也在本国的法律、法规中规定了职业伤害赔偿原则，形成了雇主责任保险，即受害者或其遗属直接向雇主要求补偿，雇主（或雇主联合会）直接给他们支付津贴。雇主责任保险虽然有一些对受害者或其遗属的赔偿措施，但仍存在一些不足之处，比如赔偿费经常是一次性支付，缺乏受害者或其遗属真正需要的长期补偿；雇主往往无法负担大额赔偿，所以受害者难以及时、公正地得到赔偿。

在第一次世界大战前，少数欧洲国家开始用社会保险来弥补雇主责任保险的不足。工伤保险作为社会保险的一部分，由国家立法，政府有关部门负责工伤保险管理，统一筹措保险基金，共担风险。随后，在国际劳工组织的倡导和推动下，一些国家逐步将职业病也列入工伤保险的范围内。到了第二次世界大战前后，工伤保险已经在世界许多国家普及，其普及率比养老、医疗、失业等保险高得多。

世界各国由于历史、文化、经济背景不同，目前实行工伤保险的国家大多数实行工伤社会保险，还有少部分国家实行雇主责任保险，另有一些国家两种方式并存。随着工业化的发展，工伤保险制度在世界各国逐步完善发展，形成了各具特点的工伤保险制度。根据国际社会保险协会（ISSA）的资料，在全球近200个国家（包括地区）中，有172个国家建立了社会保障制度。其中建立了工伤保险法律、法规的有164个，其他的30多个国家也有与工伤事故方面相关的立法。

2. 一些国家关于工伤保险的规定

瑞典关于工伤保险的首次立法出现在1901年。现行的制度是根据1962年《社会保险法》和1991年的《疾病支付法令》的规定建立的，受伤者可以享受暂时伤残补贴，一旦被确认为工伤以后，就享受工伤保险待遇，其中包括医疗费、病假津贴、终身年金和抚恤金，通常补偿因工伤而招致的全部损失。其保险是通过强制保险来实现的。所有的雇员和自我雇佣者，包括预计在国外工作不超过1年的瑞典人，以及受雇于国外雇主的外籍人员中打算在瑞典工作1年以上的，都被包括在内。政府不负担费用，只提供疾病保险补贴，雇主缴纳工薪总额的1.8%，雇员无须缴纳费用，但是自我雇佣者要按照收入的1.4%缴纳。

在荷兰，工伤而致残的人与先天残疾的人享受的待遇是同等的。年龄在18岁到65岁的荷兰居民都可以根据《全民残疾津贴法》享受附加年金。津贴因为伤残的程度而不同，并与伤残以前的收入挂钩。从1976年实施了《全民残疾保险法》以来，《残疾保险法》的津贴变为辅助性的，并规定了最高的限额，只提供因《全民残疾保险法》

津贴与最高限额之间的差额。如果本人全残或者经常需要他人护理，可领取相当于伤残前收入的年金。1987 年以后，致残前曾长期劳动者，其余生将作为失业者对待。

法国工伤保险的首次立法在 1898 年，其费用全部由雇主缴纳，平均约占企业工资总额的 4%，政府和职工本人都不负担。因工伤残和职业病患者的全部医疗费用均由企业负担。因工伤而致伤残可以领取伤残补贴。伤残补贴根据伤残程度不同和受伤前的收入不同而不同。伤残补贴从丧失全部或者部分工作能力之日起支付，直到恢复工作或退休为止。超过 60 岁，工伤补贴就转为养老金，或按本人提出的其他办法处理。

意大利的社会保障制度规定为工伤伤残提供的待遇较为丰厚，对短期残疾人员按日提供补助，在工业中按收入的百分比计算补助费，在农业中则给予固定的补助。对长期残疾人，根据致残程度，在工业中根据工资的百分比计算补助，在农业中按产量计算补贴。职业病患者给予日补贴。所有工伤人员均可以享受治疗和恢复期内的有关优惠。其资金来源在工业中由雇主提供，在农业中从收入中提取。有关事宜由工伤事故和职业病保险总局负责管理。

美国工伤保险的首次立法出现在 1908 年，覆盖联邦雇员，后在 1911 年有十个州相继进行了相关立法。在美国，现行的工伤保险法律大约有五分之四是在 1920 年以前制定的。联邦的工伤补偿计划仅适用于受雇于联邦的工作人员。对于工伤保险，各州在具体的规定上有差异。其保险可以通过公营或者私营保险公司来进行。下面就其共同的部分做一个简单的介绍，发生工伤事故后，雇主要承担全部的责任而不论谁对此有过失。而且在工伤事故发生以后，受害人只能依据工伤保险法的规定得到补偿，而不能再以雇主对此有过错为由，对雇主提起诉讼。近年来有一些获得双重补偿的例外，但就总体情况来说，还是认为工伤保险是排他性的补偿形式，这一点上与德国的制度相同。工伤者的全部医疗费用可以得到补偿，全残者可以得到受伤前工资的三分之二。但每周领取的金额不能超过政府规定的上限或者下限。一般而言，这笔钱是从致残的第四到第八天开始领取，可以持续到工人恢复或者被宣告为完全残废时为止。永久全残补贴，是对临时补贴的继续，一直支付至伤残者身故。提供恢复专门服务。因工伤死亡的可以得到死亡补贴，包括其安葬费和遗属津贴。工伤保险的基金全部来自雇主的交付。在管理上各州的差异很大，有三十一个州要求雇主必须向私人保险机构购买保险。如在雇主、雇员和保险机构之间发生纠纷由政府专门的机构进行处理并可诉至法院。

日本的工伤保险很有特色。日本的工伤保险立法首次出现在 1911 年，后来在 1947 年、1980 年和 1986 年等多次做了修改，其内容有了很大的变化。日本的工伤保险并不包括所有的雇员，一些人员是不包括在工伤保险的范围之内的：雇员人数不到五人的农业、林业和渔业企业的雇员，但可以进行自愿的保险。海关和公共雇员实行特别的制度。在日本除了综合社会保险制度之外，单就工伤保险规定了一个强制性的保险制度并由政府机构进行管理。而且救济方法不是唯一的，受害人既可以请求工伤补偿还可以对雇主提起诉讼，请求补偿损失的差额部分。所有的工伤医疗费都可以得到补偿。因工致伤者可以在工伤事故医院或者专门指定的医院免费就医，受伤者也可以自由选择其他的医院就医，然后要求补偿医疗费。暂时丧失劳动能力的，可以得到伤残前工资收入的 80% 的补贴，对此规定有日工资的上限和下限。永久性丧失劳动能力的有永久伤残补贴，是针对那些发生事故一年半以后还没有痊愈正在进行恢复治疗的人。补贴的数额根据伤残的程度而不同，并且随着全国的工资水平做调整。永久性部分丧失工作能力的，也相应的有津贴。对于因工伤亡的提供丧葬费和遗属津贴。工伤的资金除了雇主缴纳绝大部分以外，国库也负担一部分管理费用。在日本还有私营保险机构提供工伤保险项目。私营保险机构提供的项目可以分为两类，一是雇主责任保险，是一种强制性的自动的责任保险，可以使雇主免除受害人依据侵权法提出的要求其承担民事责任的诉讼；二是补充赔偿保险，覆盖了投保的雇员在劳动合同或以其他形式明确的补充性赔偿（指依据工人事故赔偿规划之外的部分）。

英国工伤赔偿制度的特点在于：工伤保险的救济并不是工人可以得到的唯一救济，工人在受伤后可以选择接受保险的赔偿，也可以进行诉讼。能够证明雇主对损害有过错的，在接受赔偿之后，仍然可以提起诉讼，就补偿不足的部分进行弥补。政府机构一般并不介入到工伤损害的赔偿中来。因赔偿产生的责任完全由雇主承担，政府和雇员都不对此承担任何责任。受害人因为伤残或者死亡得到的赔偿与其受损害前的收入有一定的联系。在英国要为永久伤残者提供终身退休金。

3. 工伤保险与侵权行为的关系

纵观工伤发展的历史，人们对“工伤责任承担”的认识主要经历了三个阶段：

（1）雇主无责任阶段。这种做法的理论依据是十八世纪英国著名经济学家亚当·斯密在“风险分担”理论中提出的观点。该理论被称为“危险自负说”。

（2）雇主过失责任阶段。十九世纪下半叶，劳动者的抗争取得了一定胜利，工伤责任雇主承担“过失赔偿”责任。

（3）雇主无过失责任阶段。十九世纪末期，随着劳工斗争和社会进步，英、德等国家确认了“职业危险原则”。由此，工伤责任进入到雇主“无过失责任”阶段。

在现实的社会中，一个人如果遭受人身伤害，他得到补偿的来源是复合性、多样性的，有直接来自侵权责任的，也有取至潜在的侵害集团的（责任保险），有来自社会保障制度的（可能是工伤保险、疾病保险或者还有生活扶助），另外还有来自私人保险制度的。当然受害人也可能自己负担填补一部分损失。这样，多种救济制度并存而产生的问题是制度之间可能会产生重叠或者漏洞，受害人得到的救济程度也可能不平衡。其中最重要的就是工伤保险与侵权行为之间的关系。

从工伤索赔到工伤保险的发展过程即在因工作而造成的人身侵害处理中由追究侵权责任占主导到社会保障占主导的过程。工伤保险作为一种对特定情况下的人身伤害的补偿，与侵权行为制度的发展演变有密切关系。在现代社会中，总的趋势是规则原则的客观化，对加害人的责任追究已经退居相对次要的地位。社会保险对侵权责任产生了深刻的影响。侵权责任是建立在矫正的正义观基础上的个人责任和损失的转移，尽管责任保险将社会化的因素引入责任保险内部，但无法解决分配的正义观和矫正的正义观的冲突，现代社会的事故已经不再是独立的只包括加害人和受害人的事件，涉及广泛的环境和社会因素。

工伤事故具有严重性、不可避免性和非个人性的特征，所以单纯追究个人的责任是不合理的。既然事故是社会性的问题，就需要根据社会公正原则，让全体社会成员分担损失，保证事故的受害人获得赔偿。现代国家的社会职能加强，已经承担起保障社会成员免受意外损失的义务。福利国家的出现隐含着这样一种推定，源于现在正常消耗的许多社会和经济风险应该尽可能广泛地分散，不允许由不幸者承担。社会保障已突破了侵权责任的调整范围，在更广的范围内给受害人以补偿。社会保障着眼于补偿受害人的损害，不考虑损害的原因和侵权责任。

工伤保险的缺点也是十分明显的，与追究侵权责任相比，其赔偿水平低，所以一些国家，如日本允许在得到工伤救济之后，再通过诉讼追究雇主的侵权责任以弥补不足部分的补偿。另外保险本身的运作费用比较高，而且和社会保障的其他问题一样，资金问题也困扰着工伤保险。为解决这些问题，有人提出了综合性的人身救济补偿系统，在解决包括工伤在内的所有人身损害赔偿问题时，将社会保障和损害赔偿合二为一。这种新的制度可以是一种基本上以基金为救济形式，以社会性集团责任为基础的社会保障制度。其中雇主缴纳的保险费是资金的来源之一。

4. 工伤保险的发展趋势预测

从工伤保险的发展历程中可以看出在整个工伤保险的发展过程中有以下一些规律，而且在今后的发展中还是会遵循此等规律的：

第一，从工伤保险的覆盖范围来看，是呈现出一种逐渐扩大的趋势，受益人从企业逐渐地扩展到了农业、自雇者等。

第二，认定工伤的标准在逐渐扩大。工伤保险所包括的事故范围在扩大，这一点从职业病的认定上就可以看得出来。

第三，就整个制度的设计来看，突出地体现出了对于受害人迅速恢复的追求，特别是在工伤发生的初期，要对受害人提供及时的和较为充分的补偿。

第四，就整个工伤保险制度的发展来看，随着社会经济发展水平的提高，逐步注重对受害人，特别是因工伤致残者同时提供补偿和康复服务。

（二）我国工伤保险制度及其发展

1. 我国工伤保险制度的建立和发展

1994 年 7 月 5 日中华人民共和国第八届全国人民代表大会常务委员会第八次会议审议通过了《劳动法》，其中第七十三条的规定是：“劳动者在下列情况下，依法享受社会保险待遇：……（三）因工伤残或者患职业病”。这一基本法以国家法律的形式保障了工伤者及其亲属享受工伤保险待遇。

原劳动部于 1996 年颁布了《企业职工工伤保险试行办法》。这一文件第一次将工伤保险作为单独的保险制度统一组织实施，对沿用了四十多年的企业自我保障的工伤福利制度进行了改革。同时，原劳动部组织制定并由原国家技术监督局颁布了《职工工伤与职业病致残程度鉴定》的国家标准。这两个文件的颁布实施，对工伤保险制度改革具有体制创新和机制转换的意义。通过几年的探索实践，取得了初步成效。一是保障了参保职工的基本权益，受到职工的欢迎。二是分散了企业风险，减轻了企业特别是事故多发企业的负担。三是初步建立了工伤保险预防机制，企业的安全措施得到增强。四是探索了路子，积累了工伤保险制度改革的经验。五是锻炼了队伍，初步建立了一支懂得工伤保险政策、会经办工伤保险业务的专业工作队伍。

2003 年 4 月 16 日，国务院第 5 次常务会议讨论并原则通过了《工伤保险条例》。4 月 27 日，温家宝总理签署了 375 号国务院令，颁布了《工伤保险条例》。《条例》共分八章六十四条，包括总则、工伤保险基金、工伤认定、劳动能力鉴定、工伤保险待遇、监督管理、法律责任和附则。

《工伤保险条例》出台后，工伤保险各项政策措施不断完善，相继出台了《工伤认定办法》、《因工死亡职工供养亲属范围规定》、《非法用工单位伤亡人员一次性赔偿办法》等一系列政策措施，进一步推进了工伤保险各项工作。

为切实推进农民工的参保工作，2004 年 6 月，劳动保障部发出了《关于农民工参加工伤保险有关问题的通知》（劳社部发［2004］18 号），提出了切实有效的解决农民工工伤保险政策措施。为进一步做好农民工工伤保险工作，2006 年 5 月，按照国务院 5 号文件要求，劳动保障部制定并组织实施了以推进矿山、建筑等高风险企业农民工参加工伤保险为主要内容的“平安计划”，提出了三年内实现高风险企业农民工全部参加工伤保险的工作目标。

2010 年 12 月 20 日，温家宝总理签署国务院令，公布了《国务院关于修改〈工伤保险条例〉的决定》，修订后的《工伤保险条例》自 2011 年 1 月 1 日起施行。新修订的《工伤保险条例》是《社会保险法》颁布后第一部修订的配套法规，是贯彻实施《社会保险法》的具体体现，也是贯彻落实以人为本的科学发展观的内在要求。新《条例》调整扩大了工伤保险适用范围和工伤认定范围、简化了工伤认定程序、提高了工伤保险待遇、增加了基金的支出项目、加大了参保的强制性。这些重大政策内容的调整，进一步体现了《工伤保险条例》的立法宗旨，确保了我国工伤保险制度能够惠及更多的职业人群，并使广大职工能够分享改革发展的成果。新修订的《工伤保险条例》的颁布实施，完善了我国的工伤保险制度，有助于进一步保障职工的合法权益，分散用人单位工伤风险和化解劳资矛盾，对于构建社会主义和谐社会具有重要的促进作用。

目前，我国的工伤保险制度正朝着更高的目标迈进。

2.《工伤保险条例》的颁布实施及修订的重要意义

国务院颁布的《工伤保险条例》和《工伤保险条例》的修订，标志着国家将工伤保险制度以法律的形式固定下来，这是继《失业保险条例》颁布实施后，国务院颁布的第二部社会保险单项行政法规，同时也是我国社会保险立法工作的重大突破，也是改革、完善我国工伤保险制度的法律依据。我国《工伤保险条例》的制定和不断完善，对于贯彻落实刚刚颁布的《社会保险法》具有十分重要的意义。

首先，有利于更好地保障工伤职工的切身利益。新修订的《工伤保险条例》的贯彻实施，可以充分保障工伤职工及其家庭的合法权益，减少由此引起的社会矛盾，有利于促进社会和谐稳定。

其次，《工伤保险条例》的颁布，保障了因工作遭受事故伤害或者患职业病职工的医疗以及医疗期间的基本生活、伤残抚恤和遗属抚恤，这在一定程度上解除了职工的后顾之忧；保障了因工作遭受事故伤害或者患职业病职工的合法权益，有利于妥善处理工伤事故，恢复正常生产经营，维护社会安全和稳定。

第三，《工伤保险条例》的颁布，有利于促进安全生产，保护和发展社会生产力。

工伤保险与用人单位改善劳动条件、防病防伤、安全教育、医疗康复等工作相结合，能提高职工的安全意识，防止或减少伤亡事故，保护职工的健康和安全，减少经济损失。

第四，有利于分散用人单位工伤风险，减轻用人单位负担。新的《工伤保险条例》将事业单位、社会团体、民办非企业单位等组织纳入工伤保险范围，通过社会统筹的工伤保险制度，分散了这些单位承担的工伤职工经济费用，同时可以减轻这些单位的事务性负担。新的《工伤保险条例》还将部分原由单位支付的待遇改由工伤保险基金支付，进一步规范统一了工伤职工的待遇标准，保证了工伤职工待遇的及时发放，提高了企业参加工伤保险的积极性。

第五，有利于加快完善工伤保险制度体系。新的《工伤保险条例》的颁布实施，使预防、补偿和康复三位一体的工伤保险制度框架最终形成，有利于加快实现我国工伤保险制度由单纯注重事后补偿向事后补偿与事前预防并重转变，由治疗性康复向以职业康复为核心、促进工伤职工回归社会的工伤康复的转变，在完善工伤保险制度体系的同时，也从根本上保障了职工的权益。

四、我国有关工伤保险的相关法律规定

（一）工伤保险立法

1951 年 2 月 26 日，原劳动部颁布了《劳动保险条例》，确立了我国的工伤保险制度。1996 年，原劳动部根据《劳动法》的有关规定发布了《企业职工工伤保险试行办法》（劳部发［1996］266 号）。2003 年 4 月 27 日，国务院颁布了《工伤保险条例》，共分 8 章 64 条，自 2004 年 1 月 1 日起施行。2010 年 12 月 12 日，国务院颁发 586 号令，对《工伤保险条例》若干条目进行了修改，并自 2011 年 1 月 1 日起施行。

（二）工伤保险的适用范围

根据《工伤保险条例》的规定，工伤保险的适用范围包括中华人民共和国境内的企业、事业单位、社会团体、民办非企业单位、基金会、律师事务所、会计师事务所等组织和有雇工的个体工商户。公务员和参照《公务员法》管理的事业单位、社会团体的工作人员因工作遭受事故伤害或者患职业病的，由所在单位支付费用。

1. 属于工伤的情形

工伤是指职工在工作过程中因工作原因受到事故伤害或者患职业病。根据《工伤保险条例》第十四条的规定，职工有下列情形之一的，应当认定为工伤：

（1）在工作时间和工作场所内，因工作原因受到事故伤害的；

（2）工作时间前后在工作场所内，从事与工作有关的预备性或者收尾性工作受到事故伤害的；

（3）在工作时间和工作场所内，因履行工作职责受到暴力等意外伤害的；

（4）患职业病的；

（5）因工外出期间，由于工作原因受到伤害或者发生事故下落不明的；

（6）在上下班途中，受到非本人主要责任的交通事故或者城市轨道交通、客运轮渡、火车事故伤害的；

（7）法律、行政法规规定应当认定为工伤的其他情形。

2. 根据《工伤保险条例》第十五条的规定，职工有下列情形之一的，视同工伤：

（1）在工作时间和工作岗位，突发疾病死亡或者在48小时之内经抢救无效死亡的；

（2）在抢险救灾等维护国家利益、公共利益活动中受到伤害的；

（3）职工原在军队服役，因战、因公负伤致残，已取得革命伤残军人证，到用人单位后旧伤复发的。

3. 工伤认定中的职业病的含义

职业病是指《职业病防治法》中授权卫生部会同劳动保障部制定的职业病目录中的疾病。按照《职业病防治法》的规定，职业病是指企业、事业单位和个体经济组织（以下统称用人单位）的劳动者在职业活动中，因接触粉尘、放射性物质和其他有毒、有害物质等因素而引起的疾病。根据《职业病防治法》的这一规定，结合《工伤保险条例》中关于适用范围的有关规定，《条例》中规定的职业病，主要是指《条例》覆盖范围内的所有用人单位的劳动者在职业活动中，因接触粉尘、放射性物质和其他有毒、有害物质等因素而引起的疾病。

4. 不得认定为工伤的情形

根据《工伤保险条例》第十六条规定，职工符合本《条例》第十四条、第十五条的规定，但是有下列情形之一的，不得认定为工伤或者视同工伤：（1）故意犯罪的；（2）醉酒或者吸毒的；（3）自残或者自杀的。

（三）工伤认定的申请时限

根据《工伤保险条例》第十七条的规定，职工发生事故伤害或者按照《职业病防治法》规定被诊断、鉴定为职业病，所在单位应当自事故伤害发生之日或者被诊断、鉴定为职业病之日起30日内，向统筹地区社会保险行政部门提出工伤认定申请。遇有特殊情况，经报社会保险行政部门同意，申请时限可以适当延长。

用人单位未按前款规定提出工伤认定申请的，工伤职工或者其近亲属、工会组织在事故伤害发生之日或者被诊断、鉴定为职业病之日起1年内，可以直接向用人单位所在地统筹地区社会保险行政部门提出工伤认定申请。

（四）申请工伤时应提交的材料

根据《工伤保险条例》第十八条的有关规定，提出工伤认定申请应当提交下列材料：（1）工伤认定申请表；（2）与用人单位存在劳动关系（包括事实劳动关系）的证明材料；（3）医疗诊断证明或者职业病诊断证明书（或者职业病诊断鉴定书）。

工伤认定申请表应当包括事故发生的时间、地点、原因以及职工伤害程度等基本情况。工伤认定申请人提供材料不完整的，社会保险行政部门应当一次性书面告知工伤认定申请人需要补正的全部材料。申请人按照书面告知要求补正材料后，社会保险行政部门应当受理。

（五）工伤认定决定的期限长度

根据《工伤保险条例》第二十条的规定，社会保险行政部门应当自受理工伤认定申请之日起60日内做出工伤认定的决定，并书面通知申请工伤认定的职工或者其近亲属和该职工所在单位。

社会保险行政部门对受理的事实清楚、权利义务明确的工伤认定申请，应当在15日内做出工伤认定的决定。做出工伤认定决定需要以司法机关或者有关行政主管部门的结论为依据的，在司法机关或者有关行政主管部门尚未做出结论期间，做出工伤认定决定的时限中止。

（六）劳动能力鉴定

1. 什么是劳动能力鉴定

劳动能力鉴定，是指劳动者因工负伤或非因工负伤以及疾病等原因，导致本人劳动与生活能力产生不同程度的影响，由劳动能力鉴定机构根据用人单位、职工本人或者亲属的申请，组织劳动能力鉴定医学专家，根据国家制定的标准和劳动保障的有关政策，运用医学科学技术的方法和手段，确定劳动者劳动功能障碍程度和生活自理障碍程度的一种综合评定的制度。

（1）需要进行劳动能力鉴定的情形。根据《工伤保险条例》第二十一条的规定，职工发生工伤，经治疗伤情相对稳定后存在残疾、影响劳动能力的，应当进行劳动能力鉴定。

（2）劳动能力鉴定申请人。根据《工伤保险条例》第二十三条的规定，劳动能力鉴定由用人单位、工伤职工或者其近亲属向设区的市级劳动能力鉴定委员会提出申请，并提供工伤认定决定和职工工伤医疗的有关资料。

2. 进行劳动能力鉴定的标准

劳动能力鉴定的标准是劳动能力鉴定时所依据的的尺度，是确定工伤职工伤残等级的标准，根据《工伤保险条例》的有关规定，劳动能力鉴定标准由国务院社会保险行政部门会同国务院卫生行政部门等部门制定。我国目前实施的工伤职工劳动能力鉴定标准是2006年国家发布的《职工工伤与职业病致残程度鉴定》（GB/T 16180—2006），这是工伤鉴定的国家标准，标准共分十级，其中，符合标准一级至四级的为全部丧失劳动能力，五级至六级的为大部分丧失劳动能力，七级至十级的为部分丧失劳动能力。对于职工非因工伤残或因病丧失劳动能力后的劳动能力鉴定，是以《职工非因工伤残或因病丧失劳动能力程度鉴定标准（试行）》（劳社部发［2002］8号）作为劳动能力鉴定的标准。

3. 劳动能力鉴定的工作原则

劳动能力鉴定的基本工作原则是：第一，要处理好医务劳动鉴定与伤残等级鉴定的关系。要聘请有经验、有医德和有医务劳动鉴定资格的医学专家成立鉴定技术小组，坚决杜绝一人鉴定的现象。

第二，要认真贯彻执行劳动鉴定标准，严格按政策、按规定程序进行鉴定。

第三，要建立和健全劳动鉴定档案。包括建立职工健康档案和工伤档案，统一制发卡片、表格和致残证件等。

第四，要维护职工合法权益。劳动鉴定工作关系到职工的工伤待遇、养老保险、疾病医疗、劳动就业等权益。劳动鉴定工作人员要维护职工的合法权益，不使职工的利益受到损害。

第五，要坚持客观、公正的原则。劳动鉴定要以事实为依据，以政策、标准为尺度。事实包括伤病地点、时间、原因、伤病残情、既往伤病史等。政策是指国家有关政策、法律、法规和规章。标准是指评残标准和有关医疗技术标准。鉴定结论应由集体研究确定，并及时向职工群众公开。只有坚持这个原则，才能抵制不正之风，克服主观随意性，保证劳动鉴定的客观、公正、合理。劳动鉴定人员要实行回避制度。

总之，工伤鉴定的总体要求是：以事实为依据，以政策、标准为尺度；定性正确，定量准确；及时、公正、合理；切实维护职工的合法权益。

4. 申请劳动能力鉴定应提交的材料

根据《工伤保险条例》的有关规定，申请劳动能力鉴定应提交工伤认定决定和职工工伤医疗的有关资料。工伤认定决定是由劳动保障行政部门根据国家政策、法规的规定，确定职工受伤或者职业病是否属于工伤范围，是否符合工伤的基本条件的书面决定。职工工伤医疗的有关资料是指职工受到事故伤害或者患职业病，到工伤保险指定的医疗机构进行治疗过程中，由医院记载的有关工伤职工的病情、病志、治疗情况等资料。劳动能力鉴定机构据此审查工伤职工的伤情是否处于稳定状态，能否进行劳动能力鉴定。

5. 劳动能力鉴定的程序

职工在工伤医疗期间内治愈或者伤情处于相对稳定状态，或者医疗期满仍不能工作的，应当进行劳动能力鉴定，评定伤残等级并定期复查伤残状况。劳动能力鉴定程序如下：

（1）由工伤职工所在单位填写《劳动鉴定申请表》，申请劳动能力鉴定。特殊情况下，职工可直接申请；

（2）提供历次病、伤、残医院治疗的原始病历，属因工伤残的，需持工伤事故调查报告及有关材料；属职业病的，需持卫生部门授权的职业病防治所（院）提供的诊断资料；属精神病的，需持精神病院的诊断资料；属其他情况的，需持有说服力的证明等报劳动鉴定委员会；

（3）劳动鉴定委员会应认真审定申请及附件材料，对资料不全或情况不明的不予受理；

（4）对符合条件的，统一安排鉴定，并把鉴定的时间、地点、人员提前通知企业及有关人员；

（5）劳动鉴定委员会应当委托符合条件的医疗卫生机构或者聘请有鉴定资格的医生组成专家组对被鉴定人员进行丧失劳动能力的医学诊断；

（6）专家组对伤残、病残职工的状况，写出定性、定量的诊断意见，由劳动鉴定委员会确定伤病或伤残等级，并发给等级证明书。劳动鉴定委员会应将鉴定结果及时通知企业和被鉴定的职工；

（7）职工对劳动鉴定委员会作出的鉴定结论不服的，可以向当地劳动鉴定委员会办公室申请复查；对复查结论不服的，可以向上一级劳动鉴定委员会申请重新鉴定。复查鉴定最终结论由省级劳动鉴定机构作出。

工伤职工及其家属因申报工伤与用人单位发生争议的，按照劳动争议的有关规定办理；与劳动行政部门或工伤保险经办机构发生争议的，按照行政复议和行政诉讼的有关法律、法规办理。

6. 劳动能力复查鉴定

劳动能力复查鉴定，是在劳动能力鉴定结论作出之日起1年后，工伤职工或其直系亲属、其所在单位或者经办机构认为残情发生变化，向劳动能力鉴定委员会提出复查鉴定申请，劳动能力鉴定委员会依据国家标准对其进行鉴定，作出劳动能力鉴定结论。

7. 工伤保险申报与认定流程

根据《工伤保险条例》的规定，劳动能力鉴定由设区的市级劳动能力鉴定委员会做出。对该鉴定结论不服的，可以在收到鉴定结论之日起十五日内向省、自治区、直辖市劳动能力鉴定委员会提出再次鉴定申请。省、自治区、直辖市劳动能力鉴定委员会作出的劳动能力鉴定结论为最终结论。

在劳动能力鉴定中设立两级鉴定的形式，主要是给申请人提供再次鉴定的救济渠道。因为在劳动能力鉴定工作中有可能会出现鉴定的有失公允或者申请人主观认为鉴定的结论不客观公正的情况，给申请人提供再次鉴定的机会，不仅体现了劳动能力鉴定程序上的科学性，也体现了劳动能力鉴定工作的公正性。

申请人对鉴定结论不服的，可以在收到鉴定结论之日起十五日内向省、自治区、直辖市劳动能力鉴定委员会提出再次鉴定申请，这是一个时效性规定。如果申请人超过了十五日才向上一级劳动能力鉴定委员会提出申请，上级劳动能力鉴定委员会可以以超过时效为由不予受理。同时，劳动能力鉴定委员会的鉴定结论是不可诉的。

（七）工伤待遇

1. 职工因工负伤、患职业病进行治疗所享受的工伤医疗待遇

根据《工伤保险条例》第二十九条的规定，职工因工作遭受事故伤害或者患职业病进行治疗，享受工伤医疗待遇。

职工治疗工伤应当在签订服务协议的医疗机构就医，情况紧急时可以先到就近的医疗机构急救。

治疗工伤所需费用符合工伤保险诊疗项目目录、工伤保险药品目录、工伤保险住院服务标准的，从工伤保险基金中支付。工伤保险诊疗项目目录、工伤保险药品目录、工伤保险住院服务标准，由国务院劳动保障行政部门会同国务院卫生行政部门、药品监督管理部门等部门规定。职工住院治疗工伤的，由所在单位按照本单位因公出差伙食补助标准的70%发给住院伙食补助费；经医疗机构出具证明，报经办机构同意，工伤职工到统筹地区以外就医的，所需交通、食宿费用由所在单位按照本单位职工因公出差标准报销。工伤职工治疗非工伤引发的疾病，不享受工伤医疗待遇，按照基本医疗保险办法处理。

工伤职工到签订服务协议的医疗机构进行康复性治疗的费用，符合《工伤保险条例》第三款规定的，从工伤保险基金中支付。

2. 停工留薪期及其待遇

停工留薪期是指职工因工负伤、患职业病需要接受工伤医疗而暂停工作，由用人单位继续发给原工资福利待遇的一段期间。停工留薪期一般不超过十二个月，伤情严重或者情况特殊的，经劳动能力鉴定委员会确认，可以适当延长，但延长不得超过十二个

月。在停工留薪期内，原工资福利待遇不变，由所在单位按月支付。工伤职工评定伤残等级后，停止发放原待遇，按照《工伤保险条例》的有关规定享受伤残待遇。工伤职工在停工留薪期满后仍需治疗的，工伤医疗待遇继续享受。生活不能自理的工伤职工在停工留薪期需要护理的，由所在单位负责。

3. 生活护理费及其标准

生活护理费是指工伤职工经评残并经劳动能力鉴定委员会确认需要生活护理的，由工伤保险经办机构从工伤保险基金中按月支付生活护理补助的费用。生活护理费按照生活完全不能自理、生活大部分不能自理或者生活部分不能自理三个不同等级支付，其标准分别为统筹地区上年度职工月平均工资的50%、40%或者30%。

4. 职工因工致残被鉴定为一级至四级伤残的工伤待遇

根据《工伤保险条例》第三十五条的有关规定，职工因工致残被鉴定为一级至四级伤残的，保留劳动关系，退出工作岗位，享受以下待遇：

（1）从工伤保险基金中按伤残等级支付一次性伤残补助金，标准为：一级伤残为二十七个月的本人工资，二级伤残为二十五个月的本人工资，三级伤残为二十三个月的本人工资，四级伤残为二十一个月的本人工资；

（2）从工伤保险基金中按月支付伤残津贴，标准为：一级伤残为本人工资的90%，二级伤残为本人工资的85%，三级伤残为本人工资的80%，四级伤残为本人工资的75%。伤残津贴实际金额低于当地最低工资标准的，由工伤保险基金补足差额；

（3）工伤职工达到退休年龄并办理退休手续后，停发伤残津贴，享受基本养老保险待遇。基本养老保险待遇低于伤残津贴的，由工伤保险基金补足差额。

职工因工致残被鉴定为一级至四级伤残的，由用人单位和职工个人以伤残津贴为基数，缴纳基本医疗保险费。

5. 职工因工致残被鉴定为五级、六级伤残的工伤待遇

根据《工伤保险条例》第三十六条的有关规定，职工因工致残被鉴定为五级、六级伤残的，享受以下待遇：

（1）从工伤保险基金中按伤残等级支付一次性伤残补助金，标准为：五级伤残为十八个月的本人工资，六级伤残为十六个月的本人工资；

（2）保留与用人单位的劳动关系，由用人单位安排适当工作。难以安排工作的，由用人单位按月发给伤残津贴，标准为：五级伤残为本人工资的70%，六级伤残为本人工资的60%，并由用人单位按照规定为其缴纳应缴纳的各项社会保险费。伤残津贴实际金额低于当地最低工资标准的，由用人单位补足差额。

经工伤职工本人提出，该职工可以与用人单位解除或者终止劳动关系，由用人单位支付一次性工伤医疗补助金和伤残就业补助金。具体标准由省、自治区、直辖市人民政府规定。

6. 职工因工致残被鉴定为七级至十级伤残的工伤待遇

根据《工伤保险条例》第三十七条的有关规定，职工因工致残被鉴定为七级至十级伤残的，享受以下待遇：

（1）从工伤保险基金中按伤残等级支付一次性伤残补助金，标准为：七级伤残为

十三个月的本人工资，八级伤残为十一个月的本人工资，九级伤残为九个月的本人工资，十级伤残为七个月的本人工资；

(2) 劳动合同期满终止，或者职工本人提出解除劳动合同的，由用人单位支付一次性工伤医疗补助金和伤残就业补助金。具体办法由省、自治区、直辖市人民政府规定。

7. 职工因工死亡，其直系亲属享受的待遇

根据《工伤保险条例》第三十九条的有关规定，职工因工死亡，其直系亲属按照下列规定从工伤保险基金领取丧葬补助金、供养亲属抚恤金和一次性工亡补助金：(1) 丧葬补助金为六个月的统筹地区上年度职工月平均工资。(2) 供养亲属抚恤金按照职工本人工资的一定比例发给由因工死亡职工生前提供主要生活来源、无劳动能力的亲属。标准为：配偶每月 40%，其他亲属每人每月 30%，孤寡老人或者孤儿每人每月在上述标准的基础上增加 10%。核定的各供养亲属的抚恤金之和不应高于因工死亡职工生前的工资。供养亲属的具体范围由国务院劳动保障行政部门规定。(3) 一次性工亡补助金标准为上一年度全国城镇居民人均可支配收入的 20 倍。

8. 职工因公外出期间发生事故下落不明所享受的工伤保险待遇

根据《工伤保险条例》第四十一条的有关规定，职工因公外出期间因意外事故下落不明的，从事故发生当月起三个月内工资照发，从第四个月起停发工资，由工伤保险基金向其供养亲属按月支付供养亲属抚恤金。生活有困难的，可以预支一次性工亡补助金的 50%。职工经人民法院宣告死亡的，按照职工因工死亡的规定处理。

9. 工伤保险待遇的停止

根据《工伤保险条例》第四十二条的规定，工伤职工有下列情形之一的，停止享受工伤保险待遇：(1) 丧失享受待遇条件的；(2) 拒不接受劳动能力鉴定的；(3) 拒绝治疗的。

需要指出的是，根据《工伤保险条例》第六十条的规定，用人单位依照本条例规定应当参加工伤保险而未参加的，由社会保险行政部门责令改正；未参加工伤保险期间用人单位职工发生工伤的，由该用人单位按照本条例规定的工伤保险待遇项目和标准支付费用。用人单位对于参保和未参保职工的所负责任是一样的，只不过责任承担的方式不同，用人单位如果未承担缴纳工伤保险费的责任，就要承担受伤职工工伤待遇的全部责任，同时保证参保和未参保职工在发生工伤时，享有工伤待遇的标准一致。

五、企业工伤保险管理

根据国家关于工伤保险的相关规定，为了更好地维护职工的合法权益，降低企业的法律风险，企业应当建立起工伤保险管理制度。

(一) 依法足额为员工缴纳工伤保险

依法缴纳社会保险包括工伤保险是每一个企业应尽的法律责任。由于种种原因，一些企业没有为职工缴纳工伤保险。按照相应的法律规定，这样的企业一旦出现工伤事故，所有的责任和费用将都由企业承担。一些企业借口出现工伤事故的概率极小或者其企业过去从来没有出现过工伤事故而拒绝缴纳工伤保险，但事实上，除了患职业病或者

高危行业外，众多企业在其他情况下出现工伤事故的几率是大致相同的，比如在上下班途中出现工伤事故。因此，企业应当摒弃侥幸心理，依法足额及时为职工缴纳工伤保险。

(二) 建立健全工伤保险管理制度

建立起工伤保险管理制度是一个企业管理正规化和科学化的重要标志之一。在工作中如何科学避免工伤事故的发生以及出现工伤事故后如何进行科学管理和应对，是每一个企业必须重视和解决的重要问题。当前，许多企业都依法建立起了工伤保险管理制度，建立了一整套科学应对工伤事故的处理程序，不断完善安全措施，并在日常的管理中不断加强对全体职工的安全教育。有的企业还专门建立了工伤管理政策。大量的事实证明，重视安全教育和建立起一整套工伤保险管理制度的企业，其工伤事故发生的几率极低。

(三) 塑造安全生产及以人为本的企业文化

在“人是最重要的资源”已经成为社会共识的今天，越来越多的企业重视安全生产，强调安全生产，重视人的生命，并打造起以人为本的企业文化。正是这种重视安全生产和以人为本企业文化的建立，使得企业赢得了极高的社会声誉，增加了企业的品牌价值。

(四) 正确处理员工伤害事故

由于种种原因，当员工出现意外伤害时，有些企业不愿意让员工进行工伤鉴定，认为员工一旦被鉴定成工伤，会给企业带来众多的麻烦。事实上，恰恰相反，如果员工被国家相关部门鉴定为工伤，是对企业的最大保护。由于工伤鉴定具有一定的时效性，如果企业错过工伤鉴定的时效，没有对员工所受到的伤害进行工伤鉴定，一旦员工主张自己的权益，企业只能负全部责任。例如，对于那些进行工伤鉴定不能被鉴定成工伤的员工，由于企业错过了时效，这时已经无法判断是否是工伤。在这种情况下，即使通过劳动仲裁或者法律诉讼，企业也不可能排除掉自己的责任。因此，企业正确的做法是，一旦员工在工作中或者在进行与工作相关的活动时出现伤害，除了对该员工进行及时救助和治疗外，还应当及时启动工伤鉴定申请程序。一旦员工不能被鉴定成工伤，企业就可以厘清自己的法律责任。因为是否是工伤，是由国家相关专业机构依照相关程序做出的而非由企业自己做出的，这里不存在任何可以质疑的地方。而一旦员工被鉴定成工伤，由于企业已经为员工依法缴纳了工伤保险，相关费用由国家工伤保险机构负担。这样，企业依法为员工缴纳的工伤保险就会发挥其应有的作用。

第五节 失业保险及其管理

一、什么是失业人员

按照《失业保险条例》的相关规定，失业人员只限定为在法定劳动年龄内有劳动能力的就业转失业的人员。根据有关规定，我国目前的法定劳动年龄是16岁至60岁，体育、文艺和特种工艺单位按照国家规定履行审批程序后可以招用未满16周岁的未成年人。对企业中男年满60周岁、女年满50周岁的职工和机关事业单位中男年满60周岁、女年满55周岁的职工实行退休制度，对从事有毒、有害工作和符合条件的患病、因工致残职工可以降低退休年龄。

所谓有劳动能力，是指失业人员具有从事正常社会劳动的行为能力。在法定劳动年龄内的人员，若不具备相应的劳动能力，也不能视为失业人员，如精神病人、完全伤残不能从事任何社会性劳动的人员等。目前无工作并以某种方式寻找工作，是指失业人员有工作要求，但受客观因素的制约尚未实现就业。对那些目前虽无工作，但没有工作要求的人不能视为失业人员。这部分人自愿放弃就业权利，已经退出了劳动力的队伍，不属于劳动力，也就不存在失业问题。

造成失业的原因是多方面的，具体到不同国家或一个国家的不同时期，其主导因素并不完全相同。国际上一般将失业原因分为如下几类：摩擦性失业，由于求职的劳动者与需要提供的岗位之间存在着时间上的差异而导致的失业，如新生劳动力找不到工作，工人想转换工作岗位时出现的工作中断等；季节性失业，由于某些行业生产条件或产品受气候条件、社会风俗或购买习惯的影响，使生产对劳动力的需求出现季节性变化而导致的失业；技术性失业，由于使用新机器设备和材料，采用新的生产工艺和新的生产管理方式，出现社会局部劳动力过剩而导致的失业；结构性失业，由于经济、产业结构变化以及生产形式、规模的变化，促使劳动力结构进行相应调整而导致的失业；周期性失业，市场经济国家由于经济的周期性萎缩而导致的失业。

二、失业保险

（一）什么是失业保险

失业保险是指劳动者由于非本人原因暂时失去工作，致使工资收入中断而失去维持生计来源，并在重新寻找新的就业机会时，从国家或社会获得物质帮助以保障其基本生活的一种社会保险制度。

失业保险是指国家通过立法强制实行的，由社会集中建立基金，对因失业而暂时中断生活来源的劳动者提供物质帮助的制度。它是社会保障体系的重要组成部分，是社会保险的主要项目之一。

一般来说，失业保险的对象和统计口径主要为：一是本人无工作，没有从事有报酬的职业或自营职业；二是本人当前具有劳动能力，可以工作；三是本人正在采取各种方式寻找工作。

需要指出的是，处在法定劳动年龄，但在学校读书，或服军役或没有就业意愿的无业者不归属失业范畴。

（二）失业保险的主要特点

失业保险的主要特点为：第一，普遍性。失业保险主要是为了保障有工资收入的劳动者失业后的基本生活而建立的，其覆盖范围包括劳动力队伍中的大部分成员。因此，在确定适用范围时，参保单位应不分部门和行业，不分所有制性质，其职工应不分用工形式，不分家居城镇、农村，解除或终止劳动关系后，只要本人符合条件，都有享受失业保险待遇的权利。

第二，强制性。失业保险是通过国家制定法律、法规来强制实施的。按照规定，在失业保险制度覆盖范围内的单位及其职工都必须参加失业保险并履行缴费义务。根据有关规定，不履行缴费义务的单位和个人应当承担相应的法律责任。

第三，互济性。失业保险基金主要来源于社会筹集，由单位、个人和国家三方共同负担，缴费比例、缴费方式相对稳定，筹集的失业保险费，不分来源渠道，不分缴费单位的性质，全部并入失业保险基金，在统筹地区内统一调度使用以发挥互济功能。

（三）失业保险基金

1. 失业保险基金的构成

按照《失业保险条例》的相关规定，失业保险基金由下列各项构成：（1）城镇企业事业单位、城镇企业事业单位职工缴纳的失业保险费；（2）失业保险基金的利息；（3）财政补贴；（4）依法纳入失业保险基金的其他资金。

2. 失业保险基金的特点

失业保险基金是社会保险基金中的一种专项基金，其主要特点是：第一，强制性。即国家以法律规定的形式向所规定范围内的用人单位、个人征缴社会保险费。缴费义务人必须履行缴费义务，否则构成违法行为，承担相应的法律责任。也就是说，哪些单位、哪些人员要缴费，如何缴费都是由国家规定的，单位和个人没有选择的自由。

第二，无偿性。即国家征收社会保险费后，不需要偿还，也不需要向缴费义务人支付任何代价。

第三，固定性。即国家根据社会保险事业的需要，事先规定社会保险费的缴费对象、缴费基数和缴费比例。在征收时，不因缴费义务人的具体情况而随意调整。固定性还体现在社会保险基金的使用上，实行专款专用。

3. 失业保险基金的筹集

建立失业保险基金是失业保险制度的重要内容。其他国家一般采取五种方式筹集失业保险所需资金：（1）由雇主和雇员双方负担；（2）由雇主和国家双方负担；（3）由雇员和国家双方负担；（4）由国家、雇员和雇主三方负担；（5）全部由雇主负担。

我国失业保险制度建立以来，一直实行基金制，在基金来源上采取用人单位缴费和财政补贴的方式。实践证明，基金制与我国经济发展水平是相适应的，可以为失业保险提供稳定的资金来源。但由于只限于用人单位缴费，职工个人不缴费，导致收缴数额有限，基金承受能力弱。若大幅度提高征缴比例，势必增加用人单位负担。在目前国家财力尚不充足和一些企业经营状况较为困难的情况下，适当提高用人单位缴费比例，并实行个人缴费较为可行，也有利于增强职工个人的保险意识。

失业保险费是失业保险基金的主要来源。因此，城镇企事业单位及其职工应当按照规定，及时、足额缴纳失业保险费，以保证基金的支付能力，切实保障失业人员基本生活和促进再就业所需资金支出。发展失业保险事业是国家的一项重要职责，一方面政府要组织好失业保险费的征缴和管理工作，另一方面在失业保险费不能满足需要时，也有责任通过财政补贴的形式保证基金支出的需要。征缴的失业保险费按规定存入银行或购买国债，取得的利息收入并入基金，这是保证基金不贬值的重要措施。其他资金是指按规定加收的滞纳金及应当纳入失业保险基金的其他资金。罚款不在此列。

三、我国的失业保险制度

失业保险制度是国家通过立法强制实施，由社会集中建立失业保险基金，对非因本人意愿中断就业失去工资收入的劳动者提供一定时期的物质帮助及再就业服务的一项社会保险制度。它是社会保障体系的重要组成部分，是社会保险的重要项目之一。

（一）什么是失业保险制度

失业保险制度是指依法筹集失业社会保险基金，对因失业而暂时中断劳动、失去劳动报酬的劳动者给予帮助的社会保险制度。其目的是通过建立社会保险基金的办法，使员工在失业期间获得必要的经济帮助，保证其基本生活，并通过转业训练、职业介绍等手段，为他们重新实现就业创造条件。

失业保险制度是国家通过立法强制实行的，由社会集中建立基金，对劳动年龄内非因本人原因失去工作，而暂时失去生活来源的劳动者在一定时期内提供物质帮助以保障其基本生活并帮助其实现再就业的一种社会保险制度。一个国家的失业保险制度一般包括以下内容：失业保险的适用范围、享受条件、资金来源、待遇标准、管理机构及劳动争议的法律程序，等等。

（二）失业保险制度的起源与发展

失业保险最早起源于比利时，1901 年比利时首创的失业保险为自愿性保险。1905 年法国成为世界上第一个通过立法实施自愿性失业保险制度的国家。随后大多数国家都采用这一方式建立自己的失业保险制度。至此，世界上实行失业保险制度的国家就被分为强制性和自愿性两大类并一直延续到今天。前者是由国家以法律形式规定多种条件，如缴费次数、非自愿失业等，对符合条件的失业者支付一定数额的保险金；后者是一般由公共团体对失业人员支付一定数额的保险金。如瑞典的失业保险就是由工会主办，国家资助，个人自愿参加。

失业保险与经济发展水平关系密切。在全世界 170 多个建立社会保障制度的国家和地区中，也只有近 40% 建立了失业保险制度，在建立失业保险制度的国家中有九成左右是人均收入超过 1 万美元的高收入国家。纵观这些国家的失业保险制度的特点，基本上呈现出从救济型到福利型再到就业促进型的发展轨迹。

1. 受益资格更为严格

在美国，申领失业金必须同时满足五项基本要求：一是失业前的就业经历符合州规定（主要指工作时间及缴费长短）。二是在就业服务机构注册，心理和身体上具备劳动能力，且在领取失业保险金期间积极寻找工作。三是凡被认定为因个人原因造成的失业没有资格享受失业待遇。四是除 13 个州外，其余州设置等待期，一般为一周，在此期间相关部门对申领者进行资格认定。五是在享受失业待遇期间，失业保险机构要求失业者履行定期汇报求职情况的义务。英国和日本在受益资格的认定方面和美国基本相同，只是在就业期限和缴纳保险费期限方面略有差异。

2. 给付待遇更为细化

美国失业保险的给付项目比较多，分为联邦雇员失业补偿金和特殊的支付项目。其中失业补偿金的计发基数是基期中一个最高季度工资或两个较高季度的平均工资。贸易调整津贴主要援助那些因工厂受进口增加冲击和产品外销变化影响而失业的工人。工作日减少补贴主要援助那些因正常工作时间减少而介于全职和兼职工作之间的工人，失业者的周工作时数低于充分工作时的部分失业。英国的失业保险给付待遇则是根据劳动者年龄以十八周岁为界线并结合劳动时间和收入调查结果三个方面综合考虑给予不同的待遇。日本的雇佣保险制度由善后与预防两部分构成，前者是对失业的补救措施，目的是对失业者进行一定程度的收入损失补偿，后者是促进就业，从雇主与雇员两方面开发就业机会，提高职业技能，尽量防止失业和重新就业后的再失业。

3. 失业保险基金来源和缴纳比例更灵活

美国以税收的方式筹集失业保险资金的，由国家税务局通过国家税收方式强行收缴，主要对企业收取失业保险工薪税。联邦政府的计税依据是 7 000 美元，税率为 6.2% 。但联邦政府允许已缴纳州失业保险税的雇主享有 5.4% 的税率抵扣，因此联邦政府的税率仅为 0.8% 。英国失业保险资金来源主要是国民保险基金收入和政府拨付。国民保险基金由雇员和雇主双方按雇员周工资的一定比例缴纳，其覆盖范围包括周收入在 62 英镑以上的雇员、自我雇佣者、缴纳减额养老保险费的已婚妇女和遗孀。日本失业保险费主要由单位和被保险人双方共同负担，按年工资的一定比例缴纳，国库给予适当补贴。缴费比例也因行业不同而有所不同，比如在一般行业中，总负担比例为 1.15%。其中业主负担 0.75%，被保险人负担 0.4%。建筑业总负担比例是 1.45%，其中业主负担 0.95%，被保险人负担 0.5%。基本上按照各行业失业率的高低来确定缴费率。

4. 失业保险制度的重点转向促进就业和预防失业

美国职业介绍方面的服务较为完善。美国在公共职业介绍局内设职业介绍机构，雇主和求职者如果需要职业介绍机构提供服务，可将自己的需求和基本情况按规定向职业介绍机构登记，机构负责将资料输入电脑，对雇主和求职者的要求进行自动匹配，当供求双方提供的资料基本一致时，职业介绍机构人员通知面洽。除此之外，就是比较完善的对求职者的就业技能培训，并制定严格的考核指标体系定期对培训机构的业绩进行考核。最后就是国家在促进就业方面加大财政支出。2007 财政年度的总统预算中，美国总统布什为美国就业培训署争取 94 亿美元的资金，实现加强和保护美国劳动力的目标。就业培训署已经采取建立需求驱动型劳动力投资体系的措施，这就是布什所提出的工作培训主动计划，为工人在持续的经济增长中获取工作能力做准备。英国的失业保险制度管理机构对能工作的人员提供帮助，稳定他们的就业状态。主要通过多种形式为求职者提供免费服务，对雇主提供发布用工信息的服务和对长期失业人员提供特殊帮助和服务，最终达到促进失业者再就业的目标。日本的雇佣促进事业充分体现了抑制解雇与防止失业、开发就业机会与培训职业技能的政策取向。主要从雇主与雇员两方面加以实施。一方面为失业者提供就业补助，增强其求职动机；另一方面是抑制雇主的解雇行为，增加就业岗位，提高员工福利，开发人力资源。

（三）国外失业保险制度对我国的启示

二十世纪七十年代中期以来，世界经济环境和贸易条件发生较大变化，各发达国家都对本国的失业保险制度进行了调整，特别是跨入新世纪后，随着世界竞争的日益激烈，失业问题也日益激化，这样各国对本国失业制度改革的理念也发生了重要变化，其共同点是不再沿袭提高保护水平为基本目标的传统做法，而是更多关注过度保护和过高的福利政策所导致的负面影响，在降低失业保护整体水平和采取积极的失业保护政策方面进行改革。这些改革措施在实践中已经证明取得了较好的预期效果。同时，我国目前的失业保险制度是在改革开放后不久建立的，虽然时间不长，但近十年来，我国经济和社会环境发生了翻天覆地的变化，劳动力市场也进一步完善，原有的失业保险制度在当今的环境中逐渐暴露出许多问题，对我国失业保险制度的改革势在必行。尽管一国失业保险制度的设计必须考虑与其政治、经济和社会环境等具体国情相适应，但发达国家的成功经验必将对我们的改革提供必要的参考。

1. 进一步规范我国失业保险的受益条件

我国失业保险的受益条件一般包括三个方面：一是按照规定参加失业保险，所在单位和本人按照规定履行缴费义务已满一年的；二是非因本人意愿中断就业的；三是已办理失业登记，目的是确认资格并确保失业人员有就业动机。虽说我国失业保险的受益条件基本上符合失业保险制度设计的一般惯例，但其最大的缺陷就是没有设置一定的等待期，在资格审查的过程中也很少会进行家计调查，致使一些不符合条件的人冒领失业保险金，对制度的运行造成了很大的影响。因此，改革的过程中应该对失业保险的受益条件进一步严格规范，以保证制度支付公平合理。

2. 给付的待遇方面也应该更为细化，充分发挥失业保险基金在各方面的不同作用

我国失业保险给付待遇相对笼统，大致分为失业后的生活补助和再就业培训费用。生活补助水平处于社会平均工资和最低生活保障线之间，只能保障基本的生活；培训费用支付一般是按统一标准支付，很少考虑个体的差异，结果是钱也花了，但效果不佳，这样的情况在现实中屡见不鲜。真正的就业导向型的失业保险制度应该是以促进就业为主要目标，对失业者给付的待遇除了生活费和培育费外，更重要的是为失业者提供就业的信息，帮助他们找到合适的再就业目标。借鉴国外的经验，我国在失业保险金支付中除了以上两项，还应该分出一部分建立劳务介绍机构，为失业者提供再就业服务。

3. 失业保险基金的来源和征缴标准应该随着制度的发展更灵活

我国失业保险基金的来源主要包括个人缴纳工资收入的 1%，单位缴纳工资的 1%，其余的主要是缓缴的滞纳金和投资收益。这种筹资方法主要是保证了资金来源的稳定，管理方面的便捷，但不具备当今时代对失业保险制度所提出的防止失业和促进就业的要求，没有对用人单位的激励和制约。如前面提到的美国对企业负担的失业保险费的征缴与单位的人员流动情况相挂钩，实行动态征缴比率。具体来说，就业稳定的单位可以少缴费，而经常裁员的单位就要负担更多。考虑到成本和收益的关系，用人单位就会积极挖掘自己的用人潜力，至少不会草率地去解雇自己的员工。我国也可以参照美国的做法实行个人缴费统一，单位缴费实行浮动费率制的方法，以便从源头上遏制失业人员增多。此外，有关促进就业的支出，失业保险制度本身不能全包，也包不了，政府应该对失业保险制度在这方面进行及时补贴。

4. 增加失业保险制度的就业保障功能

增加失业保险制度的就业保障功能是我国失业保险制度改革的核心内容，这也是当

前国际发展的主要趋势。我国现在的失业保险制度最大的缺陷就是缺少促进再就业的措施。具体表现在再就业服务中的就业培训没有市场化、社会化，导致失业劳动力的闲置与浪费。国外失业保险制度的促进就业功能一方面体现在支出的比重占据主体位置上，另一方面表现在培训支出各项目的细分和对培训后所产生效果的追踪上。我国失业保险制度的促进就业功能的实现，首先应当结合我国的国情把促进就业资金的各个用途进行细化，再次就是如何保证各部分资金充分发挥作用，最后是对潜在失业者的培训。

（四）我国失业保险制度的建立和发展

1. 我国失业保险制度的建立和变迁

1951 年 2 月，我国颁布实施了《劳动保险条例》。该条例对职工的生、老、病、死、伤残、医疗等方面的待遇做了具体规定，初步确立了包括养老、医疗、工伤、生育、遗属保险在内的社会保险的基本框架。但由于当时理论界不承认社会主义存在失业问题，因此，失业保险便被排除在社会保险体系之外。直到 1986 年，为了配合国有企业改革，实行劳动合同制，促进劳动力的合理流动，国务院颁发了《国营企业职工待业保险暂行规定》，这标志着我国失业保险制度的建立。该《暂行规定》以当时国营企业的四类职工，即宣告破产的企业的职工、濒临破产企业的精简人员、企业终止或解除劳动合同的工人、企业辞退的职工为实施对象；规定保险基金只由企业按全部职工标准工资总额的 1% 缴纳，救济金按本人标准工资的 50% ~ 75% 发放，最长享受期为二十四个月。可见，《暂行规定》虽然对失业保险制度的主要构成要素如实施范围、对象、资金来源、支付标准、管理机构都做了说明，但正如它的名称一样还带有计划经济的色彩，实施范围狭窄，资金来源渠道单一，保障能力有限，保障待遇低，失业救济性质明显。

二十世纪九十年代以后，由于经济改革的力度加大，国有企业富余人员问题浮出水面。为了进一步发挥失业保险在建立社会主义市场经济体制改革中的作用，1993 年国务院又颁发了《国有企业职工待业保险规定》以代替 1986 年的《暂行规定》。但是与《暂行规定》相比，《国有企业职工待业保险规定》并没有大的突破和超越。失业保险原有的问题依然存在，在新的形势下有些问题甚至更加尖锐和突出，从而导致了失业保险在经济改革中没有担当起应有的责任，滞后于经济的发展，在一定程度上延缓了改革的进程。

九十年代中后期，我国经济改革迫切要求失业保险能担当起保障国有企业富余职工进入市场以后的基本生活的重任。但是，由于《国有企业职工待业保险规定》是从失业救济的角度来设计失业保险制度的，不要求个人缴费，不要求失业者履行相应的义务，而作为失业保险金的主要来源，企业缴纳的失业保险费总额最多也不得超过职工工资总额的 1%，因此，导致失业保险的保障功能十分脆弱。单一的资金来源渠道和有限的保险基金根本无法满足国有企业富余职工进入市场以后的基本生活需要，于是，国家只能通过限制企业与职工解除劳动合同，失业保险机构只能通过严格失业保险的享受条件来控制领取失业保险救济的人数，以保证失业保险基金的平衡，但客观上使得企业的劳动用工制度改革无法到位。1997 年，国有企业改革进入了攻坚阶段，深化劳动用工制度改革已成为国企改革的关键，但作为配套措施的失业保险制度又不够健全。所以，再就业工程便成为我国经济转轨时期一项过渡性的社会保障制度。国家通过建立下岗职工基本生活保障制度、失业保险制度、城镇居民最低生活保障制度，即“三条保障线”来保障下岗、失业职工的生活。

但是，将下岗职工分流到再就业服务中心，与让他们直接进入劳动力市场，由劳动力市场调节就业毕竟不同。“下岗”是一种“准显性失业”，在规范劳动关系、减轻企业负担、为企业创造平等竞争的环境等方面还显得不彻底。再就业工程也只是一种具有中国特色的过渡性的社会保障制度，只是通往市场就业的桥梁，存在着一些自身无法克服的缺陷。比如，由于下岗再就业这种调节方式本身的局限性，导致在再就业工程的实施过程中出现了“隐性就业”与下岗职工“生活保障权利虚置”两种不正常现象。因此，抓住国有企业调整经济结构的有利时机，有步骤地、积极而又稳妥地推进国有企业劳动就业机制的完全转换势在必行。于是，深化失业保险制度改革又提上了议事日程。在这种背景下，为了克服失业保险制度建立以来出现的一系列问题，改变失业保险严重滞后于经济的发展而无法适应新形势要求的局面，1999 年 1 月 22 日，国务院发布了《失业保险条例》。

与 1993 年的《规定》相比，1999 年国务院发布的《失业保险条例》在完善失业保险制度、强化失业保险的保障功能、强调失业保险权利与义务的对应、体现失业保险的性质、保障职工合法权益方面无疑有很大的进步。《失业保险条例》吸取了我国失业保险制度建立和发展的实践经验，借鉴了国外有益做法，在许多方面做了重大调整，体现了社会主义市场经济对失业保险制度的要求，体现了失业保险制度服务改革和稳定大局的精神，为形成具有中国特色的基本完善的失业保险制度打下了坚实基础。

2. 现行失业保险制度存在的问题

《失业保险条例》的颁布和实施，是我国失业保险制度发展的一个质的飞跃，标志着我国具有现代意义的失业保险制度的形成，其影响是巨大和深远的。但是，它还有许多需要完善的地方，尤其是在新形势下，我国失业保险又面临新的问题和挑战。现在失业保险面临的最大困难是，扩大覆盖面和资金收缴阻力重重，基金的存量不多。目前有的地方，事业单位、三资企业和私营企业只有很少一部分进入失业保险的覆盖范围，扩大覆盖面的工作遇到很大的阻力，即便是已进入覆盖范围的单位，收缴率也不高。但是随着改革的进一步深化，失业保险金的需求量却很大，失业保险基金面临巨大的资金缺口：

（1）没有针对失业保险的特点来进行失业保险制度的设计，失业保险金的征缴缺乏强有力的手段和激励机制。失业保险较养老保险、医疗保险更具有互济性，因此，一些经济效益比较稳定的国有单位及其职工就不愿意进入失业保险覆盖范围，或不愿意缴费，觉得缴这一笔保险费纯粹是为他人作贡献。一些三资企业和民营企业的领导则认为自己企业员工自愿流动现象频繁，故不存在失业问题，企业也不想参加失业保险。他们把失业保险看成是一种额外的负担。对此，目前既没有根据失业保险的强制性设计出很好的强制征收的方式，也没有针对失业保险的互济性建立相应的激励机制，对投保单位、个人都缺乏有效的激励手段。

（2）各地政府对失业保险的不重视加剧了失业保险实施的难度。现在很多地方的领导还没有认识到失业保险与当地社会经济发展的直接联系，没有认识到完备失业保险是社会经济发展的重要保证，故不愿意在此花精力、花时间，导致相关政策衔接不够、漏洞不少，政策落实也不到位。比如在事业单位缴纳失业保险费的问题上，由于许多事业单位是由政府全额拨款的，但地方财政在做预算时，常常忽略了这一项目，造成事业单位及其职工无法缴纳失业保险费。不仅如此，有部分领导甚至把失业保险与宽松的投资环境对立起来。他们认为发展地方经济最关键的是要引进资金，而要引进资金就必须减轻企业负担，创造一个宽松的投资环境，但缴纳失业保险金则会加重企业的负担。由于失业保险是以政府作为主体的，因此在失业保险制度建设中，如果领导不重视甚至认识错误，那么该地区的失业保险是很难发展起来的。

(3) 失业保险经办机构的经费不足，给征缴工作带来难度。由于在1999年颁布的《失业保险条例》中，取消了失业保险经办机构按征缴额提取管理费的办法，割断了失业保险基金征缴数额与征缴机构、人员的直接利益联系，失业保险经办机构也由原来的自收自支的事业单位变成了全额拨款的事业单位。因此，失业保险征缴人员的积极性受到影响。加之，各级政府财政尤其是县一级财政都比较紧张，财政拨付的经费只够维持失业保险经办机构的日常工作需要，结果造成经办人员的工作越主动，工作做得越多，成本支出就越大，经费就越紧张。正是由于失业保险具有很强的互济性，客观上加大了失业保险金征收的难度，而我们又没有采取有针对性的措施，加上各地政府对失业保险又存在认识上的偏差，导致扩大覆盖面的速度缓慢，失业保险金收缴不上来，进而增大了未来几年我国失业保险的风险。失业保险面临非常严峻的形势，进行制度创新势在必行。

3. 失业保险进一步发展的思路

要摆脱失业保险面临的困境，当然需要相关部门尤其是劳动部门的主观努力。但在既定的制度下，这种努力的效果毕竟有限，更为重要的还是应针对我国现行失业保险制度在失业保险的特点上体现不够这一深层次的问题来进行制度创新。失业保险制度作为一项通过国家立法强制实行、由社会集中建立基金、为因中断就业而失去工资收入的劳动者提供基本物质帮助的社会保险制度，有其自身的特点。由于它与社会经济联系紧密，是培育完备的劳动力市场的必要条件，是现代企业制度建立的前提，是促进就业和社会稳定的必要措施，故具有直接性、强制性；失业保险待遇不是每个缴费人都必然享受的，不失业者将终生不能享受失业保险待遇，因而具有互济性；与失业救济不同，享受失业保险待遇的人必须履行相应的义务，须符合资格条件，所以失业保险更强调权利与义务的对应性。

(1) 实行失业保险筹资制度创新。由于目前我国失业保险尚处于初级阶段，保险基金没有太多的积累，保障功能还比较弱，但与此同时，由于几十年计划经济造成的企业内部的富余人员又要在短时间进入市场，因此，要解决企业劳动力存量进入市场的问题，必须突出政府在失业保险基金筹集中的地位和作用。政府的这种作用主要从两个方面来体现：第一，规定政府是失业保险的“最后调节者”，并且明确划分中央政府和地方政府在失业保险筹资中的责任。当失业保险出现收不抵支时，各级政府应按规定通过财政拨款加以弥补。第二，寻求新的资金来源。从目前情况来看，以下来源是值得考虑的。比如可将部分国有企业的股权划归失业保险基金，以后用股权收益作为部分资金来源。另外，可把部分国家财政对企业的亏损补贴变为失业保险金。对频临破产的企业，国家财政不断注入资金加以扶持是我国的一贯做法。由于国家财政对企业财务缺乏约束力，因此，这样做的结果是，企业就象一个无底洞，资金越投越多，效益却怎么也上不去，白白浪费了大量资金。如果能从国家财政的企业亏损补贴费中拿出部分资金补充到失业保险基金中去，失业保险基金的保障功能将大大增强。

建立资金筹集的激励机制，充分重视经济手段在失业保险基金筹集中的应用。由于失业保险不是人人都可享受的，有些人和企业可能纯粹是在作贡献。因此，在我国经济不太发达的情况下，物质刺激在资金筹集中的作用是很大的。激励机制既应包括对缴费者的激励，也应包括对征收者的激励。对缴费者的激励主要采取通过一定的方式对按时缴费，并且缴费数量大的企业给予一定程度的返还；对个人也可考虑建立个人账户，将个人缴纳的失业保险金全部记入到个人账户上，个人账户的资金只能在失业和退休期间才可以动用。上述做法旨在减轻每一个缴费单位和个人的经济压力，调动缴费者的积极性。同时还将失业保险与养老保险有机地结合在一起，有利于应对即将到来的人口老化浪潮。

不管是采用失业保险税，还是按照现在的管理办法由劳动部门来征收，都应当调动征收者的积极性。为了保证失业保险基金的完整、安全，现在已经割断了征收单位的管理经费与征收数额之间的联系，从而影响征收的积极性。因此可考虑财政每年在核定经费时，拿出一块与征收数额挂钩。由于失业保险金共济性强，征收难度也就自然加大，因此这一措施也就显得尤为重要。

（2）实行失业保险支付制度的创新。要遵循权利与义务对等的原则，坚持只有符合条件，履行了义务，才能享受相应的待遇。要从两方面把握上述原则：一方面是严格审核失业保险金领取者的资格，尤其要排除隐性就业者。因为如果隐性就业者也领取失业保险金，将加重失业保险的支付负担。另一方面是在支付上要灵活和有差别。把促进就业纳入失业保险的责任范围，使失业者享受的权利形式更多样化。同时对履行义务程度不同的失业者给予不同的待遇。总的原则是鼓励职工积极缴纳失业保险费，增加资金来源，减轻企业负担。为达到上述目的，可进行失业保险支付制度的创新，例如建立隐性就业者的鉴别机制，建立贷款基金以及建立有差别的支付制度等，改变目前按固定数额支付失业保险金的做法，建立与缴费的数量、时间适当挂钩的多档次的失业保险金支付制度。个人缴费的数量越多、时间越长，可享受的失业保险待遇就越高。

（3）实行失业保险管理体制的创新。在失业保险的管理体制方面，应按照政事分开、分工协作、收支两条线的原则来进行制度创新。财政部门负责失业保险资金的管理、监督和平衡。劳动部门负责政策的制定和具体行政事务的实施。为了加强失业保险征缴的力度，有必要开征失业保险税，用税法将失业保险固定下来。税制的设计首先体现税收的一般特征。开征失业保险税，首先，有利于对失业保险基金进行法制化管理，明确收、用、管的责权，使失业保险金能按时征收，依法管理。这是开征失业保险税的主要目的。其次，有利于公平负担。不管哪一个地区，哪种所有制企业都按相同的税率征收。再次，有利于资金的统一调度和调剂，发挥政府宏观调控的作用。此外，还有利于降低征缴成本，不必重复建立一支收缴队伍。

四、我国有关失业保险的相关法律规定

1998 年 12 月 16 日，国务院常务会议通过，并于 1999 年 1 月 22 日颁布了《失业保险条例》。2010 年 10 月 28 日，第十一届全国人民代表大会常务委员会第十七次会议通过，并于 2011 年 7 月 1 日正式实施《社会保险法》，其中第五章专门对失业保险进行了规定。

（一）享受失业保险待遇的资格条件

失业人员同时具备以下条件，即可享受失业保险待遇：一是按规定参加失业保险，所在单位和个人已按规定履行缴费义务满 1 年的；二是非因本人意愿中断就业的；三是已办理失业登记，并有求职要求的。这里，非因本人意愿中断就业的人员主要是指：（1）被用人单位依法终止劳动合同的（如劳动合同到期企业不续签的）；（2）被用人单位解除劳动合同的；（3）被用人单位开除、除名和辞退的；（4）因用人单位以暴力、威胁或者非法限制人身自由的手段强迫劳动，与用人单位解除劳动合同的；（5）因用人单位未按照劳动合同约定支付劳动报酬或者提供劳动条件，与用人单位解除劳动合同的；（6）法律法规另有规定的。

（二）失业保险金的领取

1. 失业保险金的领取期限

按照国家相关规定，失业保险累计缴费时间满一年不满五年的，最长可领取十二个月的失业保险金；累计缴费时间满五年不满十年的，领取失业保险金的期限为十八个月；累计缴费时间满十年以上的，领取失业保险金的期限为二十四个月。

2. "领取失业保险金期间"的计算

"领取失业保险金期间"是指从办理申领手续当天起至对应月份的前一天。例如，2 月 8 日申领 3 个月失业保险金，"领取失业保险金期间"就是 2 月 8 日至 5 月 7 日。如果本人主动要求暂停领取失业保险金，或重新就业办理用工手续后，被自动暂停领取失业保险金，原来的领取期间按月份减少。例如，6 月 3 日申领 2 个月失业保险金，领取期间是 6 月 3 日至 8 月 2 日，7 月份（不论哪天操作）暂停后，领取期间即修改为 6 月 3 日至 7 月 2 日。从 7 月 3 日起暂停享受失业保险待遇。失业人员未申领的失业保险金期限可予以保留，以后要求领取的，可再次申领。重新就业且缴纳失业保险费满一年后再次失业，应当将其剩余期限合并计算。

（三）失业保险金的申请程序

单位退工后，凭退工单、劳动手册等证明，由本人到户籍所在地的街道社会保障事务所进行失业登记，符合领取条件并要求现在就领取失业保险金的，填写《失业保险登记表》，然后根据街道通知的时间、地点到区县职业介绍所办理核定待遇和申领失业保险金手续。

（四）失业保险金的支付水平

失业保险金标准根据失业人员累计缴费年限和年龄确定，在相同缴费年限下，失业

保险金支付标准伴随申领人年龄的增长而增加，也就是说，失业保险更关注年龄大的失业人员。失业保险金支付标准由市劳动保障部门公布。

（五）领取失业保险金期间待遇

1. 失业保险待遇

失业保险待遇是由失业保险金、医疗补助金、丧葬补助金和抚恤金、职业培训和职业介绍补贴等构成。

失业保险待遇中最主要的是失业保险金，失业人员只有在领取失业保险金期间才能享受到其他各项待遇。失业保险待遇中，医疗补助金是失业人员患病就医时在失业保险经办机构领取的补助，标准是由各省、自治区、直辖市人民政府确定的，一般包括每月随失业保险金一同发放的门诊费和按规定比例报销的医疗费两部分；失业人员在领取失业保险金期间死亡的，其家属可以领取一次性丧葬补助金和抚恤金，标准参照当地在职职工的规定；职业培训和职业介绍补贴是为了鼓励和帮助失业人员尽快实现再就业而从失业保险基金中支付的费用，一般说来，职业介绍的补贴支付给职业介绍机构，由他们为失业人员免费介绍职业，而职业培训的补贴的支付办法则不同，有些是直接发给失业人员，有些则是失业人员培训后报销，还有的是对培训失业人员的培训机构进行补贴。概况来说，失业人员领取失业保险金期间的待遇主要有：

（1）领取失业保险金。

（2）如患病或生育到指定的医院就诊，可以按规定申请70%的医疗费补贴。

（3）失业人员在领取失业保险金期间开办私营企业、从事个体经营或自行组织起来就业的，可以一次性领取剩余期限的失业保险金（加上本次核定后已领取的月份，不能超过二十四个月），作为扶持生产资金。

（4）失业人员在领取失业保险金期间死亡的，其家属可以申领丧葬补助金、供养直系亲属的一次性抚恤金。

（5）女性失业人员在领取失业保险金期间生育，符合国家计划生育规定的，可以申领3个月的生育补助金，标准与其领取的失业保险金计发标准相同。

（6）免费接受职业指导、职业培训等就业服务。

2. 领取失业保险金期间看病要注意的问题

要到指定医院就诊。如果需要转诊，应该事先经区县失业保险部门同意。急诊可以就近选择医院但是不能到非医保定点医院。

医疗费补贴的范围费用标准等参照本市职工医保规定，也就是说，医保列入支付范围的费用，失业保险允许补贴70%。

（六）失业保险待遇终止

1. 失业保险待遇终止的情形

失业人员在领取失业保险金期间，出现下列情形时应终止失业保险待遇：（1）重新就业。失业人员在领取失业保险金期间，重新就业并已办理了就业手续的。（2）应征服兵役的。（3）移居境外的。（4）享受基本养老保险待遇的。失业人员在领取失业保险金期间达到法定退休年龄时，由其档案代管机构为其申请办理退休手续，未委托档案代理的，由失业保险经办机构为其申报，按规定享受基本养老保险待遇。（5）被判刑收监执行或者劳动教养的。(6) 无正当理由两次不接受当地人民政府指定的部门或机构介绍工作的。(7) 有法律、行政法规规定的其他情形。

2. 失业保险金退款

失业人员在重新就业以后，以及在其他不符合领取条件时领取的失业保险金应当退还。办理失业保险金退款的手续是，退款人带《劳动手册》(未办理用工手续的还需带录用证明) 到区县失业保险部门申请退款，失业保险部门核定退款金额并填写解款单，退款人到银行解款后，再到区县失业保险部门领取收据，并由失业保险部门在《劳动手册》上做退款记录、在计算机系统修改领取记录。

3. 再次失业人员缴费年限和领取失业保险金期限的计算

失业人员在领取失业保险金期间重新就业后再次失业的，缴费时间重新计算，其领取失业保险金期限与前次失业应领取而尚未领取的期限合并计算，但最长不超过 24 个月；重新就业后不满一年再次失业的，可以继续申领其前次失业应领取而尚未领取的失业保险金。

五、企业失业保险管理

相关研究表明，随着我国《社会保险法》的颁布实施，失业保险不仅在预防失业、促进再就业方面有着重要作用，而且在某种程度上会加大人才流动，即企业员工的流失率会因此增加。正是由于员工流失率的增加，使得企业在选择人才时会更加谨慎小心，与员工签订劳动合同时与以前相比要更加复杂麻烦，加大了企业的工作量和招聘成本；员工的持续培养一直是企业员工队伍建设的重要内容，但是员工流动率的增加不利于企业员工的持续开发培养，客观上也加大了企业的培训成本。可见，有效地控制企业员工的流失率，对于企业降低用工成本，改善绩效激励制度和企业文化等方面具有非常重要的作用。

企业应当加强为员工依法缴纳失业保险必要性的认识，形成自觉履行失业保险缴纳义务的意识。为职工缴纳失业保险是企业的一个法定义务，企业应当依法进行劳动实践，履行作为雇主所应尽的法律义务。随着国家一系列劳动法律的出台，职工的维权意识越来越强。一旦员工失业，企业将面临着直接支付员工失业金的风险。如果企业拒绝为失业员工支付失业金，企业将会不得不面临一场法律诉讼。

另外，有些大型企业和一些外资企业，往往将失业保险等社会保险的缴纳一并外包给外部专业的人力资源管理公司，通过这些专业公司为企业的员工缴纳失业保险等社会保险。然而，企业将失业保险等社保的缴存外包给专业的人力资源管理公司，并非意味着企业在失业保险等问题上就万事大吉了。相反，企业必须要加强和完善对该服务商的管理，建立必要的失业保险等缴纳流程，定期对本企业失业保险的缴纳情况进行审核，确保企业真正做到依法、按时在当地社保管理机构为员工缴纳失业保险。例如，定期检查服务商是否按照相关缴存流程及时为企业的新员工建立失业保险等社保账户，是否及时为离职员工撤缴失业保险，以及是否存在失业保险漏缴的情况。企业只有按照相关协议，密切监控本企业失业保险缴纳的情况，才能使企业在社会保险制度方面真正实现劳动合规。

第六节 生育保险及其管理

一、生育保险制度概述

生育保险制度是指在生育事件发生期间对生育职责承担者给予收入补偿、医疗服务和生育休假的社会保障制度。生育保险待遇一般包括生育津贴、医疗费用、生育补助和生育休假。生育保险制度调整了企业生育费用负担，由企业、个人、社会各负担一部分，实行社会统筹管理。建立和完善生育保险制度对体现妇女生育的社会价值，有效化解企业生育成本，促进妇女公平就业、保障妇女的平等就业权等有着直接的现实意义。

实行生育保险是对妇女生育价值的认可。妇女生育是社会发展的需要，她们为家庭传宗接代的同时，也为社会劳动力再生产付出了努力，应当得到社会的补偿。因此对妇女生育权益的保护，被大多数国家接受和给予政策上的支持。目前世界上有135个国家通过立法保护妇女生育的合法权益。

实行生育保险是对女职工基本生活的保障。女职工在生育期间离开工作岗位，不能正常工作。国家通过制定相关政策保障她们离开工作岗位期间享受有关待遇。其中包括生育津贴、医疗服务以及孕期不能坚持正常工作时，给予的特殊保护政策。在生活保障和健康保障两方面为孕妇的顺利分娩创造了有利条件。

（一）国外生育保险制度概述

目前世界上绝大多数国家都建立了生育保险制度。概括来说，世界各国生育保险的主要给付项目包括：（1）生育津贴，即在法定生育休假期间对生育者的工资收入损失给予经济补偿。（2）医疗护理，即承担与生育有关的医护费用（包括产前检查费）。（3）生育补助，又称子女补助金，如对生育保险对象及其家属的生育费用给予经济补助，又如“婴儿津贴”和“保姆津贴”等。（4）生育休假，包括母育假（产假）、父育假（母亲产假期间的父亲育儿假）和育儿假（母亲产假后父母双亲任何一方的育儿休假）。

根据《全球社会保障》提供的资料，对136个国家的生育津贴进行统计的结果显示：生育津贴占妇女生育前原工资收入100%的有61个国家，占统计总数的44.8%；生育津贴占生育妇女原工资收入80%～99%的有6个国家，占4.4%；生育津贴占原收入60%～79%的有37个国家，占27%；生育津贴占原工资收入50%～69%的有15个国家，占11%；生育津贴占原工资收入50%以下的仅1个国家，占0.7%。

（二）世界上典型的生育保险制度

概括起来，世界上典型的生育保险制度如下：

1. 美国的生育保险制度

美国女性一般都购买医疗保险（其中包括生育保险）。怀孕后，她们会收到一份由保险公司提供的所在地详尽的妇产科医生及医院目录名单。如果没有熟识的生育医生，她们可根据这份目录名单寻求适合自己的医生和医院。

2. 英国生育保险制度

在英国，每一名新生婴儿可获得250英镑的首笔生育津贴，低收入家庭的新生婴儿则可得到500英镑。

3. 法国的生育保险制度

在法国，拥有至少十六周强制性带薪产假，其工作必须得到安全保证；不管是自己生或是领养小孩一样都享有3万元的生育津贴；小孩三岁前，每个月可再领取津贴；妇女可留职休假三年专职带小孩，享有职业保障及有薪假期，其间可获得日托幼儿津贴及居家保姆津贴。

4. 德国的生育保险制度

德国“少子化”的问题非常严重。为了提高生育率，有些地方实施“育婴补助”制。生育妇女每月最高可领450欧元，两年育婴假，每月最高可领300欧元。

5. 日本的生育保险制度

在日本，一般情况至少需要20万日元左右的生育费。但是如果加入了国民健康保险，生育妇女可以领取15万日元的医疗补助，基本上可以解决生育费用的问题。生育妇女享受育婴假，在请育婴假期间，可领到40%的薪水。日本还有“育儿减税”方案，如果职业妇女在家照顾幼儿，则有“留职有薪”方案，妇女可领工作时40%的薪水在家专心育儿。此外，日本生育妇女还可领取育儿金，每一名新生儿及未满两周岁的幼童，每个月政府会发给其父母5 000日元的育儿金，直到小孩满十二岁为止。

6. 新加坡的生育保险制度

在新加坡，强制性产假有八周，在产假期间员工领全薪；非强制产假则有十六周，假期长短由雇主与劳方协议。员工在非强制产假期间领半薪，工资成本由政府负担。每个小孩都享有育儿津贴，以支付托儿所或幼儿园的费用。

二、生育保险

生育保险是社会保险的其中一项，是国家通过立法，在怀孕和分娩的妇女劳动者暂时中断劳动时，由国家和社会提供医疗服务、生育津贴和产假的一种社会保险制度。生育保险的宗旨在于通过向生育女职工提供生育津贴、产假以及医疗服务等方面的待遇，保障她们因生育而暂时丧失劳动能力时的基本经济收入和医疗保健，帮助生育女职工恢复劳动能力，重返工作岗位，从而体现国家和社会对妇女在这一特殊时期给予的支持和爱护。

（一）生育保险的法律规定

1. 国家有关生育保险的相关规定

1986年卫生部、劳动人事部、全国总工会、全国妇联联合印发了《女职工保健工作暂行规定》。1988年7月国务院发布了《女职工劳动保护规定》，此规定适用于中国境内一切国家机关、团体、企事业单位的女职工。军队系统的单位可参照执行，其主要内容是对女职工的就业、劳动工作时间、产假、“三期”待遇和劳动保护及其他福利等做了比较详细的规定。1994年12月劳动部颁发的《企业职工生育保险试行办法》中规定：本办法适用城镇企业及其职工。生育保险按属地原则组织，生育保险费用实行社会统筹。2011 年 7 月 1 日实施的《社会保险法》第五十三条规定，职工应当参加生育保险，由用人单位按照国家规定缴纳生育保险费，职工不缴纳生育保险费。

2. 国家有关生育保险中异地分娩的相关规定

参保职工因特殊情况需异地生育的，应由用人单位填报《生育保险异地生育申请审批表》到生育保险经办机构办理审批手续，生育医疗费由职工个人垫支，出院后凭《享受生育保险待遇登记卡》、出院小结、费用明细、发票原件等到生育保险经办机构审核报销，符合生育医疗支付项目的费用，定额标准以内的据实报销，超过定额标准的按定额结算。异地生育小孩两个月后职工将相关资料交由单位，由单位到生育保险经办机构办理相关待遇。

3. 国家有关二胎生育保险的相关规定

如果是符合国家计划生育政策的，也就是给发了准生证的，生育保险正常参保且满足最低缴费期限，同样享受产假期和生育保险待遇，报销的流程应该和第一胎是一样的。

（二）生育保险的主要内容

我国生育保险待遇主要包括两项。一是生育津贴，用于保障女职工产假期间的基本生活需要；二是生育医疗待遇，用于保障女职工怀孕、分娩期间以及职工实施节育手术时的基本医疗保健需要。

1. 生育保险参保范围

生育保险参保范围是所在城市常住户口的职工和持有所在城市工作居住证的外埠人员。目前，有的省市已经扩大了生育保险覆盖范围，比如，北京市人力资源和社会保障局 2011 年 12 月 19 日发布了《关于调整本市职工生育保险政策有关问题的通知》，从 2012 年起，扩大生育保险制度的覆盖范围。即北京市行政区域内的所有用人单位和与之形成劳动关系的职工，都应当参加生育保险。

2. 生育保险费用的缴纳

职工应当参加生育保险，由用人单位按照国家规定缴纳生育保险费，职工个人不缴纳生育保险费。目前各地对生育保险缴费比例各不相同。例如，北京生育保险缴费比例为：企业按照职工缴费基数的 0.80% 缴纳生育保险费；广州生育保险缴费比例为：企业按照职工缴费基数的 0.85% 缴纳生育保险费。

3. 生育保险缴费的申报

生育保险缴费的申报材料主要包括《社会保险登记表》、《参加基本养老、工伤和生育保险人员增减表》和《企业职工基本养老、工伤和生育保险申报汇总表》等。生育保险缴费申报办理的程序为：（1）用人单位持申报材料到社会劳动保险处业务大厅申报；（2）社保处工作人员受理申报材料，核准后盖章返回汇总表、增减表各一份；（3）用人单位于次月到当地地税部门办理缴费。

4. 生育保险待遇的申报

生育保险待遇的申报条件包括：（1）生育或施行计划生育手术时的所在单位按照规定参加并履行了缴费义务，且为其缴纳生育保险费累计满 3 个月的企业职工。（2）生育或施行计划生育手术符合国家计划生育政策的职工。（3）以上条件须同时具备。

生育保险待遇的申报材料主要包括：（1）计划生育部门签发的计划生育证明（原件及复印件）;(2)医疗部门出具的婴儿出生（死亡）证明（原件及复印件）；（3）生育女职工、计划生育手术职工本人身份证（原件及复印件）；（4）《企业职工生育医疗证审领表》；（5）《企业职工计划生育手术医疗证申领表》；（6）《企业职工生育医药费报销申请单》；（7）《企业职工生育保险待遇核准结算表》；（8）《企业职工生育保险外地就医申请表》；（9）生育医疗费用票据、费用清单、门诊病历、出院小结等原始资料；（10）收款收据。

生育保险待遇申报办理的程序为：（1）女职工怀孕后、流产或计划生育手术前，由用人单位或街道、镇劳动保障服务站工作人员携带申报材料到区社会劳动保险处生育保险窗口办理；（2）工作人员受理核准后，签发医疗证；（3）生育女职工产假满30天内，由用人单位或街道、镇劳动保障服务站工作人员携带申报材料到区社会劳动保险处生育保险窗口办理待遇结算；（4）工作人员受理核准后，支付生育医疗费和生育津贴。

5. 生育保险待遇

生育保险待遇主要包括生育津贴、生育医疗费用、计划生育手术费用、国家和本市规定的其他费用。

参加生育保险累计满一年的职工，在生育（流产）时仍在参保的，按有关规定享受生育保险待遇。

生育保险待遇生育津贴发放标准，以职工所在用人单位上年度职工月平均工资为基数按规定假期计发。

（1）女性职工的生育津贴。生育津贴为女职工产假期间的工资，生育津贴低于本人工资标准的，差额部分由企业补足。女职工有下列情形之一的，可以按照国家规定享受生育津贴：女职工生育享受产假，享受计划生育手术休假以及法律、法规规定的其他情形。

生育津贴按照女职工本人生育当月的缴费基数除以30再乘以产假天数计算。即：生育津贴 = 职工所在用人单位上年度职工月平均工资 ÷ 30（天） × 假期天数。

（2）女性职工的营养补助。如果是正常生产、满四个月以上流产：上年度本市职工月平均工资 × 25%；如果是难产、多胞胎：上年度本市职工月平均工资 × 50%。

（3）男性职工的生育津贴。男性职工未就业配偶按照国家规定享受生育医疗费用待遇。领取《独生子女优待证》的男配偶享受十天假期，以孩子出生当月本单位人均缴费工资计发。即：男配偶假期工资 = 当月单位人均缴费工资 ÷ 30（天） × 10（天）。一般来说，生育保险津贴办理时间为生完小孩五个月内，分别由女职工、男配偶所在单位申领生育保险待遇。

6. 生育医疗费用

生育医疗费用包括下列各项：生育的医疗费用、计划生育的医疗费用以及法律、法规规定的其他项目费用。确认生育就医身份后就医的医疗费用，由市劳动和社会保障局同医院定额结算（超过1万元以上的部分按核定数结算）。

三、我国的生育保险制度

（一）我国的生育保险制度及其变迁

我国企业职工的生育保险制度建立于1951年，是《劳动保险条例》的一个组成部分。国家机关、事业单位的生育保险制度建立于1955年，即前政务院颁布的《国务院关于女工作人员生产假期的规定》。企业与国家机关、事业单位的生育保险制度虽然分别建立，但其项目和待遇水平相同。当时规定女职工生育享受产假56天；产假期间由所在单位照发工资；生育期间的医疗费用由职工所在单位负担。1988年《女职工劳动保护规定》出台后，统一了企业和国家机关、事业单位生育保险待遇。主要内容是将正常产假由原来的56天延长为90天；生育医疗费用由职工所在单位负担。2012年5月实施的《女职工劳动保护规定》对女职工的产假又做了进一步的修订，将正常产假由原来的90天延长为98天。

我国生育保险基本上是一种职工生育保险，其覆盖对象主要是城镇就业职工。我国生育保险制度的建立和发展大致可以分为四个时期，即：新中国初期生育保险、“社会主义改造”与“文化大革命”时期生育保险、经济转轨时期生育保险和市场经济时期生育保险。此外，计划生育保险也是我国生育保险制度的一部分。

1. 新中国初期生育保险

我国生育保险制度在新中国建国初期就已经建立，主要体现在新中国第一部全国统一的社会保障法规——《劳动保险条例》（1951年2月23日政务院第73次政务会议通过）之中，其保障对象为“女工人与女职员”。1955年4月26日《国务院关于女工作人员生产假期的通知》使“机关女工作人员”也有了基本相同的制度保障。根据《劳动保险条例》和修订后的《劳动保险条例（修正草案）》，新中国初期生育保险制度的内容大致如下：

第一，覆盖对象。雇用工人与职员人数在一百人以上的国营、公私合营、私营及合作社经营的工厂、矿场及其附属单位与业务管理机关。

第二，生育保险金包括在劳动保险金之中，实行全国统筹与企业留存相结合的基金管理制度。劳动保险金由企业行政或资方按工资总额的3%提留，其中30%上缴中华全国总工会，70%存于该企业工会基层委员会账户内。

第三，生育休假及生育津贴。女工人与女职工生育，产前产后共给产假56日，产假期间，工资照发。

第四，生育补助。女工人与女职员或男工人与男职员的配偶生育时，由劳动保险基金项下付给予生育补助费，其数额为5市尺红布，按当地零售价付给之；多生子女补助费加倍发给。此外，劳动保险基金对经济确有困难者在企业托儿所的婴儿给予伙食费补助。

第五，医疗服务。“女工人与女职员怀孕，在该企业医疗所、医院或特约医院检查或分娩时，其检查费与接生费由企业行政方面或资方负担”。

第六，女性临时工、季节工及试用工的生育保险。怀孕及生育的女工人、女职员，其怀孕检查费、接生费、生育补助费及生育假期与一般女工人、女职员相同；产假期间由企业行政方面或资方发给产假工资，其数额为本人工资的60%。

第七，其他。关于小产、难产和多胎的保险规定。

2.“社会主义改造”与“文化大革命”时期生育保险

“社会主义改造”与“文化大革命”时期（二十世纪六十年代初至七十年代末），我国生育保险制度发生了一些变化。二十世纪六十年代初，我国已完成了对私营经济的“社会主义改造”，私营经济和公私合营经济都转制成了国营经济，“市场经济”转变成了“计划经济”，劳动者“单位所有制”逐步形成。“文化大革命”使这种变化得到了加强。1969年2月，财政部颁发了《关于国营企业财务工作中几项制度的改革意见（草稿）》，规定：“国营企业一律停止提取工会经费和劳动保险金”，“企业的退休职工、长期病号工资和其他劳保开支，改在企业营业外列支”。从此，我国社会保险的统筹制度中断了，生育保险制度随之也发生了变化：首先，生育保险的国家统筹消失，企业生育保险形成，各企业只对本企业的女工负责；其次，随着“临时工”实际上都成了“固定工”，生育保险从适合多种用工制度变成了只适合单一的用工制度。

3. 经济转轨时期生育保险

二十世纪七十年代末，“文化大革命”结束，随着我国计划经济逐步走向社会主义市场经济，企业自负盈亏独立核算的原则已有共识，企业用人制度和用工制度的改革也已经有了新的气象，但是生育保险成本依然由企业各自负担。为避免更多的“性别亏损”，追求利润最大化，企业或者减少使用女工，或者在落实企业生育保险规定时打折扣，妇女公平就业的权利因此而受到损害。为了不让招收女工较多的企业在就业竞争中吃亏，为了不让妇女因承担生育责任而影响就业，变企业生育保险为社会生育保险、生育保险基金社会统筹，就成了我国生育保险制度改革的方向。

4. 市场经济时期的生育保险

随着我国改革开放的不断深入以及市场经济的不断发展和完善，我国生育保险制度改革也在不断深入。2011年7月1日颁布实施的《社会保险法》以及2012年5月7日颁布实施的《女职工劳动保护特别规定》（国务院第619号令），标志着我国生育保险制度的日益完善。

（二）我国生育保险制度的主要内容

我国生育保险的现状是两种制度并存：第一种是由女职工所在单位负担生育女职工的产假工资和生育医疗费。根据国务院《女职工劳动保护规定》以及劳动部《关于女职工生育待遇若干问题的通知》，女职工怀孕期间的检查费、接生费、手术费、住院费和药费由所在单位负担；产假期间工资照发。第二种是生育社会保险。根据劳动部《企业职工生育保险试行办法》规定，参加生育保险社会统筹的用人单位，应向当地社会保险经办机构缴纳生育保险费；生育保险费的缴费比例由当地人民政府根据计划内生育女职工的生育津贴、生育医疗费支出情况等确定，最高不得超过工资总额的1%，职工个人不缴费。参保单位女职工生育或流产后，其生育津贴和生育医疗费由生育保险基金支付。生育津贴按照本企业上年度职工月平均工资计发；生育医疗费包括女职工生育或流产的检查费、接生费、手术费、住院费和药费（超出规定的医疗服务费和药费由职工个人负担）以及女职工生育出院后，因生育引起疾病的医疗费。

1. 生育保险制度的实施范围

我国生育保险制度的实施范围主要是城镇企业及其职工。即国有企业、股份制企业、城镇集体企业、私营企业、外商投资企业及其职工。

2. 生育保险制度的统筹层次

考虑到各地生育保险制度改革的进展情况，在生育保险制度改革的初期阶段，实行市（地）或县级范围统筹。生育保险按照属地原则进行管理。

3. 生育保险基金筹集原则及提取比例

生育保险基金根据“以支定收，收支基本平衡”的原则进行筹集。主要考虑生育保险享受人数和计划生育政策相联系，预计性强，风险不大，不必留有结余。参加统筹的企业，按照规定的比例缴纳生育保险费，职工个人不缴费。由于全国地区间经济情况差异很大，生育费用的支付不平衡等因素，具体基金提取比例由当地人民政府确定，但是最高不得超过企业职工工资总额的 1% 。

4. 生育保险费列支渠道

在过去的体制下，企业职工生育费用多渠道列支，如产假工资从原工资渠道开支，生育医疗费从福利费开支。改革后，企业缴纳的生育保险费列入管理费用。

5. 生育保险待遇项目及支付标准

首先，参保职工依法享受生育津贴和生育医疗服务。其次，生育津贴按照本企业上年度职工月平均工资计发。再次，在测算生育津贴标准时，主要以《女职工劳动保护规定》中规定的 98 天产假期限为依据。如果支付期限过长，会造成生育保险缴费率的提高，加重企业负担。目前，各省、自治区、直辖市颁布的《计划生育条例》中，对晚婚、晚育职工普遍给予了一定的奖励假期，少则十五天，多则一年，但多数在三个月左右。一些地区根据当地实际，将奖励假期生育津贴也纳入了生育保险范围。

（三）计划生育保障

我国计划生育保险与城镇职工生育保险分属不同的系统，两者在覆盖范围、资金来源、管理机构等方面都有所不同（覆盖对象有所重合)，因此，国内讨论生育保险时常常忽略计划生育保障的内容。但如果从国外看我国生育保险制度，我国优惠独生子女家庭的政策，比如独生子女费以及有些省市规定的父亲护理假等，应该属于我国生育保障制度的一部分。

将人口政策与生育保险相联系是世界许多国家的通用做法。一些鼓励增加人口的国家往往在生育保障中奖励多子女家庭，如法国、加拿大等，而中国为了控制人口则采取奖励独生子女家庭的政策。

2001 年 12 月颁布的《人口与计划生育法》规定，国家对实行计划生育的夫妻给予奖励。比如公民晚婚晚育可以获得延长婚假、生育假的奖励或者其他福利待遇；公民实行计划生育手术，享受国家规定的休假；地方人民政府可以给予奖励；自愿终身只生育一个子女的夫妻，国家发给《独生子女父母光荣证》；获得《独生子女父母光荣证》的夫妻，按照国家和省、自治区、直辖市有关规定享受独生子女父母奖励；地方各级人民政府对农村实行计划生育的家庭发展经济，给予资金、技术、培训等方面的支持、优惠；对实行计划生育的贫困家庭，在扶贫贷款、以工代赈、扶贫项目和社会救济等方面给予优先照顾。

有些省市（如上海、四川等地）对符合计划生育的家庭还给予3～7天的父亲护理假。独生子女本人的托幼管理费和医药费等均可以按规定报销。对违反计划生育的家庭则给予相应的处罚。

（四）我国生育保险制度的改革

1. 我国生育保险制度存在的问题

我国生育保险制度存在的问题主要有：第一，保障覆盖范围较小，参保人数少。《企业职工生育保险试行办法》（1994）规定：生育保险的对象为城镇企业已婚女职工。不包括乡镇企业的女职工、女性自主创业者、非正规就业的妇女等。而且目前参加生育保险的主要是国有企业，各种非公有制企业、集体企业参加的较少。据中央电视台2005年2月19日《新闻联播》公布的数据，全国参加生育保险的人数有4 300万人，覆盖率仅为12.76%。据不完全统计，城镇女职工生育保险覆盖率不足50%。与《中国妇女发展纲要（2001—2010）》确定的到2010年城镇女职工生育保险覆盖率达到90%以上的目标相距甚远。而当前我国妇女就业遇到的最大障碍就是生育以及由此带来的一系列不良影响，使得女性在就业竞争中处于劣势。据调查，70.3%的男职工和80.4%的女职工认为生育是妇女就业最大的不利因素（《中国妇女报》，1990年10月7日）。据11个省市总工会对660个企业领导的调查表明，有88%的企业领导以女职工生育费用开支大，生育前后不能保证正常工作，影响企业的经济效益为由，不愿招收女工。这些因素直接造成女大学生就业难，女职工下岗人数增多，下岗周期延长，妇女的就业率下降等不良影响。

第二，各地生育保险制度发展不平衡，缺乏全国的统一管理。首先，生育保险制度地区发展不平衡。经济发展较快的东部地区，生育保险社会统筹覆盖面较大、参保人数多，而经济相对落后的西部地区基本上未进行生育保险制度改革。1996年实行生育保险社会统筹的969个市县中，沿海省份有464个，该地区的覆盖率为52.4%，中部地区有458个，覆盖率为35.5%，西部地区只有47个，覆盖率为8.4%。其次，各地待遇标准、保障程度差异大。在基金征缴、支付水平、享受条件等方面存在很大差异。群众普遍反映生育保险支付标准低，有的地方补偿不足千元，有的地方补偿达到4 000元，如广州市在2001年采用了新的生育保险医疗费结算办法，“全市参保女职工平均每人享受生育保险待遇超过1万元，待遇水平居全国前列”。

第三，保费费率偏高，支付水平偏低，保险基金结余率过高，企业负担未明显减轻。据统计，1996年全国生育保险基金结余率达40%。1997年，基金收入7.44亿元，结余2.53亿元，结余率达34%；1998年，收入9.76亿元，结余2.91亿元，结余率近30%；1999年，收入10.75亿元，结余3.62亿元，结余率为34%；2000年，基金收入为11.20亿元，结余2.8亿元，结余率为25%；2001年，基金收入为14亿元，结余4亿元，结余率为25%。从1995年到2001年累计滚存21亿元，超收率达40%，这说明目前1%的保费费率标准偏高，有下调的空间。社保部门担心收不抵支而削减生育保险支付项目，降低支付水平。而企业在缴纳了生育保险费后，还要负担生育女工的相关费用，负担未减轻反而加重。

第四，基金运行管理方式不尽科学合理，社会化管理体系尚未建立。首先，现行的由社保经办机构回拨给企业，职工从企业领取的支付方式不尽合理，不利于对职工利益的保护。其次，全国统一的社会化服务体系尚未建立，生育保险难以续接。再次，目前生育医疗费用存在着两种支付方式：实报实销方式和一次性定额支付方式，但这两种方式各有弊端，难以对妇女的生育费用提供切实可行的保障。在 1 871 家企业中的调查显示，能按实报实销方式支付生育保险基金的企业仅占 17.3%，按一次性定额方法支付的企业占 77.4%。

第五，缺乏规范的监督管理机制，缺少必要的惩罚措施，生育保险实施阻力大，实施效果差。第一，生育保险基金管理不科学，不够透明。社保机构在征缴企业保险费之后，一般不向企业通报或向社会公开基金运营情况，企业无法监督基金的使用，造成对社保机构的不信任与抵制心理。第二，对未执行生育保险的企业无相应的法律规制，使得保险费征缴过程中阻力很大，用人单位参加生育保险不积极，时有拖欠费用现象。近几年，我国参加生育保险的企业和职工数呈逐年下降趋势，非公有制企业参保率低，改制后的企业退保率高，由于缺乏必要的处罚措施，实施效果差，各企业拒绝录用女性、限制女性生育的现象，并未得到有效控制。

第六，统筹层次低，保障功能差，基金筹集渠道窄，实现社会统筹难。目前实行生育保险社会统筹的地区主要实行县（市）级统筹，由于统筹层次低，造成基金调剂功能差，基金无法在大范围内调剂的状况，使生育保险难以起到互助互济、均衡负担的作用。

2. 我国生育保险制度的改革措施

（1）在经济体制转轨中生育保险的改革探索。1988 年 7 月 21 日，国务院颁布《女职工劳动保护规定》，女职工产假由原来 56 天增加至 90 天（其中产前 15 天）。1953 年的《劳动保险条例（修正草案）》中有关女工、女职员生育待遇的规定和 1955 年 4 月 26 日《国务院关于女工作人员生产假期的通知》同时废止。1988 年我国关于生育保险的规定，是对我国二十世纪六十年代初至七十年代末生育保险制度的变化由默认到正式承认。

2011 年 7 月 1 日实施的《社会保险法》，在第六章中对生育保险做了专门的规定："职工应当参加生育保险，由用人单位按照国家规定缴纳生育保险费，职工不缴纳生育保险费。"这样生育保险在我国就以法律的形式正确确立起来，生育保险制度在不断完善。

2012 年 5 月新颁布实施的《女职工劳动保护规定》对女职工的产假又做了进一步的修订。按照新规定，女职工生育享受 98 天产假，其中产前可以休假 15 天；难产的，增加产假 15 天；生育多胞胎的，每多生育 1 个婴儿，增加产假 15 天。女职工怀孕未满 4 个月流产的，享受 15 天产假；怀孕满 4 个月流产的，享受 42 天产假。这样，女职工的产假从 90 天又增加到了 98 天，并对流产假也做了明确规定。

（2）全国各地生育保险制度改革尝试。既然原有的生育保险制度已经与市场经济条件下企业制度不相适应，国家又没有统一的新政策，当时医疗保险制度和养老保险制度的改革试点正在全国许多省市进行，各地的生育保险制度改革也就各显神通。在

1988 年至 1994 年期间，各地改革措施归纳起来主要有两种：

一是生育保险基金社会统筹。1988 年 9 月 1 日，江苏省南通市开始实行《南通市全民、大集体企业生养基金统筹暂行办法》，企业按男女全部职工人数每年一次性向社会统筹机构上缴一定数额的资金，建立女职工生养基金。统筹企业中有女职工生育，其中生育医疗费和生育津贴由社会统筹机构负责支付。在这段时间里，试行生育保险基金社会统筹的地区还有株州、昆明、曲阜、绍兴、宁波、德州等几十个市县。

二是夫妇双方所在企业平均分担生育保险费用。1988 年，辽宁省鞍山市实行《鞍山市保护老人、妇女、儿童合法权益的规定》，其第三章第八条规定，生育津贴由夫妻双方所在企业各自承担 50%，若男方在部队、外地或机关工作，由女方单位全部承担。实行类似规定的还有苏州等市县。

生育保险基金社会统筹或生育保险费用分担在很大程度上减轻了试行企业生育保险费用的压力，对妇女就业产生了积极作用。但由于地方法规的非权威性、各地操作管理上的复杂性，基金的收缴有一定的困难，尤其是对于男职工较多的企业，各地的办法不统一，也增加了管理与监督上的难度。因此，迫切需要全国统一的法规出台。

（3）生育保险从企业保险走向社会统筹。1994 年 12 月劳动部发布《企业职工生育保险试行办法》（1995 年 1 月 1 日起试行），全国有了统一的生育保险基金统筹办法。1995 年 7 月 27 日，国务院发布《中国妇女发展纲要（1995—2000 年）》，《纲要》在生育保险上的目标是，二十世纪末“在全国城市基本实现女职工生育费用的社会统筹”，并将保险覆盖面扩大到城镇各类企业。劳动部相应于 1995 年和 1996 年分别发布了“关于贯彻实施《中国妇女发展纲要（1995—2000 年）》的通知”和关于印发“劳动部贯彻《中国妇女发展纲要（1995—2000 年）》实施方案”的通知，推动了《企业职工生育保险试行办法》在全国的实行。

四、企业生育保险管理

在目前的劳动用工实践中，许多企业对依法缴纳生育保险存在着异议，尤其是为企业的男员工缴纳生育保险。他们认为既然男员工不能享受生育保险，为什么法律强制企业为男员工缴纳生育保险？也有的企业法律意识淡漠，认为生育保险可缴可不缴，只要为员工按月正常支付工资和依法缴纳养老保险和医疗报销，企业已经尽义务了。

实际上，企业生育保险不仅是我国依法对女职工进行保护的具体体现，而且带有一定的福利色彩，是一个企业应尽的法定义务之一。作为一个守法的企业，依法为员工缴纳生育保险，不仅体现了企业对女职工的劳动保护，而且还有利于企业吸引人才和留住人才，尤其是女性人才。

企业应当加强为职工缴纳生育保险必要性的认识，形成自觉履行生育保险缴纳义务的意识。为职工缴纳生育保险是企业的一个法定义务，企业应当依法进行劳动实践，履行作为雇主所应尽的法律义务。随着国家一系列劳动法律的出台，职工的维权意识越来越强。由于受外部整体的就业形势所迫，尤其是女职工，迫于就业的压力，在短时间内可能容忍企业不为她们缴纳生育保险。一旦女职工怀孕生育，她们必然会要求企业为其补缴生育保险，否则，女职工将会要求企业为其报销因怀孕和生育所产生的相关医疗费用并发放生育津贴。如果企业处于育龄期的女职工的人数少，这种情况对企业的影响还不大，一旦人数众多，企业直接支付女职工因怀孕和生育而产生的医疗费和生育补助将成为企业的一个负担，而且企业此时还背负着一个“不法”企业的名声。如果企业拒绝为其报销因怀孕和生育而产生的医疗费和支付生育津贴，企业还可能不得不面临着一场法律诉讼。既然缴纳生育保险是企业应尽的法定义务，企业最明智的做法就是依法、及时为员工缴存生育保险。

另外，有些大型企业和一些外资企业，往往将生育保险等社会保险的缴纳一并外包给外部专业的人力资源管理公司，通过这些专业公司为企业的员工缴纳生育保险等社会保险。企业必须要加强和完善对该服务商的管理，建立必要的生育保险缴纳流程，定期对本企业生育保险的缴纳情况进行审核，确保企业真正做到依法、按时在当地社保管理机构为员工缴纳生育保险。例如，服务商是否按照相关缴存流程及时为企业的新员工建立生育保险账户，是否及时为离职员工撤缴社保，是否存在生育保险漏缴的情况等。企业只有按照相关协议，密切监控本企业生育保险的缴纳情况，才能使企业在社会保险制度方面真正实现劳动合规。

第七节　住房公积金及其管理

我国住房制度改革是按1998年《国务院关于进一步深化城镇住房制度改革加快住房建设的通知》精神实施的。该《通知》指出：对房价收入比（即本地区一套建筑面积为60平方米的经济适用住房的平均价格与双职工家庭平均工资之比）在四倍以上的城市可以实行住房补贴，最低收入家庭租赁由政府或单位提供的廉租住房。应该说，我国住房补贴对象也是明确的。即以贫困家庭或相对于经济适用住房市场价（租价或售价）属于贫困的家庭为补贴对象。住房补贴是一种具有福利性质的财富自高收入家庭向低收入家庭的转移，其实施的手段自然是税收与财政转移支付。政府作为收税者，也自然成为税收的支出者。国家是住房补贴的当然承担者。

一、住房补贴、住房基金和住房公积金

（一）什么是住房补贴

住房补贴是国家为职工解决住房问题而给予的补贴资助，即将单位原有用于建房、购房的资金转化为住房补贴，分次（如按月）或一次性地发给职工，再由职工到住房市场上通过购买或租赁等方式解决自己的住房问题。2009年11月，国家对于享受住房补贴的个税问题规定：对职工因未享受国家福利分房政策，或虽已享受国家福利分房但未达规定面积标准的，单位按国家或地方政府规定的补贴标准，一次性或按月计入职工个人所在的住房公积金管理中心专用账户的住房补贴，暂不征收个人所得税。

国家行政机关、事业单位对无住房职工或住房面积未达到规定标准的职工，发放现金补贴。住房补贴发放坚持效率优先，兼顾公平的原则，由各地政府根据当地经济适用住房平均价格、平均工资以及职工应享有的住房面积等因素具体确定。

（二）什么是住房基金

住房基金是指按国家政策法规和财务制度规定，由国家财政和单位共同筹集，用于单位住房制度改革和住房建设的专项基金，也是国家为了保证和促进住房制度改革的顺利进行，实现住房商品化，加快住房建设而要求企业设立的一种基金。住房基金的偿付时间一般都在一年以上，在未结清前则成为企业的一种长期负债。

企业从各个方面取得的住房基金，主要用于缴纳住房公积金、企业按规定给职工提供的住房补贴和住房困难补助、企业住房的维修和管理费用、归还住房借款本息和住房租赁保证金以及用于住房方面的其他支出。企业安排用于住房方面的支出，不能超过企业住房基金总额。职工住房提取的折旧、公益金中用于住房方面的资金和借入的住房资金不能用于费用性支出。

（三）什么是住房公积金

根据1999年颁布、2002年修订的《住房公积金管理条例》，住房公积金是指国家机关、国有企业、城镇集体企业、外商投资企业、城镇私营企业及其他城镇企业、事业单位及其在职职工缴存的长期住房储金，是住房分配货币化、社会化和法制化的主要形式。

《住房公积金管理条例》规定：职工个人缴存的住房公积金和职工所在单位为职工缴存的住房公积金，属于职工个人所有。直辖市和省、自治区人民政府所在地的市以及其他地区的市（地、州、盟）应当按照精简、效能的原则，设立一个住房公积金管理中心，负责住房公积金的管理运作。

二、住房公积金

（一）住房公积金的性质和特点

1. 住房公积金的性质

（1）保障性。建立职工住房公积金制度，为职工较快、较好地为解决住房问题提供了保障。

（2）互助性。建立住房公积金制度能够有效地建立和形成有房职工帮助无房职工的机制和渠道，而住房公积金在资金方面为无房职工提供了帮助，体现了职工住房公积金的互助性。

（3）长期性。每一个城镇在职职工自参加工作之日起至退休或者终止劳动关系的这一段时间内，都必须缴纳个人住房公积金；职工所在单位也应按规定为职工补助缴存住房公积金。

2. 住房公积金的特点

（1）普遍性。城镇所有在职职工，无论其工作单位性质如何、家庭收入高低、是否已有住房，都必须按照《住房公积金管理条例》的规定缴存住房公积金。

（2）强制性（政策性）。单位不办理住房公积金缴存登记或者不为本单位职工办理住房公积金账户设立的，住房公积金管理中心有权力责令限期办理，逾期不办理的，可以按《住房公积金管理条例》的有关条款进行处罚，并可申请人民法院强制执行。

（3）福利性。除职工缴存的住房公积金外，单位也要为职工缴纳一定的金额，而且住房公积金贷款的利率低于商业性贷款。

（4）返还性。职工离休、退休，或完全丧失劳动能力并与单位终止劳动关系，户口迁出或出境定居等，缴存的住房公积金将返还职工个人。

（二）住房公积金的管理方法

住房公积金的管理实行住房公积金管理委员会决策、住房公积金管理中心运作、银行专户存储、财政监督的原则。

（三）住房公积金的主要用途

住房公积金应当用于职工购买、建造、翻建、大修自住住房，任何单位和个人不得挪作它用。

职工死亡或者被宣告死亡的，职工的继承人、受遗赠人可以提取职工住房公积金账户内的存储余额；无继承人也无受遗赠人的，职工住房公积金账户内的存储余额纳入住房公积金的增值收益。

缴存住房公积金的职工，在购买、建造、翻建、大修自住住房时，可以向住房公积金管理中心申请住房公积金贷款。

住房公积金管理中心应当自受理申请之日起 15 日内做出准予贷款或者不准贷款的决定，并通知申请人；准予贷款的，由受委托银行办理贷款手续。

（四）住房公积金的缴纳规定

1. 住房公积金缴存范围

下列单位及其在职职工（不含在以下单位工作的外籍员工）应当依法缴纳住房公积金：（1）机关、事业单位；（2）国有企业、城镇集体企业、外商投资企业、港澳台商投资企业、城镇私营企业及其他城镇企业或经济组织；（3）民办非企业单位、社会团体；（4）外国及港澳台商投资企业和其他经济组织常驻代表机构；（5）城镇个体工商户、自由职业人员，可以申请缴存住房公积金（注：并不是每个社区城市的住房公积金管理中心都允许城镇个体工商户、自由职业人员缴纳住房公积金，具体情况请咨询当地住房公积金管理机构）。

2. 职工和单位住房公积金的缴存比例

职工和单位住房公积金的缴存比例均不得低于职工上一年度月平均工资的 5%；有条件的城市，可以适当提高缴存比例。具体缴存比例由住房公积金管理委员会拟订，经本级人民政府审核后，报省、自治区、直辖市人民政府批准。城镇个体工商户、自由职业人员住房公积金的月缴存基数原则上按照缴存人上一年度月平均纳税收入计算。

3. 单位不办理住房公积金缴存的处理

单位不办理住房公积金缴存登记或者不为本单位职工办理住房公积金账户设立手续的，由住房公积金管理中心责令限期办理；逾期不办理的，处 1 万元以上 5 万元以下的罚款。

单位逾期不缴或者少缴住房公积金的，由住房公积金管理中心责令限期缴存；逾期仍不缴存的，可以申请人民法院强制执行。

（五）住房公积金的提取

按照我国《住房公积金管理条例》的相关规定，符合以下条件之一的，凭相关凭证可提取住房公积金账户金额：

1. 购买、建造、翻建、大修自有住房的；

2. 离休、退休的；

3. 完全丧失劳力能力，并与单位终止劳动关系的；

4. 到国外、港、澳、台地区定居的；

5. 偿还住房贷款本息的；

6. 被纳入本市城镇居民最低生活保障范围并支付房租的；

7. 职工在职期间被判处刑罚、职工住房公积金转入集中封存户两年后仍未重新就业、职工户口迁出本市、非本市户口职工离开本市并与所在单位终止劳动关系的。

三、我国住房公积金制度及其现状、原因分析和完善措施

（一）什么是住房公积金制度

住房公积金制度是国家法律规定的重要的住房社会保障制度，具有强制性、互助性、保障性。单位和职工个人必须依法履行缴存住房公积金的义务。这里的单位包括国家机关、国有企业、城镇集体企业、外商投资企业、城镇私营企业及其他城镇企业、事业单位、民办非企业单位、社会团体。

（二）我国住房公积金制度存在的问题

概括来说，我国住房公积金制度存在的问题主要有：

1. 覆盖面非常有限

第一，住房公积金主要集中在行政事业单位及经济效益较好的垄断行业、国有企业、股份制企业和外资企业。第二，非公企业住房公积金缴纳比例不高。第三，城镇下岗再就业职工及进城农民工被排除在外。这部分群体是城镇中的弱势群体，生活各方面保障很少，住房保障基本处于空白状态。

2. 公积金贷款存在风险

我国住房公积金贷款主要存在以下风险：首先，偿债能力风险。有些职工可能不具备足够的偿债能力，贷款不能定期偿还；另外，职工如遇突发事故，则可能导致无力偿债的状况发生。其次，信用风险。我国有关法律出于对贷款资金安全方面的考虑规定个人住房公积金贷款必须提供担保，这在一定程度上对借款人偿债进行了约束，但是我国的信用制度并不完善，由于信用问题引发的纠纷时有发生，如果借款人的诚信意识淡薄则很可能引发信用风险。第三，抵押物风险。这一风险中涉及抵押和质押两种担保形式，虽然当借款人由于某种原因无法偿还贷款时，贷款人有权以担保的资产或权利折价或拍卖、变卖该资产、动产或权利的价款优先偿债，但这涉及抵押物评估的问题，如果评估不准，一旦发生这一风险时则可能导致抵押物不足以偿还借款人所欠贷款。

3. 利用率低

住房公积金利用率不高，大量公积金沉淀。从统计数据明显看出存在该问题，37.84%的住房公积金沉淀在银行里，资金没有得到充分利用。

4. 管理监管机制不完善

由于总体监管制度的不完善，人员素质的参差不齐导致骗取、挪用住房公积金的案

件时有发生。2007 年株洲市住房公积金管理中心醴陵管理部原主任汪某某，采取虚构购房合同，首付购房款收据方法，骗取公积金贷款 116 万元，用于非法经营。

（三）我国住房公积金存在问题原因分析

1. 法律体系不健全

在制度与市场之间的法律链条不衔接，这是住房公积金制度出现一系列问题的根源。现行的《住房公积金管理条例》，有些内容表述模糊，在实际的实施中出现很多漏洞。

2. 政策倾向问题

根据国家有关规定，机关事业单位的住房公积金在预算中列支；事业单位的住房公积金由财政部门核实收支后，在预算或费用中列支；企业住房公积金在成本中列支。基于上述规定，企事业单位的住房公积金由于直接在单位预算中扣除，并且不涉及本单位效益的问题，所以一般都能定期足额缴纳。一些效益好的大企业特别是垄断行业、股份制企业、外资企业等企业效益好，职工的福利就相应较高，这些企业的住房公积金一般也能定期足额缴纳。而按照有关规定，企业的住房公积金在成本中列支，这就牵扯到企业成本和经济效益的问题。

3. 管理中心的责任义务不对等

根据 2002 年的《住房公积金管理条例》第十条第三款规定：住房公积金管理中心，是不以营利为目的的独立事业单位，主要负责公积金的日常管理工作。由此，住房公积金运行中出现的一系列风险也应由住房公积金管理中心承担，但住房公积金中心既不是政府机构，不是企业法人，也不是金融机构，它日常的资金周转来源于储户缴纳的住房公积金。一旦发生信用风险或潜在风险，管理中心将无力承担相应责任。

4. 资金的利用存在问题

综合考虑主要基于以下几点原因：第一，贷款额度低，我国住房公积金贷款规定最高一般不超过家庭成员退休年龄内所缴纳的住房公积金的两倍，实际算来并不能满足多数居民支付房款的需要，在住房公积金贷款之外还需申请部分商业贷款。第二，银行是住房公积金收取的委托代理单位，因为住房公积金的福利性质，对银行来说，其贷款收入小于一般商业贷款，银行不愿在住房公积金贷款方面花费太多精力，反而资金的沉淀可以使它们有充足的资金投到高收益项目。第三，个人方面对住房公积金贷款的了解不够，利用住房公积金贷款的意愿不高，有些商业银行买房贷款条件相当优惠，对住房公积金贷款形成压力。

（四）完善我国住房公积金制度的主要措施

为了进一步完善我国的住房公积金制度，国家正在采取下列几项主要措施：

1. 完善相关法律体系

进一步完善立法体系，形成住房公积金管理制度完整的法律体系。明确住房公积金的缴存范围，使住房公积金的管理从缴纳到使用均有法可依，依法办事。

2. 规范机构设置

可效仿新加坡的设置，新加坡的住房公积金管理机构住房发展局既是政府机构，又是房地产经营企业，在解决住房方面起着决定性的作用。我国的住房公积金管理中心也应明确机构性质和责任机制，建立各级、各地方的住房公积金管理机构横向和纵向的完整的责任体系。形成有效的全国管理网络体系。这样，住房公积金管理中心在日常的运行中才能真正地承担风险，其权力与责任统一才能真正为民所用，为民所信任。

3. 积极扩大覆盖面

在保证现有覆盖范围内职工的权益的同时，应积极向非公企业、再就业职工和农民工倾斜，加强住房公积金的宣传工作，加深职工对这项制度的认识。住房公积金管理中心应督促企业为覆盖范围内的职工建立公积金账户。在企业建立举报制度，如举报电话或信箱，对少缴、逾期不缴的现象进行处罚，并督促缴纳。

4. 提高公积金的利用率

首先，应提高公积金贷款的限额，加大贷款优惠政策，真正增强职工购房能力。其次，在公积金的利用上体现住房公积金的设立目的，向中低收入职工倾斜。再次，对住房公积金贷款审批进行改革，现行的住房公积金贷款程序过于冗长、复杂，而一些商业银行的贷款甚至可以在购房的现场办理，且优惠颇多。住房公积金贷款应在合理范围内缩短其办理程序，以期提高住房公积金的利用率。

四、企业住房公积金管理

一般来说，住房公积金是企业依法为员工提供的一项非常重要的福利，也是员工实现“居者有其屋”的重要保证。因此，企业依法为员工提取和缴纳住房公积金，对于企业吸引人才和留住人才具有非常重要的现实意义。

（一）我国企业目前住房公积金缴纳存在的问题及主要原因分析

住房公积金缴存是建立住房公积金制度的起点，是住房公积金管理的重要内容和关键环节。它主要包括住房公积金缴存登记、开户登记、账户设立、变动转移、比例核定、汇缴办理、缓缴程序、利息计算、缴存凭证、列支渠道、登记清理、时限规定等内容。按照国务院《住房公积金管理条例》规定，职工所在单位应当在每月发放职工工资之日起5日内，将为职工代扣的住房公积金以及单位为职工缴存的住房公积金，一并汇缴到住房公积金管理中心在委托银行开立的住房公积金账户内，并由委托银行按时计入每个职工的住房公积金个人账户。住房公积金必须逐月进行正常缴存，不得欠缴。住房公积金必须进行足额缴存，不得少缴、漏缴。

然而，一些企业，特别是一些非公企业至今还没有建立住房公积金制度。还有一些企业为职工缴纳了住房公积金，但住房公积金的缴存比例较低，远远未达到10%（有的省市为12%）的比例要求。这些企业未建立住房公积金制度或者未足额为员工缴存住房公积金的主要原因，概括起来有：

第一，一些企业对住房公积金制度建立的意义不明确，存在认识问题，将缴存住房公积金看成是企业的资金支出。有的企业认为只要保证职工的工资，不需要考虑其他方面。虽然有的企业为职工缴存了住房公积金，但只是象征性地缴存，根本没有按照国家的相关规定和比例足额缴存，其目的是应对劳动监察，追求企业“表面上”的劳动合规。

第二，国家对企业依法缴存住房公积金的宣传力度不大。一些企业不了解住房公积金制度，对住房公积金制度没有足够的认识，不少企业甚至不知道住房公积金制度的建立是国家强制性的制度。与此同时，这些企业缺乏法律意识，认为住房公积金是可缴可不缴的。

第三，一些企业缴存住房公积金的情况难以预测。特别是对于一些非公企业来说，企业变化快、变化大，这些企业常常处于生存的边缘，业务不稳定，职工流动性大。

所有这些都对企业住房公积金制度的建立带来了一定的难度。

从职工的角度来看，一些职工对住房公积金制度也缺乏正确的认识，他们认为提取住房公积金是一件非常麻烦的事情，再加上他们中的许多人并没有在工作所在城市长期居住的打算，因而并不在意企业是否为他们缴存了住房公积金。甚至有的职工要求企业不要为他们缴存住房公积金，而是将住房公积金直接与工资一起按月发放给他们。

（二）企业住房公积金管理

首先，企业应当加强为职工建立住房公积金制度必要性的认识，形成自觉履行住房公积金缴纳义务的意识。由于为职工缴存住房公积金是企业的一个法定义务，企业应当依法进行劳动实践，履行作为雇主所应尽的法律义务。随着国家一系列劳动法律的出台，职工的维权意识越来越强。如果拒绝为其缴纳住房公积金，企业将会不得不面临着一场法律诉讼。既然缴纳住房公积金是企业应尽的法定义务，企业最明智的做法就是依法、及时和足额为员工缴存住房公积金。

其次，当企业遇到经济困难时，应当依法办理少缴、缓缴、补缴住房公积金手续。企业确因经济效益较差，连续两年严重亏损，经当地财政部门界定，本企业职工代表大会或者工会讨论通过，当地住房公积金管理中心审核，报省市住房公积金管委会批准后，企业可以降低住房公积金缴存比例或者缓缴。待企业经济效益好转后，再提高缴存比例或者补缴。一般来说，企业降低住房公积金缴存比例或者缓缴住房公积金的期限不得超过一年。超过一年，企业需要继续降低缴存比例或者缓缴的，应当重新办理申请手续。

再次，当员工要求企业直接将住房公积金按月发放给他们时，企业正确的做法是，拒绝员工的这种不合理的要求，将住房公积金依法缴纳到当地的住房公积金管理机构。

有的企业为了少缴住房公积金，默许这种做法，甚至“聪明”地与员工签署所谓的“协议”。在“协议”中，双方通过“协商一致”，约定企业以一个较低的固定金额作为企业为员工缴纳的住房公积金，按月或者按照约定直接将该金额发放给员工。员工在“协议”中承诺放弃对企业有关住房公积金事宜的一切权力。按照相关法律规定，一切以违法为前提的协商约定都是无效的。由于依法为员工缴存住房公积金是企业的法定义务，无论企业与员工私下如何协商约定，如果企业没有按照相关规定为员工在住房公积金管理机构足额缴存住房公积金，企业就存在着违法行为。未来员工一旦反悔，举报企业在其为该企业工作期间，企业没有为其足额缴存住房公积金，不难想像，当地劳动监察部门很容易通过系统，核查企业在此期间是否在住房公积金管理机构为该员工缴存了住房公积金。一旦查实，则企业必须为员工进行补缴。此时，即使企业向劳动监察部门出示双方签订的“协议”，该“协议”也会被认定为一个无效的协议。企业唯一的出路就是为该员工补缴住房公积金，并支付滞纳金。至于企业按照双方的“协议”每月直接付给员工的“住房公积金”，企业要想要回，则只能按照民法的相关规定，通过法律诉讼来解决问题了。企业可谓是“赔了夫人又折兵”。

第四，有些大型企业和一些外资企业，往往将住房公积金的缴存外包给外部专业的人力资源管理公司，通过这些专业公司为企业的员工缴存住房公积金。企业将住房公积金的缴存外包给专业的人力资源管理公司，并非意味着企业在住房公积金管理上就万事大吉了。相反，企业必须要加强和完善对该服务商的管理，建立必要的住房公积金缴存流程，定期对本企业住房公积金的缴存情况进行审核，确保企业真正做到依法、按时、足额在当地住房公积金管理机构为员工缴存住房公积金。例如，服务商是否按照相关缴存流程及时为企业的新员工建立住房公积金账户，是否及时为离职员工撤缴住房公积金，是否存在住房公积金的漏缴情况以及如果出现漏缴，是否及时为漏缴员工补缴了住房公积金。企业只有按照相关协议，密切监控本企业住房公积金缴存的情况，才能使企业在住房公积金制度方面真正实现劳动合规。

本章小结

社会保障制度是国家通过立法而制定的社会保险、救助、补贴等一系列制度的总称。作为现代国家最重要的社会经济制度之一，其作用在于保障全社会成员基本生存与生活需要，特别是保障公民在年老、疾病、伤残、失业、生育、死亡、遭遇灾害、面临生活困难时的特殊需要。由国家通过国民收入分配和再分配实现。由社会福利、社会保险、社会救助、社会优抚和安置等各项不同性质、作用和形式的社会保障制度构成整个社会保障体系。本章介绍了社会保障、社会保障制度、社会保险和社会保险制度的定义和主要内容，简要介绍了《中华人民共和国社会保险法》颁布实施的重要意义、立法原则、基本框架和主要特色；分别阐述了养老保险、医疗保险、工伤保险、失业保险和生育保险及其制度的起源、发展和主要内容，介绍了我国养老保险制度、医疗保险制度、工伤保险制度、失业保险制度和生育保险制度的相关法律规定、主要内容以及企业如何依法进行管理；最后，介绍了我国住房公积金制度的建立、发展和改革过程，介绍了国家有关住房公积金的相关法律规定以及企业如何依法管理住房公积金。

复习思考题

1. 什么是社会保障制度？其主要内容有哪些？主要作用是什么？

2. 我国劳动保障法律制度的主要内容是什么？

3. 《中华人民共和国社会保险法》颁布实施的重要意义、立法原则、基本框架和主要特色是什么？

4. 社会保险的主要特征是什么？

5. 社会保险与商业保险的区别有哪些？

6. 我国社会保险体系的基本框架是什么？

7. 我国的养老保险制度是什么？

8. 计算：参加市城镇企业职工基本养老保险社会统筹的人员，达到国家规定的退休年龄，实际缴费年限（含视同缴费年限）满15年以上的，按月计发基本养老金。根据我国最新的养老金计算办法，职工退休时的养老金由两部分组成：养老金 = 基础养老金 + 个人账户养老金。其中，基础养老金 = 全省上年度在岗职工月平均工资 ×（1 + 本人平均缴费指数）÷2 × 缴费年限 ×1%；个人账户养老金 = 个人账户储存额 ÷ 计发月数（60 岁的计发月数为 139）。假定北京某企业有一男职工在 2013 年 11 月 20 日年龄正好达到 60 周岁，到那时他已经缴纳养老保险 36 年，个人养老保险账户共有 235 468.8 元。北京上年度在岗职工月平均工资为 4 672 元，他个人养老保险的平均缴费指数为 1.5，则该员工在正常退休时每月的养老金为多少元（精确到小数点后两位）？

9. 我国企业补充养老保险的主要特点是什么？

10. 工伤事故赔偿条件有哪些？

11. 工伤保险的特点是什么？

12. 进行工伤鉴定的基本程序有哪些？

13. 失业保险的主要特点是什么？

14. 享受失业保险待遇的条件有哪些？

案例讨论

王某的情形属于工伤吗？

上海某公司员工王某因早晨送孩子上学，怕上班迟到便在某十字路口闯红灯，不幸被一辆汽车撞到，造成左腿骨折。王某向公司提出工伤认定申请，公司不同意，认为根据《工伤保险条例》第 16 条第 1 项除外条款“因犯罪或者违反治安管理伤亡的”的规定，王某的情形根本不会被认定为工伤，因为王某闯红灯的行为显然已经违反了《中华人民共和国治安管理处罚条例》第 27 条第 6 项规定：“违反交通规则，造成交通事故，尚不够刑事处罚的”。王某不同意公司的说法，坚持要劳动部门进行工伤鉴定。

案例思考题：

1. 根据国家有关工伤保险的相关规定，王某的情形是否属于工伤？为什么？

2. 如果公司坚持不对王某进行工伤鉴定，后果会是什么？

第四章

与劳动保护相关的人事与社会保障法律法规及其管理

学习目标

- 掌握劳动保护和劳动保护制度的定义，了解劳动保护的意义
- 掌握劳动保护的主要内容
- 掌握未成年工的定义以及国家相关法律规定
- 掌握有关女职工保护的相关国家法律规定
- 了解企业如何依法保护未成年工和女职工
- 掌握工作时间、休息休假、国家法定节假日的定义及国家的相关法律规定
- 了解我国标准工时制、不定时工时制和综合计算工时制的定义和主要法律规定
- 掌握加班的定义、国家相关法律规定以及企业如何依法进行加班管理

关键概念

劳动保护　劳动保护制度　劳动保护费　未成年工　童工　产假　女职工“三期”　工作时间　标准工作时间　计件工作时间　不定时工作时间　综合计算工作时间　休息时间　间歇时间　休假　休假制度　法定节假日　加班

第一节　劳动保护概述

一、劳动保护制度与劳动保护

劳动保护制度是国家制定的有关劳动者在劳动过程中的安全和卫生健康的各种法律规范。劳动保护立法包括劳动安全卫生措施、劳动安全卫生条件以及劳动安全卫生教育等方面的法律、法规。女职工的生理机能和身体结构以及未成年人的身体发育特点决定了要对女职工和未成年工给予特殊保护。

劳动保护是国家和用人单位为保护劳动者在劳动生产过程中的安全和健康所采取的立法、组织和技术措施的总称。如劳动安全与劳动卫生规程、对女职工和未成年工的特殊保护规定以及劳动保护的管理制度等。我们通常所说的“劳动保护”指的就是这种狭义上的劳动保护制度。

在劳动过程中，由于一些用人单位的行业特点和劳动者工作职责所在，在某些工作中往往存在着很多对劳动者的安全和健康有很大影响的因素。例如，劳动者劳动时间过长、劳动强度过大，会造成过度疲劳，积劳成疾，并且容易发生工伤事故；女工和未成年工从事过于繁重的或有害妇女生理的劳动，也会给他们的健康造成危害等。所有这些，都与劳动保护相关。需要指出的是，根据劳动保护的定义，劳动保护不包括员工其他劳动权利和劳动报酬等方面的保护，也不包括劳动者生活中的卫生保健和伤病医疗工作。

概括来说，劳动保护主要包括劳动安全和劳动卫生两个方面。

（一）劳动安全

劳动安全是指在生产劳动过程中，防止中毒、车祸、触电、塌陷、爆炸、火灾、坠落、机械外伤等危及劳动者人身安全的事故发生。

（二）劳动卫生

劳动卫生是指对劳动过程中的不良劳动条件和各种有毒有害物质的防范，或者是防范职业病的发生。

在生产过程中，存在着各种不安全、不卫生的因素，如果不采取保护措施，就会危害职工的生命安全和身体健康，影响生产的正常进行。在我国，保护劳动者在生产过程中的安全与健康，已经成为我国劳动立法的重要内容之一。安全生产方针是我国劳动保护政策和立法的指导方针，也是制定我国各项劳动保护政策与法规，以及建立各项保护制度必须遵循的指导思想。安全和生产的关系，是辩证的统一，也就是生产必须安全，要使生产不间断地持续上升，就必须注意要确保安全，抓好了安全也必然会促进生产的发展。按照《劳动法》和《劳动合同法》的相关规定，用人单位必须建立、健全劳动安全卫生制度，对劳动者进行劳动安全卫生教育，防止安全事故，减少职业危害；用人单位要为劳动者提供符合国家规定的劳动安全卫生条件和必要的劳动防护用品，对从事有职业危害作业的劳动者进行定期的健康检查；此外，用人单位还需对从事特种作业的劳动者进行专门培训等。

劳动保护的目的是为劳动者创造安全、卫生、舒适的劳动工作条件，消除和预防劳动生产过程中可能发生的伤亡、职业病和急性职业中毒，保障劳动者以健康的身体参加社会生产，促进劳动生产率的提高。

二、劳动保护工作的重要意义

保护劳动者在生产劳动过程中的安全与健康，是我国的一项基本方针，是坚持社会主义制度的本质要求，是发展生产、促进经济建设的一项根本性大事，也是我国物质文明和精神文明建设的一项重要内容。

（一）劳动保护是我国的一项基本政策

“加强劳动保护，改善劳动条件”，是载入我国宪法的神圣规定。新中国建立以来，我国政府十分重视劳动保护工作。早在1956年国务院发布《工厂安全卫生规程》、《建筑安装工程安全技术规程》和《工人职员伤亡事故报告规程》时就明确指出：“改善劳动条件，保护劳动者在生产劳动中的安全健康，是我们国家的一项重要政策”。在全国人大七届四次会议上通过的国民经济第八个五年计划纲要中，也明确规定了各级单位要“加强劳动保护。认真贯彻‘安全第一，预防为主’的方针，强化劳动安全卫生监察，努力改善劳动条件，大力降低企业职工伤亡事故率和职业病发病率。加强安全技术政策、劳动保护科学技术的研究和科技成果推广，努力完善、检验监测手段。”目前，国家正在不断通过健全劳动保护立法，强化劳动保护监察和安全生产管理，推进安全技术、职业卫生技术与有关工程等措施，来保证宪法所要求的这一基本政策的实现。

既然保护劳动者在生产劳动中的安全健康是党和国家的一项基本政策，当然更是我国各级各类企业进行生产经营管理的基本原则。用人单位只有加强劳动保护，才能确保安全生产，从而改变长期以来不少企业中工伤事故频繁和职业危害严重的不良局面。否则，势必严重损害千百万职工的切身利益，不利于社会安全和现代化建设事业的持续、稳定发展。所有这些，都有悖于党和国家的根本宗旨，损害国家的形象，必须要努力加以预防和防止。

（二）劳动保护是促进国民经济发展的重要条件

劳动保护不仅包含着重要的政治意义，从某种意义上来说，劳动保护又有着深刻的经济意义。在劳动生产过程中，人是最宝贵的资源，人是生产力诸要素中起决定作用的因素。探索和认识劳动生产中的自然规律，采取有效措施，消除劳动生产中不安全和不卫生因素，可以有效地减少和避免各类伤亡事故的发生。企业应当创造舒适的劳动环境，这样不仅可以激发劳动者热情，充分调动和发挥人的积极性，更是企业提高劳动生产率，提高经济效益的基本保证。同时，企业加强劳动保护工作，还可减少因伤亡事故和职业病所造成的工作损失和救治伤病人员的各项开支，减少由于设备损坏，财产损失和停产造成的直接或间接经济损失。所有这些，都说明劳动保护与提高经济效益密切相关。

经济发展的经历表明，搞好劳动保护是发展经济的一条客观规律。人们很好地认识它和利用它，就能达到理想的效果；反之，就会受到处罚。例如，1984年12月3日，美国在印度中央邦首府博帕尔联碳公司农药厂异氰酸甲酯泄露事故，使4 000多名居民中毒死亡，20万人深受其害，是世界工业史上绝无仅有的大惨案。1986年4月26日，苏联切尔诺贝利核电站的4号反应堆发生爆炸，16.7万人死亡，损失120亿美元，是世界上最严重的核电站事故。1987年3月15日，我国哈尔滨亚麻厂发生特大亚麻粉尘爆炸事故，死亡58人，受伤177人，直接经济损失880多万元。1991年4月21日，我国山西省洪洞县洨河煤矿发生一起特大瓦斯爆炸事故，死亡147人，重伤2人，轻伤4人，直接经济损失295万元。以上所有这些重大事故，都造成了巨大的人身伤亡和重大的经济损失，污染了环境，破坏了生态平衡，扰乱了社会生产的正常秩序。

三、劳动保护的基本内容

概括来说，劳动保护的基本内容主要包括：

（一）劳动保护的立法和监察

劳动保护的立法和监察主要包括两大方面的内容，一是属于生产行政管理的制度，如安全生产责任制度、特殊工时审批制度、卫生保健制度、劳保用品发放制度及特殊保护制度；二是属于生产技术管理的制度，如设备维修制度、安全操作规程等。

（二）劳动保护的管理与宣传

造成劳动生产事故的原因是多方面的，但企业领导的重视程度、企业劳动保护管理与宣传的力度和劳动者劳动保护的法律意识的强弱，是企业是否可以有效实施劳动保护管理的关键因素。企业只有大力加强和完善劳动保护管理制度，加强劳动安全的宣传和沟通，企业的劳动安全才会有保障。一般来说，企业劳动保护工作由企业的安全技术部门负责组织、实施。

（三）安全技术

为了消除劳动生产中引起伤亡事故等的潜在因素，保证职工在劳动生产中的安全，在技术上采取的各种安全措施，可以有效防止和消除劳动生产过程中突发事故对于职工安全的威胁问题。

（四）工业卫生

工业卫生是为了改善劳动条件，避免有毒有害物质危害职工健康，防止职业中毒和职业病，在劳动生产中所采取的技术组织措施的总和。它主要解决威胁职工健康的问题，实现文明生产。

（五）工作时间与休假制度

工作时间的确定和休假制度的建立，是国家根据企业生产的需要和企业职工身心健康的考虑而做出的科学的法律规定。如果企业无视国家的相关法律规定，一味只从企业生产的需要出发安排生产劳动，势必给劳动者的身心造成损害，严重时甚至会造成劳动者死亡的重大事故。因此，企业必须严格执行国家的有关工作时间和休假制度，这是企业保证职工身心健康的最基本的措施。

（六）女职工与未成年工的特殊保护

基于女职工与未成年工身心的特殊特点，国家依法对女职工与未成年工进行特殊劳动保护。需要指出的是，女职工与未成年工的特殊保护不包括劳动权利和劳动报酬等方面内容。

四、劳动保护的基本任务和措施

（一）劳动保护的基本任务

按照国家相关法律规定，我国劳动保护的基本任务是：

第一，不断改善劳动条件，使不安全的、有害健康的作业安全化、无害化，使繁重的体力劳动机械化、自动化，实现安全生产和文明生产。

第二，规定法定工时和休假制度，限制加班加点，保证劳动者有适当的休息时间和休假日数。

第三，根据未成年工和妇女劳动者生理等特点，实行特殊保护。

（二）劳动保护的具体措施

“安全第一，预防为主”是我国的劳动保护方针。在实际工作中坚决贯彻执行这一方针，使劳动者的安全和健康得到有力的保证，将会调动广大劳动者的积极性，不断提高劳动生产率，促进社会主义现代化建设的顺利发展。

1. 不断加强和完善劳动保护的组织措施

加强和完善劳动保护的组织措施主要包括：

（1）制定和完善劳动保护法规和规章制度。用人单位应当根据单位实际，制定并完善劳动保护规章制度，这是用人单位劳动保护的根本制度保障。例如，从企业到管理人员和劳动者个人在劳动保护工作上的职权和责任的规定；劳动安全和劳动卫生的技术标准和现场作业规程；关于伤亡事故的调查、处理、统计和报告的规定；工时和休假制度；未成年工和妇女劳动特殊保护的规定等。

值得一提的是，伤亡事故报告制度是劳动保护工作的重要内容，是规定对职工伤亡事故进行报告、登记、调查、处理和统计分析工作的具体程序和要求。分为轻伤事故、重伤事故、死亡事故，对事故处理程序要按照相关规定，认真调查、登记、统计、报告、处理，逐级上报。在调查处理过程中，本着“三不放过”原则：即事故原因分析不清不放过，事故责任者没受到处罚和群众没受到教育不放过，没有制定出防范措施不放过。

（2）国家应设置劳动保护监察员，负责监督检查用人单位和劳动者个人执行劳动保护规章制度和安全卫生技术标准、作业规程的情况。同时，在企业的班组（或车间）一级建立劳动保护员网，对本企业的劳动保护工作实行群众监督。例如，2010 年《国务院关于进一步加强企业安全生产工作的通知》中的“煤矿领导带班下井制度”，增加了“同时下井，同时升井”的具体要求，更具操作性。有关部门在对“煤矿领导带班下井制度”的督促、落实、检查及考核中，要重点突出对煤矿矿长（董事长、经理）的检查和考核，矿长（董事长、经理）的下井天数不应当少于全体领导下井的平均天数，决不允许以“工作忙”、“批文件”、“开会”、“出差”、“办事”等所谓的“特殊理由”影响带班下井。煤矿领导带班下井，特别是作为煤矿矿长（董事长、经理）的“一把手”带班下井，可以有效地解决煤矿生产中的安全隐患问题，保障煤矿生产的顺利进行，保障广大矿工的生命安全。

（3）国家应当加强劳动保护科学研究，为制定劳动保护法规和安全卫生技术标准提供科学依据，为采用新技术新设备拟定相应的劳动保护技术措施，研制监测仪器设备。

（4）开展劳动保护宣传教育，建立安全生产教育制度。开展劳动保护宣传教育主要包括在大专院校设置劳动保护专业，培养高级专门技术人才；培训生产管理人员和劳动保护专职人员；对特殊工种工人实行专业训练和考试发证制度；利用电影、电视、广播、报刊、展览等形式普及劳动保护理论和技术知识。

安全生产教育制度是是帮助教育广大职工正确地认识和提高他们的工作技术水平，使他们能够自觉地贯彻安全生产的方针和各项政策法规，认真遵守企业有关安全生产各项制度的一种教育制度，目的是为了实现安全。安全生产教育的形式主要是政治思想教育、政策教育、安全知识教育，典型的事故和经验教训的教育等。

2. 采用先进的科学技术措施，提高劳动安全保障系数

条件允许的话，企业应当尽可能地采用先进的科学安全技术措施，不断提高企业的劳动安全保障系数。劳动安全技术措施主要包括：对由于物理、化学等因素可能突然发生的不安全因素，对由于机械性的伤害（包括机械传动部分的设备和工具引起的砸、割等伤害），对由于高空坠落引起的伤害，对由于从事有毒有害的作业而引致的伤害等所采取的相应预防性安全技术对策和防护措施。

在我国，按照劳动保护立法，各级政府机关、经济部门、企业单位及其管理人员，都必须采取各种安全措施和技术措施，为劳动者建立安全、卫生、舒适的劳动条件，预防和消除劳动过程中的伤亡事故、职业中毒和职业病的发生，保护劳动者的身体健康和生命安全，保持和提高劳动者持久的劳动能力，避免社会劳动力和物质财富的不应有的损失。

3. 加强安全生产检查制度和安全生产责任制度

安全生产检查制度是及时发现和清除不安全和不卫生隐患，增强职工安全生产责任感而制定的一种制度，它是推动劳动保护，实现安全生产的重要方法和手段。安全生产责任制是企业各级领导，职能部门、有关工程技术人员和生产工人在生产中应负的安全责任的一种制度，企业的领导和职工都要对安全生产工作各负其责，做到分工明确，责任明确。此外，企业还要定期召开安全会议，对安全隐患和整改措施都要逐条认真落实。

五、劳动保护费

劳动保护费是指确因工作需要为职工配备或提供工作服、手套、安全保护用品、防暑降温用品等所发生的支出和费用。

劳动保护费可以在企业所得税税前列支。按照国家的相关法律规定，劳动保护费列支的标准为：

（1）对属于职工劳动保护费范围的服装费支出，在税前列支的标准为：在职允许着装工人每年最高扣除额 1 000 元（含）以内按实列支。

（2）对属于职工劳动保护费范围的冬令、夏令保护用品支出，在税前列支的标准暂仍为：每人每年不超过 20 元（含）以内按实列支。

（3）对属于职工劳动保护费范围的在岗职工夏季防暑降温费标准为：从事室外作业和高温作业的人员每人每月 160 元，非高温作业人员每人每月 130 元。全年按四个月计发，列入企业成本费用，并准予税前扣除。

（4）对上述第（1）、（2）条劳保费支出，均不得发放现金。如发放现金，费用均不得在税前扣除。

第二节　未成年工和女职工保护及其管理

一、未成年工劳动保护

（一）未成年工的含义

按照相关法律规定，未成年工是指年满 16 周岁不满 18 周岁的劳动者。而未满 16 周岁的未成年人，统称为童工。

由于未成年工的身体还没有完全发育成熟，从事某些工作会危害他们的生长发育和身体健康。而童工的身体正处于发育成长期，法律上一般绝对禁止用人单位使用童工。

（二）国家有关童工和未成年工保护的相关法律规定

“未成年人享有生存权、发展权、受保护权、参与权等权利。”这是对《儿童权利公约》有关规定的概括。该公约规定，儿童享有生命权，受父母照料权，就影响其本人的事项发表意见权，不受虐待、剥削和忽视权，困境儿童得到国家特别保护权，健康权，社会保障权，受教育权等几十项权利。国际社会通常把儿童的这些权利概括为四大类，即生存权、发展权、受保护权和参与权。《中国儿童发展纲要（2001—2010）》和《中华人民共和国国民经济和社会发展第十一个五年规划纲要》也做了这样的表述。生存权是指未成年人享有其固有的生命权、健康权和获得基本生活保障的权利；发展权是指未成年人充分发展其全部体能和智能的权利，包括未成年人有权接受正规和非正规的教育，有权享有促进其身心全面发展的生活条件；受保护权是指未成年人不受歧视、虐待和忽视的权利；参与权是指未成年人参与家庭和社会生活，并就影响他们生活的事项发表意见的权利。国家禁止用人单位招用童工。

1. 国家对童工保护的相关法律规定

根据国务院《禁止使用童工规定》，国家对童工保护的相关法律规定如下：

（1）国家机关、社会团体、企事业单位、民办非企业单位或者个体工商户（统称用人单位）均不得招用不满 16 周岁的未成年人（招用不满 16 周岁的未成年人统称使用童工）。

（2）禁止任何单位或个人为不满 16 周岁的未成年人介绍就业。

（3）禁止不满 16 周岁的未成年人开业从事个体经营活动。

（4）用人单位招用人员时，必须核查被招用人员的身份证；对不满 16 周岁的未成年人，一律不得录用。用人单位录用人员的录用登记、核查材料应当妥善保管。

（5）文艺、体育单位经未成年人的父母或其他监护人同意，可以招用不满 16 周岁的专业文艺工作者、运动员。用人单位应当保障被招用的不满 16 周岁未成年人的身心健康，保障其接受义务教育的权利。文艺、体育单位招用的不满 16 周岁的专业文艺工作者、运动员的办法，由国务院劳动保障行政部门会同国务院文化、体育行政部门制定。

（6）学校、其他教育机构以及职业培训机构按照国家有关规定组织不满 16 周岁的未成年人进行不影响其人身安全和身心健康的教育实践劳动、职业技能培训劳动，不属于使用童工。

2. 国家对未成年工保护的相关法律规定

国家非常重视对未成年工的保护，对未成年人就业做出了一些保护性的规定，主要包括：

（1）用人单位不得安排未成年工从事矿山、井下及有毒有害的工作；

（2）不得安排未成年工从事重体力劳动；

（3）不得安排未成年工从事其他禁忌从事的劳动，包括森林业伐木及流放作业、高空作业、放射性物质超标的作业以及其他会影响生长发育的作业；

（4）要对未成年工定期进行健康检查。一般说来，这些未成年人虽然已经可以参加工作，但生理上和心理上还不成熟，家长最好不要让他们过早参加工作。如果能让他们在就业之前参加一两年的职业技术培训，掌握一些实用的劳动技术，在以后外出就业时就能发挥自己的优势。

（三）我国未成年人保护立法概述

为了更好地对未成年人进行保护，国家不断加强和完善相关法律规定，并适时对《中华人民共和国未成年人保护法》（中华人民共和国第十一届全国人民代表大会常务委员会第二十九次会议于2012年10月26日通过，以下简称《未成年人保护法》）进行修订，并于2013年1月1日起正式实施。修订后的《未成年人保护法》具有如下显著特点：

1. 明确和最大限度地保障未成年人的权利

受教育权是公民的基本权利。我国宪法明确规定："中华人民共和国公民有受教育的权利和义务。""国家培养青年、少年、儿童在品德、智力、体质等方面全面发展。"基于享受教育权对未成年人成长的特殊重要性，修订后的《未成年人保护法》第三条规定："（1）受教育权是公民的基本权利；（2）未成年人享有受教育权，国家、社会、学校和家庭尊重和保障未成年人的受教育权；（3）未成年人不分性别、民族、种族、家庭财产状况、宗教信仰等，依法平等地享有权利。"这是对"公民在法律面前一律平等"这一宪法原则的体现。

此外，为了保障未成年人权利的实现，修订后的《未成年人保护法》在家庭保护、学校保护、社会保护、司法保护和法律责任各章，从不同方面做出了相应的规定。特别是在总则第七条规定："国务院和地方各级人民政府领导有关部门做好未成年人保护工作；将未成年人保护工作纳入国民经济和社会发展规划以及年度计划，相关经费纳入本级政府预算。"这些规定对于未成年人保护工作健康、持续发展意义重大。

2. 根据未成年人身心发展特点给予特殊、优先保护

修订后的《未成年人保护法》规定，"保护未成年人的工作，应当遵循下列原则：（1）尊重未成年人的人格尊严；（2）适应未成年人身心发展的规律和特点；（3）教育与保护相结合。""国家根据未成年人身心发展特点给予特殊、优先保护，保障未成年人的合法权益不受侵犯。"

修订后的《未成年人保护法》强调根据未成年人身心发展的规律和特点给予特殊、

优先保护，具有特别重要的意义，它是保护未成年人工作的一项总原则。与此同时，修订后的《未成年人保护法》还对未成年人的家庭保护、学校保护、社会保护、司法保护等方面做出规定。比如：父母或者其他监护人应当“关注未成年人的生理、心理状况和行为习惯”；“学校应当根据未成年学生身心发展的特点，对他们进行社会生活指导、心理健康辅导和青春期教育”；“学校、幼儿园、托儿所和公共场所发生突发事件时，应当优先救护未成年人”“爱国主义教育基地、图书馆、青少年宫、儿童活动中心应当对未成年人免费开放”；“博物馆、纪念馆、科技馆、展览馆等场所，应当按照有关规定对未成年人免费或者优惠开放”；“公安机关、人民检察院、人民法院办理未成年人犯罪案件和涉及未成年人权益保护案件，应当照顾未成年人身心发展特点，尊重他们的人格尊严，保障他们的合法权益，并根据需要设立专门机构或者指定专人办理。”总之，根据未成年人身心发展特点给予特殊、优先保护的原则，是我国对未成年人保护工作规律性认识的升华，是国际社会保护儿童先进理念在国内法中的集中体现。

3. 着力解决未成年人保护工作中的突出问题

未成年人保护工作面临的问题是多方面的。抓主要矛盾、解决突出问题，是《未成年人保护法》修订的重点。比如，未成年人沉迷网络问题。互联网等新兴媒体的快速发展，给未成年人学习和娱乐开辟了新的渠道。与此同时，腐朽落后文化和有害信息也通过网络传播，腐蚀未成年人的心灵，社会各界反应强烈，已成为一个突出的社会问题。为了既发挥网络对未成年人成长的积极作用，又尽可能避免网络对未成年人的消极影响，修订后的《未成年人保护法》从“堵”和“疏”两个方面做出规定：“国家采取措施，预防未成年人沉迷网络。”“国家鼓励研究开发有利于未成年人健康成长的网络产品，推广用于阻止未成年人沉迷网络的新技术。”因此，新的法律规定：

（1）县级以上人民政府及其教育行政部门应当采取措施，鼓励和支持中小学校在节假日期间将文化体育设施对未成年人免费或者优惠开放。

（2）社区中的公益性互联网上网服务设施，应当对未成年人免费或者优惠开放，为未成年人提供安全、健康的上网服务。

（3）父母或者其他监护人应当预防和制止未成年人沉迷网络。

（4）中小学校园周边不得设置营业性互联网上网服务营业场所（即网吧）等不适宜未成年人活动的场所。

（5）互联网上网服务营业场所等不适宜未成年人活动的场所，不得允许未成年人进入，经营者应当在显著位置设置未成年人禁入标志；对难以判明是否已成年的，应当要求其出示身份证件。

（6）在中小学校园周边设置营业性互联网上网服务营业场所等不适宜未成年人活动的场所的，由主管部门予以关闭，依法给予行政处罚。

（7）互联网上网服务营业场所等不适宜未成年人活动的场所允许未成年人进入，或者没有在显著位置设置未成年人禁入标志的，由主管部门责令改正，依法给予行政处罚。

此外，未成年人面临的其他突出问题还有：一些家长不履行或者不正确履行监护职责问题；校园安全问题；对孤儿、流浪乞讨等生活无着未成年人的救助问题；优化未成年人成长环境，预防和减少未成年人违法犯罪问题，等等。所有这些问题新修订的法律都有新的规定。

尊重和保障未成年人的权利，坚持和完善保护未成年人的原则，重视和逐步解决突出问题，对维护未成年人的合法权益，促进未成年人健康成长，培养具有中国特色社会主义事业建设者和接班人，具有十分重要的意义。

二、女职工劳动保护

为维护女职工的合法权益，减少和解决女职工在劳动和工作中因生理特点造成的特殊困难，保护其健康，以利于社会主义现代化建设，国家对女职工劳动保护进行了专门立法，出台了一系列保护女职工的法律法规，对女职工就业、劳动等方面做出了一系列保护性的规定。诸如《劳动法》、《劳动合同法》、《妇女权益保障法》、《女职工劳动保护条例》、《女职工禁忌劳动范围的规定》（劳安字［1990］2号）以及《女职工劳动保护特殊规定》等。

（一）劳动法律中一些有关保护女职工权益的规定

1. 关于孕妇的聘用保护制度

（1）《妇女权益保障法》明确规定：任何单位不得以结婚、怀孕、产假、哺乳等为由，辞退女职工或单方解除劳动合同。《女职工劳动保护条例》规定，凡适合妇女从事劳动的单位，不得拒绝招收女职工。

（2）按照《劳动法》和《劳动合同法》的相关规定，女职工在孕期、产期、哺乳期内的，用人单位不得依据下列理由解除与女职工的劳动合同：一是劳动者患病或者非因工负伤，医疗期满后，不能从事原工作也不能从事用人单位另行安排的工作的；二是劳动者不能胜任工作，经过培训或者调整工作岗位，仍不能胜任工作的；三是劳动合同订立时所依据的客观情况发生重大变化，致使原劳动合同无法履行，经当事人协商不能变更劳动合同达成协议的；四是经济性裁员。此外，《女职工劳动保护条例》同时规定，不得在女职工怀孕期、产期、哺乳期降低其基本工资。

（3）女职工在医疗期、孕期、产期和哺乳期内，劳动合同期限届满时，用人单位不得终止劳动合同。劳动合同的期限应自动延续至医疗期、孕期、产期和哺乳期满为止。

2. 关于女职工的劳动保护相关制度

（1）工资保护制度。按照《女职工劳动保护条例》的相关规定，女职工在法定劳动保护期间，享有不被降低工资的权利。在我国，工资分配实行男女同工同酬，不得在女职工怀孕期、产期、哺乳期降低其基本工资。

（2）劳动强度保护。按照《女职工禁忌劳动范围的规定》，女职工在孕期禁止从事铅、汞、苯等有毒物质浓度超过国家卫生标准的作业，制药作业中从事抗癌药物及乙烯雌酚生产的作业，作业场所放射性物质超剂量的作业，人力进行土方和石方的作业，强体力作业，伴有全身强烈振动的作业，工作中需频繁弯腰、下蹲、攀高的作业和高处作业等。

（3）关于女职工的劳动时间安排保护制度。按照《女职工劳动保护条例》的相关规定，女职工怀孕期间不得延长劳动时间，一般不得安排其从事夜班劳动。怀孕女职工不能胜任原劳动的，应当根据医务部门的证明，予以减轻劳动量或者安排其他劳动。怀孕七个月以上的女职工，在劳动时间内应当安排一定的休息时间和适当减轻工作。怀孕女职工在劳动期间内进行产前检查，应算作劳动时间，即按出勤对待，不能按病假、事假、旷工处理。对在生产第一线的女职工，要相应地减少生产定额，以保证产前检查时间。

3. 女职工权益的司法保护相关规定

（1）女职工劳动保护的权益受到侵害时，有权向所在单位的主管部门或者当地劳动部门提出申诉。受理申诉的部门应当自收到申诉书之日起 30 日内做出处理决定，女职工对处理决定不服的，可以在收到处理决定书之日起 15 日内向人民法院起诉。

（2）对违反国家相关规定侵害女职工劳动保护权益的单位负责人及其直接责任人员，其所在单位的主管部门，应当根据情节轻重，给予行政处分，并责令该单位给予被侵害女职工合理的经济补偿；构成犯罪的，由司法机关依法追究刑事责任。

（二）女职工禁忌劳动范围

按照《女职工劳动保护规定》等相关法律规定，女职工禁忌的劳动范围主要包括：

1. 女职工禁忌从事的劳动范围

（1）矿山井下作业；

（2）体力劳动强度分级标准中第四级体力劳动强度的作业；

（3）每小时负重 6 次以上、每次负重超过 20 公斤的作业，或者间断负重、每次负重超过 25 公斤的作业。

2. 女职工在月经期间禁忌从事的劳动范围

（1）冷水作业分级标准中规定的第二级、第三级、第四级冷水作业；

（2）低温作业分级标准中规定的第二级、第三级、第四级低温作业；

（3）体力劳动强度分级标准中规定的第三级、第四级体力劳动强度的作业。

3. 女职工在怀孕期间禁忌从事的劳动范围

（1）作业场所空气中铅及其化合物、汞及其化合物、苯、镉、铍、砷、氰化物、氮氧化物、一氧化碳、二硫化碳、氯、乙内酰胺、氯丁二烯、氯乙烯、环氧乙烷、苯胺、甲醛等有毒物质浓度超过国家职业卫生标准的作业；

（2）从事抗癌药物、己烯雌酚生产，接触麻醉剂气体等易导致流产或者胎儿发育畸形的作业；

（3）非密封源放射性物质的操作，核事故与放射事故的应急处置；

（4）高处作业分级标准中规定的高处作业；

（5）冷水作业分级标准中规定的冷水作业；

（6）低温作业分级标准中规定的低温作业；

（7）高温作业分级标准中规定的第三级、第四级的作业；

（8）噪声作业分级标准中规定的第三级、第四级的作业；

（9）体力劳动强度分级标准中规定的第三级、第四级体力劳动强度的作业；

（10）在密闭空间、高压室作业或者潜水作业，伴有强烈振动的作业，或者需要频繁弯腰、攀高、下蹲的作业。

4. 女职工在哺乳期间禁忌从事的劳动范围

（1）怀孕期间禁忌从事的劳动范围的第一项、第九项；

（2）怀孕期间禁忌从事的劳动范围的第三项；

（3）作业场所空气中锰、氟、溴、甲醇、有机磷化合物、有机氯化合物等有毒化学物质的浓度超过国家职业卫生标准的作业。

（三）产假以及产假保护

产假是指在职妇女产期前后的休假待遇，一般从分娩前半个月至产后两个半月，晚婚晚育者可前后长至四个月，女职工生育享受不少于九十天的产假。

1. 我国有关产假的相关规定

按照《女职工劳动保护特殊规定》的相关规定，女员工生育享受不少于98天的产假，包括15天的预产假。已婚妇女23周岁以上生育第一个子女为晚育，实行晚育的，增加产假30天，难产（如剖腹产、Ⅲ度会阴破裂者）增加产假15天，多胞胎生育的，每多生育一个婴儿增加产假15天。产假需提供的证件主要有身份证、结婚证、准生证、出生证和独生子女证（独生子女证全称为独生子女父母光荣证，自愿终身只生育一个子女的夫妻）。

按国家规定正常生产的女职工有权利享受产假、哺乳假，应视为正常出勤，任何单位个人不得苛扣其工资、福利、补贴以及考勤奖金，不影响晋级、调工资，并计算其工龄，反之则违反国家相关劳动法律，侵害了女职工的合法权益，可到相关部门举报并申请劳动仲裁。

2. 产假的分类

（1）授乳时间哺乳假。企业应当在每天的劳动时间内为哺乳期女职工安排一小时哺乳时间；女职工生育多胞胎的，每多哺乳一个婴儿每天增加一小时哺乳时间。此外，一些地方（如上海）还特别规定，女职工生育后，若有困难且工作许可，由本人提出申请，经单位批准，可请哺乳假六个半月（《上海市女职工劳动保护办法》第十五条）。

（2）晚育假、晚育护理假。晚育假和晚育护理假遇法定节假日顺延。产假98天则包括双休日和国定假日。晚育假，根据各省、自治区、直辖市的相关规定处理。例如，广东省为15天，上海市为30天。晚育假包括双休日，但不包括国家法定节假日。

（3）必须享受的假。一是产假：98天+30天（晚育）+15天（难产）+15天（多胞胎每多生一个婴儿）；二是产前检查假：女职工妊娠期间在医疗保健机构约定的劳动时间内进行产前检查（包括妊娠十二周内的初查），应算作劳动时间；三是产前工间休息：怀孕七个月以上，每天工间休息一小时，不得安排夜班劳动；四是授乳时间：婴儿一周岁内每天有一小时的授乳时间。

（4）可以请的假。一是产前假。即女职工怀孕七个月以上，如工作许可，经本人申请，单位批准，可请产前假两个半月。部分属于地方法规规定必须给假的情况，单位应批准其休假。如上海市规定“经二级以上医疗保健机构证明有习惯性流产史，严重的妊娠综合症、妊娠合并症等可能影响正常生育的，本人提出申请，用人单位应当批准其产前假。”二是哺乳假。即女职工生育后，若有困难且工作许可，由本人提出申请，经单位批准，可请哺乳假六个半月。三是保胎假。即医生开证明，按病假待遇。

3. 产假福利

按照国家相关规定，产假福利主要包括：

（1）孕期安排。《女职工劳动保护特别规定》第四条规定：“用人单位应当遵守女职工禁忌从事的劳动范围的规定。用人单位应当将本单位属于女职工禁忌从事的劳动范围的岗位书面告知女职工。女职工禁忌从事的劳动范围由本规定附录列示。国务院安全生产监督管理部门会同国务院人力资源社会保障行政部门、国务院卫生行政部门根据经济社会发展情况，对女职工禁忌从事的劳动范围进行调整。”

（2）产假时间。《女职工劳动保护规定》第八条第一款规定：“女职工产假为90天，其中产前休假15天。难产的增加产假15天。多胞胎生育的，每多生育一个婴儿，增加产假15天。”

（3）流产产假。《女职工劳动保护规定》第八条第一款规定：“女职工怀孕流产的，其所在单位应当根据医务部门的证明，给予一定时间的产假。”具体时间可以根据各地各行业的规定或由所在单位酌情考虑。

（4）上班哺乳假。《女职工劳动保护规定》第九条：“有不满一周岁婴儿的女职工，其所在单位应当在每班劳动时间内给予其两次哺乳（含人工喂养）时间，每次30分钟。多胞胎生育的，每多哺乳一个婴儿，每次哺乳时间增加30分钟。

女职工每班劳动时间内的两次哺乳时间，可合并使用。哺乳时间和在本单位内哺乳往返途中时间，算作劳动时间。”

（5）丈夫护理假。丈夫休护理假休假的天数各省（市）规定有所不同，同时也受是否是晚育的影响。大多数省份《人口与计划生育管理条例》中都规定了晚育者丈夫休护理假的时间，一般在7到10天左右，有的地方如河南省可长达一个月。

（6）晚育者产假。《人口与计划生育法》第二十五条：“公民晚婚晚育，可以获得延长婚假、生育假的奖励或者其他福利待遇。”各地规定不一，具体参照所在省份的《人口与计划生育管理条例》。

（7）产前检查。《女职工劳动保护规定》第七条第三款规定：“怀孕的女职工，在劳动时间内进行产前检查，应当算作劳动时间。”单位不应当以此为理由扣发工资。

（8）怀孕期间工作安排。《女职工劳动保护规定》第七条规定：“女职工在怀孕期间，所在单位不得安排其从事国家规定的第三级体力劳动强度的劳动和孕期禁忌从事的劳动，不得在正常劳动日以外延长劳动时间；对不能胜任原劳动的，应当根据医务部门的证明，予以减轻劳动量或者安排其他劳动。怀孕七个月以上（含七个月）的女职工，一般不得安排其从事夜班劳动（司法解释：夜班劳动，一般是指在当日二十二点至次日六点这段时间内从事劳动或工作。）；在劳动时间内应当安排一定的休息时间。”

此外，女职工比较多的单位应当按照国家有关规定，以自办或者联办的形式，逐步建立女职工卫生室、孕妇休息室、哺乳室、托儿所、幼儿园等设施，并妥善解决女职工在生理卫生、哺乳、照料婴儿方面的困难。

4. 产假待遇

按照国家相关规定，产假待遇主要包括：

（1）保胎假，工资按照病假发。

（2）产前假，工资按照八成发。

（3）产假领生育生活津贴。

（4）哺乳假，六个半月按照工资八成发，再延长期间按七成发。

5. 产假维权

女职工的特殊劳动保护权利受到侵害时，女职工可采取下列方法，维护自己的合法权益：一是向企业主管部门或劳动监察部门申诉。例如，按照《上海市女职工劳动保护办法》的规定："女职工劳动保护的权益受到侵害时，依照国务院的有关规定，有权向所在单位的上级主管部门或者该单位所在地区、县劳动部门提出申诉。受理申诉的部门应当自收到申诉书之日起30日内做出处理决定。女职工对处理决定不服的，可在收到决定书之日起15日内向人民法院起诉。"二是向劳动争议仲裁委员会申请仲裁。需要注意的是应该在劳动争议发生之日起一年之内。三是对劳动行政部门处理决定或仲裁裁决不服的，可向人民法院起诉。

三、未成年工和女职工劳动保护管理

劳动保护管理是对企业有关劳动保护的各项管理制度、管理方法和管理行为的总称。劳动保护管理主要内容有安全教育制度、安全责任制度、安全检查制度、安全技术组织措施、伤亡事故报告制度、劳保用品发放制度、劳动保险制度等。劳动保护管理采取专业管理和群众参与相结合的办法，实行职能部门、企业、车间（专业商店）、班组及员工个人分级负责。

（一）对未成年工劳动保护管理

1. 严格控制对未成年工的招聘

除非企业的工作性质与特殊要求，原则上，用人单位应当避免招用未成年工。所以，企业的招聘部门在人员招聘过程中，应当严格检查应聘人员的年龄信息，从源头上杜绝招用未成年工。

2. 对于招用未成年工的用人单位，应当依法使用未成年工

特殊情况下依法招用了未成年工，由于未成年工的身体还未完全发育成熟，企业应确保不安排未成年工从事法律禁止的工作，也不安排未成年工在夜间工作。

3. 加强对未成年工的教育和培训

由于未成年工的年龄特点，他们还处于成长和接受教育的黄金年龄，用人单位如果有条件，应当尽快安排未成年工接受培训甚至在职送到相关学校进行继续教育，为他们未来成长和发挥重要作用积蓄力量。

（二）对女职工保护管理

鉴于女职工的身体特点和特殊性，依法保护女职工的合法权益，加强对女职工的劳动保护是每一个用人单位义不容辞的责任。

1. 提高女职工在整个企业职工总数中的占比，杜绝就业歧视

为了贯彻执行国家有关女职工劳动保护的相关法律规定，企业应该基于企业的性质和特点，不断提高女职工在整个企业职工总数中的占比，并将女职工在整个企业职工总

数中的占比作为衡量企业社会责任和和谐劳动关系企业的重要标准。企业在招用员工的过程中，应当向女应聘者倾斜，在同等条件下优先录用女应聘者。

2. 完善提高劳保福利待遇

《劳动法》第五十四条规定，企业必须为劳动者提供符合国家规定的劳动保护用品。由于女职工的特殊性，各企业应当根据企业的性质、特点和经济条件，为广大女职工提供必要的符合国家规定的劳动保护用品，如手套、口罩、护目镜、护膝等。

3. 完善企业的休假制度

对女职工所享受的产假、哺乳假、孕检假等特殊假，按照国家相关法律规定做出明确规定。有条件的企业可以执行比法律规定更加优厚的休假制度，切实保护女职工的合法权益，使女职工真正感受到作为女职工的优越性。

4. 建立轮岗制度和职工体检制度

企业可对女职工实行岗位轮换制度（技术性强的除外）。这样可以在一定程度上避免职工在单一的岗位上身体长期受到损害。建立定期对女职工身体进行检查制度，尤其对所从事的行业易得职业病和特殊岗位人员，应当建立健康档案，进行重点检查，以免贻误诊治。此外，在企业每年例行的体检过程中，企业应当适当增加女职工的体检项目，使女职工真正得到和享受劳动保护福利。

5. 制定工作规程，养成良好工作习惯

制定具体岗位劳动保护工作规程，促使女职工在工作中养成良好的工作习惯。《劳动法》规定，劳动者应当执行劳动安全卫生规程，遵守劳动纪律。因此，女职工应当按照工作要求在工作时必须戴好口罩和手套等劳动保护用品，培养女职工养成佩戴劳动保护用品的习惯；在电脑前长期工作应注意防止电脑综合症，注意坐姿以及与电脑屏幕的距离等。制定岗位劳动保护工作规程，促使女职工在工作中养成良好工作习惯，对提高女职工的劳动热情有着积极的意义。

第三节　工作时间、休假制度、国家法定节假日与加班及其管理

一、工作时间

（一）工作时间的含义

工作时间又称劳动时间，是指法律规定的劳动者在一昼夜和一周内从事劳动的时间。工作时间的长度一般由国家法律直接规定，或由用人单位集体合同或劳动合同直接规定。一般来说，劳动者或用人单位不遵守工作时间的规定或约定，要承担相应的法律责任。

作为劳动标准法的重要内容之一，国家对工作时间做出法律规定，不仅对于劳动者实现休息权有了法律保障，而且还会促进劳动者工作与生活的平衡，大大提高劳动者的工作效率和劳动生产率。

（二）工作时间的特点

1. 工作时间是劳动者履行劳动义务的时间

根据国家相关法律规定和劳动合同的约定，劳动者必须为用人单位提供劳动的时间即为工作时间。劳动时间有工作小时、工作日和工作周三种，其中工作日即劳动者在一昼夜内的工作时间，是工作时间的基本形式。

2. 工作时间不限于实际工作时间

工作时间的范围，不仅包括劳动者的作业时间，还包括劳动者进行劳动必要的准备工作时间、结束工作时间以及法定劳动消耗时间。其中，法定非劳动消耗时间是指劳动者自然中断的时间、工作过程需要中断的时间、停工待活时间、女职工哺乳婴儿时间、出差时间等等。此外，工作时间还包括依据法律、法规或单位行政安排劳动者离岗从事其他活动的时间。

3. 工作时间是用人单位计发劳动者报酬的依据之一

劳动者按照劳动合同约定的时间提供劳动，即可以获得相应的工资福利待遇。劳动者加班加点的，可依法获得加班加点工资。

4. 工作时间的长度由国家法律直接规定，或由用人单位的集体合同或劳动合同直接规定

工作时间分为标准工作时间、计件工作时间和其他工作时间。标准工作时间，是指国家法律规定的，在正常情况下，一般职工从事工作或者劳动的时间。国家实行劳动者每日工作时间不超过 8 小时、平均每周工作时间不超过 40 小时的工作制度。

计件工作时间，是指以劳动者完成一定劳动定额为标准的工作时间。对实际计件工作的劳动者，用人单位应当根据《劳动法》的有关规定合理地确立劳动定额和计件报酬标准。

其他工作时间，是指用人单位因自身特点不能实行标准工作时间的，经劳动行政部门批准，可以实行其他工作时间。目前其他工作时间主要有：在特殊情况下，对劳动者缩短工作时间，或分别以周、月、季、年为周期综合计算工作时间长度，或采取每日没有固定工作时数的工时形式等。

5. 劳动者或用人单位不遵守工作时间的规定或约定，要承担相应的法律责任

按照国家相关法律规定，劳动者或用人单位不遵守工作时间的规定或约定，要承担相应的法律责任。用人单位不遵守国家有关工作时间的规定，除了要依法向劳动者支付其标准工作时间之外劳动时间的劳动报酬，给劳动者造成身心伤害的，还要依法进行赔偿，情节严重的，甚至会追究用人单位的法律责任。劳动者不遵守国家有关工作时间的规定或者用人单位有关工作时间的规定的，用人单位将会按照其劳动规章制度的有关规定，对劳动者给予纪律处分，严重者用人单位还将会依法解除劳动合同。

（三）工作时间的种类

我国《劳动法》规定的工时制度有三种，即标准工时工作制（标准工时制）、综合计算工时工作制（综合工时制）和不定时工作制（不定时工时制）。根据《劳动法》和《国务院关于职工工作时间的规定》（国务院令第 174 号）的规定，我国目前实行劳动者每日工作 8 小时，每周工作 40 小时这一标准工时制。有条件的企业应实行标准工

时制。有些企业因工作性质和生产特点不能实行标准工时制，应保证劳动者每天工作不超过 8 小时、每周工作不超过 44 小时、每周至少休息一天。

按照工作时间的性质和特点，工作时间主要可以分为以下五种类型：

1. 标准工作时间（标准工时）

标准工作时间是指国家法律规定的、在一般情况下普遍适用的、按照正常作息办法安排的工作日和工作周的工时制度，简称为标准工时。我国的标准工时为劳动者每日工作 8 小时，平均每周工作 40 小时，每周至少一天休息日。实行计件工作的劳动者，用人单位应当根据每日工作不超过 8 小时、平均每周工作不超过 44 小时的工时制度，并合理确定其劳动定额和计件报酬标准。

2. 缩短工作时间

缩短工作时间是指法律规定的在特殊情况下劳动者的工作时间长度少于标准工作时间的工时制度，即每日工作少于 8 小时。缩短工作日主要适用于：

（1）从事矿山井下、高温、有毒有害、特别繁重或过度紧张等劳动作业的劳动者；

（2）从事夜班工作的劳动者；

（3）哺乳期内的女职工。

3. 延长工作时间

延长工作时间是指超过标准工作日的工作时间，即日工作时间超过 8 小时、每周工作时间超过 40 小时的工作时间。换句话说，所谓延长工作时间是指在企业执行的工作时间制度的基础之上的加班加点。用人单位延长工作时间，必须要符合国家相关法律、法规的规定。任何用人单位和个人不得擅自延长职工工作时间。用人单位由于生产经营需要，可根据《劳动法》第四十一条的规定，经与工会和劳动者协商（协商是企业决定延长工作时间的程序）后可以延长工作时间。

4. 不定时工作时间

（1）什么是不定时工时制。不定时工作制是相对标准工时工作制而言的一种特殊的工时制度。也称为不定时工作制。它是指因工作性质、特点或工作职责的限制，无法按标准工作时间衡量或是需要机动作业的职工所采用的，劳动者每一工作日没有固定的上下班时间限制的工作时间制度，也是我国现行的基本工作时间制度之一。

对于实行不定时工作制的职工，用人单位应按《劳动法》的规定，参照标准工时制核定工作量并采用弹性工作时间等适当方式，确保职工的休息休假权利和生产、工作任务的完成。企业中的高级管理人员、外勤人员、推销人员、部分值班人员和其他因工作无法按标准工作时间衡量的职工可以实行不定时工作制。

（2）我国有关不定时工时制的法律规定。《劳动法》第三十九条规定："企业因生产特点不能实行本法第三十六条、第三十八条规定的，经劳动行政部门批准，可以实行其他工作和休息办法。"

根据原劳动部《关于企业实行不定时工作制和综合计算工时工作制的审批办法》（劳部发［1994］503 号）的规定，不定时工作制是指每一工作日没有固定的上下班时间限制的工作时间制度。它是针对因生产特点、工作特殊需要或职责范围的关系，无法按标准工作时间衡量或需要机动作业的职工所采用的一种工时制度。经批准实行不定时工作制的职工，不受《劳动法》第四十一条规定的日延长工作时间标准和月延长工作时间标准的限制，但用人单位应采用弹性工作时间等适当的工作和休息方式，确保职工的休息休假权利和生产、工作任务的完成。实行不定时工作制人员不执行加班工资的规定。但是实行不定时工作人员的工作时间仍应按照相关法规文件的规定，平均每天原则上工作 8 小时，每周至少休息 1 天。

（3）不定时工时制的制度特点。第一，经批准实行不定时工作制的职工，不受《劳动法》第四十一条规定的日延长工作时间标准和月延长工作时间标准的限制；第二，实行不定时工作制的职工，用人单位应采取适当的休息方式，确保职工的休息休假权利和生产、工作任务的完成；第三，实行不定时工作制，除法定节假日工作外，其他时间工作不算加班。

（4）不定时工时制的实行条件。根据《劳动部关于企业实行不定时工作制和综合计算工时工作制的审批办法》规定，企业对符合下列条件之一的职工，可以实行不定时工作制：

第一，企业中的高级管理人员、外勤人员、推销人员、部分值班人员和其他因工作无法按标准工作时间衡量的职工；

第二，企业中的长途运输人员，如出租汽车司机和铁路、港口、仓库的部分装卸人员，以及因工作性质特殊需机动作业的职工；

第三，其他因生产特点、工作特殊需要或职责范围的关系，适合实行不定时工作制的职工。

（5）不定时工时制的申请与执行。根据《劳动部关于印发〈关于企业实行不定时工作制和综合计算工时工作制的审批办法〉的通知》（劳部发［1994］503 号）规定，用人单位实行不定时工作制应向劳动保障行政部门提出申请，经审批同意后方可实行。例如，按照《重庆市劳动局关于贯彻〈国务院关于职工工作时间的规定〉有关问题的通知》（渝劳办发［2000］280 号）等有关文件规定，重庆市市级国有及国有控股企业、主城区的合资外资企业以及在市工商行政管理部门登记的无主管部门的企业应报市劳动保障局审批；其他企业则由各区县（自治县、市）劳动保障局审批。申报时需向劳动保障行政部门提交书面申请，内容包括：① 申请执行何种工时工作制度；② 执行该工时工作制度的理由；③ 执行该工时工作制度的工种、岗位。

需要特别指出的是，企业不可约定出差时实行不定时工作制，非出差上班期间实行标准工作制。因为相关法规仅允许对不同员工实行不同的工时制，不允许针对一个职工实行两个以上的工时制。此外，根据劳动部颁布的《工资支付暂行规定》第十三条规定，实行不定时工作制的劳动者，不执行普通用人单位加班工资计算的相关规定。而各地区可以辅以出台适合本地情况的地方法规。

5. 综合计算工作时间

（1）什么是综合计算工时工作制。综合计算工时工作制又称为综合工时制，是指分别以周、月、季、年等为周期，综合计算工作时间，但其平均工作时间和平均周工作时间应与法定标准工作时间基本相同。

对于实行综合工时制的劳动者，企业应当根据标准工时制合理确定劳动者的劳动定额或其他考核标准，以便安排劳动者休息。其工资由企业按照本单位的工资制度和工资分配办法，分别以月、季、年等为周期，综合计算工作时间，但其平均日工作时间和平均周工作时间应与法定标准工作时间基本相同。也就是说，在综合计算周期内，某一具体日（或周）的实际工作时间可以超过 8 小时（或者 40 小时），但综合计算周期内的总实际工作时间不应超过总法定标准工作时间，超过部分应视为延长工作时间按《劳动法》的规定支付报酬，其中法定休假日安排劳动者工作的，按《劳动法》的规定支付报酬。而且，延长工作时间的小时数平均每月不得超过 36 小时。如果在整个综合计算周期内的实际平均工作时间总数不超过该周期法定标准工作时间总数，只是该综合计算周期内的某一具体日（或周、或月、或季）超过法定标准工作时间，其不超过部分不应视为延长工作时间。劳动报酬根据劳动者的实际工作时间和完成劳动定额情况计发。对于符合带薪年休假条件的劳动者，企业要安排其享受带薪年休假。

（2）实行综合计算工时工作制的条件。根据《关于企业实行不定时工作制和综合计算工时工作制的审批办法》（劳部发［1994］503 号）规定，对符合下列条件之一的职工，经当地劳动部门批准，可以实行综合计算工作时间：① 交通、铁路、邮电、水运、航空、渔业等行业中因工作性质特殊，需连续作业的职工；② 地质及资源勘探、建筑、制盐、制糖、旅游等受季节和自然条件限制的行业的部分职工；③ 其他适合实行综合计算工时工作制的职工。

（3）实行综合计算工时工作制的审批。申请实行综合计算工时工作制的企业，应当符合以下条件：① 企业用工管理规范，与所有劳动者依法签订劳动合同、参加社会保险；② 企业能够明确实行不定时和综合计算工时工作制的实施范围，涉及的岗位、工种及人数应当清晰，同时征得工会同意，并广泛听取职工意见；③ 能够依法建立健全包括实行不定时工作制或综合计算工时工作制和工资支付制度在内的各项劳动保障规章制度；④ 企业的劳动保护和安全卫生条件符合规定标准，并能够采取积极措施，切实保护职工身心健康。

企业申请实行综合计算工时工作制，应当向劳动保障行政部门提供以下材料：① 企业营业执照、劳动和社会保障登记证及社会保险登记证副本和复印件；② 企业申请实行特殊工时工作制的报告和企业工会或职代会的审议意见；③《企业特殊工时工作制申报表》（含：实施范围，申报岗位、工种，人数，主管部门意见等）；④ 与企业实行不定时工作制或综合计算工时制相关的工资支付制度及保护职工休息休假权利的实施方案等规章制度；⑤ 企业实行特殊工时工作制的职工花名册及其社会保险费缴费证明；⑥ 其他依法应当提供的证明材料。

需要指出的是，无论是实行不定时工作制还是实行综合计算工时工作制的企业，都应当根据国家劳动法律的有关规定，与企业工会和劳动者进行平等协商，履行法定审批手续，在保障职工身体健康并充分听取职工意见的基础上，采用集中工作、集中休息、轮流调休、弹性工作时间等适当方式，确保职工的休息休假权利和生产、工作任务的完成。

（四）工作时间的计算

1. 制度工作时间的计算

（1）年工作日：根据国家相关法律规定，目前劳动者的年工作日为 250 天，即 365

天－104 天（休息日）－11 天（法定节假日）＝250 天。

（2）季工作日：根据国家相关法律规定，目前劳动者的季工作日为 62.5 天，即 250 天÷4（季）＝62.5 天/季。

（3）月工作日：根据国家相关法律规定，目前劳动者的月工作日为 20.83 天，即 250 天÷12 月＝20.83 天/月。

（4）工作小时数的计算：工作小时数等于月、季、年的工作日乘以每日的 8 小时。即年工作时数为 2 000 小时（8 小时×250）；季工作时数为 500 小时（8 小时×62.5）；月工作时数为 166.7 小时（8 小时×20.83）。

2. 日工资、小时工资的折算

按照《劳动法》第五十一条的规定，法定节假日用人单位应当依法支付工资，即折算日工资、小时工资时不应剔除国家规定的 11 天法定节假日。据此，日工资、小时工资的折算为：

（1）月计薪天数＝（365 天－104 天）÷12 月＝21.75 天。

（2）日工资：月工资收入÷月计薪天数＝月工资收入÷21.75（天）。

（3）小时工资：月工资收入÷（月计薪天数×8 小时）＝月工资收入÷174（小时）。

二、休息时间

（一）休息时间的含义

休息时间是指劳动者在法定工作时间以外，自行支配的时间。许多国家在劳动法规中都规定了劳动者的休息时间。有些国家还把它作为公民的一项重要权利规定在宪法中。

国外许多国家大多是从如何获取最大限度的利润来考虑劳动者的休息时间的。当代发达的资本主义国家一般实行每周工作 40 小时的 5 天工作周的工作时间制度，虽然在工作时间内的劳动强度增加了，但相对地增加了职工的休息时间。

我国关于休息时间制度的规定，除根据生产力发展水平并考虑生产迅速发展的需要外，还全面考虑了劳动者身体健康的需要及各种精神上、社会上的需要。我国历次颁布的宪法中，都有关于劳动者享有休息权的规定。1982 年《宪法》中规定："中华人民共和国劳动者有休息的权利。国家发展劳动者休息和休养的设施，规定职工的工作时间和休假制度。"在有关的劳动法律法规中，还具体规定了各种休息时间制度，并严格限制加班加点。

（二）休息时间的种类

现代各国劳动法律法规等规定的休息时间主要有三种：

1. 间歇时间，指在每个工作日内，给职工休息和吃饭的时间。间歇时间一般不包括在工作时间之内。

2. 每日的休息时间，指两个工作日之间的休息时间。

3. 休假，指劳动者享有保留工资、保留职务的休息假期，包括公休假日、节日、年休假等。公休假日指每一工作周给予的休假日。节日指每年的例假，又称法定假日，如各国的国庆节等。在我国，根据 1949 年政务院公布的《全国年节及纪念日放假办法》的规定，属于全体人民的节日有新年、春节、劳动节、国庆纪念日，属于部分人民的节日有妇女节、青年节以及少数民族的节日等。

年休假指每年的休假，即职工每年在一定时期内享有的连续休息时间，其中包括每个职工享有的基本休假，和从事一定种类工作或具备一定条件的职工所享有的除基本休假外的补加休假（亦称补充休假）。

（三）休假制度

实行职工带薪年休假（以下简称年休假）制度，是世界各国劳动制度的普遍做法。我国也高度重视职工的年休假制度建设。1991 年 6 月，国务院下发了《关于职工休假问题的通知》，规定各级党政机关、人民团体和企事业单位，在确保完成工作、生产任务，不另增加编制和定员的前提下，可以安排职工的年休假，职工年休假的天数要根据各类人员的资历、岗位等不同情况有所区别，最多不得超过两周。全国人大常委会 1994 年 7 月制定的《劳动法》和 2005 年 4 月制定的《公务员法》，都对职工休假事项做了原则规定，职工的休息权利也得到了一定程度的保障。但是，从近年来的劳动实践来看，也还存在一些问题，其主要表现在：目前已经实行年休假制度的仅是机关、事业单位和一部分团体、企业，还有相当一部分企业、团体以及有雇工的个体工商户没有实行年休假；在已经实行年休假制度的单位，由于工作繁忙等原因，许多职工实际上多年享受不到年休假待遇；职工因单位工作需要未能享受年休假的，也没有得到相应的经济补偿。随着我国经济社会的发展，广大职工和社会各界普遍呼吁尽快健全我国的职工年休假制度。2007 年 8 月，国务院法制办公室（以下简称“法制办”）根据国务院常务会议精神，约请有关部门共同研究，起草了《职工带薪年休假条例（草案）》，通过报纸、网络等新闻媒体将草案征求意见稿全文公布，广泛征求社会公众的意见。根据反馈意见和建议对《职工带薪年休假条例（草案）》做了修改完善，报经国务院常务会议审议通过予以公布。

《职工带薪年休假条例》于 2007 年 12 月 7 日国务院第 198 次常务会议通过，自 2008 年 1 月 1 日起施行。随后又颁布实施了《企业职工带薪年休假实施办法》。

1. 享受带薪休假的范围

休息权是我国宪法规定的公民权利，劳动者应当平等享有。为了平等保护各类职工的休息休假权利，充分调动广大职工的工作积极性，《职工带薪年休假条例》对各类用人单位实行广覆盖，规定：机关、团体、企业、事业单位、民办非企业单位、有雇工的个体工商户等单位的职工连续工作 1 年以上的，享受带薪年休假。单位应当保证职工享受年休假。

2. 带薪休假的天数

年休假天数应当与我国现阶段的经济社会发展水平和企业等单位的承受能力相适应。因此，《职工带薪年休假条例》规定：职工累计工作已满 1 年不满 10 年的，年休假 5 天；已满 10 年不满 20 年的，年休假 10 天；已满 20 年的，年休假 15 天。与此同时，《职工带薪年休假条例》还规定，国家法定休假日、休息日不计入年休假假期。

3. 未休年假的处理

目前，确有部分职工因工作需要不能够休年休假。为了保障这部分职工的权益，

《职工带薪年休假条例》规定职工因工作原因未能享受年休假的，单位除正常支付工资收入外，还要支付相应的补偿。对于补偿的标准，《职工带薪年休假条例》规定，单位确因工作需要不能安排职工休年休假的，经职工本人同意，可以不安排职工休年休假。对职工应休未休的年休假天数，单位应当按照该职工日工资收入的300%支付年休假工资报酬。

4. 年假与其他休假的关系

目前，我国职工可以享受的其他休假主要有：寒暑假、探亲假、病假、事假等。《职工带薪年休假条例》对年休假与这些休假的关系做了明确规定：

（1）年休假与寒暑假。在我国，学校一直实行寒暑假制度，教职员工享受的寒暑假天数（寒假2至3周，暑假5至6周）远远超过《职工带薪年休假条例》规定的年休假天数。因此，《职工带薪年休假条例》规定，职工依法享受寒暑假，其休假天数多于年休假天数的，不享受当年的年休假。

（2）年休假与病、事假。在保障职工年休假权利的同时，也要保证单位正常的工作秩序，对于较长时间休病假、请事假的职工，不应当再享受年休假待遇。因此，《职工带薪年休假条例》规定，职工请事假累计20天以上，而且单位按照规定不扣工资的，不享受当年的年休假；累计工作满1年不满10年的职工请病假累计2个月以上的，累计工作满10年不满20年的职工请病假累计3个月以上的，累计工作满20年以上的职工请病假累计4个月以上的，不享受当年的年休假。

（3）年休假与探亲假。探亲假与年休假是两种功能不同的休假制度，不应互相冲抵。据此，《职工带薪年休假条例》删去了征求意见稿中关于探亲假冲抵年休假的规定。

5. 对年休假执行的监督机制

为了将年休假制度落到实处，《职工带薪年休假条例》对年休假的监督机制做了三个方面的规定：一是，县级以上地方人民政府人事部门、劳动保障部门应当依据职权对单位执行《职工带薪年休假条例》的情况主动进行监督检查。二是，工会组织依法维护职工的年休假权利。三是，单位不安排职工休年休假又不依照《职工带薪年休假条例》规定给予年休假工资报酬的，由县级以上地方人民政府人事部门或者劳动保障部门依据职权责令限期改正；对逾期不改正的，除责令该单位支付年休假工资报酬外，单位还应当按照年休假工资报酬的数额向职工加付赔偿金；对拒不支付年休假工资报酬、赔偿金的，属于公务员和参照公务员法管理的人员所在单位的，对直接负责的主管人员以及其他直接责任人员依法给予处分；属于其他单位的，由劳动保障部门、人事部门或者职工申请人民法院强制执行。

（四）国家法定节假日

法定节假日是指根据各国、各民族的风俗习惯或纪念要求，由国家法律统一规定的用以进行庆祝及度假的休息时间。法定节假日制度是国家政治、经济、文化制度的重要反映，涉及经济社会的多个方面，涉及广大人民群众的切身利益。法定节假日的休假安排，为居民出行、购物和休闲提供了时间上的便利，为拉动内需、促进经济增长做出了积极贡献。

1. 节假日的种类

各国对法定节假日的规定不太一样。《劳动法》（不包括香港特别行政区、澳门特别行政区和台湾省的法定节假日）第四十条规定：用人单位在元旦，春节，国际劳动节，国庆节，法律、法规规定的其他休假节日，应当依法安排劳动者休假。

根据国务院发布的《全国年节及纪念日放假办法》（国务院令第 270 号）规定，我国法定节假日包括三类。

（1）第一类为全体公民的节假日。根据 2011 年《全国年节及纪念日放假办法》第二条中的规定，国家节假日结合其最近的休息日，主要节假日及其放假天数如下：① 元旦，放假 3 天（1 月 1 日、2 日、3 日）；② 春节，放假 7 天（农历除夕、正月初一、初二、初三、初四、初五、初六）；③ 清明节，放假 3 天（农历清明当日、第二日、第三日）；④ 劳动节，放假 3 天；⑤ 端午节，放假 3 天；⑥ 中秋节，放假 3 天；⑦ 国庆节，放假 7 天（10 月 1 日、2 日、3 日、4 日、5 日、6 日、7 日）。

（2）第二类为部分公民的节假日。主要包括：妇女节（3 月 8 日，妇女放假半天）、青年节（5 月 4 日，14 周岁以上 28 周岁以下的青年放假半天）、儿童节（6 月 1 日，14 周岁以下的少年儿童放假 1 天）、中国人民解放军建军纪念日（8 月 1 日，现役军人放假半天）。

（3）第三类为少数民族节日。我国是一个多民族的国家，大多数少数民族都有自己的节日。具体节日由各少数民族聚居地区的地方人民政府，按照各该民族习惯，规定放假日期。

根据国家有关规定，用人单位在除了全体公民放假的节日外的其他休假节日，也应当安排劳动者休假。

根据国家有关规定，全体公民放假的假日，如果适逢星期六、星期日，应当在工作日补假。部分公民放假的假日，如果适逢星期六、星期日，则不补假。

另外，二七纪念日、五卅纪念日、七七抗战纪念日、九三抗战胜利纪念日、九一八纪念日、教师节、护士节、记者节、植树节等其他节日、纪念日，均不放假。我国传统的农历重阳节等其他节日，也不放假。

2. 国家法定节假日工作计算

劳动和社会保障部 2008 年 1 月 10 日发布通知，按照最新的《全国年节及纪念日放假办法》，节日假期由原来的 10 天增设为 11 天后，职工全年约平均制度工作天数和工资折算办法分别有所调整。这次调整首次应用“月计薪天数”（21.75 天）代替此前的“月工作日”（20.92 天）来计算加班费基数，因此劳动者节假日的加班费与此前相比略有减少。

劳动和社会保障部 2008 年 1 月 10 日下发《关于职工全年月平均工作时间和工资折算问题的通知》（下简称《通知》），根据《全国年节及纪念日放假办法》的规定，劳动者的制度工作时间（即全年总天数减去休息日及法定节假日）由此前的 251 天减少为 250 天，则每月工作日由目前的 20.92 天调整为 20.83 天。

该《通知》还首次提出一个“月计薪天数”的概念，用以计算日工资、小时工资，而俗称的节假日加班三薪、公休日加班双薪正是以日工资、小时工资为计算基数。《通知》明确指出，按照《劳动法》第五十一条的规定，法定节假日用人单位应当依法支付工资，也就是说11个节假日即使不上班也应计薪，除去不计薪的104个双休日，月计薪天数应为（365－104）÷12，即21.75天，再由月工资收入除以21.75得出日工资水平。

3. 我国国家法定节假日的发展历史

1995年5月，我国开始实行每周5天工作制。

1999年9月18日，国务院发布《全国年节及纪念日放假办法》，决定增加公众法定休假日。春节、“五一”和“十一”法定休假3天，再加上调整的前后两个双休日，就形成了每年3个连续7天的长假，使中国人每年的法定休息日达到了114天。而每个长假掀起的旅游消费热也逐渐成为我国经济生活的新亮点，7天长假被人们称为黄金周。

2004年2月27日，中国人民大学校长建议增加传统节日为法定假日，取消黄金周，强化春节长假。

2005年6月，中央部门发布文件详细说明增设除夕、元宵、清明、端午和中秋节的重要性。

2007年1月22日，国家发改委到中国人民大学听取增加中国传统节日为法定假日的意见。2007年2月，调整国家法定节假日进入征求意见阶段，法定节假日调整呼之欲出，新华社发表长文深度分析黄金周调整的政策背景。2007年11月9日，国家法定节假日调整研究小组的方案在人民网、新华网、国家发展和改革委员会网站以及新浪、搜狐等网站上予以公布，开展民意调查。

2007年国家法定节假日制度调整方案体现了以下原则：一是法定休假日天数要与经济社会发展阶段相适应；二是法定节假日安排要有利于弘扬和传承民族传统文化；三是节假日制度安排要尽量减少对经济社会运行的影响和冲击；四是休假制度安排要体现社会公平，让全体公民共享经济社会发展的成果；五是法定节假日调整和带薪休假制度安排要充分考虑到国民旅游需求。

三、加班及其管理

（一）加班的含义

在规定的工作时间外继续工作就叫“加班”。加班是职工在法定节日或公休假日从事工作的时间。

加班，广义上说即延长工作时间，是指用人单位在劳动者完成劳动定额或规定的工作任务后，根据生产或工作需要安排劳动者在法定工作时间以外工作。狭义上说，加班仅指按用人单位的要求，在法定节日、公休假日内进行工作；而在工作日法定标准工作时间以外进行工作的叫加点。

无论加班还是加点，都是员工超出正常工作时间，在原本应该休息的时间内进行的工作，是工作时间在休息时间中的延伸。为了保护员工的休息权，国家对加班加点进行了严格的限制，规定了延长工时的程序及上限。

根据《劳动法》有关规定，加班一般指用人单位由于生产经营需要，经与工会和劳动者协商后，安排劳动者在法定工作时间以外工作。为了保护员工的休息权，国家对加班加点进行了严格的限制。一般每日不得超过 1 小时；特殊原因情况下每日不得超过 3 小时，且每月不得超过 36 小时。需要注意的是，加班是建立在用人单位与劳动者协商基础上的，用人单位不得强迫员工加班，员工也无权单方面决定加班。

截止到目前，许多调查都显示，我国 80% 的企业存在着加班现象，而许多农民工更是一天工作 12 个小时至 13 个小时，甚至还有 13 至 16 小时。中国社科院文献出版社出版的 2006 年人才蓝皮书《中国人才发展报告 NO. 3》指出，中国已成为全球工作时间最长的国家之一，人均劳动时间已超过日本和韩国。而且绝大多数职工拿不到《劳动法》规定的加班工资。

（二）国外有关加班的规定

1. 西方相关劳动理论对加班问题的理解

按照西方相关劳动理论，劳动者大致可以分为两种，即直接生产人员和间接生产人员。所谓的直接生产人员，是指那些其工作依赖于工作场所和劳动工具的劳动者。换句话说，直接生产人员是离开工作场所和劳动工具就无法进行劳动的劳动者，比如工厂生产线上的工人、技术员等。这类人员大多是我们所说的体力劳动者。所谓的间接生产人员，则是指那些其工作不依赖于工作场所和劳动工具的劳动者。换句话说，间接生产人员的工作不受工作场所和劳动工具的限制，比如企业的管理人员，特别是企业的高层管理人员等，他们即使离开了工作场所以及在每天的 8 小时之外，他们也可能仍在继续工作，如在家思考一项工作计划、准备明天的战略会议议程等。这类人员大多是我们所说的脑力劳动者。

对于这两类劳动者，基于他们的工作性质和外部劳动力市场上人才的供求状况，西方主要通过不同的薪资政策来进行调节。对于直接生产人员（即体力劳动者），由于他们的工作相对来说比较简单，外部劳动力市场人才供应又比较充足，因而他们的薪资一般不高。而对于间接生产人员（即脑力劳动者），由于他们的工作比较复杂，外部劳动力市场人才供应又相对有限，因而他们的薪资相对较高。这种相对较高的薪资待遇，按照西方相关劳动理论，还包含了他们因工作性质不受工作场所限制而额外付出的劳动报酬。也就是说，他们的薪酬之所以要远远高于直接生产人员，还因为他们的工作往往不受每天 8 小时工作时间的限制，他们经常长于 8 小时的工作时间必须要在薪酬中得到体现。

由此可见，按照西方的相关劳动理论，只有直接生产人员加班，企业才依法支付加班费；而间接生产人员加班，企业是可以不支付加班费的，尤其是企业的高层管理者。而按照我们国家的加班政策，如果企业没有申请特殊工时制度，企业的任何员工，只要在 8 小时外的时间为企业提供了劳动，都可以依法要求企业支付加班费。很显然，企业的高层管理者（如 CEO）主张加班费具有明显的不合理性，因为他们如果愿意证明，每天除了睡觉之外，他们几乎都在工作，没有一天是例外。这样的话，他们的加班费该如何计算呢？

2. 国外对加班问题的劳动立法概述

《日本劳动标准法》第三十六条规定："如雇主与本企业中超过一半以上的人员所组成的工会签订协定，或因无此种工会而与超过半数工人的代表签订协定，并已呈报行政官厅时，可不顾休息日的规定，而根据协定的规定延长工作时间，并允许在休息日工作。但井下工作或其他命令规定为有害健康的工作，其延长时间不得超过两小时。”并且还规定“应尽可能符合本法的标准，并不妨害工人的健康和福利”。

《加拿大劳工（标准）法》第九条规定，雇主或雇主组织在向劳工部长提出要求安排加班加点的充分的理由后，由部长对有关实业单位雇佣职工的条件和对职工的福利进行研究后，可以授予书面许可证，准许其工作时间超出一般规定，并在许可证中列明许可持续的时间及加班加点总数，并设定了雇主的报告义务。

德国对劳工权益的保护措施中很重要的一点就是对加班工作时间的规定，其立法详细列举了可以突破 8 小时工作日的特殊情况：（1）在正常经营下，不能或很困难做的清理和维修工作，或机器重新启动或连续工作必需的清理和维修工作，日常工作时间可以延长 2 小时；（2）当商店关门时，还有顾客正在接受服务，工作时间包括清扫时间可以超过 30 分钟，但一天最多工作 10 小时；（3）集体协议可延长工作时间为一天 10 小时，如果雇员通常并在很大程度上处于待命状态，工作时间可进一步延长；（4）紧急情况下，工业监察员可允许工作日延长到一天 10 小时。

法国的劳动法令对每年加班限额进行了限制，每年可以加班的时间应事先通知劳动监察员，或在设有企业委员会的场合，现通知企业委员会。1982 年颁发的法令规定每一位雇员每年加班工时限额为 130 小时。在上述限额之外进行加班，必须先由劳动监察员征求企业委员会的意见（没有企业委员会时，征求员工代表的意见），才能批准企业在一定范围内加班。

纵观日本、加拿大、德国和法国有关加班问题的立法概况，各国均对加班的条件进行了严格的限制，但也不排除在某些特殊情况下，经过特定程序的审批，企业可以适当延长工作时间。

（三）我国有关加班的相关法律规定

我国《劳动法》第三十六条规定：“国家实行劳动者每日工作时间不超过 8 小时、平均每周工作时间不超过 44 小时的工时制度。”

第三十七条规定：“对实行计件工作的劳动者，用人单位应当根据本法第三十六条规定的工时制度合理确定其劳动定额和计件报酬标准。”

第三十八条规定：“用人单位应当保证劳动者每周至少休息一日。”

第三十九条规定：“企业因生产特点不能实行本法第三十六条、第三十八条规定的，经劳动行政部门批准，可以实行其他工作和休息办法。”

第四十条规定：“用人单位在下列节日期间应当依法安排劳动者休假：（一）元旦；（二）春节；（三）国际劳动节；（四）国庆节；（五）法律、法规规定的其他休假节日。”

第四十一条规定：“用人单位由于生产经营需要，经与工会和劳动者协商后可以延长工作时间，一般每日不得超过一小时；因特殊原因需要延长工作时间的，在保障劳动者身体健康的条件下延长工作时间每日不得超过三小时，但是每月不得超过三十六小时。”

第四十二条规定：“有下列情形之一的，延长工作时间不受本法第四十一条规定的限制：（一）发生自然灾害、事故或者因其他原因，威胁劳动者生命健康和财产安全，需要紧急处理的；（二）生产设备、交通运输线路、公共设施发生故障，影响生产和公众利益，必须及时抢修的；（三）法律、行政法规规定的其他情形。”

第四十三条规定：“用人单位不得违反本法规定延长劳动者的工作时间。”

第四十四条规定：“有下列情形之一的，用人单位应当按照下列标准支付高于劳动者正常工作时间工资的工资报酬：（一）安排劳动者延长工作时间的，支付不低于工资的百分之一百五十的工资报酬；（二）休息日安排劳动者工作又不能安排补休的，支付不低于工资的百分之二百的工资报酬；（三）法定休假日安排劳动者工作的，支付不低于工资的百分之三百的工资报酬。”

第四十五条规定：“国家实行带薪年休假制度。劳动者连续工作一年以上的，享受带薪年休假。具体办法由国务院规定。”

（四）加班补偿

1. 标准工时制下加班补偿

用人单位依法安排劳动者在标准工作时间以外工作的，应当按照下列标准支付加班加点工资：

（1）在日标准工作时间以外延长工作时间的，应按照不低于小时工资基数的150%支付加班工资。需要指出的是，加班的长度是有法律限制的。用人单位与劳动者协商后可以延长工作时间，一般每日不得超过1小时；因特殊原因需要延长工作时间的，在保障劳动者身体健康的条件下延长工作时间每日不得超过3小时，但是每月不得超过36小时。超过这个标准是法律所不允许的，更谈不上加班费的问题了。

（2）在休息日工作的，应当安排其同等时间的补休，不能安排补休的，按照不低于日或者小时工资基数的200%支付加班工资。需要指出的是，休息日并非等同于周六和周日。关于休息日的基本概念，《劳动法》中并没有说休息日一定要安排在双休日（即周六周日），也没有说一周必须有两天休息。这是不少劳动者所误会的。相反，《劳动法》第三十八条明确指出：“用人单位应当保证劳动者每周至少休息一日。”《劳动部关于〈中华人民共和国劳动法〉若干条文的说明》补充规定：“本条应理解为：用人单位必须保证劳动者每周至少有一次24小时不间断的休息。”可见，用人单位在一周内可以安排劳动者在任何一天进行休息均可。实际上，工作时间的限制才是判断是否时加班的重要标准。我国相关法律明确规定，国家实行劳动者每日工作时间不超过8小时，平均每周工作时间不超过40小时的工时制度。超过这个标准的，无论用人单位是否叫加班，都应该认为是加班。

（3）在法定节假日工作的，应当按照不低于日或者小时工资基数的300%支付加班工资。需要指出的是，劳动者在普通休息日加班，用人单位既可以选择安排员工补休，不支付加班工资，也可以不另外安排补休，按不低于其日工资200%支付加班工资。用人单位在法定休假日安排劳动者工作的，是不能以安排补休代替支付加班工资的。因为国家法定休假日对于劳动者来说，其休息有着比往常休息日更为重要的意义，它影响了劳动者的精神文体生活和其他社会活动，这是用补休的方法无法弥补的。此外，如果劳动者在青年节、妇女节等部分公民放假的节假日加班，按照国务院《全国年节及纪念日放假办法》的规定，在部分公民放假的节日期间，对参加社会或单位组织庆祝活动和照常工作的职工，单位应支付工作报酬，但不支付加班工资。也就是不将在此期间的工作作为加班看待。如果该节日恰逢休息日则工作应按加班处理。

计算加班工资的基数应以按劳动合同约定的劳动者本人的工资标准确定；劳动合同没有约定的，按集体合同约定的加班工资基数确定；劳动合同、集体合同均未约定的，按劳动者本人正常劳动应得的工资确定。

2. 除非地方法规有特殊规定，一般来说，经批准实行不定时工作制的劳动者，用人单位可以不支付加班工资

就目前而言，全国绝大多数省市与国家的规定一样，经当地劳动部门批准实行不定时工作制的企业，用人单位可以不支付加班工资。然而少数省市（如上海市）地方政府规定，即使经批准实行不定时工作制的企业，如果职工在国家法定节假日加班，用人单位也需要依法向职工支付加班费。

3. 综合计算工时制的加班补偿

根据劳动部《关于企业实行不定时工作制和综合计算工时工作制的审批办法》第五条的规定和《关于职工工作时间有关问题的复函》规定，综合计算工时工作制采用的是以周、月、季、年等为周期综合计算工作时间，但其平均日工作时间和平均周工作时间应与法定标准工作时间基本相同。也就是说，在综合计算周期内，某一具体日（或周）的实际工作时间可以超过 8 小时（或 40 小时），但综合计算周期内的总体实际工作时间不应超过总法定标准工作时间，超过部分应视为延长工作时间并按《劳动法》第四十四条第一款的规定支付工资报酬。其中法定休假日安排劳动者工作的，按《劳动法》第四十四条第三款的规定支付工资报酬。而且，延长工作时间的小时数平均每月不得超过 36 小时。

4. 实行计时工资制度的加班补偿

根据《劳动法》及《国务院关于职工工作时间的规定》等相关规定，实行计时工资制度的用人单位，其加班工资的支付有着明确的规定。但其前提是“用人单位根据实际需要安排劳动者在法定标准工作时间以外工作”，即由用人单位安排加班的，用人单位才应支付加班工资。如果不是用人单位安排加班，而由劳动者自愿加班的，用人单位依据规定可以不支付加班工资。

5. 员工自愿加班无须支付加班费

自愿加班指的是员工在没有得到用人单位的任何通知，也没有在用人单位处留有任何加班记录情况下自愿延长工作时间的行为。如果员工的加班得到用人单位的追认，成为用人单位安排的加班，用人单位就应该支付加班工资。各用人单位都有自己的员工手册或规章制度，其中关于加班的规定，只要不违反劳动法的规定就是有效的，对员工和用人单位都有约束力。如果用人单位的规章制度中承认这种自愿延长工作时间的行为为加班，或者已在事实上默认了该种行为为加班，且已有支付加班工资的先例，则员工就有权要求用人单位支付加班工资或安排休假。

（1）无论是劳动法还是其他有关的法律法规，在提及延长工时的时候，均使用了“用人单位安排”的表述。《劳动法》第四十一条规定：“单位由于生产经营需要，经与

工会和劳动者协商后可以延长工作时间”，强调的是单位延长工作时间。《上海市劳动保护监察条例》亦规定：“用人单位由于生产经营需要，经与工会和劳动者协商，可以延长工作时间或者在休息日、法定休假日安排劳动者工作。但必须遵守有关延长、增加工作时间的时限规定，并按照规定标准向劳动者支付工资报酬。”强调的还是用人单位由于自身需要而安排员工加班。

（2）在加班的程序上，上述法律法规中均规定，用人单位如果想安排员工加班，必须与员工及工会协商，协商是用人单位安排加班的必经程序。协商，并不是员工要求加班而与用人单位协商，而是用人单位在安排员工加班前与员工及工会的协商。安排加班的主体是用人单位，而不是员工。

（3）从劳动法的立法意图上看，为了限制用人单位侵犯劳动者权利的产生，保护劳动者的合法权益，《劳动法》限制了用人单位延长工作时间的权利，保护员工的休息权。

可见，员工的自愿加班是对自己休息权的主动放弃，而不是被动剥夺。

（五）用人单位违法加班加点要承担的法律责任

工作时间制度是保护劳动者身体健康和劳动过程中安全生产的重要制度，具有强制性，用人单位和劳动者都必须遵照执行。企业不能把劳动者想多挣钱作为理由，让劳动者自愿加班而去违法。

原劳动部《违反〈中华人民共和国劳动法〉行政处罚办法》（劳部发［1994］532号）的规定，对用人单位违法加班加点行为的行政处罚分为这样几种情况：

一是对强迫劳动者延长工作时间的，即用人单位未与工会和劳动者协商，强迫劳动者延长工作时间，县级以上各级人民政府劳动保障行政部门按照规定给予警告，责令改正，并可按每名劳动者每延长工作时间1小时罚款100元以下的标准处罚。

二是对超时延长劳动者工作时间的处罚，用人单位每日延长劳动者工作时间超过3小时或每月延长工作时间超过36小时的，县级以上各级人民政府劳动保障行政部门按照规定给予警告，责令改正，并可按每名劳动者每超过工作时间1小时罚款100元以下的标准处罚。

三是对违法延长怀孕7个月以上和处在哺乳未满1周岁的婴儿期间的女职工工作时间的，应责令改正，并按每侵害一名女职工罚款3000元以下的标准处罚。此外，按照有关规定，如果用人单位违法延长工作时间给劳动者造成损害的，用人单位还应承担相应的赔偿责任。

（六）企业加班管理

每逢节假日，总有一些企业的员工被要求加班；还有些员工因为工作忙，被要求延长工作时间。为了保障劳动者的休息权和身体健康，我国的相关法律严格限制企业延长劳动者的工作时间，《劳动法》明确规定企业不得违反《劳动法》的规定延长劳动者的工作时间。这就是说，一般情况下，企业不得随意安排劳动者加班。

1. 加强和完善企业的加班管理制度

加强和完善企业的加班管理制度是确保一个企业加班合规的重要措施之一。有条件的企业，应当制定企业加班管理制度，使加班管理正规化和科学化。

一般来说，企业的加班管理制度主要包括以下内容：加班管理的意义和目的、加班的原则和程序、加班管理规定、加班补偿标准、处罚等。表4－3－1是某有限公司的加班管理制度，表4－3－2是该有限公司的加班申请表。

表4－3－1　　××××有限公司的加班管理制度

××××有限公司加班管理制度

第一章　总　则

第一条　为规范加班管理，提高工作效率，根据《中华人民共和国劳动法》及其他有关法律法规，结合本公司实际情况，特制定本规定。

第二条　公司非提成人员确因工作需要加班，适用本规定。

第三条　按提成制度结算的销售部员工和厂部的计件员工不适用本规定。

第二章　加班的原则和程序

第四条　加班系指在规定工作时间外，因本身工作需要或主管指定事项，必须继续工作者称为加班。加班分为两种：即计划加班和应急加班。正常工作日内因工作繁忙，需在规定时间外继续工作，称为应急加班。周末或国家法定节假日继续工作，称为计划加班。

第五条　因工作性质特殊，司机、售后、经营、投资部工程师在正常工作日延时工作和周末继续工作一律视为正常上班，不算加班；但国家法定节假日（元旦、春节、五一、十一）继续工作算加班。

第六条　内勤人员（含销售部、售后部、经营部、投资部等）在正常工作日因接待公司客户延时工作视为正常上班，不算加班；但周末和国家法定节假日继续工作算加班。

第七条　员工加班应填写《加班申请单》（附表一），经部门主管同意签字后，送交行政部审核备案，由行政部呈总经理批准后，方可实施加班。

第三章　加班管理规定

第八条　加班人员应提前向行政部递交《加班申请单》（递交时间：工作日应急加班于当天16：00前；周末加班于加班前最后一个星期五的16：00前，国家法定节假日加班则于加班前一周。）；特殊情况不能按时提交者，应由加班人员的部门主管电话通知行政部经理，在正常上班后的第一个工作日17：30前补交。

第九条　本公司人员于休假日或工作时间外因工作需要而被指派加班时，如无特殊理由不得推诿。

第十条　加班时间以0.5小时作为起点记时单位。累计4小时为0.5个工作日，累计8小时为1个工作日，累计12小时为1.5个工作日……依此类推。并以此作为计算加班补贴和调休的依据。（加班时间累计或累计后的零头按四舍五入）

第十一条　已计算加班补贴或调休，奖金中不再作加班系数计算。

第十二条　工作日加班时间最多计4小时/天，周末、国家法定节假日的加班时间最多计8小时/天，且每个月加班时间不得超过36小时，超过者按36小时计。

第十三条　有下列情形之一的，延长工作时间不受本规定第十二条的限制：

（一）发生自然灾害、事故或者因其他原因，威胁员工生命健康和财产安全，需要紧急处理的；

（二）生产设备、公共设施发生故障，影响生产和其他日常运作，必须进行及时抢修的；

第十四条　加班调休应在当年使用完毕，未使用完按放弃处理，不累计到下一年度。

第十五条　常驻公司人员的加班起止时间以打卡为准，外派人员的加班起止时间，以个人提交书面说明，部门主管签字确认为准。

第四章　加班补偿标准

第十六条　加班补偿方式有调休和加班补贴两种，一年内累计加班 15 个工作日（含 15 个工作日）以下，按调休处理；超过 15 个工作日，则根据工作紧张程度和员工本人意愿安排调休或发放加班补贴。

第十七条　调休时间计算：

（一）工作日加班按 1∶1 的比例折算调休时间；

（二）周末和国家法定节假日加班按 1∶1.5 的比例折算调休时间。

第十八条　加班补贴计算：

（一）工作日加班按正常工作日工资 1.5 倍计算加班补贴；

（二）周末加班按正常工作日工资 2 倍计算工资报酬；

（三）国家法定节假日加班按正常工作日工资的 3 倍计算工资报酬。

第五章　罚　则

第十九条　因工作需要而被指派加班时，无特殊理由推诿者，按旷工情节论处。

第二十条　在加班期间迟到、早退者，按正常工作时间的迟到、早退情节 2 倍处罚。

第二十一条　加班期间消极怠工，在指定加班时间内未完成交付的应完成工作者，取消加班补偿，并视情节轻重惩处。

第二十二条　为获取加班补偿，采用不正当手段（如“正常工作时间故意降低工作效率”、“虚增工作任务”等）取得加班机会进行加班者，一经发现并核实，取消加班补偿，并处以 500 元罚款。

第六章　附　则

第二十三条　本规定于××××年×月×日发布，自××××年×月×日起实施，此前公司颁布的相关规定同时废止。本规定由行政部负责解释。

××××有限公司
××××年×月

表 4－3－2　××××有限公司的加班申请单

附录一：

加班申请单

申请部门：　　　　　　　　　　加班人员：

加班日期：××××年×月×日　　　加班时间：　　始至　　止；共　　小时。

加班原因和理由：

部门主管批准（签字）：　　　　行政部批准（签字）：　　　　总经理批准（签字）：
年　月　日　　　　　　　　　　年　月　日　　　　　　　　　　年　月　日

备注：

需要指出的是，由于加班涉及员工的切身利益，按照《劳动合同法》的相关规定，加班管理制度的制定，需要征求企业工会意见或者提交企业职工代表大会讨论。如果企业的加班管理制度的制定没有经过这一民主程序，可能最终会导致企业的加班管理制度的无效。

2. 安排员工加班必须符合相关法律规定

企业安排劳动者加班，依据我国《劳动法》的相关规定，需要注意以下几个问题：

首先，加班的前提条件之一是由于企业的生产经营需要，确实需要而且必须要延长工作时间的。这里，生产经营需要主要是指生产任务紧急，必须连续生产、运输或者经营。

其次，延长工作时间需要与企业工会进行协商，经工会同意。企业决定安排劳动者加班的，应把安排加班的理由、涉及人数、时间长短等情况向工会说明，征得工会同意后，方可延长工作时间。劳动部《关于贯彻执行〈中华人民共和国劳动法〉若干问题的意见》明确规定："协商是企业决定延长工作时间的程序"。协商包括两个方面，一是企业与工会的协商；二是与安排加班的员工协商。如果企业未经协商，强迫员工加班加点，员工则有权对此加以拒绝。

需注意的是，要求员工加班加点必须与员工协商这一程序，一般是在标准工时工作制下必须履行的法定程序。如果企业实行的是综合计算工时制，只要在综合计算工时的周期内，员工的工作时间不超过法定最高工作时间，企业要求员工在既定的工作时间以外上班，就不能视为加班，这时员工应该服从企业的安排，否则企业可以按违纪处理。

再次，加班必须要与劳动者协商，因为加班的前提条件应该是劳动者同意。企业决定安排劳动者加班的，应与劳动者协商，如果劳动者不同意，不可强令其加班。

另外，企业安排加班的时间长度必须符合《劳动法》的限制性规定。根据《劳动法》的规定，企业安排劳动者加班应严格控制延长工作时间的限度，一般每日不得超过 1 小时；因特殊原因需要延长工作时间的，在保障劳动者身体健康的条件下延长工作时间每日不得超过 3 小时，每月不得超过 36 小时。

如果企业违反了上述程序和条件延长员工工作时间，按《劳动法》第九十条的规定，劳动行政部门应给予企业警告，责令其改正，并可以处以罚款。罚款的标准，根据劳动部《违反〈中华人民共和国劳动法〉行政处罚办法》，企业未与工会和劳动者协商，强迫劳动者延长工作时间的，应给予警告，责令改正，并可按每名劳动者每延长工作时间 1 小时罚款 100 元以下的标准处罚。企业每日延长劳动者工作时间超过 3 小时或每月延长工作时间超过 36 小时的，应给予警告，责令改正，并可按每名劳动者每超过工作时间 1 小时罚款 100 元以下的标准处罚。

最后，正常情况下，企业是不得随意要求员工加班的，但出现紧急事件，危害公共安全和公众利益的情况下，法律允许企业延长劳动者工作时间适当地突破上述规定。即：

（1）发生自然灾害、事故或者因其他原因，使人民生命安全健康和财产安全遭到严重威胁，需要紧急处理的；

（2）生产设备、交通运输线路、公共设施发生故障，影响生产和公众利益，必须及时抢修的；

（3）必须利用法定节假日或者公休日的停产期间进行设备检修、保养的；

（4）为完成国防紧急任务，或者完成国家在计划外安排的其他紧急生产任务，以及商业、供销企业在完成收购、运输、加工农副产品紧急任务的；

（5）法律、行政法规规定的其他情形。

当然，国家对加班人员也有一定的限制。根据《劳动法》和国家其他有关规定对女职工和未成年工特殊保护的规定，禁止企业安排未成年工、怀孕女工和哺乳未满12个月婴儿女职工在正常工作日以外加班。

3. 员工加班后要依法安排补休或者支付加班工资

在安排员工加班前，要向员工说明加班后的待遇及安排。按照国家相关法律规定，原则上，安排员工延时加班和休息日加班的，要及时安排员工倒休，以保证员工的休息权和身体健康；安排员工在国家法定节假日加班的，要及时依法向加班员工支付加班费。

需要指出的是，尽管一些企业的加班管理制度中都约定，“加班调休应在当年使用完毕，未使用完按放弃处理，不累计到下一年度”，但在实际执行过程中，应具体情况具体分析。如果确实因为企业的原因而导致员工不能休完调休，应当按照调休的类型依法支付相应的加班费。但如果是因为员工的原因不能休完调休，则按放弃处理，不累计到下一年度。

本章小结

劳动保护是国家和单位为保护劳动者在劳动生产过程中的安全和健康所采取的立法、组织和技术措施的总称。如劳动安全与劳动卫生规程、对女职工和未成年工的特殊保护规定以及劳动保护的管理制度等。本章介绍了劳动保护的定义、意义和主要内容；简述了未成年工的定义以及未成年工保护和女职工保护的相关法律规定；解释了企业应该如何依法保护未成年工和女职工；详解了工作时间、休息休假、国家法定节假日以及加班的定义、分类及国家相关的法律规定；最后，总结了企业应该如何依法加强加班管理。

复习思考题

1. 什么是劳动保护？劳动保护工作的意义是什么？

2. 我国劳动保护的主要内容是什么？

3. 在劳动实践中，企业应该如何依法保护未成年工和女职工的合法权益？

4. 工作时间的种类有哪些？企业中哪些工作职位适合申请综合计算工时制和不定时工时制？

5. 国家有关加班的法律规定有哪些？企业应该如何依法进行加班管理？

案例讨论

劳动者的年休假补偿应该如何计算?

张某于2009年6月毕业于北京某大学，为应届毕业生。2009年7月1日，张某入职北京某房地产公司，于2010年7月30日离职。2010年9月1日张某入职北京某水泥公司，月工资税前人民币3 000元。2011年12月1日张某因个人原因提出辞职，并于当日办理完了工作交接手续。2011年12月10日，张某向北京市某区劳动争议调解中心提出申请，要求北京某水泥公司支付其2010年度和2011年度应休未休年休假工资。

案例思考题:

1. 张某在北京某水泥公司是否有权享受带薪年休假?

2. 如果张某有权享受带薪年休假，那么张某在北京某水泥公司可以享受多少天的带薪年休假?

3. 如果张某有权享受带薪年休假，那么张某可以取得多少应休未休年休假工资?

第五章

与劳动合同变更相关的人事与社会保障法律法规及其管理

学习目标

- 掌握劳动合同变更的定义和变更劳动合同的一般程序
- 掌握可以变更劳动合同的所有情形
- 了解我国有关劳动合同变更的法律规定
- 了解企业在劳动用工实践中应该如何管理劳动合同变更
- 了解我国有关调岗调薪的法律规定及其主要内容
- 了解企业应该如何依法调岗调薪
- 掌握并购的定义、类型、实质和程序
- 了解并购发展的历史和并购理论
- 了解我国有关并购的相关法律规定以及我国的并购实践及评价
- 掌握人力资源管理在企业并购中的角色和作用
- 了解企业并购中被并购企业员工劳动关系的处理

关键概念

劳动合同变更　劳动合同协议变更　劳动合同法定变更　调岗调薪　并购兼并　收购　合并　跨国并购　横向并购　纵向并购　混合并购　善意并购　恶意并购　直接并购　间接并购　强制并购　自由并购　杠杆并购　非杠杆并购　现金购买资产式并购　现金购买股票式并购　股票换取资产式并购　股票互换式并购

第一节 劳动合同变更概述

一、劳动合同变更

（一）什么是劳动合同变更

劳动合同变更是指劳动合同依法订立后，在合同尚未履行或者尚未履行完毕之前，经用人单位和劳动者双方当事人协商同意，对劳动合同内容做部分修改、补充或者删减的法律行为。劳动合同的变更是原劳动合同的派生，是双方已存在的劳动权利义务关系的发展。

劳动合同变更，包括协议变更和法定变更两种情况，协议变更是指双方当事人必须协商一致，达成协议；法定变更是在法律规定的原因出现时，当事人一方可依法提出变更劳动合同（变更的内容也需要当事人双方协商一致）。无论是协议变更，还是法定变更，只限于对劳动合同的某些内容的变更，不能对劳动合同的当事人进行变更。

根据《劳动合同法》第三条和第十六条的相关规定，劳动合同由用人单位与劳动者协调一致，并经用人单位与劳动者在劳动合同文本上签字或者盖章生效。因此，劳动合同一经依法订立，即具有法律约束力，受法律保护，双方当事人应当严格履行，任何一方不得随意变更劳动合同约定的内容。但在，当事人在订立合同时，有时不可能对涉及合同的所有问题都做出明确的规定；合同订立后，在履行劳动合同的过程中，由于社会生活和市场条件的不断变化，订立劳动合同所依据的客观情况发生变化，使得劳动合同难以履行或者难以全面履行，或者合同的履行可能会造成当事人之间权利义务的不平衡，这就需要用人单位和劳动者双方对劳动合同的部分内容进行适当的调整。否则，在劳动合同与实际情况相脱节的情况下，若继续履行，有可能会对当事人的正当利益造成损害。因此，当事人在一定条件下可以变更劳动合同。

双方当事人可以依据有关法律法规的规定，经协商一致，就劳动合同的部分条款进行修改、补充或者删减，通过对双方权利义务关系重新进行调整和规定，使劳动合同适应变化发展了的新情况，从而保证劳动合同的继续履行。

由于劳动合同变更是在原合同的基础上对原劳动合同内容做部分修改、补充或者删减，而不是签订新的劳动合同，因此，原劳动合同未变更的部分仍然有效，变更后的内容就取代了原合同的相关内容，新达成的变更协议条款与原合同中其他条款具有同等法律效力，对双方当事人都有约束力。

（二）劳动合同变更的一般程序

1. 提出变更的要约

提出变更劳动合同的主体可以是企业，也可以是职工，无论哪一方要求变更劳动合同，都应当及时向对方提出变更劳动合同的要求，说明变更合同的理由、变更的内容以及变更的条件，请求对方在一定期限内给予答复。

2. 承诺

合同另一方接到对方的变更请求后，应当及时进行答复，明确告知对方同意或是不同意变更。也就是说，当事人一方得知对方变更劳动合同的要求后，应在对方规定的期限内做出答复，不得对对方提出的变更劳动合同的要求置之不理。

3. 订立书面变更协议

当事人双方就劳动合同变更的内容经过协商，取得一致意见，应当达成变更劳动合同的书面协议，书面协议应指明对哪些条款做出变更，并应订明变更后劳动合同的生效日期，书面协议经双方当事人签字盖章生效，并报企业主管部门或者上级劳动行政部门备案。变更后的劳动合同文本由用人单位和劳动者各执一份。

需要指出的是，平等自愿、协商一致是劳动合同变更的基本要求，用人单位未经劳动者同意强行变更劳动合同属违约行为，应当承担违约责任，造成劳动者损失的，需承担损害赔偿责任。

二、劳动合同可以变更的几种情形

《劳动合同法》实施之后，很多用人单位对无固定期限劳动合同感到恐惧，其实让用人单位真正恐惧的应该是无固定期限劳动合同变更的问题。由于《劳动法》和《劳动合同法》关于劳动合同的变更均奉行“协商一致”的基本原则，这让用人单位在岗位的管理方面很被动，无法适应现实工作的多变性。从理论上讲，只要无固定期限劳动合同中的劳动者不愿意变更工作岗位，其便可以在这个岗位上工作至退休为止。法律对变更劳动合同的严格规定与用人单位经营策略的灵活性构成了一对难以调和的矛盾，须引起用人单位的足够重视。

一般情况下，劳动合同订立后，双方当事人必须认真履行，任何一方不得擅自变更劳动合同。但是，在履行劳动合同的过程中，由于企业生产经营状况的变化，或者职工劳动、生活情况发生变化，也可以变更劳动合同。

对劳动合同主体之外任一内容的变更，在理论上都可称之为劳动合同的变更，比如合同期限、工作内容、工作地点等。但实践中，容易引发纠纷的变更主要体现在工作岗位的变更和劳动报酬的变更方面。当劳动合同出现履行障碍时，法律允许双方当事人在劳动合同的有效期内，对原劳动合同的相关内容进行调整和变更。一般来说，有下列情形之一的，劳动合同双方可以变更已经签订的劳动合同：

（一）用人单位可以单方变更劳动合同的法定情形

1. 劳动者因患病或非因工负伤，在医疗期满后不能从事原工作

根据《劳动合同法》第四十条第（一）项规定，劳动者患病或者非因工负伤，在规定的医疗期满后不能从事原工作，也不能从事由用人单位另行安排的工作的，用人单位可以解除劳动合同。据此，用人单位在符合如下要件时，可以单方面变更劳动者的工作岗位：

（1）劳动者患病或非因工负伤，这里的“患病”应属于非职业病。

（2）法定医疗期满后，劳动者不能从事原工作。依据劳动部《企业职工患病或非因工负伤医疗期的规定》，医疗期是指企业职工因患病或非因工负伤停止工作治病休息不得解除劳动合同的时限。企业职工因患病或者非因工负伤，需要停止工作医疗时，根据本人实际参加工作年限和在本单位工作年限，给予三个月到二十四个月的医疗期。

用人单位适用前述情形变更劳动者工作岗位的，应注意两个问题：一是劳动者患病或非因工负伤而停止工作的，用人单位不能立即变更劳动者的工作岗位，必须在法定医疗期届满后；二是变更工作岗位时应具有合理性，即新岗位与原岗位相比，对劳动者的要求更低、更为轻松（如劳动强度减轻）。

2. 劳动者不能胜任工作

根据《劳动合同法》第四十条第（二）项及劳动部《关于职工因岗位变更与企业发生争议等有关问题的复函》（劳办发［1996］100 号）第一条规定，在劳动者不能胜任工作，经过培训或者调整工作岗位，仍不能胜任工作的，用人单位可以解除劳动合同。据此，如果劳动者被证明不能胜任工作的，用人单位可以调整劳动者的工作岗位。

用人单位以劳动者不能胜任工作为由调整工作岗位的，须对“劳动者不能胜任工作”承担举证责任，相关证据包括：（1）劳动者本人知晓原工作岗位的具体职责内容。（2）考核劳动者是否胜任工作的标准。（3）对劳动者不能胜任工作的具体考核过程，如劳动者的哪些行为与岗位要求不符。若用人单位没有充分的证据对其调整劳动者工作岗位这一举动予以支撑，将会在后续的纠纷中处于不利地位。

3. 劳动者因工负伤，并构成五级、六级伤残

根据《工伤保险条例》第三十四条之规定，职工因工致残被鉴定为五级、六级伤残的，除享受一次性伤残补助金外，还应保留其与用人单位之间的劳动关系，由用人单位安排适当的工作。难以安排工作的，由用人单位按月发给伤残津贴。据此，职工工伤经鉴定构成五级、六级伤残的，用人单位可以将劳动者发生工伤前的工作岗位调整为劳动者能够胜任的新工作岗位。

4. 依劳动合同约定或规章制度规定

此种情形下，用人单位享有单方决定权，即用人单位与劳动者可以在劳动合同中对变更条件和事项做出明确约定，或者用人单位在规章制度中针对劳动合同内容的变更给予规定和说明。当劳动合同约定或规章制度规定的变更条件成立时，用人单位与劳动者可据此对劳动合同内容进行变更。依规章制度规定变更劳动合同内容的前提是该规章制度必须合法并兼具合理性。

（1）用人单位规章制度的制定与实施必须符合法律规定。根据《劳动合同法》第四条规定，用人单位在制定、修改或者决定有关直接涉及劳动者切身利益的规章制度或者重大事项时，应当经职工代表大会或者全体职工讨论，提出方案和意见，与工会或者职工代表平等协商确定，同时应予公示或者告知劳动者，否则，该规章制度将不具备有效性。北京市劳动和社会保障局、北京市高级人民法院《关于劳动争议案件法律适用问题研讨会会议纪要》第三十七条规定，用人单位在《劳动合同法》实施前制定的规章制度，虽未经过《劳动合同法》第四条第二款规定的民主程序，但内容未违反法律、行政法规及政策规定，并已向劳动者公示或告知的，可以作为用人单位用工管理的依据。

（2）用人单位规章制度的制定与实施必须具有合理性。虽然用人单位劳动合同与规章制度中都载明了“用人单位有权根据生产经营的实际情况，调整和安排岗位和工

作内容”，但是如果未明确调整工作岗位的范围和具体事项，用人单位据此调整或者变更劳动者的劳动合同显然不具有合理性，因此在仲裁中难以得到支持。

5. 企业客观情况发生重大变化

因客观情况发生重大变化而变更劳动合同内容，是一种双方行为，须以“协商一致”为要件。《劳动合同法》第四十条第三项及劳动部《关于职工因岗位变更与企业发生争议等有关问题的复函》（劳办发〔1996〕100号）第一条规定，劳动合同订立时所依据的客观情况发生重大变化，致使劳动合同无法履行，经用人单位与劳动者协商，未能就变更劳动合同内容达成协议的，可以解除劳动合同。即当客观情况发生重大变化时，用人单位可与劳动者就变更劳动合同内容进行协商，如果达成了协议，劳动合同内容可予以变更，若不能达成协议，用人单位则有权按法定程序解除劳动合同。

所谓“劳动合同订立时所依据的客观情况发生重大变化”，主要是指：

（1）订立劳动合同所依据的法律、法规已经修改或者废止。劳动合同的签订和履行必须以不得违反法律、法规的规定为前提。如果合同签订时所依据的法律、法规发生修改或者废止，合同如果不变更，就可能出现与法律、法规不相符甚至是违反法律、法规的情况，导致合同因违法而无效。因此，根据法律、法规的变化而变更劳动合同的相关内容是必要而且是必须的。

（2）用人单位方面的原因。用人单位经上级主管部门批准或者根据市场变化决定转产、调整生产任务或者生产经营项目等。在这种情况下，有些工种、产品生产岗位就可能因此而撤销，或者为其他新的工种、岗位所替代，原劳动合同就可能因签订条件的改变而发生变更。

（3）劳动者方面的原因。如劳动者的身体健康状况发生变化、劳动能力部分丧失、所在岗位与其职业技能不相适应、职业技能提高了一定等级等，造成原劳动合同不能履行或者如果继续履行原合同规定的义务对劳动者明显不公平。

（4）客观方面的原因。这种客观原因的出现使得当事人原来在劳动合同中约定的权利义务的履行成为不必要或者不可能。这时应当允许当事人对劳动合同有关内容进行变更。主要情形有：一是由于不可抗力的发生，使得原来合同的履行成为不可能或者失去意义。不可抗力是指当事人所不能预见、不能避免并不能克服的客观情况，如自然灾害、意外事故、战争等。二是由于物价大幅度上升等客观经济情况变化致使劳动合同的履行会花费太大代价而失去经济上的价值。这是民法的情势变更原则在劳动合同履行中的运用。

6. 地方法规、规章规定的可以变更劳动合同的情形

例如《大连市劳动合同规定》第二十二条规定，因劳动合同订立时所依据的法律、法规、规章已经修改或劳动合同订立时所依据的客观情况发生变化，可以变更劳动合同。

（二）协商一致变更劳动合同

除了法定的用人单位可以单方变更劳动合同的情形之外，只能依照双方协商一致的原则进行。

用人单位与劳动者协商是劳动合同内容变更中最普遍的一种情形，也是一种典型的

双方行为。《劳动法》第十七条规定："订立和变更劳动合同，应当遵循平等自愿、协商一致的原则，不得违反法律、行政法规的规定。劳动合同依法订立即具有法律约束力，当事人必须履行劳动合同规定的义务。"《劳动合同法》第三十五条规定："用人单位与劳动者协商一致，可以变更劳动合同约定的内容。变更劳动合同，应当采用书面形式"。协商变更只须用人单位与劳动者双方协商达成一致意见既可，无须其他客观条件，但若双方未经协商或者经协商而未达成一致意见，则不得单方变更劳动合同内容。

第一，劳动合同是劳动关系双方协商达成的协议，当然也可以协商变更。对于劳动合同约定的内容，只要是经双方当事人协商一致而达成的，都可以经协商一致予以变更。

第二，对变更劳动合同，用人单位和劳动者之间应当采取自愿协商的方式，不允许合同的一方当事人未经协商单方变更劳动合同。一方当事人未经对方当事人同意任意改变合同内容的，在法律上是无效行为，变更后的内容对另一方没有约束力，而且这种擅自改变合同的做法也是一种违约行为。

第三，劳动合同的变更只是对原劳动合同的部分内容做修改、补充或者删减，而不是对合同内容的全部变更。对劳动合同所要变更的部分内容，当事人双方通过协商后，必须达成一致的意见。如果在协商过程中，有任何一方当事人不同意所要变更的内容，则就该部分内容的合同变更不能成立，原有的合同依然具有法律效力。

最后，在变更过程中必须遵循与订立劳动合同时同样的原则，即遵循合法、公平、平等自愿、协商一致、诚实信用的原则。

一般来说，协商一致变更劳动合同包括约定变更与即时协商变更两种情形。

1. 约定变更。所谓约定变更，是指用人单位与劳动者在劳动合同中约定可以变更劳动合同的事由，当约定的变更事由出现时，用人单位可以如约变更劳动合同。此种做法只适用于变更事由可以预见的情形，例如，用人单位预计在不久后将搬入 A 地办公，此时在招聘员工时，即可在劳动合同中对合同期内工作地点的变更做出明确约定，当然，约定变更后的工作地点必须是确定的，不能笼统地约定不论工作地点如何变化，用人单位均可变更劳动合同。

2. 即时协商变更。用人单位作为经营者，其面临的市场环境瞬息万变，因此可能会顺应市场要求即时变更劳动合同，此时一定要与劳动者充分沟通，取得劳动者的理解和认可，双方协商一致变更劳动合同。协商的过程要做到书面化，包括向劳动者送达变更意见书，意见书的内容主要包括：变更理由、答复期限、要求劳动者予以书面答复及逾期未答复的后果等。

即时协商变更可能出现的结果主要有：

（1）双方就变更劳动合同达成一致，变更后的劳动合同继续履行，这是最理想的结果；

（2）劳动者未予明确答复，但服从了用人单位的安排，可以认定为劳动者以其行为表明已经同意变更劳动合同。法律依据为最高院《〈关于贯彻执行中华人民共和国民法通则〉若干问题的意见（试行）》第六十六条的规定，"一方当事人向对方当事人提出民事权利的要求，对方未用语言或者文字明确表示意见，但其行为表明已经接受的，可以认定为默示。不作为的默示只有在法律有规定或者当事人双方有约定的情况下，才可以视为意思表示。”

（3）劳动者逾期未予答复，且未服从用人单位安排，此时不能视为劳动者默认同意变更劳动合同。但用人单位与劳动者可以在劳动合同中明确约定：“任何一方要求变更劳动合同的有关内容，都应以书面形式通知对方。被通知方接到通知后，应在15日内做出答复。逾期不答复，视为同意变更劳动合同。”有了这条约定，在劳动者逾期未予答复时，即可视为劳动者同意变更劳动合同。

（4）劳动者明确答复不同意变更劳动合同，此时，用人单位要在与劳动者充分沟通的基础上，权衡继续履行劳动合同与解除劳动合同的经济成本后做出相应的决策。

需要指出的是，双方协商一致，可以对劳动合同的某些条款做出变更，但前提条件是“在不损害国家、集体和他人利益的情况下”。换句话说，如果协商一致所变更的劳动合同内容损害了国家、集体或者他人的利益，这种劳动合同的变更就是一种无效变更。

三、我国有关变更劳动合同的法律规定

（一）变更劳动合同的程序

按照我国相关法律规定，变更劳动合同需要履行一定的程序。例如，北京市劳动局《关于印发〈北京市劳动合同管理办法〉（试行）的通知》（京劳关发［1996］153号）第四条规定，订立劳动合同所依据的客观情况发生重大变化，致使劳动合同无法履行，当事人一方要求变更劳动合同内容，应将变更要求书送交另一方，另一方应在十五日内做出书面答复。经双方协商一致，可以变更劳动合同相关内容。

（二）变更劳动合同的条件

1. 用人单位发生分立、合并、股份转让等情况应变更劳动合同

按照劳动部《关于印发〈关于贯彻执行中华人民共和国劳动法若干问题的意见〉的通知》（劳部发［1995］309号）的相关规定，用人单位发生分立或合并后，分立或合并后的用人单位可依据其实际情况与原用人单位的劳动者遵循平等自愿、协商一致的原则变更原劳动合同。

地方法规如北京市劳动局《关于企业法人名称发生变化后变更劳动合同有关问题的复函（京劳关函［1998］1号）规定，企业因股权转让等原因变更法人名称属企业经济行为，原企业与职工订立的劳动合同仍然有效，但企业应与职工协商变更劳动合同中的法人名称，职工拒绝变更的，原劳动合同可继续履行至劳动合同期限届满。因变更劳动合同相关内容双方协商不一致，企业解除劳动合同的，应按国家有关规定支付经济补偿金；职工提出解除劳动合同的，企业不支付经济补偿金。

再如，北京市劳动局《关于进一步规范劳动关系的通知》（京劳社关发［1999］34号）规定，企业发生兼并、分立、合并或转制时，职工与原企业签订的劳动合同仍然有效，企业名称发生变化的，应该变更劳动合同的法人名称。原劳动合同无法履行的部分，企业与职工应协商变更相关内容。

2. 岗位发生变化应变更劳动合同

劳动部办公厅《关于职工因岗位变更与企业发生争议等有关问题的复函》(劳办发[1996] 100号)规定，关于用人单位能否变更职工岗位问题。按照《劳动法》第十七条、第二十六条、第三十一条的规定精神，因劳动合同订立时所依据的客观情况发生重大变化，致使原劳动合同无法履行而变更劳动合同，须经双方当事人协商一致，若不能达成协议，则可按法定程序解除劳动合同；因劳动者不能胜任工作而变更、调整职工工作岗位，则属于用人单位的自主权。对于因劳动者岗位变更引起的争议应依据上述规定精神处理。

3. 变更劳动合同期限

以北京市为例，北京市劳动局《关于印发〈北京市实行劳动合同制度的实施细则〉的通知》(京劳协发[1995] 118号)规定，复员、转业退伍军人及建设征地农转工人员初次分配工作，本人要求签订无固定期限劳动合同的，用人单位应当签订无固定期限的劳动合同。上述人员初次参加工作并已签订了有固定期限劳动合同，要求签订无固定期限劳动合同的，用人单位应变更劳动合同期限。

劳动者与用人单位已签订了有固定期限的劳动合同，自《规定》发布之日，劳动合同尚未解除的，劳动者在1995年12月31日前符合本《细则》第四条规定条件的，劳动者要求改签无固定期限劳动合同，用人单位应变更劳动合同期限。

北京市劳动局《关于变更劳动合同有关问题的通知》(京劳关发[1995] 217号)以及北京市劳动局关于《北京市实行劳动合同制度的实施细则》的规定，符合签订无固定期限劳动合同条件的劳动者，要求改签无固定期限劳动合同的，用人单位应将原有固定期限的劳动合同变更为无固定期限劳动合同。

北京市劳动局《关于进一步做好签订和变更劳动合同工作的通知》(京劳关发[1996] 134号)规定，自1995年1月1日实行劳动合同制度以来，凡职工符合签订无固定期限劳动合同条件，且本人要求签订无固定期限劳动合同而签订了有固定期限劳动合同的，企业应依据《北京市实行劳动合同制度的实施细则》(京劳协发[l995] 118号)的规定，主动做好变更劳动合同期限的工作。属于上述情况而未变更的，劳动合同期限届满，企业不得终止劳动合同。

4. 外商投资企业变更劳动合同期限问题

例如，北京市劳动局《关于转发劳动部〈关于贯彻外商投资企业劳动管理规定有关问题的复函〉的通知》(京劳关发[1995] 243号)第二个问题第六条规定，职工符合《北京市实行劳动合同制度的实施细则》第四条规定的，并且已签订了有固定期限劳动合同的，如职工提出订立无固定期限劳动合同时，应即变更为无固定期限劳动合同。

5. 农民合同制工人转为非农户口后应变更劳动合同

例如，北京市劳动局《关于农民合同制工人转为非农户口后用人单位是否可以与其解除劳动合同问题的复函》(京劳关函[1996] 2号)规定，农民合同制工人在履行劳动合同期间转为非农户口，只是在户籍管理上发生的变化，依据《劳动法》的规定，构不成解除劳动合同的条件，因此，不能以此为理由解除劳动合同，但应依据变化了的情况，就原农民合同制工人的养老、失业等保险及福利待遇变更劳动合同的相关内容。

（三）国有小企业改制后劳动合同的变更

例如，按照北京市劳动局《关于印发〈北京市国有小企业改制有关劳动管理工作的意见〉的通知》（京劳关发［1997］340号）的相关规定，国有小企业改制后劳动合同的变更规定如下：

第一，国有小企业改制后，原劳动合同继续有效，并从企业取得法人资格之日起，改制企业的法定代表人或委托代理人应与职工变更劳动合同。

第二，具有法人资格的国有小企业改制后，企业与职工可以协商变更因客观情况发生重大变化致使原劳动合同无法履行的有关内容。双方协商一致，劳动合同内容可以变更；协商不一致的，企业可依法解除劳动合同，并支付解除劳动合同职工经济补偿金。职工在企业改制前和改制后的工作时间，视作同一单位工作时间合并计算。

不具有法人资格的国有小企业改制后，改制企业可以与职工协商变更原劳动合同有关内容；原单位也可以与职工解除原劳动合同，改制企业与职工重新签订劳动合同，原单位应按照劳动部《违反和解除劳动合同的经济补偿办法》（劳部发［1994］481号）第五条的规定支付职工经济补偿金。

改制企业可以根据工作需要，对请长假、下岗等长期不上班人员与原企业签订的《专项协议书》，重新进行协商。上述人员愿意回改制企业上岗工作的，企业应与其变更劳动合同及《专项协议书》的相关内容；不愿回改制企业上岗工作的，双方如就上岗问题协商不一致，企业可以与其解除劳动合同，并支付其经济补偿金。

（四）企业法定代表人的变更不影响劳动合同的效力

劳动部《关于实行劳动合同制度若干问题的通知》（劳部发［1996］354号）规定，企业法定代表人的变更，不影响劳动合同的履行，用人单位和劳动者不需因此重新签订劳动合同。

四、企业劳动合同变更管理

如何使人力资源管理适应并促进企业经济发展，如何完善人力资源管理机制，防范劳动用工法律风险，已是现代人力资源管理中的一项必修课程。随着企业战略调整和经营发展的变化，人员管理、工作调整也势必将随之变化，劳动合同内容的变更将成为企业劳动合同管理中的一项重要工作。如果企业不重视这一问题，可能会触犯法律规定，也可能会带来严重的法律后果。

（一）企业变更劳动合同时的注意事项

1. 变更劳动合同必须在劳动合同有效期内进行

变更劳动合同必须要在劳动合同依法订立之后，在合同没有履行或者尚未履行完毕之前的有效时间内进行。即劳动合同双方当事人已经存在劳动合同关系。如果劳动合同尚未订立或者是已经履行完毕，则不存在劳动合同的变更问题。

2. 变更劳动合同必须遵循《劳动法》规定的平等自愿、协商一致的原则

劳动合同的变更必须经企业和劳动者双方当事人的同意。平等自愿、协商一致是劳动合同订立的原则，也是其变更应遵循的原则。劳动合同允许变更，但不允许单方变

更，任何单方变更劳动合同的行为都是无效的。

在实践中，有的企业为了达到变更劳动合同的目的，采取了许多变通的手段。如某企业根据工作的需要，决定采取公开考试的办法，对考试不通过的职工，一律另行安排工作岗位或予以辞退。实际上，这种做法是不合法的。劳动合同的变更需要经过双方当事人协商一致，否则不能变更。采取公开考试的办法似乎公平，但在未经劳动者同意的情况下，对劳动者不具有约定力，企业对原劳动合同仍必须履行。

3. 变更劳动合同必须合法，不得违反法律、法规的强制性规定

劳动合同变更也并非是任意的，企业和劳动者约定的变更内容必须符合国家法律、法规的相关规定。

4. 变更劳动合同必须遵循法定程序

变更劳动合同必须遵循法定程序。首先由一方当事人依法向对方当事人提出变更劳动合同的建议，并说明变更的理由和修改的条款，请求对方限期答复；然后由对方当事人在限期内给予答复，表示同意或不同意变更，或者建议再协商解决；最后经双方当事人充分协商达成一致协议后，签订书面协议，双方签字盖章，变更协议即行生效。

5. 变更劳动合同必须采用书面形式

劳动合同双方当事人经协商后对劳动合同中的约定内容的变更达成一致意见时，必须达成变更劳动合同的书面协议，任何口头形式达成的变更协议都是无效的。劳动合同变更的书面协议应当指明对劳动合同的哪些条款做出变更，并应明确劳动合同变更协议的生效日期，书面协议经企业和劳动者双方当事人签字盖章后生效。变更劳动合同必须采用书面形式是为了避免劳动合同双方当事人未来因劳动合同的变更问题产生劳动争议。

6. 劳动合同的变更要及时进行

提出变更劳动合同的主体可以是企业，也可以是劳动者，无论是哪一方要求变更劳动合同，都应当及时向对方提出变更劳动合同的要求，说明变更劳动合同的理由、内容和条件等。如果应该变更的劳动合同内容没有及时变更，由于原订条款继续有效，往往使劳动合同不适应变化了的新情况，从而引起不必要的争议。当事人一方得知对方变更劳动合同的要求后，应在对方规定的合理期限内及时做出答复，不得对对方提出的变更劳动合同的要求置之不理。因为根据《劳动法》第二十六条和《劳动合同法》第四十条的规定，劳动合同订立时所依据的客观情况发生重大变化，致使劳动合同无法履行，如果企业经与劳动者协商，未能就变更劳动合同内容达成协议的，则可能导致企业可以单方解除劳动合同。

7. 变更劳动合同后，原条款不再具有法律效力，但原劳动合同的其他条款仍然有效

这里特别要提出一个问题，就是劳动合同在有效期内，劳动者是否能够依法要求企业将固定期限的劳动合同变更为无固定期限的劳动合同？

《劳动法》第二十条规定，劳动合同的期限分为有固定期限、无固定期限和以完成一定的工作为期限。同时还规定，劳动者在同一用人单位连续工作满十年以上，当事人双方同意续延劳动合同的，如果劳动者提出订立无固定期限的劳动合同，应当订立无固

定期限的劳动合同。如果原劳动合同期限为有固定期限，且合同在履行的过程中，劳动者因具备了与其有签订无固定期限劳动合同条件的，提出变更原合同为无固定期限劳动合同的，如果劳动者能够与企业就变更事宜达成一致意见，劳动合同可以变更。但是如果企业不同意变更劳动合同的，并且在原合同到期届满之时也不同意续签的，双方只能终止劳动关系，而不能变更原劳动合同。

根据最高人民法院《关于审理劳动争议案件适用法律若干问题的解释》第十六条第二款“根据《劳动法》第二十条的规定，用人单位应当与劳动者签订无固定期限劳动合同而未签订的，人民法院可以视为双方存在无固定期限劳动关系，并以原劳动合同确定双方权利义务关系”的规定，在原劳动合同期满后，若企业同意与劳动者续签劳动合同，但对符合签订无固定期限合同的劳动者签订了有固定期限的劳动合同，在续签的合同履行过程中，根据该条规定，劳动者有权要求将有固定期限的劳动合同变更为无固定期限的劳动合同。

8. 变更劳动合同的内容不得违反国家法律、法规的有关规定

劳动合同变更后，原合同未作修改、补充的条款仍然具有法律约束力；变更劳动合同不得损害当事人以外的第三人的合法权益；变更劳动合同中，提出变更劳动合同的一方当事人给对方造成经济损失的，应给予经济上的补偿。

（二）变更劳动合同时的几点建议

1. 企业与劳动者的良好沟通，是解决问题的最有效途径

企业与劳动者变更劳动合同内容，最有效的方式仍是“协商一致”。因此，双方良好的沟通成为解决问题的关键所在。企业人力资源部门应充分发挥自己的职能优势，以协调劳资关系为根本，避免矛盾激化，以期达到企业的稳定与发展。

2. 企业规章制度及劳动合同，必须表述明确、严谨并具有合理性

企业在制定规章制度和劳动合同时，除应符合法律法规规定，还应充分考虑其合理性，同时注意表述严谨、明确，否则将有可能就此产生争议，并导致仲裁或诉讼中的不利后果。

3. 关于劳动者不能胜任工作，企业应有充分证据证明

企业因劳动者不胜任工作而变更劳动合同内容，应有充分证据证明，如劳动者所在岗位职责和要求，劳动者日常工作业绩，以及考核标准、考核流程等。如果缺少这些证明文件，劳动者不能胜任工作常常难以得到支持。

第二节　调岗调薪及其管理

一、调岗调薪概述

概括来说，调整岗位包括两种情形：一是在劳动合同约定的岗位范畴内调岗，调岗后的劳动强度、技术要求、工作地点、工资待遇等内容未发生明显变化，一般情况下可以由企业根据生产经营需要或劳动者的实际表现进行调整，属于企业的用工自主权，不

产生劳动合同变更的法律后果。二是调岗后劳动强度、技术要求、工作地点、工资待遇等内容发生了明显的变化，导致劳动合同变更。在企业调岗，尤其是单方调岗导致劳动合同变更的情形下，如果一些关键问题处理不好极易引发劳动争议。

（一）调岗的两种形式

根据《劳动法》和《劳动合同法》的相关规定，劳动合同的变更方式分为两种，一种是依约变更，一种是依法变更。因此，调岗也相应地包括依约调岗和依法调岗两种形式。依约调岗是调岗的一般原则、普遍情形，具体指企业调岗一般情况下应遵循平等自愿、协商一致的原则，这在《劳动法》第十七条和《劳动合同法》第三十五条均有相关规定。依法调岗是调岗的特殊情形。在《劳动法》第二十六条第（一）项、第（二）项和《劳动合同法》第四十条第（一）项、第（二）项均有相关规定。其具体内容主要是指在以下情形下企业可以不经协商一致单方对劳动者调岗：劳动者不能胜任工作；劳动者患病或者非因公负伤，医疗期满后不能从事原工作。另外，法律、法规、规章和规范性文件有特殊规定的情况下，企业也可以不经协商一致单方调岗。企业与职工协商一致调岗后一般不会产生劳动争议，而企业单方调岗常易产生劳动争议，企业也常因各种原因败诉，概括起来包括两大方面，一是不具备单方调岗的实体要件（即企业单方调岗是否具备法定情形、满足法定要求），二是不具备单方调岗的形式要件（即企业单方调岗是否履行了法定通知、送达程序）。因此，企业的人力资源管理部门在调岗之前有必要了解单方调岗的实体要件和形式要件。

（二）单方调岗的实体要件和形式要件

工作岗位具体包括工作内容、工作地点等，并且与劳动报酬紧密相关，一般情况下，岗位发生了明显的变化，工作内容或工作地点也常常随之变化，而工作内容和工作地点是劳动合同必备条款，在未经协商一致的情况下不可随意变更。企业单方调岗必须具备法定情形、满足法定要件才会合法有效。一般来说，单方调岗的法定要件包括实体要件和形式要件。

1. 单方调岗的实体要件

实体要件可以从积极要件和消极要件两个方面分析，积极要件是指必要的构成要件，消极要件是指各种限制条件。

（1）单方调岗的积极要件。《劳动合同法》等法律规定在劳动者不能胜任工作，或劳动者患病或者非因公负伤，医疗期满后不能从事原工作的情况下，企业可以不经劳动者同意单方调岗。从对法律条文的字面分析可以发现依法单方调岗的前提是劳动者“不能胜任工作”或“患病或者非因公负伤，医疗期满后不能从事原工作”，其核心就是“不能”二字。如何区分“能”与“不能”，并对“不能”充分举证，就是单方调岗积极要件的重中之重。

面临劳动争议时，对“劳动者不胜任工作”或“不能从事原工作”，应承担举证责任的是企业一方，因此，企业要有合理的区分标准（衡量的根据）和明确的事实根据。企业可以通过制定完善而有效的规章制度或考核标准作为衡量的根据。例如，企业规定“在同一工作岗位，两次考核不合格者，可以调岗并按新的岗位确定工资标准”或“连续两个季度没有完成年初预计绩效目标的，可以由公司调整绩效工资并调动工作岗位”

等。但是，企业制定的具体标准不得违反《关于〈中华人民共和国劳动法〉若干条文的说明》（劳办发［1994］289号）第二十六条的规定：“不能胜任工作是指不能按要求完成劳动合同中约定的任务或者同工种、同岗位人员的工作量。企业不得故意提高定额标准，使劳动者无法完成。”

在制定并执行了相应的区分标准或衡量根据的前提下，企业应对职工平等、科学地进行考核，并保留考核过程中的原始资料，具体包括规章制度、考核标准等，还包括职工的工作表现、工作业绩的记录等。只有具备了合法的判断前提和充分的原始记录，企业对职工的单方调岗才会合法有效，否则单凭企业一纸答辩主张职工不能胜任工作是很难胜诉的。

需要注意的是，现实中很多企业为了便于管理，在劳动合同中对职工工作岗位约定得比较笼统，仅约定为“管理岗”或“操作岗”等“大岗位”。一些企业根据自身需要，可能在“大岗位”范畴内任意调整职工的工作，如将某职工从销售管理岗位调整为人事管理岗位等。企业人力资源管理部门需要注意的是，尽管劳动合同没有约定工作岗位或者约定不明确，企业调整职工的实际工作岗位，但若使其工作内容发生了明显的变化，也属于劳动合同的变更。因为职工在实际工作岗位工作，用人单位对其按照相关岗位人员进行管理、发放相应工资，已经构成了劳动合同双方对工作内容、工作地点等与岗位相关内容的实际履行，法律对于劳动合同的约定和实际履行是给予同等保护的，因此，用人单位也不能以“劳动合同没有约定”或劳动合同“约定不明”为由随意调整职工的工作岗位。

（2）单方调岗的消极要件。第一，企业不能以劳动合同为由单方扩大调岗权利。某些企业为争取更大的用工自主权，在劳动合同中约定其根据企业的经营情况可调整职工的工作岗位，但是类似的内容违反《劳动法》和《劳动合同法》关于变更劳动合同原则上需协商一致的规定，属于无效条款。因此，企业在经营发生变化的情况下调岗也需经双方协商一致，在双方不能达成一致，发生劳动争议的情况下，企业应对调岗的合理性负举证责任，否则仲裁机构或法院一般不会支持企业对劳动者的工作岗位随意变更的做法。

第二，企业不能以规章制度为由单方扩大调岗权利。企业对于职工岗位的安排有一定的自主权，但不得在未经协商，也无法律规定的情形下，以规章制度为依据使职工的工作岗位发生明显的变化。这是因为规章制度的本质是一种管理工具，记载的是法律允许企业单方决定的事项，企业规章制度规范的内容不能逾越此界限。工作内容、工作地点等与工作岗位相关的内容属于法律规定的、应当由劳动关系当事人双方共同决定的事项，其变更应遵循平等自愿、协商一致的原则，而不能由企业制订规章制度单方决定。因此，企业规章制度规定其“可以依据职工的经验、技术、业绩及各方面表现调整职工的工作岗位”等内容的效力低于劳动合同约定的效力，企业依据规章制度或考核办法等调岗仍要满足前文所述的积极要件。

（3）调岗中的特殊问题：将调岗作为脱密措施。脱密措施，就是企业依法针对保密要求采取的措施，包括对需保密资料的封存和需保密岗位的变换等。《劳动法》第二十二条规定：“劳动合同当事人可以在劳动合同中约定保守企业商业秘密的有关事项”；

《劳动合同法》第二十三条规定：“企业与劳动者可以在劳动合同中约定保守企业的商业秘密和与知识产权相关的保密事项”，以上条款对当事人在劳动合同中约定保守企业商业秘密的事项做了授权性规定，根据以上规定，如果劳动合同双方在劳动合同中约定了企业可以将调岗作为脱密的措施，企业在脱密期内调整负有保密义务的劳动者的工作岗位不需协商一致，但必须具有合理性，并且要符合当地的具体规定。

2. 单方调岗的形式要件

根据《劳动合同法》第三十五条的规定，协商一致变更工作岗位的，应采用书面形式，如果企业单方做出调岗决定，应采用书面通知的方式。由此可见，企业单方调岗如无相应书面材料，企业面临劳动争议时，因无相关证据材料证明其已做出调岗决定，可能要承担相应的败诉风险。此外，此种书面通知也应当采取适当的方式送达职工，首先考虑当面交给职工并要求其签收，即直接送达；其次可以考虑邮寄或者留置的方式；如果此三种方式都无法送达，可以采用公告送达的方式。尽管调岗决定并非行政处理文书，但也必须具备合法有效的送达方式才可能生效。

（三）违法单方调岗的法律责任

企业违法调岗致使劳动合同无法履行，可能承担违约责任或侵权责任。企业违反劳动合同的约定或法律规定单方调岗，因《劳动法》并未对违约金的约定加以限制，因此，在仍适用《劳动法》的情形下，如劳动合同对违约金等有明确的约定，企业应承担违约责任。需要注意的是，根据《劳动合同法》第二十五条的规定，除服务期约定和竞业限制约定外，企业不得与劳动者约定由劳动者承担违约金，但此条款并未限制劳动合同双方约定由企业承担的违约金。因此，在双方笼统地对违反劳动合同的违约金有约定的情况下，如企业单方调岗导致违约，尚不能依据《劳动合同法》第二十五条规避支付违约金的责任。如因企业单方调岗导致劳动合同无法继续履行，并且造成了劳动者的工资收入损失等，企业可能承担相应的侵权责任。当违约金与损害赔偿金发生竞合的情况下，应适用《合同法》等规定的具体竞合规则。

二、企业调岗调薪出现的主要问题及其相关法律规定

劳动合同履行的最佳状态是“有效订立，到期终止”，但由于企业经营管理的复杂性，合同内容随着经营需要和员工个人情况变化而产生变更往往在所难免，从现实情况看，调岗调薪已成为劳动争议高发地带。在调岗调薪实践中的主要问题有：

1. 企业做出调岗决定，员工是否要无条件服从

工作岗位通常决定了员工的工作内容，其具有相对的稳定性和可预见性，在劳动合同缔约之初，员工即把工作岗位的名称、内容等作为决定“是否签约”的重要依据，在劳动合同签订以后，劳动者和企业从缔约当初的“平等”地位转化为身份上的“隶属关系”，这种管理与被管理的关系也使劳动者一方相对处于劣势地位。为了防止企业滥用优势地位，《劳动法》和《劳动合同法》将企业变更合同的权利限制在合理的范围内，对劳动合同的变更提出了严格的要求。

《劳动合同法》第三十五条规定，用人单位与劳动者协商一致，可以变更劳动合同约定的内容。变更后的劳动合同文本由用人单位和劳动者各执一份。这也意味着，在劳

动合同没有特别规定的情况下，调整岗位作为合同变更的重要内容，须满足两个基本前提：第一，双方协商一致；第二，采取书面形式。二者缺一不可。企业若没有经过协商一致而单方调岗，员工有权拒绝。劳动合同应当按原约定继续履行。

2. 合同规定“可根据需要进行调岗”是否有效

根据《劳动合同法》第三条规定，订立劳动合同，应当遵循合法、公平、平等自愿、协商一致、诚实信用的原则。依法订立的劳动合同具有约束力，用人单位与劳动者应当履行劳动合同约定的义务。这意味着，假如劳动合同约定企业“可根据需要对员工岗位进行调整”，应当理解为双方真实的意思表示。劳动合同条款具有拘束力，双方均应履行。

纵然如此，合同的约定也并不代表企业可随意进行单方调岗，在操作岗位调整时，企业依然应当遵守以下规则：

（1）调整岗位必须具有充分的合理性，调整后的岗位与调整前的岗位应有一定的关联，譬如把销售经理调整为销售主管可以认定为合理的，而把财务经理调整到销售岗位则可能欠缺合理性。

（2）劳动者被调岗后能胜任新的工作，如果不具备适任能力，企业还应当负责培训教育，以使劳动者能适应新的工作岗位。

（3）调整前应履行必要的告知和解释义务，做到有理有据。

3. 员工不胜任现有工作岗位，是否可以随意调岗

不胜任工作是企业调岗的常见理由，根据《劳动合同法》第四十条的规定，劳动者不能胜任工作，经过培训或者调整工作岗位，仍不能胜任工作的；用人单位提前三十日以书面形式通知劳动者本人或者额外支付劳动者一个月工资后，可以解除劳动合同。本条款间接规定了在员工不胜任现有岗位的前提下企业有单方调岗的权利。

但该单方调岗的权利也不是不受任何约束的，企业在操作不胜任调岗时应当正确把握：

（1）企业应有充分的证据证明劳动者不胜任现有工作岗位，即该劳动者确实不能按照单位的要求完成劳动合同约定的任务或者同工种岗位人员的工作量，在实践当中需要以“岗位说明书”、“目标责任书”等文件予以佐证。

（2）调整后的岗位应与劳动者的劳动能力和技能相适应，保持一定的合理性。

4. 如果员工不服调岗拒不到岗，是否可以认定为旷工

由于调岗往往涉及员工的切身利益，比如薪酬标准，所以往往会受到员工的抵制，有的是明确表示拒绝，在企业态度也比较强硬的情况下，一些职工最常见的做法就是“以调岗不合理为由拒绝上班”。在这种情况下，企业可否以“旷工”之名对员工进行纪律处分或者以“严重违纪”为由解除劳动合同？

实际上，以旷工之名行使合同解除权需要基于两个重要前提：第一，岗位调整是合法合理的，有法律依据和事实依据。假如岗位调整不具备合理性，其纪律处分也就失去了先行的依据。第二，员工的行为属于“旷工”。旷工一般是指除有不可抗拒的因素影响，职工无法履行请假手续情况外，职工不按规定履行请假手续，又不按时上下班即属于旷工。

所以，对于员工不服从调岗，企业应当注意审查调岗的合理性和合法性，同时不急于做出处分决定，在双方处于争议状态（特别是员工已申请仲裁）的情况下，单方的处分行为往往会被认定为无效。

5. 保密协议规定“涉秘人员合同终止、解除前公司有权调岗”是否合法

根据《劳动合同法》第二十三条规定，用人单位与劳动者可以在劳动合同中约定保守用人单位的商业秘密和知识产权相关的保密事项。保密条款的内容当属于双方当事人意思自治的范畴，如果合同中约定掌握商业秘密的职工提出解除劳动合同前一段时间内，企业有权调整其岗位。这样的约定对合同当事人均有约束力，劳动者一方必须履行。

此外，根据《劳动部关于企业职工流动若干问题的通知》第二条规定，用人单位与掌握商业秘密的职工在劳动合同中约定保守商业秘密有关事项时，可以约定在劳动合同终止前或该职工提出解除劳动合同后的一定时间内（不超过六个月），调整其工作岗位，变更劳动合同中相关内容。这也为合同约定保密调岗事项提供了法律依据。

6. 不胜任工作的调岗，是否可以同时调薪

企业调岗的目的之一就是合理地调整薪酬，否则对许多企业而言，调整岗位就失去了意义。对于劳动者不胜任工作的情形，法律规定了企业有合理调岗的权利，但企业调岗的同时是否可以调整劳动者的薪酬呢？从现有的法律规定来看，劳动报酬也是劳动合同的重要内容，其数额的变更是否需要经过协商一致才能生效？如果员工同意调岗但不同意调薪怎么办？调岗是否意味着必然调薪？

一般来说，岗位管理包含了岗位的薪酬管理，岗位异动也往往伴随着岗位报酬标准的变动，法律规定了企业在员工不胜任前提下可调岗，其让渡的应当是完整的岗位管理权，该权利包括履行新的岗位薪酬标准、新的考核办法等等。员工因不胜任工作而被调整到新的岗位，其薪酬应当根据新岗位的标准确定，否则有违“同工同酬”的基本立法思想。但另一方面，为了防止企业调薪权利的滥用，企业在调薪操作时应当基于以下前提：

（1）有明确的岗位职系和薪酬所对应的标准；若无制度规定和合同约定，调岗后的薪酬标准应当协商确定，而不能由用人单位单方确定。

（2）与员工书面确定新的岗位与报酬标准。

7. 实行岗位聘任制的企业，调岗是否可以随意进行

岗聘分离原为机关事业单位的岗位管理举措，目的是通过竞聘上岗的方式发挥员工积极性。通常在聘用合同中不明确规定岗位，仅约定“以岗位聘任书”为准。相比较在劳动合同中明确规定工作岗位的企业而言，实行岗聘分离的企业将约定内容转化为规定内容即把岗位的确认权收归企业，这样的做法并不违法，也当属于企业自主管理权的范畴。员工既然认可岗位通过聘任书确定，就应当参照执行。

然而，这是否意味着那些实行岗聘分离的企业，其单方调岗的行为就不受任何限制了呢？答案是否定的。企业实行岗聘分离当以有明确的岗位竞聘、聘任标准、待岗管理办法为前提，若没有这些铺垫，仅仅单方发布聘任书来随意调整岗位，极有可能造成劳动者一方利益的损失。在没有任何制度铺垫的前提下，第一份岗位聘任书应当视为劳动

合同的重要组成部分，未经协商一致不得改换工作岗位。

8. 部门取消是否可以成为企业单方调岗的合法理由

《劳动合同法》规定，因客观情况发生重大变化，致使劳动合同无法履行，经用人单位与劳动者协商，未能就变更劳动合同达成协议的，用人单位提前三十日以书面形式通知劳动者本人或者额外支付一个月工资后，可以解除劳动合同。依此规定，许多企业认为，部门取消所导致的岗位消失，应属于客观情况发生重大变化，企业不仅可以调岗还可以解除合同，这种理解是否正确呢？

根据《劳动部关于〈中华人民共和国劳动法〉若干条文的说明》的规定，所谓的“客观情况”指：发生不可抗力或出现致使劳动合同全部或部分条款无法履行的其他情况，如企业迁移、被兼并、企业资产转移等，并且排除“用人单位濒临破产进行法定整顿期间或者生产经营状况发生严重困难”的情形。由此可见，客观情况的界定应以“非主观因素”为标准，关于部门取消，需要根据取消原因进行界定，如企业合并、分立等，此类情形非企业主观方面原因造成，取消当属客观情况；而若是管理层单方决定取消部门，则应当理解为“企业自主管理”范畴，不属于客观情况。

9. 再次录用的员工，调岗后是否可以重新约定试用期

员工离职后重回原企业的情况并不少见，特别是在流动率比较高的餐饮、服装、零售业等，对于同一员工第二次进同一家企业，企业在调整工作岗位后可否约定试用期呢？

参考《劳动部关于〈中华人民共和国劳动法〉若干条文的说明》的规定，“试用期”适用于初次就业或再次就业时改变劳动岗位或工种的劳动者。另外，根据《劳动部关于实行劳动合同制度若干问题的通知》的规定，用人单位对工作岗位没有发生变化的同一劳动者只能试用一次。因此，根据该规定，员工二次入职要区分两种情况：一是对于重新入职但从事原工作岗位的员工，企业不得再设试用期；另一是对于重新入职但从事他种岗位的员工，企业可以根据合同期限再行约定试用期。但是，《劳动合同法》第十九条规定，同一用人单位与同一劳动者只能约定一次试用期。这从根本上限制了用人单位重复约定试用期的行为，即便对于岗位有所调整的重新录用行为，试用期约定仍被禁止。这与原先的规定相比更为严格。

概括起来，调岗调薪的主要法律依据主要有：

1.《劳动法》第四条规定：“用人单位应当依法建立和完善规章制度，保障劳动者享有劳动权利和履行劳动义务。”

2.《劳动法》第四十七条规定：“用人单位根据本单位的生产经营特点和经济效益，依法自主确定本单位的工资分配方式和工资水平。”

3.《全民所有制工业企业转换经营机制条例》（国务院第 103 号令）第十八条规定：“企业享有人事管理权”，其中规定企业对未上岗的管理人员、技术人员可安排其他工作，包括到工人岗位上工作；可以从优秀工人中选拔管理人员和技术人员；专业技术人员，其职务和待遇由企业自主决定。第十九条规定：“企业享有工资、奖金分配权”，其中规定企业有权制定职工晋级增薪、降级减薪的办法，自主决定事实上晋级增薪、降级减薪的条件和时间。

4.《企业职工奖惩条例》（国发［1982］59号）第六条、第十二条也有“晋级”、“降级”一类的奖励和处分的规定。

5.《劳动法》第十七条规定：“订立和变更劳动合同，应当遵循平等自愿、协商一致的原则，不得违反法律、行政法规的规定。”

6.《劳动法》第十九条规定：“劳动合同除前款规定的必备条款外，当事人可以协商约定其他内容。”

7.《劳动法》第二十六条第（一）项、第（二）项的规定。

8.《劳动合同法》第三十五条的规定。

9.《劳动合同法》第四十条第（一）项、第（二）项的规定。

10. 国家经济贸易委员会、人事部、劳动和社会保障部《关于深化国有企业内部人事、劳动、分配制度改革的意见》（国经贸企改［2001］230号）中规定：（1）深化企业三项制度改革是当前国有企业改革和发展的紧迫任务。深化企业三项制度改革的目标是：把深化企业三项制度改革作为规范建立现代企业制度的必备条件之一，尽快形成企业管理人员能上能下、职工能进能出、收入能增能减的机制。（2）建立管理人员竞聘上岗、能上能下的人事制度，打破“干部”和“工人”的界限，变身份管理为岗位管理。在管理岗位工作的即为管理人员。岗位发生变动后，其收入和其他待遇要按照新的岗位相应调整。加强对管理人员的考评。企业对管理人员实行定量考核与定性评价相结合的考评制度。根据企业经营目标和岗位职责特点，确定量化的考核指标。难以实行定量考核的岗位，要根据经营业绩和工作实绩进行严格考核。对重要岗位上的管理人员要建立定期述职报告制度，并建立考评档案。考评结果的确定，以经营业绩和工作实绩考核为主，参考民主评议意见。（3）建立职工择优录用、能进能出的用工制度。（4）建立收入能增能减、有效激励的分配制度。完善企业内部分配办法。建立以岗位工资为主的基本工资制度，明确规定岗位职责和技能要求。

三、企业如何合法地进行调岗调薪

随着《劳动合同法》的颁布实施，法律条款刚性明显增加，企业的人力资源管理将面临更多、要求更高的精细化管理的新挑战，调岗调薪就是一个重要问题。调岗调薪会牵涉到每个员工的切身利益，因此，正确处理好这方面的工作，对缓解矛盾，保持员工的积极性，具有十分重要的意义。

（一）调岗调薪的法律性质是对劳动合同内容的变更

1. 调岗调薪是对劳动合同内容的变更

根据《劳动合同法》第十七条的规定，工作内容和劳动报酬是劳动合同的必备条款，调岗调薪应视为对劳动合同内容的变更。可见，调岗调薪一方面是企业行使自己的用工自主权管理企业的行为，另一方面是企业和劳动者对劳动合同履行的变更。

2. 调岗调薪法定情形

法律规定了企业解除和变更劳动合同的法定情形，根据《劳动合同法》第四十条的规定，在“劳动者患病或者非因工负伤，在规定的医疗期满后不能从事原工作，也不能从事由用人单位另行安排的工作的”和“劳动者不能胜任工作，经过培训或者调整工作岗位，仍不能胜任工作的”，企业提前三十天以书面形式通知劳动者本人或者额外支付劳动者一个月工资后，可以解除劳动合同。

3. 协商一致变更劳动合同

除法定情形外，根据《劳动合同法》第三十五条的规定，企业与劳动者协商一致，才可以变更劳动合同约定的内容。

4. 客观情况发生重大变化时劳动合同的变更

根据《劳动合同法》的相关规定，在“劳动合同订立时所依据的客观情况发生重大变化，致使劳动合同无法履行”时，经企业与劳动者协商，未能就变更劳动合同内容达成协议的，企业可按法定情形解除劳动合同。

（二）关于调岗调薪的企业规章制度

企业调岗调薪制度的内容主要包括：（1）岗位名称及岗位职责，考核量化标准，劳动报酬与岗位的挂钩管理；（2）调岗调薪的标准，明确员工的考核成绩达到某个合理的标准时，企业有权利对员工进行岗位和报酬的调整；（3）调岗调薪的程序规定，即当达到调岗调薪的标准时，由哪个部门，经过什么样的步骤完成调岗调薪的程序；（4）对相关规章制度，在企业内部按劳动法的要求进行说明和公示。

1. 事前制度设计

首先，建议企业制定一部详尽的调岗调薪制度。内容包括：第一，岗位的职责说明，岗位的考核量化标准，劳动报酬与劳动岗位的挂钩管理；第二，制定一个调岗调薪标准制度，即明确员工的考核成绩到达某个合理的标准时，企业有权利对员工进行岗位和报酬的调整；第三，制定一个调岗调薪的程序制度，即当达到调岗调薪的标准时，如何启动，由哪个部门，经过什么样的步骤完成调岗调薪的程序；第四，对所有制定的规章制度，在企业内部按劳动法的要求进行说明和公示，要求每个员工认真学习。

其次，在劳动合同中明确约定，企业在与员工协商后，可以对员工进行调岗调薪。如在“工作内容”条款中，可约定：“甲方可以根据生产和工作需要及乙方的身体状况、工作能力和表现升、降乙方的职务，在与乙方协商后，调整乙方的工作岗位和工作内容，乙方愿意服从甲方的安排”。在“劳动报酬”的条款中，可以约定：“甲方可根据实际经营状况、内部规章制度、对乙方考核结果，以及乙方的工作年限、奖罚记录、岗位和工作内容变化等，在与乙方协商后，调整乙方的工资水平，但不可低于国家规定的最低工资标准”。签订合同时，就该条款对员工进行说明，同时要求其阅读公司调岗调薪管理制度，并保留其已知情的书面证据。

2. 事中程序规范

首先，在发生调薪时，对员工出具按考核制度和程序作出的考评或考核的结果，让员工签收。如果员工工作存在失误，则要求其向企业提交说明或者检讨等书面材料。

其次，企业与员工就调岗调薪签订协商一致的协议。

再次，如果员工不肯签订，或者对此有异议，则应按照企业内部预先的规定，由企业特定部门或特定人员将情况作成书面记录。

3. 事后积极应对

企业行使自主管理权对员工进行调岗调薪，员工如果不满，容易引发劳动争议。在劳动争议法律诉讼中，企业的关键点在于，应对此次调岗调薪的“充分合理性”进行举证。可以从两个方面来主张，一是从企业角度，即因企业客观情况发生变化，生产经营管理的需要，调岗调薪是企业的既定制度等；二是从劳动者角度，即员工的身体状况、工作表现、工作业绩等，与本岗位的要求不符合，甚至有严重失职行为，导致企业重大损失或有必然损失的危险等。

如果双方没有对调岗的任何约定，企业调岗后员工予以反对的，或者虽然有调岗的约定，但是显然企业没有充分理由的，企业员工是可以不予认可的。这样的话，双方就必须按照原先的劳动合同约定的岗位和工资来履行劳动合同，没有书面劳动合同的，按照调整前的岗位和工资待遇履行。

需要特别说明的是，企业切不可以为只要在劳动合同中有了关于调岗调薪的约定就万事大吉，就可以随便调岗调薪。调岗调薪首先应以有效的规章制度作为基础，按规定进行调岗调薪才能保证其合法性，否则上述调岗调薪的约定条款很有可能被认定为属于《劳动合同法》第二十六条第二项“用人单位免除自己的法定责任、排除劳动者权利的”条款，归于无效。

因此，对于企业来讲，合法的、详细的、具有可操作性的规章制度是十分重要的，不仅可以保证企业用工的合法性，更是维护企业权益的保障。

（三）企业要正确处理调岗调薪的问题

1. 在调岗前要做好调岗的利弊分析

现代人力资源管理，着眼于共同发展，侧重强调“人性化管理”。在调岗的问题上，首先应该考虑企业的整体工作安排，通过岗位的调换是否确实能促进公司的整体发展，同时对员工的基本情况，如学历、专业、资历、工作经历等方面做综合评估：一方面评估该员工是否能胜任新的岗位，以达到企业调岗的目的，另一方面评估该工作岗位是否适合员工的职业生涯发展，对员工会带来什么样的促进和影响。这些都关系到调整岗位的效果，需要最先考虑。

2. 根据调岗的利弊分析慎重做出决断

充分的利弊权衡之后，做好决断是下一个关键。企业应当建立一套合理的人员调配制度，对于人员调配按照一定的程序进行报批，人力资源管理部门应当对调岗所设计的各项内容，包括利弊、意义、新老岗位的安排、薪水、交接等向领导汇报，以确保公司领导层在调配决策中的准确性，为日后的工作以及纠纷的预防和控制打好基础。

3. 做出调岗决定时，要换位思考，预计一下员工的可能反应

调岗调薪往往都是直接牵涉员工的切身利益，因此在操作时必须站在员工的角度，为员工考虑，通过换位思考，可以更好地了解员工的想法，以调动其积极性，同时也能为调岗沟通积累素材，以期员工的更大理解和支持。

4. 在进行调岗沟通前，要做好充分的准备工作

在将调岗决定告知员工之前，一些资料的准备必不可少，如整理和分析调岗的充分理由，抉择的依据，草拟员工岗位调动协议书、谈话记录、调配通知单、以前的工资单

和调整后的工资等级、员工以往的表现以及能够充分说明调动对员工有利的材料等，以便在面谈时逐一使用。

5. 在进行调岗沟通过程中，要讲究方式方法

调岗的成功关键并不在于把员工调整到某个岗位，而是调整以后员工能一如继往甚至更努力地为企业服务，获得员工的支持是调岗的最关键的步骤。从管理的角度看，获得支持的前提是良好的沟通，当企业决定对某一员工进行岗位调整时，就应当及时与员工进行有效的沟通，以获得员工的支持。从实践来看，面对面沟通无疑是一种行之有效的方法。通过面对面沟通可以交流双方对于这一问题的认识，求同存异，以达到最终的目的。

在面对面沟通的时候要注意：（1）尽可能倾听；（2）不要轻易改变决策；（3）掌握主动，态度和蔼；（4）氛围平等和谐；（5）适当做好记录。

6. 一旦达成调岗协议，要及时签订调岗协议

签订变更协议是劳动关系管理对调岗的法律手续的要求，对于确保双方合法权益，防止日后发生争议都很有意义。建议协议明确双方的权利义务、岗位名称、到岗时间、新岗位的职责和权限、上岗培训与考核，以及调岗后可能涉及的调薪，语言应尽量规范，言简意赅，协议应一式两份，双方各执一份。

7. 对于调整后的新岗位，要对员工做好岗前培训

经过调岗后，出于对岗位和员工的负责，企业有义务安排岗前培训。内容一般有：新岗位说明书（职责、权限、条件）、新岗位的操作流程、与新岗位有关的专业知识等，可采用集中培训与带教相结合的方法进行，通过制定和执行带教计划的方法，在工作中进行培训，这样效果往往会更好，经培训考核后正式上岗。

8. 加强岗位职责考核，做好日常的绩效管理工作

对于员工在新的岗位尤其要增加考核的频度和深度，根据 PDCA（Plan，Do，Check，Action）循环的原则，以达到对调配行为的验证和监控，使该项管理行为处于一个闭合的环节。当发现问题时，也能及时提出纠正和预防措施。在考核的技巧上，要着重对岗位的适应性、岗位工作指标的完成情况等方面进行考核，可采用关键事件法、行为锚定量表测定法和两两比较法相结合的方式进行。

9. 加强对调岗员工的日常管理，做好相关文件的管理与存档工作

对于调岗中牵涉的各类资料均应认真分析，妥善保存，尤其是因业绩不好，被认为不胜任原岗位的员工，因为这是以后可能发生解除合同所需之重要依据。调岗调薪是当前劳动争议的焦点之一，关键是在于调岗和由此产生的调薪问题，直接关系到每个人的最根本的经济利益。预防纠纷应从日常工作做起，主要可以做以下两个方面工作：（1）严格按照上述的程序操作，对各个步骤都留下清晰的证据；（2）严格按照国家法律执行，对于调岗调薪的问题在劳动合同中作出明确约定，关键时刻要求助于外部专家。

第三节 并购与劳动合同变更管理

一、企业并购概述

（一）并购的概念

并购的内涵非常广泛。要清楚地理解并购的概念，首先需要弄清楚什么是兼并、收购及合并。

1. 兼并

根据《大不列颠百科全书》，兼并一词的解释是：兼并是“指两家或更多的独立的企业、公司合并组成一家企业，通常由一家占优势的公司吸收一家或更多的公司。兼并的方法包括：（1）用现金或证券购买其他公司的资产；（2）购买其他公司的股份或股票；（3）对其他公司股东发行新股票以换取其所持有的股权，从而取得其他公司的资产和负债。”

1989 年 2 月 19 日国家体改委、国家计委、财政部、国家国有资产管理局联合颁布的《关于企业兼并的暂行办法》规定：“本办法所称的企业兼并，是指一个企业购买其他企业的产权，使其他企业失去法人资格或改变法人实体的一种行为，不通过购买办法实行的企业之间的合并，不属于本办法。”“企业兼并主要有以下几种形式：承担债务式，即在资产和负债等价的情况下，兼并方以承担被兼并方债务为条件接受其资产；购买式，即兼并方出资购买被兼并方企业的资产；吸收股份式，即被兼并企业的所有者将被兼并企业的净资产作为股金投入兼并方，成为兼并方企业的一个股东；控股，即一个企业通过购买企业的股权，达到控股，实现兼并。”

1992 年 7 月 18 日国家国有资产管理局发布的《国有资产评估管理办法施行细则》第六条规定：“企业兼并是指一个企业以承担债务、购买、股份化和控股等形式有偿接收其他企业的产权，使被兼并方丧失法人资格或改变法人实体。”

1996 年 8 月 20 日财政部颁布的《企业兼并有关财务问题的暂行规定》再次对兼并的含义作出解释：“兼并是指一个企业通过购买等有偿方式取得其他企业的产权，使其失去法人资格或虽保留法人资格，但变更投资主体的一种行为。”

兼并有广义和狭义之分。狭义的兼并是指一个企业通过产权交易获得其他企业的产权，使这些企业的法人资格丧失，并获得企业经营管理控制权的经济行为。这相当于吸收合并，《大不列颠百科全书》对兼并的定义与此相近。广义的兼并是指一个企业通过产权交易获得其他企业产权，并企图获得其控制权，但是这些企业的法人资格并不一定丧失。广义的兼并包括狭义的兼并、收购。《关于企业兼并的暂行办法》、《国有资产评估管理办法施行细则》和《企业兼并有关财务问题的暂行规定》都采用了广义上兼并的概念。

2. 收购

收购是指一家企业用现金、股票或者债券等支付方式购买另一家企业的股票或者资产，以获得该企业的控制权的行为。

收购有两种形式：资产收购和股权收购。资产收购是指一家企业通过收购另一家企业的资产以达到控制该企业的行为。股权收购是指一家企业通过收购另一家企业的股权以达到控制该企业的行为。

按收购方在被收购方股权份额中所占的比例，股权收购可以划分为控股收购和全面收购。控股收购指收购方虽然没有收购被收购方所有的股权，但其收购的股权足以控制被收购方的经营管理。控股收购又可分为绝对控股收购和相对控股收购。并购方持有被并购方股权51%或以上的为绝对控股收购。并购方持有被并购方股权50%或者以下，但又能控股的为相对控股收购。全面收购是指收购方收购被收购方全部股权，被收购方成为收购方的全资子公司。

收购与兼并的主要区别是，兼并使目标企业和并购企业融为一体，目标企业的法人主体资格消灭，而收购常常保留目标企业的法人地位。

3. 合并

合并是指两个或两个以上的企业互相合并成为一个新的企业。也就是说，合并是两个或两个以上的企业合并成为一个新的企业，合并完成后，多个法人变成一个法人。合并包括两种法定形式：吸收合并和新设合并。吸收合并是指两个或两个以上的企业合并后，其中一个企业存续，其余的企业归于消灭，用公式可表示为：A + B + C + …… = A（或B或C……）。新设合并是指两个或两个以上的企业合并后，参与合并的所有企业全部消灭，而成立一个新的企业，用公式表示为：A + B + C…… = 新的企业。

合并主要特点有：第一，合并后消灭的企业的产权人或股东自然成为存续或者新设企业的产权人或股东；第二，因为合并而消灭的企业的资产和债权债务由合并后存续或者新设的企业继承；第三，合并不需要经过清算程序。

4. 并购

兼并、收购和合并三个词语既有联系，又有区别。为了使用方便，人们一般习惯把它们统称为并购。并购是指一个企业购买其他企业的全部或部分资产或股权，从而影响、控制其他企业的经营管理，其他企业保留或者消灭法人资格。

5. 跨国并购

跨国并购是指一国企业为了某种目的，通过一定的渠道和支付手段，将另一国企业的整个资产或足以行使经营控制权的股份购买下来，以实现对另一国企业的经营管理的部分或完全控制的行为。跨国并购涉及两个或两个以上国家的企业，一国企业是并购发出企业，也可称为并购企业或并购方，另一国企业是被并购企业，也叫目标企业。这里所说的渠道，包括并购企业直接向目标企业投资，或通过目标国所在地的子公司进行并购两种形式。这里所指的支付手段，包括支付现金、从金融机构贷款、以股换股和以股票换资产等方式。

（二）我国有关并购的相关法律规定及其实践

1. 我国有关并购的相关法律规定

我国《公司法》对公司的合并进行了明确的界定。按照《公司法》的相关规定，公司合并可以采取吸收合并和新设合并两种形式。一个公司吸收其他公司为吸收合并，被吸收的公司解散；两个以上公司合并设立一个新的公司为新设合并，合并各方解散，公司合并时，合并各方的债权、债务，应当由合并后存续的公司或者新设的公司承继。

《中华人民共和国证券法》（以下简称《证券法》）规定，上市公司收购可以采用要约收购、协议收购及其他合法的方式。

《上市公司收购管理办法》对上市公司收购也做出了最新的界定。《上市公司收购管理办法》指出，上市公司收购就是投资者通过股份转让活动或股份控制关系获得对一个上市公司的实际控制权的行为。投资者进行上市公司收购，可以采用要约收购、协议收购和证券交易所的集中竞价交易等多种方式进行。允许依法可转让证券和其他合法支付手段作为上市公司收购的对价，解决上市公司收购中可能出现的现金不足问题。

2. 我国并购实践及其评价

目前，我国企业基本摆脱了盲目多元化的思想，更多的横向并购在发展。相关数据显示，横向并购在我国并购活动中的比重始终在 50% 左右。横向并购毫无疑问是对行业发展影响最直接的。混合并购在一定程度上也有所发展，主要发生在实力较强的企业中，相当一部分混合并购情况较多的行业都有着比较好的效益，但发展前景不明朗。纵向并购在我国比较不成熟，基本都在钢铁、石油等能源与基础工业行业。这些行业的原料成本对行业效益有很大影响，因此，纵向并购成为企业强化业务的有效途径。

二、人力资源管理在企业并购中的角色和作用

（一）并购中的人力资源整合

二十世纪九十年代以来，随着全球一体化加快及贸易投资壁垒的消除，并购已成为一种国际化的行为。大量事实表明，人力资源整合管理在并购成败中举足轻重。有效的人力资源整合并不必然保证企业并购能够成功，但是无效的人力资源整合管理必然导致并购失败。

企业并购过程中，由于不同企业文化背景必然存在差异，因此，并购中难免有文化冲突的产生及人力资源重新整合的过程。实际上人力资源整合是一个理性的能量积蓄过程，要靠程序、制度和方法。但是真正蓄积能量到一定的程度，达到变革的拐点，就需要感性的企业文化来突破天花板，挖掘协同效应。

如何通过有效的人力资源整合途径，尤其是文化整合，充分保留最宝贵、最具升值潜力的人力资源，使企业并购的预期目标得以实现，是任何一家进行并购的企业必须认真探讨的问题。

1. 企业并购的尴尬现状及误区分析

虽然企业并购活动已经成为企业扩张的有效途径之一，但一个不容乐观的事实是，超过半数的被调查企业的投资回报率远低于企业并购前的水平。如果从投资回报率的角度来看，仅有 25% 的并购案例可以称作是成功的。Mark Sirower（马克·赛罗沃）在 1997 年调查了发生在二十世纪九十年代的 168 宗并购交易，发现有三分之一的并购活动减少了公司价值。

翰威特认为，导致企业并购失败的原因有很多，其中很重要的一点是，在企业并购的人力资源整合过程中，存在一些误区，以致并购后的人力资源整合不到位，从而最终

导致了并购活动的失败。

（1）企业并购误区一：只注重资产财务整合不注重人力资源的整合。在并购实践中，许多企业未将人力资源整合工作放到战略高度加以考虑。一份调查报告表明，在并购之前，只有不到20%的公司考虑到并购后如何将两公司整合到一起。实际上，现代企业竞争的实质是人才的竞争。企业并购是否真正成功在很大程度上取决于能否有效地整合双方企业的人力资源。据调查，在并购的第一年内，有47%的高层管理人员会选择辞职，在三年里，这些人中的72%会最终离开，在留下来的人中，将有很多人不再忠于职守，而是身在曹营心在汉，并购方所得到的不过是一个失去了灵魂的空壳，并购方将不得不花费大量的时间和精力去寻找新人来代替这些离职者。而这种现象产生的原因在于，在很多企业并购中，收购方往往对资产、财务、销售、生产等方面的整合非常关心，但是对怎样将双方的人力资源进行有效的整合却考虑欠妥。事实上，被并购公司的优秀人才是一笔巨大的财富，如何通过有效的人力资源整合来保留关键人才是并购成功的关键因素之一。

（2）企业并购误区二：人力资源整合开始得过晚，并缺乏周密的计划。并购活动失败的主要原因可以归结为两个方面：一是交易缺口（Transaction Gap），二是转化缺口（Transition Gap）。前者可以通过并购谈判，讨价还价来弥补；而后者需要通过并购整合战略来实现。在并购实践中，许多并购企业将更多的精力放在了交易缺口的弥补上，而没有充分重视并购中的整合策划，更缺少周密的人力资源整合计划。一种较为普遍的经验模式是，将并购和整合作为两个分立的过程，并购协议签订之后，并购过程终止，整合过程开始。这种模式看似合理，然而在大多数情况下由于人力资源整合过晚，而且缺少事先周密的计划，使整合工作带有很大的随意性和盲目性，容易使人力资源整合工作偏离整个并购的战略方向，后果不容乐观。

（3）企业并购误区三：整合手段过于单一，忽略对文化的整合。如同其他有机体一样，企业也是一个生命体，存在一定的性格，我们称之为企业文化，实际上就是企业的经营理念、待人处事方法、习惯风气和员工情绪。研究认为，并购完成后两企业文化和管理风格的冲突是整合面临的最大困难。事实上，并购中文化的不兼容与财务、产品和市场的不协同一样会产生并购风险，甚至是导致并购活动流产的“罪魁祸首”。美国管理大师德鲁克指出，与所有成功的多元化经营一样，要想通过并购成功地开展多元化经营，需要一个共同的团结核心，必须有“共同文化”或至少有“文化上的姻缘”。Coopers & Lybrand研究了100家并购失败的公司，发现有85%的首席执行官承认，整合后管理风格和公司文化的不兼容是并购失败的主要原因。可见，文化整合对人力资源整合至关重要，但遗憾的是，在人力资源整合实践中，并购企业更加倾向于使用物质激励、高职位激励等整合手段，忽略了文化整合的作用，整合手段单一，而且事倍功半。

（4）企业并购误区四：没能认识到目标公司核心人员的价值。在并购实践中，很多企业没有充分认识到，企业最有价值的是员工的生产力、创新能力和知识。巴奈特国际公司（Barnett International）的首席信息官在一份全球管理咨询公司的刊物《CIO企业杂志》中这样写道：“如果知识和经验用不上的话，那么从并购中获得的最根本的价值就会很快消失。一旦这些资产丢失了（通常是被竞争对手得到了），就不可能再夺回来。任何一个头脑清醒的经理都不会让有价值的固定资产这么轻易地落入竞争对手手中。”如果那些富有创造力和创新能力的员工对在新组织内是否会有一个合适的位置没有信心的话，他们就会寻找其他机会。那么并购方得到的除了品牌之外，也许只剩一个空壳。

（5）企业并购误区五：缺少系统评估和全面留用管理人员和技术人员的计划。诚然，越来越多的并购方开始意识到关键人才留用的重要性，但是目前系统化的评估和全面的留用方案仍然严重缺失，并购方仅凭借被并购公司的业主或高层主管的评语，或者外部咨询机构专业人员的意见，或者并购方管理层对他们的印象，就草率地作出谁好谁差的判断，并据此作出一些表面化的、不系统的挽留措施。实际上只根据并购方、外部咨询机构或被并购方这三方意见的任何一种来评估被并购公司的人员，都有失颇偏；只有综合这三个方面的意见，才能获取较为完整和客观的信息。并且，在此基础上从沟通、人文关怀、薪酬激励等方面制定一个全面的人才挽留计划，才有可能有效保持留用人才的积极性和敬业精神。

鉴于人力资源整合在企业并购中的重要意义，我们应该把人力资源整合工作提高到战略的高度，制定全面的人力资源整合策略，在企业并购的整合过程中消除这些误区，从而使企业能够将纸面的协同效应转变为实际 1 +1 >2 的业绩增长。

2. 人力资源整合策略分析

翰威特认为，人力资源整合工作是一项复杂的、充满变化的系统工程，需要并购企业有极强的操作能力，这就要求并购企业能够在实践中摸索出更好的对策，使并购真正成为推动企业价值提升的有效手段。

（1）人力资源整合策略一：选择科学的整合模式和程序。在整个并购流程中，人力资源的整合举足轻重，人力资源的努力贯穿始终。人力资源整合具有很强的实务性，需要考虑并购的具体情况，因此，在整合前需要选择科学的整合模式和程序加以控制。

在尽职调查阶段，主要着力于战略评估，人力资源负责进行协同效应评估以及协助谈判，在准备整合阶段，则主要致力于建立项目办公室，制定 100 天计划和制定改进计划。

（2）人力资源整合策略二：尽早制定周密的整合计划，引入专业中介机构。要组成专门的整合小组，负责研究企业的信息系统、人力资源、运营现状、客户服务及其他重要业务。需要特别强调的是，并购方要聘请专业中介机构来研究目标企业的文化并与自己企业的相比较，进行事先规划，包括文化整合策略、沟通策略、关键人员的筛选等。

（3）人力资源整合策略三：建立整合领导小组，委派合适的主管人员和保留关键人才。思科 CEO 钱伯斯曾说：“如果你希望从你的公司购买中获取 5 -10 倍的回报，显然它不会来自今天已有的产品，你需要做的是，留住那些能够创造这种增长的人。”“与其说我们在并购企业，不如说我们是在并购人才。”如果并购造成企业员工的大量流失，那么所购买的企业无异于是一个空壳，失去了产生价值的源泉。公司只有保证员工的“心理契约”不被打破，才能让员工愿意留下并为企业的发展全力奉献，因为他们相信企业能够了解并满足他们的需求与愿望。心理契约的概念，是美国著名管理心理学家施恩（E. H. Schein）提出的。心理契约是个人将有所奉献与组织欲望有所获取之间，以及组织将针对个人期望收获而有所提供的一种配合。虽然这不是有形的契约，但却发挥着比有形契约更重要的作用。

（4）人力资源整合策略四：加强员工沟通。在人力资源整合过程中，沟通起到至关重要的战略性作用。整合中出现的许多误解和对抗，都是由沟通不畅造成的。为了避免这些情况的发生，并购企业应采取多种形式建立沟通渠道，保证各类信息在正式渠道中的畅通，让员工清楚理解并购的动因、目的和作用，了解最新进展情况，并找准自己在未来公司的目标定位，以最大限度地减少并购过程中由于信息分布的不完全、不对称所引起的“道德风险”和“逆向选择”等机会主义行为，降低摩擦成本，增加企业并购成功的机会。

（5）人力资源整合策略五：文化整合修正精神层次的共同追求。人力之道，文化为本。人力资源部门在整合阶段都有它需要承担的角色。除了项目管理、组织结构和员工安置、领导层的评估和选拔、薪酬福利制度的调整以及与员工的沟通和交流之外，文化整合工作尤为重要。文化是一个多层次的东西，一个企业的文化包罗在集体价值体系、信仰、行为规范、理想、迷信以及宗教礼仪之中。它是激励人们产生效益和效果的源泉。处于球心的核心价值，其引力是无穷大的。文化差异是并购失败的主要原因。众所周知惠普和康柏公司（Compaq）的并购案，最大的麻烦不是技术，不是产品，也不是市场，而是公司文化的融合。

（6）人力资源整合策略六：薪酬激励因“事”制宜，把握要害。在并购的人力资源整合过程中，规范考核和激励机制是难点之一。要进行成功的薪酬制度整合，尊重员工的意愿和需要尤为重要。薪酬激励制度整合项目的完成，保障了整个并购活动人力资源整合的平稳进行。诚然，“薪甘情愿”不失为一种不错的选择。但光靠钱留人更是危险的。对员工来说，一个好的领导，一个好的工作氛围与工作条件乃至发展前景是留人的重要因素之一。而以多元化职业发展计划和其他激励机制（培训、学费报销等）使人才保留方法更加丰富，让“心甘情愿”成为可能。

3. 并购整合，首先是人的问题

并购之路，绝非坦途。但兼并、收购和联盟的呼声依然此起彼伏。有些成功了，有些却不尽然。人们现在已经开始对现行的人力资源整合思路进行反思：人力资源管理在这些活动中到底应该扮演什么样的角色，发挥什么样的作用，如何推动企业合并的顺利进行？是否只有一完成收购就进行人力资源整合，才可能最大程度创造价值？是否必须注重文化整合的顺利实现，才能保证整合的效率？

翰威特认为，企业并购整合，首先是人的问题，其次才是钱的问题。没有了人，靠什么来打仗？而人力之道，文化为本。在人力资源整合实践中，并购企业不仅仅要使用物质激励、高职位激励等整合手段，更应该重视文化的融合问题，以达到事半功倍的效果。“海纳百川，有容乃大”，只有如此，那些怀抱梦想的企业才能最终成长为多文化背景的国际公司。

（二）人力资源管理在企业并购中的角色和作用

企业并购是市场发展的必然要求。许多通过并购迅速成长的世界一流公司的经验表明人力资源部门在并购中起着非常重要的作用。从并购计划阶段到确定和评估员工、管理文化问题的沟通阶段，人的问题都会冲击每一个整合步骤。人力资源部管理人员应参与所有的并购的整合过程，其角色应该是与业务整合的角色同步的。

1. 理解企业并购实质，尽早投入并购准备，参与制定并购计划

（1）理解企业并购实质。实施企业并购之前，人力资源部门必须首先认真处理手头之事，理解即将进行的兼并收购实质，明确并购的关键步骤、日程安排及商业机理。除了确认兼并的业务范围外，还需要明白未来两个公司融合的程度，探寻权利的平衡点。认真研究双方公司的并购史，为洞察文化差异、观测变革准备度以及发掘潜在问题提供理论基础。不断总结并购中的经验教训，摸索出更好的对策，使并购真正成为推动企业价值提升的有效手段。

（2）尽早投入并购准备。大量研究发现，在整个并购过程中失败风险最高的往往是最易被忽略的人的问题。如果企业能够意识到人力资源管理在并购中的价值，尽早关注并购中有关人的问题，而不仅仅只是将注意力放在财务分析上，并购的成功机率会大大增加。人力资源部门越早介入并购过程越有利于推进实施全面的人力资源整合策略。尽职调查阶段和准备整合阶段非常关键。尽职调查阶段主要着力于战略评估，人力资源负责进行协同效应评估以及协助谈判，人力资源部门参与尽职调查过程，将有助于为识别与测量所有尽职调查条目设计更加完善的体系。特别应该注意的是，在尽职调查阶段，需要清晰地识别共享信息以及承载形式，如果有任何异议，需要寻求专业性建议。

（3）参与制定并购计划。随着并购准备工作的完善，相关信息日益集聚，并购计划的制定迫在眉睫。人力资源部门要参与到这个过程中来，并且需要将人力资源与现有其他管理尽可能地保持一致，例如企业的信息系统、运营现状、客户服务及其他重要业务。在这个过程中，人力资源部门要不断把对方企业的文化与自己企业的文化相比较，明确责任主体，进行事先规划，为新公司设计合理的人力资源体系。因为人的因素是企业各种资源中最具能动性的，大到经营目标、战略决策、经营计划、各种规章制度的制定，小到工序操作，主动者是人，人尽其才，物才能尽其用。

2. 制定一整套用于进行人力资源可行性分析的综合方法或过渡方案

并购过程中的人力资源整合主要工作有：有效评估当前的人力资源；决定哪些人才应当挽留下来；决定哪些人员应当重新安排或者解雇；建立人才数据库；保持管理队伍的连续性；学会如何管理和激励；有针对性地开展人力资源培训；接受指导与改进管理的机会；评价员工的适应性；评估工作动力；决定公司业绩的真正因素。

3. 与员工进行全面的沟通，以稳定人心

针对企业在并购后设计的组织沟通方案，需要很深的企业战略前瞻性和很强的实际操作性，并购交易一宣布，就要求管理层立即提出一系列阶段的组织方案，并在随后的数周内执行。要尽可能跟员工及时进行沟通，使员工有一个初步的了解。虽然并购中变数太多，不能做太多的承诺，但是对当时的情况进行明确的说明是很有必要的，尤其是中层的领导，那些高层认为在并购之后将在公司中承担重要角色的管理者，更要保持与他们随时沟通，帮助他们掌握应对并购中出现的混乱局面技巧，这样才能达到稳定人心的目的。管理者要熟练处理谣言问题，当一项并购在进行中时，除了上对下的宣

告外，还应当有适当的沟通机制鼓励下对上的信息反应，公司间相互的、坦率的沟通是有益的。在清晰、明确的管理下，人才最能发挥才智。而在并购时，一切变得摸不着头绪的时候，或者一项新行动引得大家怨声载道的时候，首先流失的常常是优秀人才。

在并购的初期阶段，人力资源部门在完成对目标企业的员工薪水、福利、劳资关系等的基本评估后，其工作重点就应该是加强与员工的沟通，主要是对员工心理的安抚，人力资源部门可以通过企业内部刊物、电子邮件、人员任命、新规章制度的制订、实施等多种方式，让员工了解企业的经营环境与组织变革、了解变革可能面临的影响，关心并协助员工渡过并购尴尬期。

在并购过程中，面对双方员工的众多想法或猜测，沟通应遵循以下原则：

（1）实话实说。沟通目标应清晰、全面、透明，关于企业的现状与未来发展都应与员工沟通。在沟通过程中应尽量避免让员工随意猜测，应让他们心中的问题有明确的答案。

（2）沟通要集中。在与员工的沟通过程中，最好采用集中统一的方式面对面地进行，不要今天几个，明天几个，以避免出现沟通内容的不一致。

（3）沟通应采用一个正式的渠道，所有消息应保持统一口径，尽可能消除小道消息，以免影响员工的思想状态，还要从并购一开始就对员工进行持续的沟通，一直坚持到底。

收购方要表示出最大的诚意和善意。首先要团结被收购方有影响力的人员，对优秀人员继续委以重任，可能的话，让他们继续领导原有的员工，营造公平的用人氛围，创造发展的空间。以企业经营要求和员工绩效为依据，让有潜力的员工继续发挥才干。其次是收购方管理层和人力资源部门负责人对那些被收购企业的员工应给予关注和照顾，关注他们的感受和担心，解决他们的切身问题，尊重他们的自身价值。而不是将原有员工尤其是管理人员换个一干二净，或者看不起他们曾经付出的努力和带来的成绩。只有这样，才能有效避免团队中的“二等员工”心态。

4. 过渡期的人力资源部门要建立新的评估系统，确定新的人事结构

在整合过渡期，企业内部存在着大量的不稳定因素，特别是人员的流动和职务重叠，为了避免出现员工过大的心理落差、过度的失望情绪、人事关系紊乱甚至局部冲突，应在整合中制定有针对性的合理评估标准，建立新的评估系统，确定新的人事结构。这一举措要求企业在对目标企业的人力资源部门进行总体分析评价时，由并购企业的人力资源部门的负责人、目标企业的高级主管以及外部专业人士组成评估小组，根据重新确定的新的评价标准，对员工以前的工作表现和未来工作的潜力进行客观评价，尽可能发现其继续留在企业的可能性以及产生这种可能的深层次动机，从而可以有针对性地采取措施。

因此，并购企业在进行目标企业员工的选择与安排时，应尽可能考虑以下几个原则。即选择最合格的人力资源，将双方的强项变成新企业的资本；筛选过程完全基于员工的“能者得之”的原则，根据员工的能力、个人发展目标、工作经验是否符合新工作职位的要求而定；应优先考虑内部员工对岗位的适合性；人员的选择与安排在时间上

不要拖得太久。根据国内外成功的并购经验，安排首席执行官以下三级管理层的时间最好不超过 6 个月，对一些普通岗位的人员安排一般在 1 ~2 个月即应完成。

采取行动保护关键员工。许多收购的目的不是为了得到工厂、设备等固定资产，而是企业的“软资产”，也就是员工的人力资本、发明专利和客户关系，以及具有潜在价值的新产品和新服务，这些资产都与企业的员工紧密相关，但是这些关键人物的商业关系、技能和知识固化到公司中要很长的时间。在并购中，如果这些关键人物选择离开，就可能导致公司的重大损失，甚至使并购的目标失败。首先，作为并购企业的高层应在整合阶段尽快确定目标企业的不可或缺的重要员工；其次，要制定专门政策稳定这些员工。在选择、挽留、激励这些重要员工的过程中，可以采取职位、奖金、股票、股票期权等物质和精神的组合方式对其进行激励，使他们能够明显地看到在企业并购后自身的发展前景，从而成为企业并购成功的助推器。公司可以专门委任一位经理负责留住人才的工作，如安永会计师事务所在并购过程中在公司中设置了董事长特别助理一职专门负责人才保留方面的工作。

5. 人力资源部门增强员工的培训工作

并购后，员工的培训尤为重要，通过培训能把公司原本分离的运营基础紧密联系起来，以增强公司的盈利能力，不仅增强企业文化的融合程度，而且有助于促进合并公司双方之间的技能转移。员工培训主要在以下三个方面：第一，思想培训。使新的组织中的每位员工都能尽快明确组织的现状、战略、目标以及自己的任务、目标，帮助员工正确对待并购事件和人事调整，转变对并购的不良心理状态。第二，企业文化培训。并购后，并购方可能把自己的文化移植到被并购企业，也可能两种文化融合形成一种新的企业文化，引导员工的个人目标与价值观向企业组织的目标与价值观靠近。第三，岗位技能培训。通过培训使员工尽快熟悉新的环境对工作的要求，提高工作所需的技能，不断更新知识结构和观念，并在实践中能充分发挥积极性、创造性，不断提高业务水平和业绩水平。

公司进行重大的并购时，就是对公司的员工进行重新评价和人员重新分配组合的时刻。员工培训既有助于对员工进行重新评价，又有助于决定如何对他们进行重新分配和组合，同时也可以保证整合计划的顺利进行。

6. 认真对待法律事务

并购中的法律事务问题体现在员工的劳动合同上，《劳动合同法》的颁布实施对企业并购中员工劳动关系的处理带来重大影响，在诸多方面改变并购中劳动关系的处理。人力资源部门必须熟悉劳动关系相关法律，在符合当前法规的前提下开展工作，尤其是选择合理的处理模式。劳动关系处理方案的合法性是首要的，而人的复杂性决定了其需求的复杂性，因此合法的方案不可能满足所有人的需求，这就需要对劳动者实施有效的分层管理，令法律方案更具有适用性。

在以《劳动合同法》为标志的我国劳动关系新的时代背景下，劳动关系越来越成为企业管理经营的中流砥柱，也越来越成为并购成败的重中之重。并购中劳动关系的处理应当加强以下两点：第一，人力资源部门在参与尽职调查的同时，应当对劳动关系进行动态调查，以确定劳动关系的现状、历史债务、预期变化等信息；第二，法律事务与企业管理、企业文化不断融合，不仅要关注合法与非法的区别，还要关注合理与不合理的分析，而在劳动关系的处理上偏重任何一方都是不完善的，劳动法需要与管理进行深入的结合。

7. 人力资源部门进行企业文化的战略整合

公司并购后，会因企业文化（价值观、行为模式等）的差异而产生冲突，处理不当，企业内部常常会充满矛盾和帮派，造成内耗。因为文化上的不相容会导致严重的不确定性及分裂，随之给员工带来巨大的压力，这种压力对员工的心理、生理及表现行为会有不利影响。

并购中的企业文化整合是缓慢渗透的过程，不能急于求成，立即把并购企业已有的企业文化强行在被并购企业推广，容易造成强烈的抵触心理，造成优越感与自卑感、期望与失望的冲突等。急功近利是我国企业并购存在的一个通病，尤其是在企业文化方面，根本不注重有机融合，更多的是“强权”合并，极其缺乏耐心。企业之间的兼并与收购本来就是很多不同力量之间的全国横向联合，强权只能导致冲突，最后使并购步履维艰。因此，企业应该探索一套成熟的文化整合程序和方法，使双方充分了解各自差异，在并购过程中致力于达成相互信任的方式，明确双方对未来共同的期望，从而使并购健康平衡地运行，为股东和利益相关者创造更大的价值，充分实现并购的目标。

三、企业并购中被并购企业员工劳动关系的处理

（一）《劳动合同法》对并购中劳动关系处理上的影响

《劳动合同法》是我国第一部全国性的处理劳动合同关系的法律，其在一定程度上统一了全国关于劳动合同制度的众多方面内容，虽然并无关于并购的直接规定，但对于并购可能带来的劳动合同继续履行、变更、解除、终止都有相关的规定，必将在诸多方面改变并购中劳动关系的处理。

1. 稳定劳动关系将成为并购中最重要的处理原则

《劳动合同法》的重要立法目标就是稳定劳动关系，其中非常重要的就是劳动合同履行中的稳定，因此，《劳动合同法》在全国性劳动立法中第一次提出了“继续履行”的概念。该法第三十三条规定：“用人单位变更名称、法定代表人、主要负责人或者投资人等事项，不影响劳动合同的履行。”第三十四条规定：“用人单位发生合并或者分立等情况，原劳动合同继续有效，劳动合同由承继其权利和义务的用人单位继续履行。”

依此规定，由于并购导致企业名称、法定代表人、主要负责人或者投资人变更，并不能借此解除或者变更劳动合同，原劳动合同应当继续履行；而并购中常见的企业合并，《劳动合同法》也明确规定劳动合同继续履行，无论原劳动合同是与合并前的哪一家企业签订，也无论合并后原企业是否存续或解散。

除了在整体上做出“继续履行”的规定以外，《劳动合同法》还对劳动者中的特殊人群也做了特殊的稳定其劳动关系的规定。比如，第四十二条增加规定：“劳动者在本单位连续工作满十五年，且距法定退休年龄不足五年的，用人单位不得依照本法第四十条、第四十一条的规定解除劳动合同。”还有经济性裁员中对于优先留用人员以及劳务

派遣人员、试用期人员的特殊保护，都将令“继续履行”成为《劳动合同法》下并购操作的首要原则。这也会使劳动关系双方滥用并购解除劳动合同的现象受到一定遏制。

2. 劳动关系处理的成本受到法律规范

《劳动合同法》一方面增加了劳动关系履行的成本，另一方面对劳动关系解除的成本进行了控制，这对于并购成本构成了不平衡的压力。

首先，《劳动合同法》拉平了终止与解除劳动合同的经济待遇，客观上影响了解除待遇的合理性。通常理解，终止是双方事先约定的，是可以预期的，其成本较低；而解除是事先无法预期的，而且被解除一方可能并无过错，因此解除方应当承担的责任更大，应当付出更多成本。《劳动合同法》提高了终止的成本，必然造成解除的成本也水涨船高——虽然法律规定并未提高。

其次，《劳动合同法》对高收入、高工龄的劳动者又做出了经济补偿的限制，其“三倍”和“十二个月”的封顶规定，使得管理层畸高的经济补偿金得到公平的限制。

当然，除了显性的解除、终止成本，并购中劳动关系承继、变更的隐性成本更难于计算，这将受到《劳动合同法》对劳动关系整体规范的影响。

3. 劳动关系处理的程序要求民主化

《劳动合同法》虽然一方面大大增加了并购中员工补偿的成本，但是更重大的影响在于《劳动合同法》对于劳动者主体意识、集体意识的增强。随着劳动者主体意识、集体意识的增强，劳动者对于主张并购中劳动关系处理方案乃至并购整体方案的知情权和民主参与权的积极性都将大大提高。《劳动合同法》第四条规定，不仅规章制度，还有“重大事项”，都需要经过法定的民主程序和公示。这对于并购中劳动关系处理的程序公正提出了全新的要求。

这种变化对于并购而言是一把锋利的“双刃剑”。如果处理不当，由此引发的群体性纠纷乃至冲突将成为并购中的硬伤，从而导致整个并购的失败；如果处理得当，劳动者的知情权和民主参与权都将成为并购中积极的推动力，并为交易完成后更长时期的管理整合开创良好的局面。

（二）企业并购中可能出现的劳动关系问题

在企业的兼并和收购中，新的雇主一般希望对企业原来的人员进行选择和缩编，以提高企业的运行效率，甚至最终目的就是为了购买原企业的一套管理班子，整合原企业和本公司的人力资源，发挥更大的边际效益，达到更好的盈利目标。在整合的过程中，不可避免会出现终止或解除员工劳动合同关系和调整员工岗位、薪资或者职责的需要。因此，必须根据不同的情况分析处理员工劳动关系的程序及赔偿要求。

1. 并购中劳动关系处理随意性强

由于并购在《劳动法》中尚缺乏准确的界定，因此，在劳动关系处理中并购常被双方当事人所滥用。一方面，企业一方借并购、重组的机会与员工集体解除劳动合同，以此达到裁减人员或者重新签订劳动合同的目的，这是目前造成群体劳动关系不稳定的重要因素之一。由于并购与否以及如何并购，员工并不能发表任何有影响力的意见，因此员工在并购中常处于被动的局面。比如外资并购老的国有企业的过程中造成大量的员工下岗、失业，这是二十世纪九十年代末以来我国就业压力的主要来源。另一方面，由于我国《劳动法》对于劳动者地位与身份缺乏准确的分层区分，造成在劳动关系领域中的强势劳动者群体，比如厂长、经理、董事等，因此，并购也在一定程度上被强势劳动者所滥用。动辄上百万乃至千万的经济补偿金由此产生。而且，由于劳动关系的持续性，其历史遗留问题往往成为并购中企业难以自拔的泥淖。制度的不完善造成劳动关系处理的随意性，这也为劳动关系的纠纷和冲突埋下了隐患。

（1）被并购企业停产整顿期间至破产期间员工的待遇如何处理。如果企业的停产整顿是由企业的主管部门决定的，在这期间员工工资支付可以参照《工资支付暂行规定》第十二条的规定："非因劳动者原因造成单位停工、停产在一个工资支付周期内的，用人单位应按劳动合同规定的标准支付劳动者工资。超过一个工资支付周期的，若劳动者提供了正常劳动，则支付给劳动者的劳动报酬不得低于当地的最低工资标准；若劳动者没有提供正常劳动，应按国家有关规定办理。"即第一个月，企业有支付其合同约定工资的义务，自第二月开始，由于全面停产整顿，如果员工没有提供任何劳动，因此，企业应当支付生活费，生活费的标准在地方政府没有特殊规定的情形下，一般参照当地最低工资标准的70%来支付。

（2）并购前后的劳动合同是否延续。根据《劳动合同法》第三十四条的规定："用人单位发生合并或者分立等情况，原劳动合同继续有效，劳动合同由承继其权利和义务的用人单位继续履行。"即一般的原则是保持原劳动合同不变，由并购后的企业按照原合同约定的权利义务继续履行。但是，在坚持基本原则之前，还要看被并购的企业在并购前处于什么状况。如果处于破产状况，并进入破产程序，那么该企业自被宣布破产之日起就丧失了劳动用工的主体资格，符合《劳动合同法》第四十四条所规定的劳动合同的终止条件，即该企业与员工原来签订的劳动合同将自动终止，由原企业按照破产法的相关规定予以安置或补偿。而对于通过破产拍卖程序完成对原企业并购的公司，其买回的是原企业土地、建筑物的使用权以及机器设备、材料的所有权，并没有安置或履行原企业员工或劳动合同的义务。因此，在企业并购的问题上，被并购企业的员工通过破产程序获得安置或补偿，其原劳动合同在法律上并没有继续延续的基础。当然，如果在并购过程中，并购双方已经就员工的安置做出规定的，应当按照并购的协议来执行。

（3）原企业员工并购前后的工作年限是否合并计算。根据《劳动合同法实施条例》的规定："劳动者非因本人原因从原用人单位被安排到新用人单位工作的，劳动者在原用人单位的工作年限合并计算为新用人单位的工作年限。"即工作年限是否连续计算，主要取决于员工本人是如何从原企业安排到新企业的。如果并购企业在完成并购的基础上，对于被并购企业的员工实行统一的招聘程序，按照组建企业的需要，重新招录他们的员工，那么这应当属于员工根据本人意愿，自己决定是否到新企业来工作，则那些愿意加入新企业的员工工作年限不需要连续计算；如果并购企业直接把销售网络、技术研发部门的员工纳入到新组建公司的销售体系中来，则属于非员工本人原因从一个单位被安排到了另一个单位，工作年限应当连续计算。工作年限连续计算带来的问题就是无固定期劳动合同的签署、企业内部的工作年限工资（工龄工资）、福利待遇等。因此，并购后员工的工作年限是否连续计算，主要考虑并购企业对被并购企业员工继续雇用所采用的方式。

2. 并购中劳动关系处理的管理缺失

我国的集体劳动关系不发达，劳动关系处理中缺乏集体谈判的机制和传统，因此，政府相关行政部门的管理和监督就变得尤为重要。但是由于我国劳动法律制度也是倾向于个别劳动关系的规范，而疏于集体劳动关系的规范，因此造成劳动行政部门在对并购中劳动关系处理的管理中缺乏有针对性的法律规定，只能借助于个别劳动关系的相关规定。比如，《劳动合同法》中专门规定了经济性裁员条款，将其作为批量解除劳动合同的一种法律行为，并为此规定了相关的程序和监督管理。但是由于其适用范围单一，与个别劳动关系解除的程序差异大，造成几乎所有并购操作中的人员裁减均未按照此裁员规定执行，而多采用《劳动合同法》第四十条第三项的规定。

在个别劳动关系的解除中，劳动行政部门无法在前期介入或者参与，只能在纠纷或者冲突发生后进行管理和监督，这造成管理的滞后。即便在《工会法》修订后规定解除劳动合同前应当通知工会，但是由于工会体系的不完善和工会职能的不清晰，使得工会对个别劳动合同解除的监督也无从下手。至于职代会，是国有工业企业特有的民主管理方式，对其利弊尚存争论，而且并未作为一种法定的民主管理方式在所有企业中推行，因此，并购中也并不能作为一种通行的管理方式。

（三）企业并购中的典型劳动关系问题处理

1. 企业整体收购合并中的典型劳动关系问题处理

企业收购合并是甲企业收购乙企业时，乙企业解散，乙企业原有员工关系转移至甲企业的情形。在这种情况下，会发生乙企业与乙企业原有员工终止或解除劳动合同关系，或乙企业原有员工劳动合同关系转移至甲企业并延续工龄，或乙企业原有员工与乙企业终止劳动合同关系并与甲企业建立新的劳动合同关系的情形。

（1）劳动合同承继，工龄延续。根据《劳动合同法》第三十四条规定："用人单位发生合并或者分立等情况，原劳动合同继续有效，劳动合同由承继其权利和义务的用人单位继续履行"。在原有企业整体合并至新企业时，如事实是企业合并，原则上存续的企业要承继需注销企业的所有劳动合同权利和义务，该承继系自然承继，无需履行劳动合同变更手续，亦无需支付任何补偿。

（2）被收购企业员工劳动合同的终止和解除。一般来说，企业在收购时会希望解除或终止部分需解散企业中的冗员或不希望继续留在该企业的人员的劳动合同关系，精简人员，提高效率。根据《劳动合同法》第四十四条规定："有下列情形之一的，劳动合同终止：（一）劳动合同期满的；（二）劳动者开始依法享受基本养老保险待遇的；（三）劳动者死亡，或者被人民法院宣告死亡或者宣告失踪的；（四）用人单位被依法宣告破产的；（五）用人单位被吊销营业执照、责令关闭、撤销或者用人单位决定提前解散的；（六）法律、行政法规规定的其他情形。"因此，收购企业在考虑终止或解除所收购企业员工时，需要注意以下几点：

首先，应当考察需裁减的员工是否有将近退休年龄，劳动合同是否将近到期等可以终止劳动合同的情形。这些情况将很大程度地减少企业的收购成本。

其次，在确认需裁减的员工近期没有退休或合同到期的情形后，如果必须裁减该员工，可先与员工协商。将所有员工的协商成本与解散企业的成本相比较后，确认选择与员工协商解除或者选择采用先收购再解散的并购方式。实践中大多采用先解散被收购企业，支付裁减部分员工的经济补偿金，然后由新企业与需保留劳动关系的员工重签劳动合同以及保留或持续计算其工龄的协议。

第三，如果企业决定解散，员工劳动合同的终止时间的确切节点是何时？这里有两种普遍的说法，一种是企业登记注销当日，一种是企业向工商行政部门申请注销之日。我们认为，这个节点的确切时间应当是企业股东会决议解散之日，一般为股东会确定的企业停止经营进入清算之日，或者清算组织确定的具体日期。

第四，合同终止，无须提前三十日通知。一般企业会在决议解散后及时通报所有员工，员工一般也会通过各种渠道得知企业可能解散的消息。

第五，对于处于“三期”内的女员工和医疗期内的员工、工伤停工医疗期的员工的劳动合同是否能够同时终止？是否需要如合同期满终止的情形延续至该情形消失之日才可终止？答案是否定的。例如，《重庆市职工生育保险暂行办法》第二十六条规定：“用人单位被依法宣告撤销、解散和破产以及由于其他原因宣布终止的，应当在资产清算时，按照本市上年度人均生育保险基金支付的生育保险待遇水平，预留已怀孕女职工的生育保险费。”既然是预留，那自然劳动合同关系已经终止，预留的费用作为怀孕女职工享受生育保险的保障。对于“三期”内女职工、医疗期、工伤停工医疗期内员工的劳动关系处理和保障，还在于清算组的清算政策。

第六，有些企业为了规避签订无固定期限劳动合同的风险，及其他和工龄或工资变化有关的风险，会采用先让员工与要解散的企业终止劳动合同，并依法支付经济补偿金的方式。

2. 特殊业务部门收购的典型劳动关系问题处理

特殊业务部门的收购，一般是指甲企业收购乙企业的一个特殊业务部门，并通过该部门的收购实现公司经营结构的整合，工作效率的提高以及企业效益的增长。在企业收购其他公司业务部门时，最易发生的法律风险问题在于员工关系的主体转移。特殊业务部门，一般是由关键的技术、设备及掌握技术和设备的员工组成。现代的特殊业务部门收购，其关键往往在于人的收购，最易发生的劳动关系方面的法律风险问题即在于员工关系的转移风险。

在收购特殊部门时，收购企业往往会开出高于被收购部门所在企业提供的工资福利条件，或提供优于被收购企业的职业发展前景。但在被收购部门的员工确认同意转移到新公司工作时，最重要的就是确认新的劳动关系，签订新的劳动合同。部分企业可能还会签订承诺书，确认新企业所提供的待遇不低于原劳动合同待遇，以及同意延续工龄。在这种情况下，只要各种文书、合同合法有效，一般不会发生转移劳动合同关系的成本。但是，往往部分员工可能不同意与原企业解除劳动合同，或者不同意转移工龄且要求支付经济补偿金，在这两种情况下，可以采取以下方法：

（1）员工不同意与被收购企业解除劳动合同。根据《劳动合同法》第四十条的规定：“有下列情形之一的，用人单位在提前三十日以书面形式通知劳动者本人或者额外支付劳动者一个月工资后，可以解除劳动合同：……（三）劳动合同订立时所依据的客观情况发生重大变化，致使劳动合同无法履行，经用人单位与劳动者协商，未能就变更劳动合同内容达成协议的。”企业的某个部门被收购如对员工与该企业的劳动合同履行产生重大影响，自然属于客观情况发生重大变化，双方经协商未能就变更劳动合同内容达成协议的，该企业可以提前三十日通知并解除与该员工的劳动合同。在企业收购中，该解除的成本自然是转嫁给收购企业。

（2）员工要求被收购企业支付经济补偿金才同意与收购企业签订新的劳动合同。根据《劳动合同法》第三十五条规定：“用人单位与劳动者协商一致，可以变更劳动合同约定的内容。变更劳动合同，应当采用书面形式。”该条明确指出了变更劳动合同的条件，即协商一致。劳动者如不同意变更劳动合同，即可能发生经济补偿金的问题。既然如此，如果企业不想支付经济补偿金，只能以利诱之，提高工资福利和其他工作标准。

3. 并购中外国人和港澳台员工的劳动合同关系处理

在现今的企业并购中，也常会碰到外国人的劳动合同关系的处理问题。外国人的劳动合同关系处理大体上有两大原则：一是如果有合同约定的，按合同约定；二是如果没有合同约定的，参照我国《劳动合同法》有关规定执行。

本章小结

劳动合同变更是指劳动合同依法订立后，在合同尚未履行或者尚未履行完毕之前，经用人单位和劳动者双方当事人协商同意，对劳动合同内容做部分修改、补充或者删减的法律行为。劳动合同变更是原劳动合同的派生，是双方已存在的劳动权利义务关系的发展。本章介绍了劳动合同变更的定义、可以变更的情形、变更的一般程序以及国家有关劳动合同变更的法律规定；介绍了企业应该如何依法管理劳动合同变更；介绍了调岗调薪的定义、形式、相关法律规定以及企业对调岗调薪的管理；最后介绍了并购的定义以及我国有关并购的法律规定，阐述了人力资源管理在企业并购中的角色和作用以及并购中特殊劳动关系的处理。

复习思考题

1. 按照国家相关法律规定，企业在哪些情形下可以依法进行劳动合同变更？
2. 劳动合同变更的一般程序是什么？
3. 企业在依法变更劳动合同时应该注意哪些问题？
4. 在企业调岗调薪过程中会出现哪些问题？如何依法正确处理这些问题？
5. 人力资源管理在企业并购中的角色和作用是什么？
6. 如何正确认识和处理企业并购中出现的劳动关系问题？

案例讨论

双方的劳动合同变更协议书是否有效？

某销售公司为国有企业，2007 年 10 月 8 日招收李某为临时工，劳动合同规限为 1 年，至 2008 年 10 月 8 日止，并约定违约金数额为 500 元，该劳动合同经劳动行政部门鉴证。李某到该公司工作后，业务能力较强，销售业绩突出，公司遂于2008年年初决定变更原劳动合同的期限。经双方协商后，劳动合同期限变更为3年，至2010年10月8日止，并将违约金变更为5 000元，但变更后的劳动合同书未送劳动行政部门鉴证。李某于2009年4月1日向公司口头提出辞职申请，公司未同意。李某于4月10日不辞而别。4月13日公司书面通知李某到岗办理移交手续，清理盘查物资账目。李某不予理睬。该公司遂向劳动争议仲裁委员会申请仲裁，要求认定李某违约，支付违约金，并赔偿经济损失。李某就此事咨询了一名律师的意见，律师告诉他，变更的劳动合同书无效，因为原劳动合同经劳动行政部门鉴证，而变更的劳动合同书未经劳动行政部门鉴证，所以无效，只能按原劳动合同履行，而原劳动合同至2008年10月8日已终止。所以李某于2009年4月10日不辞而别并没有违约，不应承担违约责任。

案例思考题：

1. 双方变更的劳动合同书是否有效？
2. 李某是否应承担违约责任和赔偿经济损失责任？

第六章

与终止和解除劳动关系相关的人事与社会保障法律法规及其管理

学习目标

- 掌握终止和解除劳动合同的定义及区别，了解国家有关终止和解除劳动合同的法律规定
- 掌握经济补偿金的定义、企业需要支付经济补偿金的情形以及如何正确计算经济补偿金
- 了解用人单位和劳动者双方在终止和解除劳动合同中的附属义务
- 掌握终止劳动合同的条件和程序
- 了解企业在劳动用工实践中应该如何进行终止劳动合同管理
- 掌握解除劳动合同的种类和情形
- 了解并掌握用人单位和劳动者如何依法解除劳动合同
- 了解事实劳动关系的处理方法和策略
- 了解企业解除劳动合同法律风险的防范和处理

关键概念

终止劳动合同　解除劳动合同　经济补偿金

第一节　终止与解除劳动合同概述

一、终止劳动合同与解除劳动合同

（一）什么是终止劳动合同

终止劳动合同或者劳动合同终止，是指终止劳动合同的法律效力。从狭义上讲，劳动合同的终止是指劳动合同的双方当事人按照合同所规定的权利和义务都已经完全履

行，且任何一方当事人均未提出继续保持劳动关系的法律行为。广义的劳动合同终止包括劳动合同的解除。我们这里讲的劳动合同终止是狭义的。

劳动合同的终止是劳动合同的自然结束、失去约束力的一种方式，是结束劳动关系的主要形式之一。《劳动法》第二十三条规定："劳动合同期满或者当事人约定的劳动合同终止条件出现，劳动合同即行终止。"

可见，终止劳动合同的实质是企业劳动合同法律效力的终止，也就是双方当事人之间劳动关系的终结，彼此之间原有的权利和义务关系不复存在。

（二）什么是解除劳动合同

劳动合同的解除或者劳动合同解除，虽然立法上（如《劳动合同法》）的规定达八条之多，却未给以明确定义。一般学理上认为是指劳动合同订立之后，尚未全部履行以前，由于某种原因导致劳动合同的一方或双方提前终止劳动合同从而结束劳动关系，终止双方的权利义务关系。也就是说，解除劳动合同是指当事人双方提前终止劳动合同的法律效力，解除双方的权利义务关系。

（三）终止劳动合同与解除劳动合同的区别

终止劳动合同和解除劳动合同是我国目前在法律上结束劳动（法律）关系的两种基本形式。从法律效果上来看，其结果都是导致用人单位与劳动者之间的法律关系归于结束，具有一定相同性，但解除与终止劳动合同毕竟是两种使劳动关系归于结束的不同方式，二者在劳动关系结束的条件、程序、法律后果等诸多方面存在很大差异，并直接导致劳动者在遇到这两种情形时的权利义务关系的差别，以及采取维权手段的差别。

1. 终止劳动合同与解除劳动合同是否由当事人作出，意思表示不同

终止劳动合同是指劳动合同订立后，因出现某种法定的事实，导致用人单位与劳动者之间形成的劳动关系自动归于结束，或导致双方劳动关系的继续履行成为不可能而不得不结束的情形。终止劳动合同主要是基于某种法定事实的出现，一般不涉及用人单位与劳动者的意思表示，只要法定事实出现，一般情况下，都会导致双方劳动关系的结束。

解除劳动合同则是指在劳动合同订立后，劳动合同期限届满之前，因出现法定的情形或用人单位与劳动者约定的情形，一方单方通知或双方协商提前终止劳动关系的法律行为。作为一种法律行为，解除劳动合同一定会涉及用人单位或劳动者的意思表示，要么是单方的意思表示的结果，要么是双方的意思表示一致的结果。并可以因此将解除劳动合同分为法定解除和协商一致解除，法定解除又分为用人单位的单方解除和劳动者的单方解除。因此，劳动者与用人单位解除劳动合同时，必须做出相应的意思表示即通知对方，意思表示到达对方时，解除生效。

2. 终止劳动合同与解除劳动合同的情形不同

终止劳动合同的情形主要有：《劳动法》第二十三条规定："劳动合同期满或者当事人约定的劳动合同终止条件出现，劳动合同即行终止。"但并没有对劳动合同终止的具体情形做出明确规定。而 2008 年 1 月 1 日实施的《劳动合同法》对劳动合同终止的具体情形做出了列举式的规定。该法第四十四条规定："有下列情形之一的，劳动合同终止：（一）劳动合同期满的；（二）劳动者开始依法享受基本养老保险待遇的；

（三）劳动者死亡，或者被人民法院宣告死亡或者宣告失踪的；（四）用人单位被依法宣告破产的；（五）用人单位被吊销营业执照、责令关闭、撤销或者用人单位决定提前解散的；（六）法律、行政法规规定的其他情形。”因此，当出现《劳动合同法》规定的上述事实之一时，劳动合同即行终止。

解除劳动合同的情形主要有：根据《劳动合同法》的规定，劳动合同解除分为协商一致解除（第三十六条）、劳动者提前通知单方解除即劳动者主动辞职（第三十七条）、劳动者随时单方解除即被迫解除（第三十八条）、用人单位单方通知解除（第三十九条）、用人单位提前通知单方解除（第四十条、第四十一条），而且上述各种解除的条件是不同的。

3. 终止劳动合同与解除劳动合同是否需要履行法定程序不同

（1）对于终止劳动合同是否履行相应的法定程序，以及未履行法定程序的法律后果，《劳动法》和《劳动合同法》均没有做出明确规定，从而导致实践中对于劳动合同终止时用人单位是否需要履行提前通知义务，以及需要提前多长时间通知，各地掌握的尺度不尽一致，相对比较混乱。为了解决该问题，许多地方性法规或规章，对劳动合同终止的程序做出了规定。比如《北京市劳动合同规定》第四十条规定：“劳动合同期限届满前，用人单位应当提前三十日将终止或者续订劳动合同意向以书面形式通知劳动者，经协商办理终止或者续订劳动合同手续。”并在该规定第四十七条规定了未履行该终止劳动合同程序的法律后果：“用人单位违反本规定第四十条规定，终止劳动合同未提前三十日通知劳动者的，以劳动者上月日平均工资为标准，每延迟一日支付劳动者一日工资的赔偿金。”北京市的此项规定，可以作为各个地方处理劳动合同终止案件时的参考，以便更好地维护劳动者的再就业权利和其他合法权益。

在此，需要注意的是，尽管有些地方劳动法规中（如北京）规定了终止劳动合同之前，用人单位要履行提前通知的义务以及未提前通知的赔偿责任，但由于劳动合同的终止是基于某种事实的出现而自然发生的。因此，用人单位未履行法定程序，并不必然导致劳动合同终止法律效果的失效。例如，在劳动合同期满时，用人单位未履行提前通知义务，但如果用人单位与劳动者在劳动期限届满后，未形成事实劳动关系的，此时，尽管终止劳动合同的程序存在瑕疵，但双方的劳动关系即已终止，只能追究用人单位的赔偿责任，而不能主张劳动合同尚未终止。

（2）解除劳动合同根据不同情形，需要履行不同的法律程序，如果未履行必要的法定程序，可能会导致劳动合同解除违法，从而不能出现当事人预想达到的解除效果，甚至事与愿违地要承担相应的损害赔偿责任。在解除劳动合同的诸多情形中，除了协商一致解除以及劳动者在人身受到威胁、被强迫劳动情形下解除劳动合同不需要履行相应的法定程序外，其他情形均需履行相应的程序：劳动者单方辞职需要提前三十日通知用人单位；用人单位因劳动者严重违反规章制度解除劳动合同时，需要通知劳动者，并出具解除劳动合同的书面文件；劳动者被迫解除劳动合同的，需要履行通知义务，尽管该通知义务既可以是口头的，也可以是书面的，但劳动者在其人身受到威胁的情形下，无需通知；用人单位因劳动者不能胜任工作等情形解除劳动合同的，应提前三十日书面通知劳动者或支付一个月的代通知金作为补偿。

4. 终止劳动合同与解除劳动合同经济补偿金的计算起点不同

（1）对于终止劳动合同经济补偿金的问题，《劳动合同法》颁布实施之前的法律、法规规定，劳动合同自动终止的，用人单位无需向劳动者支付经济补偿金。而《劳动合同法》对于此问题做出了新的规定，该法第四十六条第（五）款规定：“劳动合同期满后，若用人单位不同意按照维持或高于原劳动合同约定条件，与劳动者续订劳动合同的，用人单位应当向劳动者支付经济补偿金。”但根据《劳动合同法》规定的经济补偿金以 2008 年 1 月 1 日为分界点分段计算的原则，对于 2008 年 1 月 1 日后，因劳动合同终止需要支付经济补偿金的，经济补偿金的计算年限，应自 2008 年 1 月 1 日开始计算，2008 年 1 月 1 日之前的工作年限，不属于经济补偿金计算范畴。

（2）对于解除劳动合同经济补偿金的问题。2008 年 1 月 1 日《劳动合同法》实施之前，《劳动法》及相关司法解释除了对用人单位未依法为劳动者缴纳社会保险，劳动者有权解除劳动合同，并要求支付经济补偿金的情形未做明确规定外，对于劳动合同的其他解除情形，对用人单位需要向劳动者支付经济补偿金的情况，都做出了明确规定。因此，根据《劳动合同法》规定的经济补偿金以 2008 年 1 月 1 日为分界点分段计算的原则，除了劳动者以用人单位未依法为劳动者缴纳社会保险为由，要求解除劳动合同，并支付经济补偿金时，经济补偿金的计算年限应自 2008 年 1 月 1 日起计算经济补偿金的年限外，其他解除劳动合同的情形，经济补偿金的计算年限均应自双方建立劳动关系起计算，即应按工作年限计算，只是 2008 年 1 月 1 日前后，经济补偿金计算的数额略有不同。

（四）国家有关终止劳动合同与解除劳动合同的相关法律规定

对于解除劳动合同，《劳动法合同法》第三十六条、第三十七条、第三十八条、第三十九条、第四十条、第四十一条、第四十二条、第四十三条，以及《劳动合同法实施条例》第十八条、第十九条、第二十条、第二十二条、第二十三条、第二十四条、第二十五条、第二十六条、第二十七条等对此都做出了比较详细的规定。具体内容见附录相关法律。

对于终止劳动合同，《劳动法合同法》第四十四条和第四十五条，以及《劳动合同法实施条例》第二十一条和第二十三条、第二十四条、第二十五条等对此都做出了比较详细的规定。具体内容见附录相关法律。

二、经济补偿金

（一）经济补偿的性质认定

经济补偿和赔偿金是两个截然不同的概念。经济补偿是义务，赔偿金则是未履行义务所应当承担的责任。根据《劳动合同法》的规定，用人单位在克扣或无故拖欠工资，按低于最低工资标准支付工资，以及未按规定支付解除劳动合同经济补偿的情形下，所应当加付或额外支付的经济补偿均应当由赔偿金来替代。经济补偿应当属于用人单位在终结用人单位和劳动者的劳动合同，不再继续履行劳动关系时依法给予劳动者的一定补偿，只由用人单位单方面承担。

在实践中，经济补偿的设计作为解雇制度的重要内容，涉及劳动合同解除和终止制度之间的平衡，涉及企业责任、劳动者权益保护与社会保障制度之间的平衡。社会保障制度越完善，企业承担的责任可以越少。在理论界，对经济补偿有多种解释。第一种是用人单位未能履行劳动合同所应当承担的违约责任；第二种是用人单位对解雇劳动者造成劳动者收入损失的赔偿责任；第三种是对劳动者在劳动合同存续期间为用人单位所做贡献的补偿责任。按照第一种观点，因劳动者原因，无论是主观还是客观原因，用人单位均无须支付经济补偿金。按照第二种观点，经济补偿金的支付标准应当考虑劳动者的年龄、技能以及尚未履行劳动合同期限进行确定。按照第三种观点，无论以何种原因终结劳动关系，用人单位均应支付经济补偿金。显然，在实践中难以以一种观点来解释我国的经济补偿制度。

（二）经济补偿的支付情形

《劳动合同法》第四十六条明确了用人单位应当向劳动者支付经济补偿的各种情形，包括：用人单位提出的协商一致解除，劳动者单方当即解除，用人单位提前通知解除，用人单位裁减人员，因用人单位原因劳动合同期满终止不再续订，因用人单位破产、关闭、撤销或提前解散导致劳动合同终止，以及法律、行政法规规定的其他情形。与之相对应，劳动者提出的协商一致解除，劳动者提前通知解除，用人单位当即解除，因劳动者原因劳动合同期满终止不再续订，因劳动者死亡、享受养老待遇等导致劳动合同终止的，用人单位无需向劳动者支付经济补偿金。按照《劳动合同法》的规定，经济补偿制度设置中，严格执行了用人单位过错原则。凡是因用人单位原因导致劳动合同解除、终止的，无论该解除、终止行为由谁作出，用人单位均应当承担支付经济补偿的义务。比如符合劳动者单方当即解除情形的，虽然劳动关系因劳动者提出而结束，但由于该解除行为基于用人单位的违法违约行为，因此用人单位仍然应当承担支付劳动者经济补偿的义务。

与《劳动法》相比，《劳动合同法》的经济补偿支付情形主要在两个方面有所扩大。一是劳动者单方当即解除情形扩大带来的经济补偿支付情形扩大。考虑到劳动者单方当即解除的实施基于用人单位存在履行劳动合同的违法违约行为，在此情形下，要求用人单位支付经济补偿并无不当。二是“因用人单位原因劳动合同期满终止不再续订”的，这是引起各方面争论最多的。质疑的主要理由是这与劳动合同期满，双方权利义务已履行终结的合同一般原则不相吻合。《劳动法》一方面规定了严格的劳动合同解除制度，用人单位必须在法定情形下依法解除，提前通知解除和裁减人员的应当向劳动者支付经济补偿金；另一方面是实施了宽松的劳动合同终止制度，劳动合同期满即行终止，用人单位无需向劳动者支付经济补偿金。这在实践中导致劳动关系长期化和劳动合同短期化。用人单位通过与劳动者不断签订短期劳动合同，不仅规避了严格的解除法定要求，而且规避了经济补偿的支付义务。因此，《劳动合同法》这一规定是出于平衡劳动合同解除制度和劳动合同终止制度的考虑，有助于平衡无固定期限劳动合同和固定期限劳动合同，有助于促进劳动合同的长期化。当然这在实践中也将增加劳动合同期满终止时用人单位的程序性要求和法定责任。然而，如果《劳动合同法》得以有效实施，那么这一规定将可以转化为社会成本，而不会加重个别用人单位的成本。

（三）经济补偿的计算和确定

《劳动合同法》第四十六条、第四十七条、第五十条、第九十七条调整了经济补偿的计算和确定：

第一，明确了经济补偿金的计算办法，即按劳动者在本单位工作的年限，每满一年支付一个月工资的标准向劳动者支付。六个月以上不满一年的，按一年计算；不满六个月的，向劳动者支付半个月工资的经济补偿金。经济补偿起算工作时间由一年放宽到不满六个月（包括仅工作一天），有助于促进用人单位用工行为长期化。经济补偿计发的月工资数额，不再对某些解除情形实施十二个月封顶，月工资标准统一为劳动者本人工资标准，更加便于掌握。

第二，对高收入劳动者经济补偿明确了限额，即劳动者月工资高于用人单位所在直辖市、社区的市级人民政府公布的本地区上年度职工月平均工资三倍的，向其支付经济补偿金的标准按职工月平均工资三倍的数额支付，向其支付经济补偿的年限最高不超过十二年，体现了对用人单位责任的适当限定。

第三，明确了分段计算支付经济补偿金的过渡性规定。即 2008 年 1 月 1 日之前订立劳动合同在 2008 年 1 月 1 日后解除或者终止，应当按照《劳动合同法》支付经济补偿金，但经济补偿年限自 2008 年 1 月 1 日起计算；2008 年 1 月 1 日之前的工作年限是否应当支付经济补偿金的，按照当时有关规定执行。

第四，调整了支付经济补偿金的时间。明确在劳动者办结工作交接时支付，体现了对用人单位正常经营的保护。

（四）主张经济补偿金期间

用人单位与劳动者解除或终止劳动合同后，如果解除或终止的原因是属于用人单位引起，需用人单位支付经济补偿金的，用人单位通常应在合同解除或终止，办理离职手续之日一次性支付给劳动者，但若用人单位与劳动者就经济补偿金经协商达成一致，可以按双方约定的时间支付。如果用人单位认为不应当支付经济补偿金，或金额无法达成一致，或用人单位拒不支付经济补偿金的，劳动者即可依法向劳动争议仲裁委员会申请仲裁或向人民法院起诉。但劳动者申请仲裁或起诉应在法定期间内提出，否则，将可能承担因超过仲裁时效而败诉的后果。

我国《劳动争议调解仲裁法》第二十七条规定，劳动者申请仲裁的时效期间为一年。仲裁时效期间从当事人知道或者应当知道其权利被侵害之日起计算。何谓“当事人知道或者应当知道其权利被侵害之日”？当事人知道或者应当知道其权利被侵害之日是指有证据表明权利人知道自己的权利被侵害的日期，或者根据一般规律推定权利人知道自已的权利被侵害的日期。当事人知道或者应当知道其权利被侵害之日即劳动争议发生之日。这些规定实际上就是要确定一年的时效期间的起算点，但是，在具体确定时效期间的起算点时则需要根据具体的劳动争议事项来确定。

根据《最高人民法院关于审理劳动争议案件适用法律若干问题的解释（二）》第一条之规定，对于要求用人单位支付经济补偿金的，劳动者申请劳动仲裁的时效的计算起点分两种情况：

一是劳动关系解除或终止后，用人单位对支付经济补偿金有承诺，用人单位到期未支付的，则用人单位承诺支付之日为起算点，但这种承诺需有证据证明，如协议书、欠条等。

二是在没有承诺的情况下，通常以劳动关系解除或终止之日为起算点。

当然，如果在起算点之后没有先申请仲裁，而是向劳动行政部门投诉或向调解组织申请调解等，则时效期间重新计算，不过劳动者应向相关部门取得相应的投诉或调解的证明材料。

三、终止劳动合同与解除劳动合同的附属义务

终止、解除劳动合同表现为企业和劳动者之间劳动关系的终结，双方劳动权利义务关系的结束，应当进行双方权利义务的清算。但是由于劳动关系所特有的人身性、隶属性的特征，又将产生新的权利义务关系。《劳动合同法》分别明确了企业和劳动者在劳动合同解除、终止时的附属义务。

（一）企业的附属义务

1. 出具证明，转移档案和社保关系的义务

《劳动合同法》第五十条第一款明确规定："用人单位应当在解除或者终止劳动合同时出具解除或者终止劳动合同的证明，并在十五日内为劳动者办理档案和社会保险关系转移手续"。《就业服务与就业管理规定》也明确规定："用人单位与职工终止或者解除劳动关系后，应当于十五日内办理登记手续"。我国实施严格的就业失业登记管理制度和社会保险缴费登记申报制度。《劳动力市场管理规定》中明确规定，有就业经历的失业人员进行失业登记，须持原单位出具的终止或者解除劳动关系的证明；用人单位与职工终止或者解除劳动关系后，应当于七日内到当地劳动保障行政部门办理备案手续。《社会保险费征缴暂行条例》规定，缴费单位的社会保险登记事项发生变更或者缴费单位依法终止的，应当自变更或者终止之日起三十日内，到社会保险经办机构办理变更或者注销社会保险登记手续。缴费单位必须按月向社会保险经办机构申报应缴纳的社会保险费数额，经社会保险经办机构核定后，在规定的期限内缴纳社会保险费。因此，出具证明、转移档案和社保关系，不仅是企业的义务，而且与劳动保障的行政管理有关。对企业未出具证明，未及时转移档案和社保关系的，劳动者可以要求劳动保障监察机构进行行政查处，给劳动者造成损失的，企业应当承担赔偿责任。

2. 保留劳动合同文本备查

《劳动合同法》第五十条第三款规定："用人单位对已经解除或者终止的劳动合同的文本，至少保存二年备查"。结合《劳动争议调解仲裁法》第六条"与争议事项有关的证据属于用人单位掌握管理的，用人单位应当提供；用人单位不提供的，应当承担不利后果"这一条款的设置，将企业的责任划分为两个阶段。对两年以内的，企业应当承担提供劳动合同文本的举证责任，未予举证或举证不能的，将在劳动争议处理中承担相应的不利后果。对两年以上的，劳动合同文本未予举证或举证不能的，不能直接导致企业承担不利后果。

3. 劳动报酬的清算

《工资支付暂行规定》（劳部发［1994］489号）规定："劳动关系双方依法解除或

终止劳动合同时，用人单位应当在解除或终止劳动合同时一次付清劳动者工资”。结合《劳动争议调解仲裁法》第二十七条“劳动关系存续期间因拖欠劳动报酬发生争议的，劳动者申请仲裁不受本条第一款规定的仲裁时效期间的限制；但是，劳动关系终止的，应当自劳动关系终止之日起一年内提出”，终止或者解除劳动合同却未予以结清劳动报酬的，应当可以视为企业对劳动者权益的侵害。当然，在实践操作中，如果由于特殊原因难以一次性结算付清劳动者的工资，比如以销售资金回笼确定业务提成的工资计算制度。当事人依法合理约定支付期限或支付条件的，应当予以认可，并在劳动争议处理中按约定认定其仲裁时效。

（二）劳动者的附属义务

1. 办理工作交接的义务

《劳动合同法》第五十条第二款规定：“劳动者应当按照双方约定，办理工作交接。用人单位依照本法有关规定应当向劳动者支付经济补偿的，在办结工作交接时支付”。在实践中，工作交接应当按劳动者和企业之间约定的内容和方式处理，包括劳动合同中的约定或其他专项性约定。劳动者未办妥约定的交接手续的，单位可以暂缓支付经济补偿。是否约定及约定的内容，应当由企业承担举证责任，没有约定的，劳动者可以不承担办理工作交接的义务。

2. 培训服务期违约责任的清算

《劳动合同法》明确企业可以与劳动者约定培训服务期和保密义务的违约责任。其中的保密义务属于劳动者在解除、终止劳动合同后应当承担的义务，而培训服务期的违约责任与劳动合同履行密切相关。劳动合同一旦解除、终止，尚未履行完毕的服务期自然也就无法继续履行，其权利义务也就必须进行清算。《劳动合同法》第二十二条规定劳动者违反培训服务期约定的，应当按照约定向企业支付违约金。由于有多种情形将导致劳动合同解除、终止，因此，凡是因企业原因导致劳动合同解除、终止的，以及因劳动者主体消灭而导致劳动合同终止的，应当免除劳动者的服务期责任。比如，符合劳动者单方当即解除情形的，由于该解除行为基于企业的违法违约行为，虽然劳动关系因劳动者提出而结束，但劳动者负有的服务期的义务也应当免除。凡是企业不存在过错的劳动合同解除、终止，则不能免除劳动者的服务期责任，即便该解除行为由企业作出。比如，符合企业单方当即解除情形的，由于该解除行为基于劳动者的主观过失行为，虽然劳动关系因企业提出而结束，但劳动者负有的服务期的义务也不能免除，劳动者应当按照约定向企业支付违约金。

第二节　终止劳动合同及其管理

劳动合同期满或者当事人约定的劳动合同终止条件出现，劳动合同即行终止。劳动合同终止，意味着劳动合同当事人协商确定的劳动权利和义务关系已经结束，此时，用人单位应当依法办理终止劳动合同的有关手续。

一、终止劳动合同的条件

（一）终止劳动合同的法律条件

按照相关法律规定，在下列情形下，用人单位可以终止劳动合同：

1. 合同期限已满

固定期限劳动合同在合同约定的期限届满后，除非双方是依法续订或依法延期，否则合同即行终止。

2. 合同目的已经实现

以完成一定的工作为期的劳动合同在其约定工作完成以后，或其他类型的劳动合同在其约定的条款全部履行完毕以后，合同因目的的实现而自然终止。

3. 合同约定的终止条件出现

企业劳动合同或集体合同在合同约定的终止条件出现以后，企业劳动合同就此终止。

4. 当事人死亡

劳动者一方死亡，合同即行终止；雇主一方死亡，合同可以终止，也可以因继承人的继承或转让第三方而使合同继续存在，这要依实际情况而定。

5. 劳动者退休

劳动者因达到退休年龄或丧失劳动能力而办离退休手续后，合同即行终止。

6. 企业不复存在

企业因依法宣告破产、解散、关闭或兼并后，原有企业不复存在，其合同也告终止。

（二）法律规定不得终止劳动合同的情况

1. 基层工会专职主席、副主席或者委员

按照《工会法》的相关规定，基层工会专职主席、副主席或者委员自任职之日起，其劳动合同期限自动延长，延长期限相当于其任职期间；非专职主席、副主席或者委员自任职之日起，其尚未履行的劳动合同期限短于任期的，劳动合同期限自动延长至任期期满。但是，任职期间个人有严重过失或者达到法定退休年龄的除外。

2. 参与集体协商签订集体合同的职工协商代表

劳动和社会保障部等部门《关于进一步推行平等协商和集体合同制度的通知》规定，参与集体协商签订集体合同的职工协商代表在任期内，劳动合同期满的，企业原则上应当与其续签劳动合同至任期届满。

3. 女职工在医疗期、孕期、产期和哺乳期内

原劳动部《关于贯彻执行〈中华人民共和国劳动法〉若干问题的意见》规定，除《劳动法》第二十五条规定的情形外，劳动者在医疗期、孕期、产期和哺乳期内，劳动合同期限届满时，用人单位不得终止劳动合同。劳动合同的期限应自动延续至医疗期、孕期、产期和哺乳期期满为止。另外，劳动合同期满，医疗期未满，但医疗已经终结的，用人单位可以终止劳动合同。然而，连同上述的情形在内，当劳动者医疗期满或医疗期未满而医疗终结的，应先由劳动鉴定委员会进行劳动能力鉴定，鉴定为1～4级的，符合退休、退职条件的办理退休退职，终止劳动合同；5～10级的发给医疗补助费，终

止劳动合同。

4. 用人单位不得终止伤残程度为1～6级的工伤职工

国务院《工伤保险条例》规定，用人单位不得终止伤残程度为1～6级的工伤职工的劳动合同。不过，伤残程度为5级或6级的，经工伤职工本人提出，该职工可以与用人单位解除或者终止劳动关系，由用人单位支付一次性工伤医疗补助金和伤残就业补助金。

5. 未进行离岗前职业健康检查和疑似职业病病人诊断或者医学观察期间的劳动者

《职业病防治法》规定，用人单位对未进行离岗前职业健康检查的劳动者不得解除或者终止与其订立的劳动合同；用人单位在疑似职业病病人诊断或者医学观察期间，不得解除或者终止与其订立的劳动合同。

（三）终止劳动合同的时间标准

关于终止劳动合同的时间标准问题，劳动部《关于实施劳动合同制度若干问题的通知》第四条的规定："劳动合同的终止时间，应当以劳动合同期限最后一日的二十四时为准。"

二、终止劳动合同的手续

（一）与终止劳动合同相联系的两种情形

当劳动合同到期后，除了依法终止劳动合同外，与劳动合同终止相联系，还存在着两种情况：一是续订劳动合同，二是维持事实劳动关系。

1. 续订劳动合同

劳动合同的续订是指原订的劳动合同终止执行后，由于生产、工作需要，当事人双方通过协商一致，继续签订劳动合同。劳动合同的续订是劳动合同制定的一种特殊形式。它和一般劳动合同的签订相比，有四个显著特征：

（1）合同当事人有限制。劳动合同期满，除非劳动者不愿意续签劳动合同，国家的相关法律一般鼓励用人单位与劳动者续订合同，但是定期轮换工的续订合同受到一定的限制。

（2）合同制定程序有区别。在合同续订时，劳动合同双方当事人已经确定，不需要通过"招收录用"程序重新确定当事人，但是当事人之间在续订合同时，仍然要对涉及双方权利义务的有关事项，平等协商，达成一致意见。如果劳动者一方仍从事原工作，不再规定试用期。

（3）合同期限有规定。《劳动合同法》第十四条规定，"用人单位与劳动者协商一致，可以订立无固定期限劳动合同。有下列情形之一，劳动者提出或者同意续订、订立劳动合同的，除劳动者提出订立固定期限劳动合同外，应当订立无固定期限劳动合同：……；（三）连续订立二次固定期限劳动合同，且劳动者没有本法第三十九条和第四十条第一项、第二项规定的情形，续订劳动合同的。"可见，当劳动合同期限到期后，需要签订多长时间的劳动合同以及是否需要签订无固定期限劳动合同，需要用人单位仔细思考和运作。

（4）合同形式有联系。续订合同与原订合同从联系方面看，续订合同的当事人双方曾经存在过一定时期的合同关系，彼此比较了解，可以吸取原合同的长处，从而使新订的合同更加切实可行。

2. 事实劳动关系

事实劳动关系是指用人单位与劳动者之间既无劳动合同又存在着劳动关系的一种状态，除当事人履行无效劳动合同而产生的劳动关系外，通常是由于合同期满后既没有续订合同，又没有终止合同，而形成事实劳动关系。这种状况不符合法律要求。随着劳动合同制的推行和《劳动合同法》的颁布实施，用人单位与劳动者的劳动关系受到了劳动法规强有力的约束。《劳动合同法》第十四条规定，“用人单位自用工之日起满一年不与劳动者订立书面劳动合同的，视为用人单位与劳动者已订立无固定期限劳动合同。”第八十二条规定：“用人单位自用工之日起超过一个月不满一年未与劳动者订立书面劳动合同的，应当向劳动者每月支付二倍的工资。用人单位违反本法规定不与劳动者订立无固定期限劳动合同的，自应当订立无固定期限劳动合同之日起向劳动者每月支付二倍的工资。”可见，一旦被证明有事实劳动关系，用人单位将面临着经济惩罚和不得不签订无固定期限劳动合同的境地。实践中，用人单位应当通过日常的人力资源治理，预防这种情况的发生。一旦出现事实劳动关系，用人单位要尽快与员工补办终止或续订合同的手续。

（二）终止劳动合同的手续

由于劳动合同期满后，如果企业既不与劳动者办理终止劳动合同手续，也不与劳动者续签劳动合同，会使企业存在向劳动者支付两倍的工资和签订无固定期限劳动合同的法律风险。因此，依法履行终止劳动合同的手续对企业具有十分重要的意义。那么，终止劳动合同应该办理什么手续？

1. 企业必须在合同期满前提前一个月书面通知劳动者

原劳动部《关于加强劳动合同管理完善劳动合同制度的通知》规定：企业在“劳动合同期满前应当提前一个月向职工提出终止或续订劳动合同的意向，并及时办理有关手续”。

2. 企业必须给劳动者出具终止劳动合同证明书

原劳动部《关于企业职工流动若干问题的通知》规定：“用人单位与职工解除劳动关系后，应当及时向职工提供相应的证明材料。”终止劳动合同是解除劳动关系的形式之一，企业必须及时向职工提供终止劳动合同证明书（《终止劳动合同通知书》见表6－2－1）。

3. 如果因劳动合同期满不续签而终止劳动合同，需要支付终止劳动合同的经济补偿金

在《劳动合同法》颁布实施之前，按照原劳动部《关于贯彻执行〈中华人民共和国劳动法〉若干问题的意见》第三十八条的规定，“劳动合同期满或者当事人约定的劳动合同终止条件出现，劳动合同即行终止，用人单位可以不支付劳动者经济补偿金。国家另有规定的，可以从其规定。”但是，《劳动合同法》将“劳动合同期满用人单位提出不续订劳动合同”列入了企业需要支付经济补偿金的情形。因此，企业需要在员工办理完终止劳动合同的手续后，依法及时支付经济补偿金。

合同到期终止，企业办理了相关的手续，但未提前一个月向劳动者发出书面通知的，企业应加发劳动者一个月工资的经济补偿金。终止劳动合同提前一个月书面通知劳动者是企业的义务，也是劳动者应享有的权利。

综上所述，劳动合同到期既不办理终止手续也不办理续签劳动合同形成事实劳动关系后，企业将陷于十分被动的境地。因此，劳动合同到期，企业一定要按法定程序办理有关终止或续订劳动合同的手续。

表 6－2－1　　终止劳动合同通知书

终止劳动合同通知书

________________：

我们双方于________年____月____日签订的劳动合同将于________年____月____日期限届满（终止条件已出现），单位（本人）决定不再续订劳动合同，现根据《中华人民共和国劳动法》和《中华人民共和国劳动合同法》的相关规定，决定与你（单位）终止劳动合同，请你（单位）于________年____月____日前到____________请保留此标记______部门（给予）办理终止劳动合同手续。

通知方（签名或盖章）：

年　　月　　日

签 收 回 执

本人（单位）已收到单位（职工）于________年____月____日发出的《终止劳动合同通知书》。

通知方（签名或盖章）：

年　　月　　日

三、正确把握和管理终止劳动合同

（一）正确理解和把握《劳动合同法》第四十四条有关终止劳动合同的规定

1. 准确理解“劳动合同期满”

“劳动合同期满”这一规定主要适用于固定期限劳动合同和以完成一定工作任务为期限的劳动合同两种情形。劳动合同期满，除依法续订劳动合同的和依法应延期的以外，劳动合同自然终止，双方权利义务结束。根据劳动保障部的规定，劳动合同的终止时间，应当以劳动合同期限最后一日的二十四时为准。

对于在劳动实践中出现的劳动合同期满后，劳动者仍在原企业工作，原企业未表示异议的，但也未办理终止或者续订劳动合同的情形，《劳动部关于实行劳动合同制度若干问题的通知》（劳部发［1996］354 号）中做出了规定，即有固定期限的劳动合同期满后，因企业方面的原因未办理终止或续订手续而形成事实劳动关系的，视为续订劳动合同。企业应及时与劳动者协商合同期限，办理续订手续。由此给劳动者造成损失的，该企业应当依法承担赔偿责任。2001 年，最高人民法院在关于审理劳动争议案件适用法律若干问题的解释中规定，劳动合同期满后，劳动者仍在原企业工作，原企业未表示异议的，视为双方同意以原条件继续履行劳动合同。一方提出终止劳动关系的，人民法院应当支持。2001 年劳动保障部在《关于对事实劳动关系解除是否应该支付经济补偿金问题的复函》中规定，在上述情形下，“终止”是指劳动合同期满后，劳动者仍在原企业工作，企业未表示异议的，劳动者和企业之间存在的是一种事实的劳动关系，而不等于双方按照原劳动合同约定的期限续签了一个新的劳动合同。一方提出终止劳动关系的，应认定为终止事实上的劳动关系。按照《劳动合同法》的规定，劳动合同期满自然终止，原劳动合同结束。如果劳动者仍在原企业工作，企业未表示异议的，应视为一个新劳动合同的开始。考虑到企业续签劳动合同的实际情况，以及在这种情形下劳动者也有一定责任，依照《劳动合同法》第十条的规定，在前一个劳动合同终止之日后劳动者提供劳动的第一天起一个月内订立书面劳动合同，否则企业就要承担《劳动合同法》第十四条第四款、第八十一条的法律责任。至于后一个劳动合同的内容除了期限应视为与原劳动合同一致。

在实际的劳动实践中，出于企业文化和吸引人才等方面的考虑，许多外资企业和一部分国内企业一开始就与员工签订无固定期限劳动合同，因此，这意味着这些企业已经自动放弃了使用这一法律赋予企业可以终止劳动合同的情形。

2. 正确把握“劳动者开始依法享受基本养老保险待遇”

《劳动法》第七十三条规定：“劳动者在下列情形下，依法享受社会保险待遇：（一）退休；（二）患病、负伤；（三）因工负伤或者患职业病；（四）失业；（五）生育。劳动者享受社会保险待遇的条件和标准由法律、法规规定。”《劳动法》所规定的五类保险待遇分别是基本养老保险、医疗保险、工伤保险、失业保险和生育保险。在劳动者退休的情况下，可以享受基本养老保险。1995 年，国务院颁布了《关于深化企业职工养老保险制度改革的通知》（国发［1995］6 号），规定职工到达法定离退休年龄，凡个人缴费累计满十五年，或本办法实施前参加工作连续工龄（包括缴费年限）满十年的人员，均可享受基本养老保险待遇，按月领取养老金。1997 年，国务院颁布了《关于建立统一的企业职工基本养老保险制度的决定》（国发［1997］26 号），规定本决定实施后参加工作的职工、个人缴费年限累计满十五年的，退休后按月发给基本养老金。该决定实施前参加工作、实施后退休且个人缴费和视同缴费年限累计满十五年的人员，按照新老办法平衡衔接、待遇水平基本平衡等原则，在发给基础养老金和个人账户养老金的基础上再确定过渡性养老金，过渡性养老金从养老保险基金中解决。根据法律、行政法规的规定，我国劳动者开始依法享受基本养老保险待遇的条件大致有两个，一是劳动者已退休，二是个人缴费年限累计满十五年或者个人缴费和视同缴费年限累计满十五年。需要指出的是，如果劳动者已经退休，但其个人缴费年限累计不满十五年或者个人缴费和视同缴费年限累计也不满十五年的，按照相关规定，该劳动者将从医疗保险管理机构一次性获得所有的退休金。这种情况也应算作符合劳动者开始依法享受基本养老保险待遇这一条件。

对于退休，从1951年开始，我国政府机关、城镇企业和事业单位便实行了退休制度。根据有关政策和法律规定，职工达到退休年龄（男60岁，女50岁，女干部55岁）、工龄年限（连续工龄满十年）和身体健康状况的条件，即可以申请退休。从批准退休的第二个月开始，停发工资，按照工龄及其他条件支付个人工资一定比例的退休金，直至退休人员死亡。按照劳动和社会保障部的解释（劳社厅函［2001］125号），“国家法定的企业职工退休年龄”，是指国家法律规定的正常退休年龄，即：“男年满60周岁，女工人年满50周岁，女干部年满55周岁”。

由于我国劳动者情况的复杂性，为了更好地规范企业根据这种情形终止劳动合同，并且考虑到现在大多外资企业和部分内资企业大量使用外籍员工，《劳动合同法实施条例》进一步明确，“达到法定退休年龄，劳动合同终止”。

3. 正确理解“劳动者死亡，或者被人民法院宣告死亡或者宣告失踪”

我国《民法通则》第九条规定，公民自出生时起到死亡时止，具有民事权利能力，依法享有民事权利，承担民事义务。第二十条规定，公民下落不明满二年的，利害关系人可以向人民法院申请宣告他为失踪人。第二十三条规定，公民有下列情形之一的，利害关系人可以向人民法院申请宣告他死亡：（一）下落不明满四年的；（二）因意外事故下落不明，从事故发生之日起满二年的。在民事领域中，公民死亡、被人民法院宣告失踪或者宣告死亡的，将丧失民事权利能力和民事行为能力。在劳动领域，公民死亡、被人民法院宣告失踪或者宣告死亡的，劳动合同签订一方主体资格消灭，客观上丧失劳动能力，之前签订的劳动合同因为缺乏一方主体而归于消灭，属于劳动合同终止的情形之一。

4. “用人单位被依法宣告破产”

我国《企业破产法》第一百零七条规定：“人民法院依照本法规定宣告债务人破产的，应当自裁定作出之日起五日内送达债务人和管理人，自裁定作出之日起十日内通知已知债权人，并予以公告。”第一百二十一条规定：“管理人应当自破产程序终结之日起十日内，持人民法院终结破产程序的裁定，向破产人的原登记机关办理注销登记。”根据《企业破产法》的规定，用人单位一旦被依法宣告破产，就进入破产清算程序，用人单位的主体资格即将归于消灭，因此用人单位一旦进入被依法宣告破产的阶段，意味着劳动合同一方主体资格必然消灭，劳动合同归于终止。

5. “用人单位被吊销营业执照、责令关闭、撤销或者用人单位决定提前解散”

我国《公司法》第一百八十一条规定：“公司因下列原因解散：（一）公司章程规定的营业期限届满或者公司章程规定的其他解散事由出现；（二）股东会或者股东大会决议解散；（三）因公司合并或者分立需要解散；（四）依法被吊销营业执照、责令关闭或者被撤销；（五）人民法院依照本法第一百八十三条的规定予以解散。”根据《公司法》的规定，公司解散是指已经成立的公司，因公司章程或者法定事由出现而停止公司的经营活动，并开始公司的清算，使公司法人资格消灭的法律行为。由于公司解散将会导致公司法人归于消灭，因此，在公司解散的情况下，劳动合同由于缺乏一方主体而归于终止。考虑到有关经济补偿的规定，因此法律只规定公司在被吊销营业执照、责令关闭、撤销或者公司决定提前解散等情形下，劳动合同终止。

所谓吊销营业执照，是指剥夺被处罚企业已经取得的营业执照，使其丧失继续从事生产或者经营的资格。所谓责令关闭，是指行为人违反了法律、行政法规的规定，被行政机关做出了停止生产或者经营的处罚决定，从而停止生产或者经营。所谓被撤销，是指由行政机关撤销有瑕疵的公司登记。企业被依法吊销营业执照、责令关闭或者被撤销，已经不能进行生产或者经营，应当解散，以该企业为一方的劳动合同终止。所谓企业决定提前解散，是指在股东会或者股东大会决议解散，或者公司合并或者分立需要解散，或者持有公司全部股东表决权百分之十以上的股东，请求人民法院解散公司的情形下，企业提前于公司章程规定的公司终止时间而解散公司的。

总之，企业在依据相关法律规定终止劳动合同的过程中，应当对终止劳动合同的情形进行准确理解和正确把握，以减少和降低因终止劳动合同给企业带来的法律风险。

（二）企业对终止劳动合同风险的防范

客观来说，由于劳动合同期满或者当事人约定的劳动合同终止条件出现，劳动合同即行终止。因此，相对于解除劳动合同，终止劳动合同所产生的法律风险要小得多，所产生的劳动争议相对也非常少。尽管如此，并不意味着终止劳动合同没有法律风险。相反，企业在终止劳动合同的过程中，如果处理不当或者处理不及时，也可能会产生法律风险，甚至产生劳动争议。因此，企业需要重视和正确处理终止劳动合同问题。

1. 企业或劳动者一方在合同期限届满时，应当通过平等协商确定是否要续订劳动合同，切忌强迫对方续订合同

企业劳动合同期满即行终止，不存在任何附带条件。企业确定是因生产或工作的需要，可以续订合同，但必须征得对方当事人的同意；任何一方无权强迫另一方续订合同。否则，所续订的合同是无效的，续订行为本身也是违法的。

如果是企业因为工作需要以及合同到期员工自身具备良好的素质和工作能力而愿意与员工续签劳动合同，但此时员工不愿意续签或者员工此时已经在其他企业找到了工作，企业可以通过提高薪资福利待遇或者职业发展机会或者续签无固定期限劳动合同等方式来吸引或者留住该员工，而不能通过扣留员工工资或者人事档案等手段逼迫员工妥协。相反，如果企业不愿意与合同到期员工续签劳动合同，而劳动者愿意，此时企业应当耐心做好劳动者的思想工作，不要让劳动者感到突然或者没有思想准备。正确的做法是，企业应当在劳动合同期满前至少三个月，就与劳动者慢慢渗透当前劳动合同到期企业可能不会续签的打算，不仅让劳动者有一个充分的心理准备，而且还要给劳动者留出足够寻找外部其他工作机会的时间，甚至积极地帮助推荐合适的外部工作机会。这样，在劳动合同到期前，劳动者不仅有了足够的心理准备，而且还很可能已经确定了下一个工作，因而此时的终止劳动合同过程就会顺利，也不会产生任何法律风险。

2. 坚决杜绝事实劳动关系

在《劳动合同法》颁布实施后，企业从“故意”产生事实劳动关系到“害怕”出现事实劳动关系。因为一旦企业与劳动者保持事实劳动关系，将会给企业带来巨大的法律风险。如今倒是出现了劳动者故意不及时签订或者续签劳动合同的情况，一方面是由于劳动者法律意识淡薄和企业管理出现漏洞，另一方面是劳动者故意所为，其目的是从企业获取两倍的工资。因此，企业应该依法及时履行相关手续，并对该问题引起足够的

重视。

为了防止事实劳动关系的发生，企业应当制定终止劳动合同的相关政策和操作流程，将终止劳动合同制度化。比如，人力资源部应当定期（如提前三个月）与相关部门的主管人员报告其部门有哪些员工的劳动合同即将到期，核实该部门如何处理（续签还是终止），并根据部门主管人员的意见进行续签或终止劳动合同，并跟踪整个过程。

有时，由于某种原因，在劳动合同期满时，出现劳动者故意不续签或者拖延续签或终止劳动合同的情形。在这种情况下，企业应当要求劳动者必须在劳动合同到期前做出决定，并明确告知劳动者，一旦到了劳动合同期满之日，无论劳动者是否做出续签决定，双方当事人当前的劳动合同都将立即终止，双方的劳动关系都将立即结束。即使随后劳动者做出续签劳动合同的决定，但此时双方过去的劳动合同已经结束，续签劳动合同已经变得不可能。如果双方仍有意向建立劳动关系，唯一正确的途径就是重新缔结劳动合同而非续签劳动合同。

3. 依法履行终止劳动合同的全部手续，确保终止劳动合同的所有手续完备

由于某种原因或者由于企业疏忽或者企业不重视，双方当事人在办理续订劳动合同的手续时不合法或不完备。比如，合同期限届满后，企业不与劳动者进行平等协商，也不经劳动者签字确认，而是由他人代为办理续订劳动合同。通过这种方式续订的劳动合同其实并不具有法律效力，对企业会祸害无穷。劳动者一方一旦不承认续订劳动合同的有效性，或采取不辞而别的行为，企业的损失无从追究。

需要指出的是，续签劳动合同就如同第一次与劳动者签订劳动合同一样，也应当遵循合法、公平、平等自愿、协商一致、诚实信用的原则进行续签。所谓平等原则就是劳动者和企业在续订劳动合同时的法律地位是平等的，没有高低、从属之分，不存在命令和服从、管理和被管理关系。只有地位平等，双方才能自由表达真实的意思。在我国劳动力供大于求的形势下，多数劳动者和企业的地位实际上做不到平等。但企业不得用其优势地位，在续订劳动合同时附加不平等的条件。所谓自愿原则是指续订劳动合同完全是出于劳动者和企业双方的真实意志，是双方协商一致达成的，任何一方不得把自己的意志强加给另一方。自愿原则包括续不续订劳动合同由双方自愿，劳动合同的内容由双方自愿约定等。根据自愿原则，任何企业和个人不得强迫劳动者续订劳动合同。诚实信用就是在续订劳动合同时要诚实，讲信用。如在续订劳动合同时，双方都不得有欺诈行为。现实中，有的劳动者与企业续订了劳动合同，劳动者找到别的工作后，就悔约，不到企业工作，这也违反了诚实信用原则。诚实信用是《合同法》的一项基本原则，也是《劳动合同法》的一项基本原则。

总之，续签劳动合同一定要履行所有相关程序，做到手续完备。人力资源管理人员应当定期对所有续签的劳动合同进行核查，特别注意是否所有应该签字的地方已经签字，签字是否规范（如签名是否与其身份证上的名字一致）等。只有这样，企业才能彻底消除终止劳动合同可能带来的法律风险。

4. 及时依法支付经济补偿金

按照《劳动合同法》的相关规定，固定期限劳动合同到期，如果企业提出不续签

劳动合同，企业应当提前三十日通知劳动者，并需要依法向劳动者支付经济补偿金。但在实际的劳动用工过程中，由于某种原因，企业往往在距离劳动合同期满前不足一个月的时候才决定不与劳动者续签劳动合同，使员工没有了足够的时间在外部寻找新的工作机会；也有的企业在劳动者办理完终止劳动合同的全部手续后，以当月薪资已经截止为由未能及时向劳动者支付经济补偿金等等。企业的这种做法，如果沟通不当或者事先未征得劳动者的同意，往往会引起劳动争议。因此，企业应当避免出现上述所列情形。一旦出现上述情形，一方面企业要及时与劳动者进行沟通，并将不足三十日部分主动支付相应的工资以补偿劳动者。如果恰好错过了企业薪资发放的截止日期，也应事先做好沟通工作，取得员工的同意。如果员工因故不能同意，企业应当通过特殊的审批程序及时将员工的经济补偿金支付给离职员工，以减少和避免不必要的劳动纠纷和争议。

第三节　解除劳动合同及其管理

劳动合同的解除是劳动合同订立后，尚未全部履行以前，由于某种原因导致劳动合同一方或双方当事人提前中断劳动关系的法律行为。劳动合同的解除分为法定解除和约定解除两种。根据《劳动法》、《劳动合同法》的相关规定，劳动合同既可以由单方依法解除，也可以双方协商解除。

一、解除劳动合同的种类和情形

（一）双方协商解除劳动合同

《劳动合同法》第三十六条规定："用人单位与劳动者协商一致，可以解除劳动合同。"协商解除劳动合同没有规定实体、程序上的限定条件，只要双方达成一致，内容、形式、程序不违反法律禁止性、强制性规定即可。如果是用人单位提出解除动议的，用人单位应向劳动者支付解除劳动合同的经济补偿金。

（二）劳动者单方解除劳动合同

当具备法律规定的条件时，劳动者享有单方解除权，无须双方协商达成一致意见，也无须征得用人单位的同意。劳动者单方解除劳动合同具体又可以分为预告解除和即时解除。

1. 预告解除

预告解除是指劳动者履行预告程序后单方解除劳动合同。劳动者预告解除又有两种情形：一是劳动者提前三十日以书面形式通知用人单位，可以解除劳动合同；二是劳动者在试用期内提前三日通知用人单位，可以解除劳动合同。

2. 即时解除

劳动者单方即时解除主要是指出现《劳动合同法》第三十八条规定的情形。对于该条第一款规定的几种情形劳动者可以单方解除合同。需要指出的是，用人单位以暴力、威胁或者非法限制人身自由的手段强迫劳动者劳动的，或者用人单位违章指挥、强令冒险作业危及劳动者人身安全的，劳动者可以立即解除劳动合同，不需事先告知用人单位。这种属于即时解除中可以立即解除且不用事先告知用人单位的情形。此外，对于劳动者可即时解除劳动合同的上述情形，劳动者无须支付违约金，用人单位应当支付经济补偿金。

（三）用人单位单方解除劳动合同

当具备法律规定的条件时，用人单位享有单方解除权，无须双方协商达成一致意见。用人单位单方解除劳动合同主要包括过错性辞退、非过错性辞退、经济性裁员三种情形。

1. 过错性辞退

当劳动者有过错性情形时，用人单位有权单方解除劳动合同。过错性解除劳动合同在程序上没有严格限制，用人单位也无须支付劳动者解除劳动合同的经济补偿金。相反，如果出现有符合法律规定的违约金条款的，劳动者须支付违约金。一般来说，过错性辞退主要适用于下列情形：

（1）在试用期间被证明不符合录用条件的；

（2）严重违反用人单位的规章制度的；

（3）严重失职，营私舞弊，给用人单位造成重大损害的；

（4）劳动者同时与其他用人单位建立劳动关系，对完成本单位的工作任务造成严重影响，或者经用人单位提出，拒不改正的；

（5）因劳动者以欺诈、胁迫的手段或者乘人之危，使对方在违背真实意思的情况下订立或者变更劳动合同致使劳动合同无效的；

（6）被依法追究刑事责任的。

2. 非过错性辞退

劳动者本人无过错，但由于主客观原因致使劳动合同无法履行，用人单位在符合法律规定的情形下，履行法律规定的程序后有权单方解除劳动合同。非过错性解除劳动合同在程序上具有严格的限制。具体来说，用人单位应提前三十日以书面形式通知劳动者本人或者额外支付劳动者一个月工资后，才可以解除劳动合同；用人单位选择额外支付劳动者一个月工资解除劳动合同的，其额外支付的工资应当按照该劳动者上一个月的工资标准确定。此外，用人单位应当支付劳动者经济补偿金。一般来说，非过错性辞退主要适用于下列情形：

（1）劳动者患病或者非因工负伤，在规定的医疗期满后不能从事原工作，也不能从事由用人单位另行安排的工作的；

（2）劳动者不能胜任工作，经过培训或者调整工作岗位，仍不能胜任工作的；

（3）劳动合同订立时所依据的客观情况发生重大变化，致使劳动合同无法履行，经用人单位与劳动者协商，未能就变更劳动合同内容达成协议的。

3. 经济性裁员

经济性裁员是指用人单位为降低劳动成本，改善经营管理，因经济或技术等原因一次裁减二十人以上或者不足二十人以上但占企业职工总数10%以上的劳动者。经济性裁员具有严格的条件和程序限制，用人单位裁员时必须遵守规定。经济性裁员，用人单位应当支付劳动者经济补偿金。

（1）经济性裁员主要适用的情形。一般来说，经济性裁员主要适用于下列情形：第一，依照《企业破产法》规定进行重整的；第二，生产经营发生严重困难的；第三，企业转产、重大技术革新或者经营方式调整，经变更劳动合同后，仍需裁减人员的；第四，其他因劳动合同订立时所依据的客观经济情况发生重大变化，致使劳动合同无法履行的。

（2）经济性裁员需要优先留用的人员。裁员时法律要求优先留用下列人员：一是与本单位订立较长期限的固定期限劳动合同的；一是与本单位订立无固定期限劳动合同的；还有就是家庭无其他就业人员，有需要扶养的老人或者未成年人的。此外，用人单位依法裁减人员时，在六个月内重新招用人员的，应当通知被裁减的人员，并在同等条件下优先招用被裁减的人员。

（3）不适用于非过错性辞退和经济性裁员的情况。按照相关法律规定，经济性裁员存在着一些例外，即用人单位有以下情形之一的，不得依据《劳动合同法》第四十条所规定的非过错性辞退和第四十一条规定的经济性裁员的规定单方解除劳动合同：

① 从事接触职业病危害作业的劳动者未进行离岗前职业健康检查，或者疑似职业病病人在诊断或者医学观察期间的；

② 在本单位患职业病或者因工负伤并被确认丧失或者部分丧失劳动能力的；

③ 患病或者非因工负伤，在规定的医疗期内的；

④ 女职工在孕期、产期、哺乳期的；

⑤ 在本单位连续工作满十五年，且距法定退休年龄不足五年的；

⑥ 法律、行政法规规定的其他情形。

（四）解除劳动合同的“三大定律”

1. 定律一：除了法定的用人单位可以解除劳动合同的情形和条件外，用人单位通过签署劳动合同方式所约定的任何解除劳动合同的条件，均无效

除了法定的用人单位可以解除劳动合同的情形和条件外，用人单位通过签署劳动合同等方式所约定的任何解除劳动合同的条件，均无效（协商一致解除劳动合同，不是在订立劳动合同时就协商排斥其他法定的解除劳动合同的权利）。换句话说，按照相关法律规定，除了法律规定的用人单位可以解除劳动合同的情形外，用人单位无权规定和约定任何可以与员工解除劳动合同的条件和情形。

需要指出的是，根据《劳动合同法》第三十九条第（二）款规定，如果劳动者“严重违反用人单位的规章制度”，用人单位可以依法解除劳动合同。这里，用人单位可以通过企业规章制度，即可以通过规定劳动纪律，根据《劳动合同法》第三十九条的相关规定，依法解除与劳动者的劳动合同。这可能是用人单位唯一可以“约定”的情形。但是，为了规范和防止用人单位滥用该项“权利”，《劳动合同法》在第四条和第八十条规定，“用人单位应当依法建立和完善劳动规章制度，保障劳动者享有劳动权利、履行劳动义务。用人单位在制定、修改或者决定有关劳动报酬、工作时间、休息休假、劳动安全卫生、保险福利、职工培训、劳动纪律以及劳动定额管理等直接涉及劳动者切身利益的规章制度或者重大事项时，应当经职工代表大会或者全体职工讨论，提出方案和意见，与工会或者职工代表平等协商确定。在规章制度和重大事项决定实施过程

中，工会或者职工认为不适当的，有权向用人单位提出，通过协商予以修改完善。用人单位应当将直接涉及劳动者切身利益的规章制度和重大事项决定公示，或者告知劳动者。”“用人单位直接涉及劳动者切身利益的规章制度违反法律、法规规定的，由劳动行政部门责令改正，给予警告；给劳动者造成损害的，应当承担赔偿责任。”可见，国家相关法律对用人单位“约定”解除劳动合同的权利进行了极为严格的控制和限定。

2. 定律二：除了培训和竞业限制所依法约定的违约金、赔偿金之外，其他任何情形所约定的任何违约金和赔偿金，均无效

《劳动合同法》第二十二条、二十三条规定：“用人单位为劳动者提供专项培训费用，对其进行专业技术培训的，可以与该劳动者订立协议，约定服务期。劳动者违反服务期约定的，应当按照约定向用人单位支付违约金。用人单位要求劳动者支付的违约金不得超过服务期尚未履行部分所应分摊的培训费用。”“用人单位与劳动者可以在劳动合同中约定保守用人单位的商业秘密和与知识产权相关的保密事项。对负有保密义务的劳动者，用人单位可以在劳动合同或者保密协议中与劳动者约定竞业限制条款，并约定在解除或者终止劳动合同后，在竞业限制期限内按月给予劳动者经济补偿。劳动者违反竞业限制约定的，应当按照约定向用人单位支付违约金。”《劳动合同法》第二十五条规定，除了本法第二十二条和第二十三条规定的情形外，用人单位不得与劳动者约定由劳动者承担违约金。

3. 定律三：除了协商一致解除劳动合同的情形外，用人单位依法单方解除劳动合同必须要事先将理由通知工会

按照《劳动合同法》第四十三条规定：“用人单位单方解除劳动合同，应当事先将理由通知工会。用人单位违反法律、行政法规规定或者劳动合同约定的，工会有权要求用人单位纠正。用人单位应当研究工会的意见，并将处理结果书面通知工会。”也这是说，用人单位单方解除与劳动者的劳动合同，必须要履行必要的法律程序。如果用人单位没有正确履行相关的法律程序，即使解除劳动合同的理由很充分，用人单位的单方解除行为也是违法的，很难得到劳动仲裁和劳动法律诉讼的支持。

二、正确理解和把握单方解除劳动合同

根据《劳动合同法》的相关规定，劳动者单方解除和企业单方解除的情形均有所扩大，企业限制解除的情形也有所增加。考虑到经济补偿金的支付，企业违法解除责任的增加，以及相应权利义务的履行，对企业提出了更高的要求。因此，无论是劳动者还是企业，在劳动实践中应当正确、合理地把握解除劳动合同许可的法律情形，认真履行必要的法律程序，合理合法地认定和解除劳动合同。

（一）劳动者单方解除的合理把握

1. 正确理解和把握用人单位“未按照劳动合同约定提供劳动保护或者劳动条件”

保护劳动者在劳动过程中的生命健康安全是企业的基本责任和义务。企业为劳动者提供相应的劳动保护是对劳动者基本利益的维护。劳动保护和劳动条件是指在劳动合同中约定的企业对劳动者所从事的劳动必须提供的生产、工作条件和劳功安全卫生保护措施。即企业保证劳动者完成劳动任务和劳动过程中安全健康保护的基本要求，包括劳动

场所和设备、劳动安全卫生设施、劳动防护用品等。《劳动合同法》第十七条规定劳动保护和劳动条件是劳动合同的必备条款，即提供劳动保护和劳动条件是企业应尽的义务。如果企业未按照国家规定的标准或劳动合同的规定提供劳动条件，致使劳动安全、劳动卫生条件恶劣，严重危害职工的身体健康，并得到国家劳动部门、卫生部门的确认，劳动者可以与企业解除劳动合同。可见，对本条款的正确理解，重点应当关注：

（1）企业未按照国家规定的标准或劳动合同的规定为劳动者提供劳动保护或者劳动条件，是故意行为还是暂时由于客观原因造成的？

（2）企业未按照国家规定的标准或劳动合同的规定为劳动者提供劳动保护或者劳动条件，是否对劳动者的身体健康具有潜在的危害？

（3）企业未按照国家规定的标准或劳动合同的规定为劳动者提供劳动保护或者劳动条件，这种情况是偶尔发生还是经常发生？

如果对上述问题的回答都不利于企业，则一旦这种情况发生，则基本可以认定企业“未按照劳动合同约定提供劳动保护或者劳动条件”。否则，不应当按企业未按照劳动合同约定提供劳动保护或者劳动条件理解。

2. 正确理解和把握企业“未及时足额支付劳动报酬”

从字面理解上来看，“及时”是指企业支付劳动者的劳动报酬不能晚于劳动合同所约定的支付时间，不存在“拖”；“足额”是指劳动者正常提供劳动后，企业按照劳动合同约定的数额全额支付，不存在“欠”。然而，随着劳动者工作职责和内容的变化（如工作职责扩大、升职等），劳动合同是一个动态履行、不断变化的过程，劳动合同双方应当根据劳动合同的相关变化来履行。但是，一方面劳动报酬的数额多少本身有时难以确定（如奖金），容易形成争议；另一方面存在诸多客观原因，表现为“拖欠”但不构成“克扣”的事实，如因银行支付或企业财务人员变动。如果机械地理解这一条款，则企业向劳动者支付劳动报酬晚一天或少一元钱，理论上都应该承担劳动者可以当即解除并向劳动者支付经济补偿金，进而免除劳动者服务期义务的严重后果。这必将导致劳动者，特别是那些签有“服务期”协议的劳动者滥用这一条款，从而严重损害企业的合法权益，不利于劳动关系的和谐稳定，也不利于企业对提高人力资源质量的投入。对这一条款的正确理解，应当重点考虑以下几种情况：

（1）企业晚支付或者少支付劳动报酬，是企业的故意行为还是客观情况和变化造成的？

（2）企业晚支付或者少支付劳动报酬，是否事先与劳动者进行了沟通或者事先征求了劳动者的意见或者得到了劳动者的同意？

（3）企业晚支付或者少支付劳动报酬，是偶尔发生还是经常出现？

（4）企业晚支付或者少支付劳动报酬，过去是否在其他劳动者身上发生过？发生的频率和数量如何？

如果对上述问题的回答都不利于企业，则一旦这种情况发生，则基本可以认定企业“未及时足额支付劳动报酬”。否则，不应当按企业克扣或无故拖欠理解。

3. 争取理解和把握企业“未依法为劳动者缴纳社会保险费”

依法缴纳社会保险费是企业和劳动者的法定义务，但这又涉及社会保险经办机构及时足额征缴社会保险费职责。在实践中，社会保险经办机构应当承担缴费基数的审查义务，但却往往流于形式，甚至于一些地方社会保险经办机构还倡导按照固定基数而不是按劳动者月工资确定缴费基数。因此，因企业少缴一元的社会保险缴费基数而承担劳动者可以当即解除的严重后果，同样缺乏合理性。因此，按照理解“未及时足额支付劳动报酬”的思路，如果在“未依法为劳动者缴纳社会保险费”方面，对类似问题的回答都不利于企业，则一旦这种情况发生，则基本可以认定企业“未依法为劳动者缴纳社会保险费”。否则，不应当按企业应当为劳动者缴纳社会保险费却没有缴纳理解。

4. 正确理解和把握“用人单位的规章制度违反法律、法规的规定，损害劳动者权益”

根据《劳动合同法》的相关规定，规章制度违法包括程序违法和内容违法。同样，由于劳动者单方解除的严重后果，考虑到劳动关系的和谐稳定，以及企业正常经营利益，这一条款应当理解为规章制度违法且损害到该劳动者权益的，该劳动者可以单方解除劳动合同，不宜扩大到企业所有的劳动者，从而避免劳动关系的极不稳定。

5. 正确理解和把握企业“因本法第二十六条第一款规定的情形致使劳动合同无效的”

《劳动合同法》规定了劳动合同无效可由当事人自行认定，并作为一种解除情形的渠道。《劳动合同法》第二十六条第一款规定三种情形将导致劳动合同无效或者部分无效，包括“以欺诈、胁迫的手段或者乘人之危，使对方在违背真实意思的情况下订立或者变更劳动合同的”；“用人单位免除自己的法定责任，排除劳动者权利的”；“违反法律、行政法规强制性规定的”。考虑到劳动者单方当即解除的严重后果，考虑到实践中企业对劳动法律法规的认知有限，并非完全属于企业的主观恶意，考虑到劳动法律法规及其政策规定的多变性和复杂性，存在原已订立的劳动合同尚未及时作出变更的客观状况，考虑到劳动合同文本仅属于双方初始的意思表示，而劳动关系却是持续履行并动态变更的，对其中的“用人单位免除自己的法定责任，排除劳动者权利的”和“违反法律、行政法规强制性规定的”应当谨慎理解，不宜过分扩大劳动合同文本所载内容不当的法律后果，应当根据事实后果而不是意思表示进行理解。换句话说，企业存在免除自己的法定责任，排除劳动者权利或违反法律、行政法规强制性规定的行为的，劳动者可以实施当即解除，并要求相应的权利。

综上所述，劳动者应当享受单方当即解除权，但是由于单方当即解除权是一种特别解除权，在劳动实践中应当适当平衡劳动者过高的自主权、自由度和维护企业发展、促进劳动关系和谐稳定之间的关系。

（二）企业单方解除劳动合同的合理把握

1. 强化解除情形的程序性要求，放宽实体性要求

《劳动合同法》存续了《劳动法》的立法理念，规定了企业可以实施单方解除的情形。企业在实施过程中负有较高的程序运用和事实确认及举证责任。比如，企业依据第四十条第二项“劳动者不能胜任工作，经过培训或者调整工作岗位，仍不能胜任工作的”，实施提前通知解除。企业应当确认：

（1）劳动者不能胜任工作。这需要证明胜任该工作岗位的标准是什么，以及劳动

者不能胜任工作的事实。

（2）对劳动者进行培训或者调整工作岗位。这既可以看作程序性要求，也可以看作实体性要求，均需要企业实施并予以证明。

（3）对劳动者进行培训或者调整工作岗位后仍然不能胜任工作。

再如，第四十条第三项“劳动合同订立时所依据的客观情况发生重大变化，致使劳动合同无法履行，经用人单位与劳动者协商，未能就变更劳动合同内容达成协议的”，企业依据本项实施解除应当确认：

（1）劳动合同订立时所依据的客观情况发生重大变化。

（2）致使劳动合同无法履行，包括劳动合同无法履行的客观事实，以及“劳动合同订立时所依据的客观情况发生重大变化”与该事实之间的因果关系。

（3）经企业与劳动者协商，包括协商的形式和内容。

（4）未能就变更劳动合同内容达成协议的。

此外，企业还需要审查是否存在限制解除的情形。因此，机械地理解企业实施劳动合同解除权的确存在相当的难度。虽然，《劳动合同法》的以上规定与《劳动法》并无差异，但在《劳动法》下企业可以通过行使终止权来规避行使解除权的严格要求。而《劳动合同法》通过无固定期限的倡导，限制了企业终止权的行使，并且加重了违法解除、终止的法律责任，增加了解除、终止的限制。

在多年的劳动实践过程中，基于社会稳定及保护劳动者权益等方面的考虑，企业的单方解除权在行政监管和争议处理中一直被从严把握。由此，也导致了当前企业对《劳动合同法》实施后对劳动者“能进不能出”的担心。基于目前我国劳动力市场已基本建立，市场化就业机制基本确立，当事人对劳动关系的处理更加理性的事实，呼吁执法部门应当适当稳妥地贯彻实施《劳动合同法》，有必要在实践中适当放宽对企业解除情形认定的实体性要求，但仍然应当要求企业依法履行相应的程序性要求。

2. 无固定期限劳动合同的解除

无固定期限劳动合同并非是《劳动合同法》所独创，我国劳动合同制度改革的初期，在《劳动法》中早已存在。结合我国尚处于社会主义初级阶段的基本国情，考虑到劳动者和企业在劳动关系处理中的不平等地位，完全放开企业的解除权很显然是不恰当的，但是完全限制企业的解除权也不符合市场经济运行的客观需要。

《劳动合同法》出于促进劳动合同长期化、稳定和谐劳动关系的考虑，增加了可以形成无固定期限劳动合同的情形，加重了企业应当订立而不订立的法律责任，增加了企业单方解除劳动合同的限制。然而，无固定期限劳动合同并非是企业不得解除的劳动合同。《劳动合同法》明确了企业可以单方解除劳动合同的各种情形，特别是放宽了裁员的条件，明确了裁员的程序。再结合客观情形发生重大变化下赋予企业的解除权以及因劳动者违纪、不胜任工作、医疗期满以及协商解除等解除权，无固定期限劳动合同仍然有多种解除的渠道和可能性。

事实上，与《劳动法》相比，《劳动合同法》并未对无固定期限劳动合同的解除作出重大调整。各方面对无固定期限劳动合同的担心更多的在于固定期限劳动合同解除权的调整。在《劳动法》下，企业通过与劳动者不断签订短期固定期限劳动合同，不仅实现了灵活用工，而且无须支付经济补偿金。这实际上规避了严格解除制度的实施和无固定期限劳动合同的订立。而在《劳动合同法》下，固定期限劳动合同订立次数受到限制，固定期限劳动合同期满终止也需要支付经济补偿金，从而实际使得固定期限劳动合同已经与无固定期限劳动合同相差无几了。因此，《劳动合同法》将可能导致企业对招用、处置劳动者更为慎重，但绝对不是“铁饭碗”的回归。从另外一个角度看，还有可能迫使企业提高人力资源管理水平，迫使企业将其利用廉价劳动者谋取利润的发展模式转向提高劳动生产率，提升管理、产品创新和科技进步的可持续发展模式上。

三、事实劳动关系解除的处理

企业和劳动者之间存在劳动关系但没有订立书面劳动合同的情形，一般称为事实劳动关系。《劳动合同法》详尽地规定了解除劳动合同的情形、条件、程序等，但并未对事实劳动关系的解除作出专门规定。

（一）满一年以上事实劳动关系的解除

根据《劳动合同法》的相关规定，满一年以上的事实劳动关系的解除是有明确规定的。《劳动合同法》第十四条规定，“用人单位自用工之日起满一年不与劳动者订立书面劳动合同的，视为用人单位与劳动者已订立无固定期限劳动合同”，形成事实劳动关系满一年以上的解除应当按照无固定期限劳动合同处理，即与有固定期限劳动合同或完成一定任务为期限的劳动合同相比，没有劳动合同期满终止的情形，只能按劳动合同解除或非劳动合同期满的其他法定情形而终止。

（二）不满一年的事实劳动关系的解除

不满一年的事实劳动关系的解除，《劳动合同法》没有明确的规定，因此只能根据其立法精神进行推导。如果比照解除无固定期限劳动合同的处理方法，则与《劳动合同法》第十四条的规定相矛盾。如果比照“第四章劳动合同的解除和终止”中解除固定期限劳动合同和完成一定任务为期限的劳动合同的处理方法，那么，由于双方当事人之间并未订立书面劳动合同，合同期限无法确定，则实际上又变成了比照解除无固定期限劳动合同的处理方法。这又与《劳动合同法》第十四条相矛盾。如果这一期间可任由其中一方当事人无理由进行解除，那么这与《劳动合同法》下劳动合同的解除应当依法进行，不符合法律、法规列举情形的均不能构成合法解除的法律规定相背离。而且，由于超过一个月以上不满一年的事实劳动关系应当属于不符合法律规定的行为，对这种违法行为的解除进行彻底放宽，不仅与《劳动合同法》的立法精神相背离，不利于惩罚并减少建立劳动关系却不订立书面劳动合同的情形，而且一年以内可随意解除和一年以上按无固定期限劳动合同解除的截然不同的处理也不符合平稳处理劳动关系的一般原则。这在劳动实践中必将导致一年以内事实劳动关系，特别是一个月以内事实劳动关系，企业享有随时解雇的主动权，成为比《劳动法》下试用期更宽松的用工期，从而被企业所滥用。

那么，这种情形应当如何进行正确处理呢？结合《劳动合同法》已明确的事实劳动关系法律责任及相关立法精神，按合理、合法和相对平衡的原则设定一年以内事实劳动关系的解除办法。具体来说，企业可以按照以下办法进行妥善处理：

一是将导致事实劳动关系存在的原因分为企业责任和劳动者责任两大类。凡是企业缺乏证据证明确实是由于劳动者主观原因而无法订立书面劳动合同的，均应当认定为属于企业责任。

二是将事实劳动关系的存续时间分为第一个月以内和第二个月到满一年以内两个阶段，分别明确法律责任。对企业无法证明确实是由于劳动者主观原因而无法订立书面劳动合同的，其一年以内的事实劳动关系的解除应当比照《劳动合同法》的法定解除情形处理。对企业确有证据证明属因劳动者主观原因而无法订立书面劳动合同的，在一个月以内，企业可以当即解除劳动关系，而且无需支付解除劳动关系经济补偿和两倍工资的赔偿金；在第二个月到满一年以内，企业应当提前三十日以书面形式通知劳动者本人或者额外支付劳动者一个月工资后，可以解除劳动合同，同时还应当支付解除劳动关系经济补偿和两倍工资的赔偿金。

四、企业对解除劳动合同风险的管理和防范

（一）解除劳动合同引发的法律纠纷

在现代企业体制下，职工的流动日趋频繁，导致企业与职工间劳动关系的建立与解除也异常频繁。解除劳动关系，一旦企业辞退处理不当，往往会引发被辞退人员的不满情绪，直接激化被辞退人员与企业的矛盾，当矛盾无法协商解决时，企业难免遭受仲裁或诉讼之累。另外，被辞退人因心怀不满，可能在原同事及其他同行中散播对企业不利的言论，更有甚者，如果辞退员工的工作透明度不够，其他员工也会认为企业存在不公正对待，联想到自身感到岌岌可危，从而使得企业的诚信度及凝聚力大大受损。因此，依法合理地解除劳动合同对于企业而言极为重要。

概括来说，企业在单方解除劳动合同的过程中，容易发生的法律纠纷主要有：

1. 试用期解除劳动合同引发的法律纠纷

我们知道，试用期是劳动合同双方当事人在订立劳动合同时协商确定的考察期限。法律规定在劳动合同中实行试用期制的目的是为维护劳动合同双方当事人进行相互选择的权利，在双方权利平等的条件下，劳动合同双方当事人相互监督和考察合同另一方的实际情况，以作出最后的选择。试用期员工可以随时解除劳动关系，企业则不可以。所以试用期引发法律纠纷的原因，往往是企业在试用期无故解除劳动合同，引起职工不满而导致的。

2. 企业开除职工引发的法律纠纷

“辞退”是一个广义的概念，是指企业在劳动合同尚未到期时，因企业改制、岗位调整或职工有违纪违法等行为而做出的开除、除名、辞退等单方解除劳动合同的情形。顾名思义，“开除”，即是企业认为职工在某种程度上违反了用工制度或损害了企业利益而行使单方合同解除权，并无须经济补偿，属于一种“无条件辞退”情形。企业在劳动合同及员工手册中，大多已将职工违反单位劳动纪律或规章制度作为无条件辞退职工的条件之一。我国《劳动法》及《劳动合同法》均规定，职工如果严重违反用人单位劳动纪律或规章制度，用人单位可以单方解除劳动合同而无须任何经济补偿。开除行为直接导致职工丧失工作并不能获得任何经济补偿，因此成为职工转而走向仲裁或诉讼

的重要起因。

3. 企业经济性裁员引发的法律纠纷

《劳动合同法》允许企业经济性裁员，但经济性裁员中，对现有职工需要做出取舍。在取舍过程中，往往被裁掉的员工认为企业对待自己不公，因为不满企业的辞退决定而易引发法律纠纷。

4. 企业因客观情况发生重大变化辞退员工引发的法律纠纷

主要指企业因改制、组织机构发生重大调整等导致劳动岗位不存在等情形，致使劳动合同终止而引发的纠纷。包括企业改制、岗位调整等原因。

（二）企业对解除劳动合同风险的管理和防范

《劳动合同法》明确规定了解除劳动合同的许可情形和限制情形，解除劳动合同的实施程序以及附属义务，增加了企业应当承担经济补偿的情形，加重了违法解除的法律责任。这就要求企业必须提高人力资源管理水平，积极防范由于解除劳动合同给企业带来的法律风险和经济损失。

1. 用工行为的清理、选择和招工、录用行为的规范

用工行为的清理、选择和招工、录用行为的规范，在于确定以什么样的方式使用劳动力，以及招用适当的劳动者从事适当的工作岗位，有助于从源头防范解除、终止风险。

《劳动合同法》明确了企业和劳动者可以建立全日制、非全日制、劳务派遣三种用工形式，其中的全日制用工还可以分别订立无固定期限劳动合同、固定期限劳动合同、以完成一定任务为期限的劳动合同。此外，在实践中还可以选择业务项目外包的经济合作关系，以及采用《劳动合同法》三种用工形式以外的民事劳务关系。在全日制用工中，与无固定期限劳动合同相比，固定期限劳动合同和以完成一定任务为期限的劳动合同，可以实施期限终止，但劳动者连续工作满十年的，固定期限劳动合同和以完成一定任务为期限的劳动合同将向无固定期限劳动合同转变。与固定期限劳动合同相比，以完成一定任务为期限的劳动合同，企业期满终止无须向劳动者支付经济补偿，而且连续订立二次以上也无须向无固定期限劳动合同转变。

与全日制用工相比，非全日制用工可以建立多重劳动关系，可以订立口头协议，任何一方可以随时通知对方终止用工，企业终止用工不向劳动者支付经济补偿金，但不能约定试用期，应当执行企业所在地最低小时工资标准，劳动报酬结算周期最长不得超过十五日。

与全日制用工相比，劳务派遣中的权利义务由派遣单位和用工单位分别承担。派遣单位应当与劳动者订立两年以上固定期限劳动合同，但劳动者无工作期间，可以按照当地最低工资标准按月支付报酬。用工单位可以将劳动者退回派遣单位。劳动者可以依据协商解除、当即解除，派遣单位可以依据当即解除、医疗期满通知解除、不胜任工作通知解除以及劳动合同终止来结束与劳动者的劳动关系。此外，派遣单位如果选择业务项目外包以及《劳动合同法》三种用工行为以外的民事劳务关系，虽然也表现为劳动力资源和企业经营的结合，但它们不属于《劳动合同法》的调整范围，而更多的是属于《民法》的调整范围，应当按合同和约定确定各自权利义务，相应地，派遣单位直接管

理权将受到限制。由于各种用工形式下解除劳动合同的规定各有不同，而且在各种用工形式之间又没有做严格的界定或划分，预计将会导致派遣单位通过选择不同的用工形式，结合自身业务特点进行业务重组和流程再造，实施法律义务的合理规避。

2. 企业规章制度的订立和实施

企业规章制度的订立和实施，涉及企业对劳动者的处置。企业依据规章制度对劳动者实施解除，不仅可以当即实施，不存在解除限制，不需要向劳动者支付经济补偿金，而且有时还可以向劳动者追索服务期违约责任。对企业来说，这是最便捷、成本最小的解除方式。然而，如果企业的规章制度本身存在着违法情形，按照《劳动合同法》第三十八条的相关规定，劳动者也可以依据企业规章制度违法实施解除，而且该种解除不仅可以当即实施，而且可以要求用人单位支付经济补偿金，还可以免除自己负有的服务期义务。因此，企业规章制度的订立和实施，对于企业而言，既是权利，又是义务，因而在企业人力资源管理、解除劳动合同风险防范中具有十分重要的作用。企业规章制度的订立和实施，应当注意程序民主、内容合法、结果告知。具体应当注意把握以下几方面：

（1）严格按照民主程序制定规章制度。

（2）注意规章制度的合法性，避免非法内容在规章制度中的存在。

（3）应当保存经过民主程序的资料，以及向劳动者公示告知的资料。可以是要求劳动者签收等事后可以查证的书面证据材料。

3. 劳动制度日常管理的规范

第一，企业应当注意人力资源管理日常资料的形成和保管，包括信息告知、合同变更、行为事实等的证据材料，以便发生争议后能提供可证明有关事实的材料。第二，实施对劳动用工的动态跟踪和管理，包括及时解除、及时续订、书面变更，避免劳动合同期满，应当终止而未终止的情形。对不符合录用条件、不胜任工作的劳动者，要及早实施法律规定的权利义务，必要时应当及早实施解除、终止，减少导致强制订立无固定期限劳动合同和限制解除情形的产生。第三，将基本的人事服务业务外包出去，通过外部专业的人力资源服务机构帮助企业制定从招聘到解聘的一整套管理制度和管理方式，并不断加强日常的人力资源管理和员工岗位的评估。

4. 合理利用解除，尽量避免劳动者当即解除

首先，防范劳动者解除的风险。包括与劳动者合法约定服务期的权利义务、竞业限制的权利义务。特别是应当尽量避免劳动者当即解除情形，知法、懂法、守法，全面梳理、合理设置双方的权利义务。其次，合理应用企业的解除权。依法行使解除、终止权利，减少违法解除的产生。优先应用操作技术要求低、风险小的协商解除，特别是劳动者存在主观或非主观过失但不足以依法解除的情形。同时，对应当给付的经济补偿应当及时足额支付。此外，企业还应当建立合理的工资薪酬制度、职业晋升制度以及企业年金制度，营造良好的企业文化，留住能为企业创造核心价值的员工，保持人力资源的合理配置和长期稳定。

5. 预防和积极应对劳动争议

第一，建立和实施企业内部的劳动关系协商机制，营造企业和谐劳动关系文化。积

极发挥企业工会的作用，通过内部工作平台预防争议发生，发生争议的先行调解处理，尽可能将矛盾化解在企业内部。第二，对劳动争议事实进行及时收集，积极做好参与仲裁、诉讼的准备工作。第三，企业一旦出现违法行为要进行及时补救。“亡羊补牢，犹未为晚”。第四，合理运用救济渠道，及时、全面提交自己的请求。对应当支持但没有得到支持的请求，应当及时按法律许可的渠道向有关部门提出申诉。

本章小结

劳动合同的终止是劳动合同自然结束、失去约束力的一种方式，是结束劳动关系的主要形式之一。劳动合同的解除或者劳动合同解除，则是指劳动合同订立之后，尚未全部履行以前，由于某种原因导致劳动合同的一方或双方提前终止劳动合同从而结束劳动关系，终止双方的权利义务关系。本章介绍了终止和解除劳动合同、经济补偿金的定义，终止和解除劳动合同两者的区别和附属义务，国家有关终止和解除劳动合同的法律规定；介绍了终止劳动合同的条件、手续以及如何依法管理终止劳动合同；最后，介绍了解除劳动合同的主要种类和情形、企业如何正确管理劳动合同的解除，以及如何防范劳动争议的发生。

复习思考题

1. 终止劳动合同和解除劳动合同的区别是什么？

2. 解除劳动合同或者终止劳动合同企业需要支付离职补偿金的情形有哪些？

3. 终止劳动合同的条件有哪些？

4. 按照我国相关法律规定，结束劳动关系的主要类型有哪些？

5. 按照相关法律规定，用人单位在哪些情形下可以单方终止或者解除与员工签订的劳动合同？

6. 计算：A 公司是一家注册在北京市中关村的 IT 公司，主要经营计算机研发、生产、销售、IT 解决方案等业务。由于激烈的市场竞争，A 公司的计算机销售业绩大幅下滑，几经努力，销售业绩始终没有什么起色。A 公司在经过周密的市场调研，并考虑到公司目前的技术力量和优势后，最终决定调整自己的业务和经营战略，放弃自己经营多年的计算机业务，专注于为客户提供 IT 解决方案。随着此次经营战略的调整，公司撤销了计算机业务部门。在组织重组、人员匹配与重新安置后，公司仍有 32 名受到影响的员工无法在公司内部得到妥善安置。因此，公司在履行完全部的法律程序后，不得不依法与这 32 名员工解除劳动关系。员工甲就是一名此次受到影响的员工之一。员工甲于 1992 年 12 月 25 日加入 A 公司，任职计算机事业部高级工程师。假如 A 公司与受到影响员工正式解除劳动关系的时间为 2013 年 6 月 30 日，员工甲离职前 12 个月的月平均工资为人民币 28 500 元，北京市 2012 年社会平均工资为人民币 4 672 元，A 公司全体员工的月平均工资为人民币 20 000 元。请问，按照国家相关法律规定，员工甲可以拿到的离职补偿金税前是多少？税后是多少？

案例讨论

原J公司员工的离职经济补偿金该怎么算？

A公司是一家外资公司，2008年6月因业务发展需要，并购了国内一家民营企业J公司。A公司与J公司签署了并购协议，并同意接收J公司的所有员工。协议生效后，A公司与J公司的所有人员重新签订了A公司的劳动合同，工资待遇不变。2年后，即2010年6月，A公司因组织战略发生了变化和组织架构进行了重组，以客观情况发生重大变化致使原劳动合同无法履行，双方就变更劳动合同达不成一致为由，一次性解除了21名原J公司的员工，A公司同意支付一个月的代通知金，并支付2个月的工资作为经济补偿金。解除时，双方对经济补偿金及补缴养老保险产生了争议。

原J公司员工表示，在来A公司之前，他们已经在J公司工作了6年以上，计算经济补偿金应当按照A公司和J公司工龄累计计算。同时提出，2002年至2005年三年期间，J公司未给他们正常缴纳社会保险，现在要求A公司为其补缴2002年至2005年期间的养老保险。对此，这21名员工向劳动争议仲裁委员会提出仲裁申请。而A公司表示，A公司只认可这些员工在2008年6月之后的劳动关系，之前的属于J公司所欠的债务，与A公司无关。

案例思考题：

1. A公司单方解除劳动合同的行为合法吗？为什么？
2. 原J公司员工的离职经济补偿金该怎么算？

第七章

与劳动争议相关的人事与社会保障法律法规及其管理

学习目标

- 掌握劳动争议的定义、特征、本质、范围、管辖原则和分类
- 了解劳动争议处理的模式及其特征以及我国劳动争议的处理机制、机构和程序
- 掌握《中华人民共和国劳动争议调解仲裁法》颁布实施的意义、主要新变化和主要内容
- 了解劳动争议调解的定义、程序和相关法律规定，了解劳动争议调解组织和调解员的职责和作用
- 了解我国劳动关系三方协商机制的定义及其在我国的实践探索
- 了解如何充分发挥劳动争议调解机制的作用以及企业如何加强劳动争议调解
- 了解劳动仲裁的定义、劳动仲裁委员会及其组成、职责以及工作规则等
- 掌握劳动仲裁的基本程序以及企业如何进行劳动仲裁管理
- 了解劳动争议诉讼的定义、程序以及国家相关法律规定
- 掌握企业应该如何依法进行劳动争议诉讼管理

关键概念

劳动争议　劳动争议调解　劳动关系三方协商机制（三方机制）　劳动仲裁　劳动仲裁委员会　当事人　劳动仲裁时效　劳动争议诉讼　劳动争议诉讼管辖

第一节　劳动争议概述

一、什么是劳动争议

劳动争议是劳动关系当事人之间因劳动的权利与义务发生分歧而引起的争议，又称

劳动纠纷。其中有的属于既定权利的争议，即因适用劳动法和劳动合同、集体合同的既定内容而发生的争议；有的属于要求新的权利而出现的争议，是由于制定或变更劳动条件而发生的争议。

我国于二十世纪五十年代初期曾建立劳动争议处理制度，1950 年劳动部发布过《关于劳动争议解决程序的规定》，采用协商、调解、仲裁和人民法院审理等程序处理劳动争议。1956 年至 1986 年改用来信来访制度处理劳动争议，这带来诸多问题，例如浪费人力、物力和使劳动纠纷久拖不决。八十年代实行改革开放政策后，劳动争议不断增加。1987 年 7 月，国务院发布《国营企业劳动争议处理暂行规定》，恢复了在国有企业中的劳动争议处理制度。建立社会主义市场经济后，劳动关系发生了变化，劳动争议大量增加。1993 年 7 月，国务院颁布了《企业劳动争议处理条例》，劳动争议处理制度扩大到了各种性质的企业之中。2008 年 5 月 1 日正式颁布实施的《劳动争议调解仲裁法》标志着我国劳动争议处理制度的逐步完善。

（一）劳动争议的定义

劳动争议是指劳动者与用人单位之间所发生的争议及用人单位或用人单位团体与工会之间围绕权利、义务以及相关利益所发生的争议。概括起来，劳动争议的这一定义主要包含以下几点内容：

（1）劳动争议的主体是特定的，即一方是劳动者及工会，另一方是用人单位及用人单位团体。

（2）劳动争议的内容具有广泛性。劳动权利和义务本身就具有广泛性，既有法定权利，也有约定权利，既有财产性质权利，也有人身性质权利。包括就业、工时、工资、劳动安全与保护、劳动保险与福利、职业培训、民主管理、奖励惩罚等若干方面。同时，在集体合同争议中还会围绕相关利益产生争议。

（3）劳动争议是劳动领域中的经济利益的冲突。例如，劳动关系解除争议，从其实质讲，都是为了一定的利益而产生的争议。

（4）劳动争议是主体权利或利益主张的矛盾和冲突。因此，劳动争议的处理也就成为解决这种权利或利益冲突的法定程序。

（5）劳动争议由于以劳动关系为基础，而劳动关系又具有极强的社会性特征。因此，劳动争议处理的程序公正会对劳资关系的稳定产生重要作用。

综上所述，劳动争议也称为劳动纠纷，是指劳动法律关系双方当事人即劳动者和用人单位，在执行劳动法律、法规或履行劳动合同过程中，就劳动权利和劳动义务关系所产生的争议。

劳动争议的当事人是指劳动关系当事人双方——职工和用人单位（包括自然人、法人和具有经营权的用人单位），即劳动法律关系中权利的享有者和义务的承担者。

劳动争议是现实中较为常见的纠纷。国家机关、企业事业单位、社会团体等用人单位与职工建立劳动关系后，一般都能相互合作，认真履行劳动合同。但由于各种原因，双方之间产生纠纷也是难以避免的事情。劳动争议的发生，不仅使正常的劳动关系得不到维护，还会使劳动者的合法利益受到损害，不利于社会的稳定。因此，应当正确把握劳动争议的特点，积极预防劳动争议的发生。

劳动争议的显著特征是：首先，劳动纠纷是劳动关系当事人之间的争议。劳动关系当事人，一方为劳动者，另一方为用人单位。不具有劳动法律关系主体身份者之间所发生的争议，不属于劳动纠纷。如果争议不是发生在劳动关系双方当事人之间，即使争议内容涉及劳动问题，也不构成劳动争议。例如，劳动者之间在劳动过程中发生的争议，用人单位之间因劳动力流动发生的争议，劳动者或者用人单位在劳动行政管理中发生的争议，劳动者或者用人单位与劳动行政部门在劳动行政管理中发生的争议，劳动者或者用人单位与劳动服务主体在劳动服务过程中发生的争议等，都不属于劳动纠纷。

其次，劳动纠纷的内容涉及劳动权利和劳动义务，是为实现劳动关系而产生的争议。劳动关系是劳动权利义务关系，如果劳动者与用人单位之间不是为了实现劳动权利和劳动义务而发生的争议，就不属于劳动纠纷的范畴。劳动权利和劳动义务的内容非常广泛，包括就业、工资、工时、劳动保护、劳动保险、劳动福利、职业培训、民主管理、奖励惩罚等。

再次，劳动纠纷既可以表现为非对抗性矛盾，也可以表现为对抗性矛盾，而且，两者在一定条件下可以相互转化。在一般情况下，劳动纠纷表现为非对抗性矛盾，会给社会和经济带来不利影响。

（二）劳动争议的本质

劳动争议的现象呈现出多重个别性和不完整性。从世界范围看，总结劳动争议现象的个别性，可抽象出的共性是：权利或利益的要求是彰显的，形式上表现为争执和冲突。二十世纪九十年代以来，我国的劳动争议呈现出与社会变革相适应的时代特征：一是劳动争议案件数持续大幅增长；二是非国有企业劳动争议数量急剧上升；三是集体劳动争议大幅增加。以上劳动争议所呈现出的个别性特点，一方面说明了劳动权利义务配置的复杂性，不同的争执涉及不同层次、不同属性的权利请求权；另一方面也使得解决劳动争议的各种程序法更应具有操作性，更应符合程序正义。

冲突只是社会主体利益不协调的外部表现。冲突表示有明显抵触的社会力量之间的争夺、竞争、争执和紧张状态，具有社会整合功能。实际上，权利救济本身的目的，正在于通过对冲突现象的价值评判，抑制冲突的负面效应，减少冲突的发生或防止冲突的恶化，从而引导社会变革。因此，以法律解决或限制冲突的基础在于确认权利，而以法律解决或限制冲突的前提则在于权利本质属性。对劳动争议性质的分析，必须建立在对劳动关系本质的分析基础之上。

劳动关系是在实现劳动过程中劳动者与用人单位所结成的一种社会经济关系。这种社会经济关系是一个矛盾体：追求生存机会与追求利润的不同价值取向。劳动关系矛盾体要求法律对其的调整，既要实现人格的自由和平等，又要反映人的生存与发展，是二者和谐的统一。从劳动关系的历史发展线索来看，雇佣劳动时代是劳动关系的革命时代，自由主义者将劳动关系全面债权化，实现了劳动关系“从身份到契约”的转变。利益的差别性和人格的独立性，使劳动关系的矛盾性也日益凸显。进入二十世纪后，随着社会权利理念的确立，工会法及其团结权等制度赋予劳动关系更丰富的内容。以注重对劳动关系的人身属性和财产属性有机调整的劳动法，也成为独立的法律体系而被立法者所重视。从历史的视角考察劳动关系，我们可以看出社会制度与其的联系是如此紧密，而法律思想和法律理念的转变：公法——私法——社会法的运行和融合轨迹，也从一个侧面表明了劳动关系的本质及其在社会关系中的地位。

（三）劳动争议的范围

劳动争议的范围，在不同的国家有不同的规定。根据《劳动争议调解仲裁法》第二条规定，劳动争议的范围是：(1) 因确认劳动关系发生的争议；(2) 因订立、履行、变更、解除和终止劳动合同发生的争议；(3) 因除名、辞退和辞职、离职发生的争议；(4) 因工作时间、休息休假、社会保险、福利、培训以及劳动保护发生的争议；(5) 因劳动报酬、工伤医疗费、经济补偿或者赔偿金等发生的争议；(6) 法律、法规规定的其他劳动争议。

（四）劳动争议的管辖原则

1. 地域管辖

地域管辖又称地区管辖，以行政区域作为确定劳动仲裁管辖范围的标准。地域管辖又分为三种：

(1) 一般地域管辖。指按照发生劳动争议的行政区域确定案件的管辖，这是最常见的方式。

(2) 特殊地域管辖。指法律法规特别规定当事人之间的劳动争议由某地的劳动争议仲裁委员会管辖，如发生劳动争议的企业与职工不在同一个仲裁委员会管辖地区的，由工资关系所在地的仲裁委员会管辖。

(3) 专属管辖。指法律法规规定某类劳动争议只能由特定的劳动仲裁委员会管辖，如在我国境内履行于国（境）外劳动合同发生的劳动争议，只能由合同履行地仲裁委员会管辖。又如，一些地方规定外商投资企业由设区的市一级劳动仲裁委员会管辖。

2. 级别管辖

级别管辖是指各级劳动仲裁委员会受理劳动争议的分工和权限。一般分为：区（县）一级劳动仲裁委员会管辖本区内普通劳动争议；市一级劳动仲裁委员会管辖外商投资企业或本市重大劳动争议。

3. 移送管辖

移送管辖是指劳动仲裁委员会将受理的自己无管辖权的或不便于管辖的劳动争议案件，移送有权或便于审理此案的劳动仲裁委员会。如《劳动争议仲裁委员会办案规则》规定，区（县）级劳动仲裁委员会认为有必要的，可以将集体劳动争议案件报送上一级劳动仲裁委员会处理。

4. 指定管辖

指定管辖是指两个劳动仲裁委员会对案件的管辖发生争议，由双方协商，协商不成的，报送共同的上级劳动行政主管部门，由上级部门指定管辖。

5. 涉外管辖

《中华人民共和国民事诉讼法》第二百四十三条规定，因合同纠纷或者其他财产权益纠纷，对在中华人民共和国领域内没有住所的被告提起诉讼，如果合同在中华人民共和国领域内签订或者履行，可以由合同签订地、合同履行地人民法院管辖。据此，我国公民与国（境）外企业签订的劳动（工作）合同，如果劳动（工作）合同的履行地在我国领域内，因履行劳动（工作）合同发生劳动争议，可按照《中华人民共和国企业劳动争议处理条例》第二条第四款规定精神，由劳动（工作）合同履行地的劳动争议仲裁委员会受理。

（五）劳动争议的分类

由于劳动争议是劳动关系双方（即劳动者和用人单位）在执行劳动法律、法规或履行劳动合同的过程中，因发生利益分歧而产生的争执行为。由此可见，劳动争议的主体是劳动者和用人单位，而劳动争议是为实现劳动的权利与义务而产生的争议。因此，由于对劳动争议的内容、性质理解不同，便划分出不同的有关劳动争议的种类。

1. 个人劳动争议和集体劳动争议

按照劳动争议当事人人数多少的不同，可分为个人劳动争议和集体劳动争议。我国《企业劳动争议处理条例》中规定，发生劳动争议的职工一方在三人以上，并有共同理由的，是集体劳动争议。争议当事人为职工个人和单个雇主（或其他用人单位）的，即劳动者个人与用人单位发生的劳动争议是个人劳动争议。在资本主义国家，劳动争议是具有阶级对抗性的。因此，国家不得不针对这两类不同的争议采取不同的处理制度；而我国是社会主义国家，劳动争议中基本不存在对抗性的问题，所以我国对于个人争议和集体争议并没有分别规定两套处理制度，而是适用同一处理制度。但从未来发展来看，随着我国社会主义市场经济体制的建立和完善，劳动关系日趋复杂，集体争议会逐渐增多，对社会的影响和震动也会越来越大。所以，在对个人争议与集体争议的处理程序中应该加以区别对待。

2. 国内劳动争议与涉外劳动争议

按照当事人国籍的不同，可分为国内劳动争议与涉外劳动争议。国内劳动争议是指我国的用人单位与具有我国国籍的劳动者之间发生的劳动争议；涉外劳动争议是指具有涉外因素的劳动争议，包括我国在国（境）外设立的机构与我国派往该机构工作的人员之间发生的劳动争议、外商投资企业的用人单位与劳动者之间发生的劳动争议。

3. 其他劳动争议

根据引起劳动争议的原因不同，可以将劳动争议划分为以下几种：

（1）因用人单位开除、除名、辞退职工和职工辞职、自动离职而产生的劳动争议。开除是用人单位对严重违反劳动纪律，屡教不改，不适合在单位继续工作的劳动者，依法令其脱离本单位的一种最严厉的行政处分。除名是用人单位对无正当理由经常旷工，经批评教育无效，连续旷工超过十五天，或者一年以内累计旷工超过三十天的劳动者，依法解除其与本单位劳动关系的一种行政处分。辞退是用人单位对严重违反劳动纪律、规章、规程或严重扰乱社会秩序但又不符合开除、除名条件的劳动者，经教育或行政处分仍然无效后，依法与其解除劳动关系的一种行政处分。辞职是劳动者辞去原职务，离开原用人单位一种行为。自动离职是劳动者自行离开原工作岗位，并自行脱离原工作单位的一种行为。上述情况均导致劳动关系终止，也是产生劳动纠纷的重要因素。这类争议往往涉及职工的人格声誉，涉及职工与企业之间劳动法律关系的存续。所以，处理这类争议就更加需要依法办事、尊重事实、谨慎及时。

（2）因执行国家有关工资、保险、福利、培训、劳动保护等规定而产生的劳动争议。工资是劳动者付出劳动后应得的劳动报酬。保险主要是指工伤、生育、待业、养老、病假待遇、死亡丧葬抚恤等社会保险。福利是指用人单位用于补助职工及其家属和举办集体福利事业的费用。培训是指职工在职期间的职业技术培训。劳动保护是指为保障劳动者在劳动过程中获得适宜的劳动条件而采取的各种保护措施。由于上述规定较为繁杂，又涉及劳动者切身利益，不仅容易发生纠纷，而且容易导致矛盾激化。

（3）因劳动合同和执行劳动标准而产生的劳动争议。劳动合同是用人单位与劳动者为确立劳动权利义务关系而达成的意思表示一致协议。劳动合同争议在劳动合同的订立、履行、变更和解除过程中都可能发生，因劳动合同产生的劳动争议也是最频繁发生的劳动争议。因执行劳动标准产生的争议，是指因国家在工资、社会保险制度正处于改革时期，制度较混乱，职工与企业之间因为工资、保险福利待遇产生的纠纷呈上升趋势，对稳定劳动关系、促进经济发展带来了不利的影响。因此，处理好这类劳动争议具有非常重要的现实意义。

（4）法律、法规规定的其他劳动争议。

4. 维护既定权利争议和争取待定利益争议

根据劳动争议内容的性质不同，可分为维护既定权利争议和争取待定利益争议。维护既定权利争议是指因为解释或执行劳动合同、集体合同和劳动标准法规而产生的争议，其目的在于维护已经确认的权利，如双方当事人关于履行劳动合同中对工时、工资、福利待遇的规定而产生的争议。对于此类争议一般都具有明确的合同依据或法律依据，双方产生分歧的焦点也是在于各自对合同规定或法律规定认识不一致而导致执行或解释中的纠纷；争取待定利益争议是指因变更现有的权利义务或要求确认一种新的权利义务关系而产生的争议，其目的是为了使某种利益得到确认，形成新的权利义务关系，如职工要求变更合同的内容，提高工资增长率等。这类争议一般发生在双方当事人利益显失公平，缺乏协调的情况下，争议的一方要求得到某种利益或改变现有状况，另一方则不愿让与，此类争议多以集体争议的形式出现。在西方国家较为流行既定权利争议和争取待定利益争议之分，因为它们和个人争议、集体争议相连。我国目前对此类劳动争议划分并不明显，即使有也主要是以维护既定权利争议为首选，随着社会主义市场经济体制的逐步确立，劳动关系的逐步复杂化，利益主体的逐渐明晰化，争取待定利益争议也会在我国日益受到重视。

（六）劳动争议处理的模式及其特征

1. 西方各国劳动争议处理模式及其特征

西方各国劳动争议处理程序的形成与发展，与各国所采取的劳动法制模式紧密关联。我国台湾著名劳动法学家黄越钦先生将这些模式划分为四种，即斗争模式、多元放任模式、协调自治模式和统合模式。关于斗争模式，目前世界上已经没有任何国家采用这种模式；多元放任模式主要指美国，与欧洲解决劳资问题大异其趣；协议自治模式又分为劳资抗衡式和制衡式两种，分别以法国和德国为代表；统合模式比较复杂，形成了社会统合模式、经营者统合模式和国家统合模式，分别以瑞典、日本和我国台湾地区为代表。这些模式的差别主要在于劳资争议及劳动条件改善所依托的力量，即协议自治模式强化工会在其中的作用，而统合模式则强调国家、团体在其中的作用。

西方各国劳动争议处理模式的特征主要表现在：第一，普遍将劳动争议分为权利争议和利益争议、个别劳动争议和集体合同争议，并采取不同的程序法救济。

按照争议标的不同，将劳动争议分为权利争议和利益争议。权利争议，是指劳资双方依据法律、集体合同、劳动合同的规定，当事人主张权利存在与否或有无受到侵害或有无履行债务等发生的争议。按照“司法最终解决原则”，劳动争议当可以公力救济（即当权利人的权利受到侵害或者有被侵害之虞时，权利人行使诉讼权，诉请人民法院依民事诉讼和强制执行程序保持自己的权利的措施）——诉讼解决。利益争议，一般指因为确定或变更劳动条件而发生的争议。这类争议并不具有法律上的可衡量性和可诉性。利益争议在各国均以专门设计的调解、仲裁程序解决，在必要的时候，如日本、美国等采取公力强行介入的“紧急调整程序”。

按照争议主体的不同，将劳动争议划分为个别劳动争议和集体合同劳动争议。个别争议发生于劳动者个人与雇主之间，争议的内容一般是劳动合同所约定的劳动权利和义务。这种争议涉及的是具体的劳动者直接的和切身的权益。其争议主体是个别劳动关系中的劳动者和雇主。集体合同劳动争议，是指工会与用人单位或其团体之间因为签订、履行集体合同而发生的劳动争议。集体合同劳动争议的一方是工会代表，另一方是用人单位或其团体。

划分个别劳动争议和集体合同劳动争议的意义在于，二者在争议处理中采用不同的程序。

第二，三方机制原则是劳动争议程序法中的主要原则。三方机制原则在劳动争议解决过程中，在不同的程序中人员构成有所不同。例如美国仲裁机构分为特设仲裁机构和常设仲裁机构，均由三方人员构成。德国的权利争议案件由劳动法院受理，初审法院由一名职业法官和两名来自雇员和雇主的名誉法官组成，二审法官组成与初审相同，但二审中要求雇主方面必须有雇主协会的代表、雇员方面必须有工会代表出庭应诉，当事人不能出庭。三审法官除与一、二审相同外，职业法官和名誉法官的比例都有所提高。利益争议的调解仲裁机构，一般由联邦劳工部长担任主席或任命，其他委员则由雇主团体与受雇劳动者团体组成。

第三，健全的工会法律制度及集体谈判法律机制。目前，世界上绝大多数国家都颁布有工会法或工会法律制度。在西方一些国家，工会成为本国劳动法制模式中重要的因素。如以法国、意大利为代表的劳资抗衡模式，推崇工会理想主义，强调劳资关系自治；以德国、奥地利为代表的劳资制衡模式，推崇“产业民主化”，除经过参议会制度外，也强化工会的维权作用；以瑞典为代表的社会统合模式，其最大特征是工会在全国劳动者中的领导地位，全国总工会与全国雇主联盟的协调构成个体劳动关系的基础，反对国家干预；以经营者统合模式为代表的日本，虽没有像瑞典那样有强大的工会力量，但仍强调在企业层级的工会与雇主之间的协商机制。与以上工会的法律地位相对应，各国均建立了比较完善的集体判决法律机制，而且这种法律机制，绝不仅仅是签订集体合同或集体协约，而是建立在结社权、缔约权、行动权等“团结三权”基础上的劳资协商的有机体系。

第四，罢工权的行使。劳资争议的表象——冲突，不能简单理解为械斗、激烈的外部对抗。对罢工权的行使，一般规定必须由工会来行使，而且必须是在劳资谈判破裂时方可行使。

2. 我国劳动争议处理体制

劳动争议处理体制，又称劳动争议处理体系，是指由劳动争议处理的各种机构和方式在劳动争议处理过程中的地位和相互关系所构成的有机整体，它表明劳动争议发生后应当通过哪些途径、由哪些机构、以哪些方式处理。《劳动法》的颁布确立了我国劳动争议的处理制度。但随着经济体制改革的不断深入，劳动争议处理制度的弊端日渐清晰。就审理期限而言，根据现行法律规定，劳动争议的仲裁办案期限为两个月，当事人一方或双方不服裁决，可在收到裁决书之日起十五日内向法院起诉。一审法院适用民事程序审理劳动争议案件，一般在立案之日起六个月内结案。若当事人不服一审判决，可在收到判决书之日起十五日内上诉，上诉法院审理期限一般为三个月，以上期限遇有特殊情况均可延长。据此，一个劳动争议可能历时一年以上的时间才能得到最终生效的判决，有的案件甚至耗时长达三年之久。这样，处于弱势的劳动者在失去了维持生计的工作之后，他们怎么可能还有精力消耗于漫长的仲裁、诉讼之中？因而，出于对劳动者的保护，对新问题的妥善解决，重构或者改革我国劳动争议处理体制已经变得非常紧迫。

3. 我国劳动司法机构类型的选择

为了补救劳动争议审理的不足，首先要从程序设置上解决问题。其次也应该从争议处理机构的设置和人员的配置上寻找突破点，使劳动争议的司法最终解决起到强化劳动法的效力，保障劳动法的有效实施的切实作用。劳动诉讼作为一种独立的解决劳动争议的制度，具有特别重要的意义，也是当事人的最后一道保护屏障。由此也决定了劳动司法机构在劳动争议处理体制中的重要地位。

概括来说，劳动司法机构类型主要有独立型、兼审非独立型、普通专审非独立型和特别专审非独立型等四种。

（1）独立型，即建立一种独立于现有法院系统之外的劳动司法机构即劳动法院，以取代现有仲裁机构，由其专门行使劳动争议审判权，其审判组织由职业法官和工会、用人单位方委派的法官所组成。

（2）兼审非独立型，即在现有法院内由民事法庭兼职行使劳动争议审判权。

（3）普通专审非独立型，即在现有法院内设立劳动庭作为审理劳动争议的专门机构，但其审判组织同民事、经济、行政等专门审判机构一样，由职业法官组成。

（4）特别专审非独立型，即主张在现有法院内设立劳动法院，作为专门行使劳动争议审判权的特别审判机构，其审判组织不同于民事、经济、行政等专门审判机构，由职业法官和工会、用人单位委派的法官所组成。

我国选择劳动司法机构的类型主要考虑以下因素：第一，劳动司法机构与现行司法机构设置的衔接性，能充分利用现有司法资源；第二，劳动司法机构的设置应体现三方原则，有效维护劳动者应有的合法权益；第三，劳动司法机构的设置应有利于提高效率，促使劳动争议得到及时解决。

基于以上的考虑，我国现有人民法院可以设立劳动法庭，作为专门行使劳动争议审判权的特别审判机构，由职业法官和工会、用人单位团体委派的人员组成。这样不仅方便了当事人诉讼，也大大缩短了办案周期，提高了效率，有利于更好地维护劳动者的合法权益。

（七）我国劳动争议处理的机构和程序

根据《劳动法》第七十九条以及《劳动争议调解仲裁法》的相关规定，劳动争议案件经劳动争议仲裁委员会仲裁是提起诉讼的必经程序。劳动争议仲裁委员会逾期不做出仲裁裁决或者做出不予受理的决定，当事人不服而向人民法院提起行政诉讼的，人民法院不予受理；当事人不服劳动争议仲裁委员会做出的劳动争议仲裁裁决，可以向人民法院提起民事诉讼。

1. 我国劳动争议处理的机构

依照现行法律规定，劳动者主要的法定维权渠道有：劳动争议处理程序、劳动保障监察程序。我国目前处理劳动争议的机构主要有：劳动争议调解委员会、地方劳动争议仲裁委员会和地方人民法院。

2. 我国劳动争议处理的程序

我国劳动争议处理的基本程序主要包括：首先，劳动争议协商。发生劳动争议，一方当事人可以通过与另一方当事人约见、面谈等方式协商解决。劳动者可以要求所在企业工会参与或者协助其与企业进行协商。工会也可以主动参与劳动争议的协商处理，维护劳动者合法权益。劳动者也可以委托其他组织或者个人作为其代表进行协商。

一方当事人提出协商要求后，另一方当事人应当积极做出口头或者书面回应。五日内不做出回应的，视为不愿协商。协商的期限由当事人书面约定，在约定的期限内没有达成一致的，视为协商不成。当事人可以书面约定延长期限。协商达成一致，应当签订书面和解协议。和解协议对双方当事人具有约束力，当事人应当履行。经仲裁庭审查，和解协议程序和内容合法有效的，仲裁庭可以将其作为证据使用。但是，当事人为达成和解的目的做出妥协所涉及的对争议事实的认可，不得在其后的仲裁中作为对其不利的证据。

发生劳动争议，当事人不愿协商、协商不成或者达成和解协议后，一方当事人在约定的期限内不履行和解协议的，可以依法向调解委员会或者乡镇、街道劳动就业社会保障服务所（中心）等其他依法设立的调解组织申请调解，也可以依法向劳动争议仲裁委员会申请仲裁。

其次，劳动争议调解。劳动争议调解主要由劳动争议调解委员会来调解。劳动争议调解委员会调解劳动争议的步骤如下：（1）申请；（2）受理；（3）调查；（4）调解；（5）制作调解协议书。

再次，劳动争议仲裁。劳动仲裁也称劳动公断，是一个公正的第三者对当事人之间的争议做出评断。

最后，劳动争议诉讼。劳动争议诉讼是人民法院按照民事诉讼法规的程序，以劳动法规为依据，按照劳动争议案件进行审理的活动。

3. 我国劳动争议处理的原则

我国劳动争议处理的基本原则是：

（1）在查清的基础上，依法处理劳动争议原则。

（2）当事人在法律上一律平等原则。

（3）着重调解劳动争议原则。

（4）及时处理劳动争议原则。

（六）劳动争议案件的举证责任

《劳动争议调解仲裁法》规定，发生劳动争议，当事人对自己提出的主张有责任提供证据。这是劳动争议举证责任的一般原则。同时，考虑到用人单位作为用工主体方，掌握和管理着劳动者的档案、工资发放、社会保险费缴纳、劳动保护提供等情况和材料，劳动者一般无法取得和提供这些资料，因此对用人单位提供证据又做出了特别规定：与争议事项有关的证据属于用人单位掌握管理的，用人单位应当提供；用人单位不提供的，应当承担不利后果。这一规定再次明确和扩大了用人单位的举证责任，减轻了劳动者的举证责任。

所谓举证责任，是指当事人对自己提出的请求，有提出证据加以证明的责任，如果当事人提不出证据或所提供的证据不足以证明其主张的，其主张无法获得法律的支持。如劳动者要求用人单位发放工资的，就需要证明自己与用人单位存在劳动关系，如果无法证明与用人单位存在劳动关系，劳动者要求用人单位发放工资的请求就无法获得法律的支持。举证责任是纠纷解决过程中最为重要的一环。举证责任的一般原则是“谁主张，谁举证”。但任何原则都有例外，在举证责任分配方面，需要考虑当事人举证的能力以及举证的可能性和现实性。在劳动争议案件中，用人单位处于强势地位，劳动者普遍处于弱势地位，很多证据都在用人单位的掌控之中，如各种劳动人事资料都是用人单位在保管，一旦发生纠纷，劳动者无法获得这些证据材料。

因此，为了确保举证责任分配的公平，对于特定事项法律规定了“举证责任倒置”。所谓举证责任倒置，是指根据法律规定，将通常情形下本应由提出主张的一方当事人就某种事由不负担举证责任，而由他方当事人就某种事实存在或不存在承担举证责任，如果该方当事人不能就此举证证明，则推定原告的事实主张成立的一种举证责任分配制度。举证责任倒置在劳动法领域也广泛存在，如最高人民法院《关于审理劳动争议案件适用法律若干问题的解释（一）》第十三条明确规定，因用人单位做出的开除、除名、辞退、解除劳动合同、减少劳动报酬、计算劳动者工作年限等决定而发生的劳动争议，用人单位负举证责任。《工伤保险条例》第19条规定：“用人单位与劳动者或者劳动者直系亲属对于是否构成工伤发生争议的，由用人单位承担举证责任。”劳动和社会保障部《关于确立劳动关系有关事项的通知》中规定：“工资支付凭证、社保记录、招工招聘登记表、报名表、考勤记录由用人单位负举证责任。”

二、《劳动争议调解仲裁法》的新变化、存在的不足及其完善建议

《劳动争议调解仲裁法》明确规定了劳动争议的范围、劳动争议解决的原则、劳动争议解决的途径、劳动争议调解制度、劳动仲裁制度等。

（一）《劳动争议调解仲裁法》规定的新变化

概括来说，《劳动争议调解仲裁法》的主要亮点是“强化调解，延长了时效，缩短了仲裁审理期限，部分案件一裁终局，不收费。”

1. 实体内容的变化

（1）确立了我国多元化的劳动争议处理模式。《劳动法》所确立的劳动争议处理模式可以概括为“一调一裁二审”，劳动争议当事人在发生劳动争议后，可以向企业劳动争议调解委员会申请调解，也可以直接向劳动争议仲裁委员会申请仲裁，不服才可以向人民法院提起诉讼。狭义的调解是指仅由企业劳动争议调解委员会进行的调解，没有其他组织；仲裁是诉讼的必经程序，对仲裁结果不服可以向人民法院提起诉讼，司法是劳动争议处理的最后救济手段。而《劳动争议调解仲裁法》规定，发生劳动争议，当事人可以选择企业劳动争议调解委员会，依法设立的基层人民调解组织，在乡镇、街道设立的具有劳动争议调解职能的组织申请调解。

（2）强化了对劳动争议调解职能。1994 年制定的《劳动法》和 1993 年国务院通过的《企业劳动争议处理条例》都规定调解是解决劳动争议的基本方式之一。企业设立的劳动争议调解委员会是法定的调解组织，但建立劳动争议调解委员会的主要是国有企业和集体企业，非公有制企业劳动争议调解委员会组建率比较低。随着国有企业的改制，我国企业劳动争议调解委员会的功能在弱化，调解的有效性比较低。为了发挥调解的优势，使大多数劳动争议纠纷通过调解得以解决，《劳动争议调解仲裁法》确立了着重调解的原则，在立足现有劳动争议调解组织的基础上，又对目前新兴的劳动争议调解组织加以肯定，整合资源，形成劳动争议调解服务网络。该法第二章对调解进行了专门规定，确立了三类调解组织，即企业劳动争议调解委员会、基层人民调解组织、在乡镇街道设立的具有劳动争议调解职能的组织。在对调解协议的效力认定上明确规定，调解协议对双方当事人具有约束力。劳动者就劳动报酬、工伤医疗费、经济补偿金或赔偿金事项达成的调解协议，在用人单位不履行时，可向法院申请支付令。

近年来，随着法院受理的劳动争议纠纷的逐年增加，加强调解工作，提高调解效率，对于及时化解劳动关系领域的矛盾，减轻法院的诉讼压力，显得越来越重要。调解作为重要的诉讼机制，在司法实践中具有解决纠纷的独特优势，它可以有效降低诉讼的对抗性，减轻当事人的诉讼负担，节约司法资源，也最接近当事人追求的实体公正。最高法院在 2003 年把诉讼调解规范化作为专门问题在全国法院进行调研，在广泛征求意见的基础上，于 2004 年 8 月发布了《关于人民法院民事调解工作若干问题的规定》。根据该《规定》，法院在受理案件之后到庭审结束作出裁判之前，都可以对民事案件进行调解。《规定》对调解人员的范围做了扩大性规定，法院可以邀请与当事人有特定关系或与案件有一定联系的单位或个人协助调解工作，也可以委托有法律知识、相关工作经验或与案件所涉问题有专门知识的单位或个人对案件进行调解。调解协议的内容超出诉讼请求范围的，法院应当准许。在最高法院 2006 年 8 月发布的《关于审理劳动争议案件适用法律若干问题的解释（二）》中，对在劳动争议调解委员会主持下达成的调解协议的性质和效力做出了明确规定，即该调解协议具有劳动合同的约束力，可以作为法院裁判的根据。该司法解释意味着在仲裁或诉讼过程中，可以把上述调解协议作为确定当事人劳动权利义务关系的证据。这无疑为劳动争议案件的处理提供了依据。最高法院的上述司法解释规定与《劳动争议调解仲裁法》的立法原则及相关规定是一致的，都有助于充分发挥调解组织在解决劳动争议过程中的重要作用。

《劳动争议调解仲裁法》强化调解职能的立法精神与最高法院相关司法解释的规定及法院对调解机制的探索是一致的，三者结合将对构建多元化矛盾纠纷化解体系，科学整合人民调解、行政调解资源，动员社会广泛参与解决劳动纠纷，促进劳动关系的和谐稳定具有重要意义。

（3）确立了部分劳动争议“一裁终局”制度。与《劳动法》规定的劳动争议处理制度相比，《劳动争议调解仲裁法》最大的一个变化是对两大类案件将实施“一裁终局”。一类是关系到劳动者生活、生存情况，如追索劳动报酬、工伤医疗费、经济补偿或赔偿金等的争议；另一类是标准比较明确、争议较少的情况，如执行国家劳动标准在工作时间、休息休假、社会保险等方面发生的争议。对于此类争议案件，如果劳动者在法定期限内不向法院提起诉讼，或者用人单位向法院提起撤销仲裁裁决的申请被驳回的情况下，仲裁裁决为终局裁决，当事人可依裁决书向人民法院申请执行。上述规定有利于缩短部分劳动争议案件的审理周期，防止用人单位恶意诉讼，造成案件久拖不决。对法院而言，则有利于缓解劳动争议受案量逐年递增的压力，但目前对受案量减少的幅度尚难以作出预测。

此外，应当注意到“一裁终局案件”在诉讼阶段仍需完善的两个方面：第一，劳动者与用人单位均不服仲裁裁决时，劳动者应在收到裁决之日起十五日内向基层法院起诉，而用人单位则在收到裁决之日起三十日内向中级法院申请撤销裁决。也就是说，已受理劳动者单方起诉的基层法院需要等待用人单位的态度，在确定用人单位已向中级法院申请撤销裁决后，还要继续等待中级法院的裁判。在诉讼阶段如何实现提高效率、便捷维权的立法初衷，值得探讨。第二，《劳动争议调解仲裁法》对中级法院审理用人单位申请撤销裁决案件的期限未做规定，应由司法解释做出相应规定，以避免诉讼中的拖延。

（4）确立了劳动争议仲裁不收费制度。《劳动争议调解仲裁法》施行前，当事人申请仲裁，应当按照国家有关规定交纳仲裁费。没有争议金额的案件大多按固定标准收取300元至500元，有争议金额的则实行累加收费。《劳动争议调解仲裁法》规定，劳动争议仲裁不收费。劳动争议仲裁委员会的经费由财政予以保障。

2. 程序内容的变化

（1）劳动争议仲裁时效延长，并规定了中断、中止的情况。《劳动法》规定，自劳动争议发生之日起六十日内向劳动争议仲裁委员会提出书面申请。实践中劳动者不能维权的一个重要原因就是超过了仲裁申请的六十天仲裁时效，从而无法主张自己的正当权益。《劳动争议调解仲裁法》规定，劳动争议申请仲裁的时效期间为一年。仲裁时效期间从当事人知道或者应当知道其权利被侵害之日起计算。同时因当事人一方向对方当事人主张权利，或者向有关部门请求权利救济，或者对方当事人同意履行义务而中断。从中断时起，仲裁时效期间重新计算。因不可抗力或者有其他正当理由，当事人不能在规定的仲裁时效期间申请仲裁的，仲裁时效中止。从中止时效的原因消除之日起，仲裁时效期间继续计算。劳动关系存续期间因拖欠劳动报酬发生争议的，劳动者申请仲裁不受规定的仲裁时效期间的限制。但是，劳动关系终止的，应当自劳动关系终止之日起一年内提出。

但在司法实践中，证据的保管期限是一个大问题。众所周知，时效制度设置的作用之一在于避免证据灭失，即避免当事人举证和法院调查证据的困难。由于用人单位和劳动者在劳动关系存续期间形成的资料，多数由用人单位掌握，因此在劳动争议仲裁或诉讼中，往往由用人单位承担提供证据的主要义务，这就需要用人单位对上述资料加以妥善保管，但由于条件方面的限制，用人单位不可能将上述资料永久保管，因此对于保管期限应由法规或司法解释作出相应规定。根据《劳动争议调解仲裁法》关于仲裁时效的规定，相关资料保存两年是难以保证达到举证要求的。

（2）劳动争议仲裁审理期限缩短。按照《劳动法》及相关规定，劳动争议仲裁期限短则六十七天，长则九十七天。而《劳动争议调解仲裁法》规定仲裁期限为五十日，如果延长也不得超过六十五日，与原来相比缩短了三十多天，减轻了当事人的负担，有利于快速结案。除此之外，《劳动争议调解仲裁法》还明确规定，针对有的仲裁机构长时间不做出仲裁裁决，变相剥夺劳动者诉讼权利的做法，在超过上述期限后，如果劳动争议仲裁机构未做出仲裁裁决，当事人可以就该劳动争议事项直接向人民法院提起诉讼。

（3）举证倒置情形增加。《劳动争议调解仲裁法》第六条规定，发生劳动争议，当事人对自己提出的主张，有责任提供证据。与争议事项有关的证据属于用人单位掌握管理的，用人单位应当提供。用人单位不提供的，应当承担不利后果。同时该法第三十九条第二款规定，劳动者无法提供由用人单位掌握管理的与仲裁请求有关的证据，仲裁庭可以要求用人单位在指定期限内提供。用人单位在指定期限内不提供的，应当承担不利后果。上述条款除了对“谁主张，谁举证”这一一般举证责任原则作出规定外，还规定在用人单位拒不提供由其掌握的与争议事项有关的证据时，仲裁机构可以做出对其不利的推定。推定是法律直接认可或间接允许的证明案件事实的一种特殊规则，它是指依照法律规定或者由法院按照经验法则，从已知的基础事实推断出未知的事实的存在或不存在，并允许当事人提出反证予以推翻的一种证据法则。

《劳动争议调解仲裁法》关于法律推定的规定，是基于劳动关系主体的特殊性，即用人单位与劳动者之间是一种管理与被管理的关系，劳动者处于从属地位，用人单位在行使管理权过程中形成的资料，如考勤记录、工资表、奖惩记录等均由用人单位掌控。上述原因导致劳动者在仲裁或诉讼过程中举证困难，其合法权益难以维护。《劳动争议调解仲裁法》的上述规定与最高法院《关于民事诉讼证据的若干规定》第七十五条关于“妨碍举证的推定”的规定是一致的，该条款规定：“有证据证明一方当事人持有证据无正当理由拒不提供，如果对方当事人主张该证据的内容不利于证据持有人，可以推定该主张成立。”上述条款利用推定实现了举证责任的倒置。但推定与举证责任倒置不同的是，只要当事人提出相反的证据就可加以驳倒推定。比如，由于该推定对证据持有人不利，其就将持有的证据出示给法庭，表明不能证明推定的主张成立；或者用其他证据推翻这一推定。因此，推定的事实能否成立，需要质证程序以及根据案件的其他证据来综合判断。

在以往的审判实践中，劳动者有时对用人单位提供的由其掌握管理的一些证据的真实性提出异议，如某些规章制度、考勤记录等资料，认为用人单位为达到胜诉目的对资料进行了修改或伪造。为避免上述质疑的发生，用人单位在行使管理权过程中形成的资料，应尽量由劳动者本人签字确认，有些可由具有见证能力的部门予以见证，企业规章制度的建立和修改应按照法律规定的程序进行。此外，有些资料，如加班审批单等，应一式两份，由劳动者与用人单位各自保存一份。

（二）《劳动争议调解仲裁法》存在的不足

1. 对劳动争议调解规定的不足

从《劳动争议调解仲裁法》的法律条文来看，第二章规定的调解有七条，第三章规定的仲裁有三十五条，调解的内容是仲裁的五分之一，既然是调解与仲裁的两方面的法律规定，不应该有太大的差别。同时在调解的相关规定上也不够细化，缺乏指导性，如和基层人民调解组织的衔接，如何在乡镇、街道设立具有劳动争议调解职能的组织，这些调解组织的管理、人员配备、专业知识培训都需要有相应的要求，否则有可能无法发挥组织应有的作用。

2. 突出了仲裁程序，弱化了诉讼程序

《劳动争议调解仲裁法》突出仲裁程序，目的在于进一步发挥这一制度的作用，为劳动争议的处理提供高效的途径。但是劳动争议处理是一个完整的程序，从《企业劳动争议处理条例》和《劳动法》来看，都对劳动争议处理的调解、仲裁、诉讼三个阶段做了相应的规定。而《劳动争议调解仲裁法》绝大多数条款规定的是仲裁，只是在仲裁一章中对涉及诉讼的仲裁程序做了衔接。而诉讼作为保护劳动者的最后司法救济，是公民信仰法律保护的体现，不能有所缺失。2012 年 8 月 31 日修正颁布并于 2013 年 1 月 1 日正式施行的《中华人民共和国民事诉讼法》（以下简称《民事诉讼法》）对劳动争议案件的处理程序并未作出相应的规定，《劳动争议调解仲裁法》也未对此作出明确规定，具体法律规定的缺失，有可能使劳动争议诉讼成为劳动争议案件处理的难点。

3. 规定的“一裁终局”和理论研究差距较大

《劳动法》和相关条例规定仲裁是诉讼的前置程序，在劳动法理论界普遍认为不适合现行社会的需要，期盼《劳动争议调解仲裁法》能够做出大胆的创新，实行“裁审分离，各自终局”制度，但《劳动争议调解仲裁法》所规定的“一裁终局”却仅对两类情形实行，没有体现劳动法律的前瞻性，有可能不久又要重新修改或出台新的规定。

4. 规定的“一裁二审”程序机制虚化

在《劳动争议调解仲裁法》中除去两类劳动争议可以实行“一裁终局”的劳动争议案件之外，大多数案件审理需要把仲裁作为诉讼的前置程序。人民法院是司法机关，对仲裁委员会作出的裁决无权维持、改判或发回，此种程序的设置使得人民法院对仲裁委员会没有监督机制，导致仲裁程序形同虚设，没有真正发挥仲裁审理的作用。以上所有这些不足，需要在未来《劳动争议调解仲裁法》的可能修订中加以特别注意。

第二节　劳动争议调解及其管理

一、企业劳动争议调解及其程序

（一）什么是劳动争议调解

劳动争议调解有广义与狭义之分，广义的劳动争议调解是指法定的劳动争议处理机构在处理劳动争议的过程中，对劳动争议双方当事人所进行的协调、调停，促使劳动争议达成合意的一种争议解决方式。包括企业劳动争议调解委员会的调解、劳动仲裁委员会的调解、法院所进行的调解。狭义的劳动争议调解仅仅是指劳动争议仲裁委员会的调解。调解与仲裁、审判有着本质的区别：调解是自愿、非强制性的行为，而仲裁与审判都属于强制行为。调解是在自愿协商的基础上由第三人帮助争议双方达成协议，不是第三方为解决争议而自行决定。在调解过程中，有时也会出现当双方当事人都没有办法拿出调解协议的意向时，由第三人提出协议条款的情形，但该条款必须经双方当事人同意才生效。

这里，劳动争议调解指的是一种广义上的调解。即劳动争议调解是在企业与员工之间，由于社会保险、薪资、福利待遇、劳动关系等发生争议时，由第三方（例如专业性的人才机构、争议调解中心等）进行的和解性咨询，通过劳动争议调解达到法律咨询、和解方式等的说明。一般来说，企业和员工发生劳动争议后，在企业劳动争议调解委员会的主持下，在查明事实、分清是非的基础上，遵循一定原则，通过宣传国家法律和政策，促使企业和有争议的职工达成协议，从而把劳动争议解决在企业内的一种活动。

劳动争议调解的原则主要有：当事人自愿申请，依据事实及时调解原则；对当事人一律平等对待原则；当事人民主协商原则；调解协议的内容不能违反法律法规的规定等。劳动争议调解的法律特征有，劳动争议调解遵循自愿、合法、民主协商的原则；劳动争议的调解机构是特定的，由劳动争议调解委员会来进行，这一机构是在企业内部设定，依法成立调解本企业劳动争议的；劳动争议调解的内容也是特定的，是就劳动关系主体间因劳动合同、集体合同或劳动法律、法规中权利义务发生争议这一内容而调解的；劳动争议调解不是劳动争议的必经程序，当事人不愿调解的，可直接向有管辖权的劳动仲裁委员会申请仲裁，如对劳动仲裁不服的，可直接向人民法院起诉。这些原则性规定虽然使劳动争议的调解有章可循，但是由于其过于原则化，使得我国的调解制度并不能发挥应有的作用和功能。

（二）劳动争议调解组织和调解员

1. 劳动争议调解组织

在我国，发生劳动争议时，当事人可以到下列调解组织申请调解：企业劳动争议调解委员会，依法设立的基层人民调解组织以及在乡镇、街道设立的具有劳动争议调解职能的组织。

（1）企业劳动争议调解委员会。企业劳动争议调解委员会由职工代表和企业代表组成。职工代表由工会成员担任或者由全体职工推举产生，企业代表由企业负责人指定。企业劳动争议调解委员会主任由工会成员或者双方推举的人员担任。

（2）基层人民调解组织。基层人民调解组织是指根据1989年《人民调解委员会组织条例》的相关规定，由村委会和居委会设立的调解民间纠纷的群众性自治组织，在基层人民政府和人民法院指导下进行工作。2002年司法部颁布施行的《人民调解工作若干规定》对人民调解委员会的工作进行了具体规定。

（3）乡镇、街道劳动争议调解组织。乡镇、街道劳动争议调解组织是指在企业比较集中的乡镇、街道依法设立的调解劳动争议的区域性或者行业性组织。我国有的地方法规对此做出了明确规定，例如2001年宁波市颁布施行的《宁波市劳动争议处理办法》、2002年青岛市颁布实施的《青岛市劳动争议调解条例》等。

2. 劳动争议调解组织的职责

劳动争议调解组织主要履行下列职责：（1）宣传劳动保障法律、法规和政策；（2）对本企业发生的劳动争议进行调解；（3）监督和解协议、调解协议的履行；（4）聘任、解聘和管理调解员；（5）参与协调履行劳动合同、集体合同、执行企业劳动规章制度等方面出现的问题；（6）参与研究涉及劳动者切身利益的重大方案；（7）协助企业建立劳动争议预防预警机制。

3. 劳动争议调解员

劳动争议调解员主要履行下列职责：（1）关注本企业劳动关系状况，及时向调解委员会报告；（2）接受调解委员会指派，调解劳动争议案件；（3）监督和解协议、调解协议的履行；（4）完成调解委员会交办的其他工作。

调解员应当公道正派、联系群众、热心调解工作，具有一定劳动保障法律政策知识和沟通协调能力。调解员由调解委员会聘任的本企业工作人员担任，调解委员会成员均为调解员。调解员的聘期至少为一年，可以续聘。调解员不能履行调解职责时，调解委员会应当及时调整。调解员依法履行调解职责，需要占用生产或者工作时间的，企业应当予以支持，并按照正常出勤对待。

（三）劳动争议调解程序

1. 劳动争议调解申请

发生劳动争议，当事人申请劳动争议调解可以书面申请，也可以口头申请。口头申请的，调解组织应当当场记录申请人基本情况、申请调解的争议事项、事实、理由和时间。

调解委员会接到调解申请后，对属于劳动争议受理范围且双方当事人同意调解的，应当在三个工作日内受理。对不属于劳动争议受理范围或者一方当事人不同意调解的，应当做好记录，并书面通知申请人。发生劳动争议，当事人没有提出调解申请，调解委员会可以在征得双方当事人同意后主动调解。调解委员会调解劳动争议一般不公开进行。但是，双方当事人要求公开调解的除外。

2. 劳动争议调解过程

调解委员会根据案件情况指定调解员或者调解小组进行调解，在征得当事人同意后，也可以邀请有关单位和个人协助调解。

调解劳动争议，应当充分听取双方当事人对事实和理由的陈述，采取灵活多样的方式方法，耐心疏导，帮助双方达成协议。

3. 劳动争议调解协议

经调解达成协议的，应当制作调解协议书。调解协议书应当写明双方当事人基本情况、调解请求事项、调解的结果和协议履行期限、履行方式等。调解协议书由双方当事人签名或者盖章，经调解员签名并加盖调解组织印章后生效，对双方当事人具有约束力，当事人应当履行。

自劳动争议调解组织收到调解申请之日起十五日内未达成调解协议的，当事人可以依法申请仲裁。

当事人不愿调解、调解不成或者达成调解协议后，一方当事人在约定的期限内不履行调解协议的，调解委员会应当做好记录，由双方当事人签名或者盖章，并书面告知当事人可以向仲裁委员会申请仲裁。需要指出的是，因支付拖欠劳动报酬、工伤医疗费、经济补偿或者赔偿金事项达成调解协议，企业在协议约定期限内不履行的，劳动者可以持调解协议书依法向人民法院申请支付令。人民法院应当依法发出支付令。

调解协议的效力增强，有利于基层劳动争议调解组织发挥作用，引导当事人通过调解解决劳动争议。

（四）我国劳动争议调解的相关法律规定

我国有关劳动争议调解制度的法律主要有：1994 年 7 月 5 日通过并公布实施的《劳动法》、2007 年 12 月 29 日颁布并于 2008 年 5 月 1 日施行的《劳动争议调解仲裁法》以及 2012 年 1 月 1 日颁布施行的《企业劳动争议协商调解规定》。

二、国外劳动争议调解制度及其对我国的启示

（一）国外劳动争议调解制度的概述

由于劳动争议调解具有灵活、便捷、成本低廉等优点，且不伤和气，是各国处理劳动争议不可或缺的重要组成部分。为了借鉴国外劳动争议调解制度的先进经验，有必要对国外调解制度的模式、调解机构的设立予以比较研究，从中发现一些基本原则及具体规定，能够对我国劳动争议调解制度的改革与完善有所裨益。

国外劳动争议调解制度大致可以分为民间调解机构和官方调解机构。官方调解机构是指有官方权利存在的调解机构，有以下四种模式：

一是独立调解机构模式，以美国为代表，其调解机构是联邦调解调停局，是联邦政府的一个独立机构，其主要对象是集体劳动关系。

二是行政调解模式，以北欧国家为代表，调解机构具有一定的行政权力。

三是劳动法院调解模式，以德国为代表，以劳动法院作为调解机构，主要针对个别劳动关系并且限于权利争议。

四是三方机制调解模式，以日本为代表，以劳动委员会作为调解机构，由劳方、资方和公益方三方代表组成，其职能和权限主要是为劳动争议的斡旋、调停、仲裁和不当劳动行为的审查救济。

国内的劳动争议调解机构主要分为企业内外两种形式。企业内的劳动争议调解机构由雇方、工人代表（一般是工会）和企业外的中立人士组成，劳资双方代表在调解机

构中享有同等的席位和权限，由中立人士担任调解委员会主席。企业外的劳动争议调解机构主要分为三类：政府劳动部门设立的调解机构、政府设立的不隶属于劳动部门的专门调解机构和独立于政府的民间调解机构。

（二）借鉴国外劳动争议调解制度

通过研究国外劳动争议调解制度，可以发现：第一，国外的劳动争议调解制度都无一例外地将自愿作为其重要的原则之一，尽管各国对调解自愿原则的具体规定不尽相同，主要表现在调解意见是否具有强制性及调解程序是否具有可选性这两个方面，但几乎所有国家都规定劳动争议当事人对是否接受调解机构的调解意见享有选择的自由，不过有些国家却对调解程序是否可以自由选择进行了必要限制，如澳大利亚、法国、丹麦、新加坡等国。

第二，国外的劳动争议调解制度无不坚持劳动争议调解组织的独立性。调解组织的独立性是劳动争议调解制度充分实施的组织基础，也是获得劳动争议当事人信任的心理基础，即劳动争议调解机构能否取得当事人的充分信任，是由当事人对劳动争议调解机构的信任程度决定的。

第三，始终遵循国家、雇主和劳工代表的三方原则。三方原则是国际劳工组织积极倡导的协调劳动关系的重要原则，它是指在劳动立法、调整劳动关系和处理劳动争议时，调解员、雇主和劳工代表三方共同参与决定，并就有关问题进行协商，取得共识，共同协调劳动关系。

第四，让工会发挥其应有的作用。工会作为职工合法权益的代表者和维护者，积极参与劳动争议的调解工作是其义不容辞的责任，工会在劳动争议调解工作中具有重要的地位和作用。

三、我国“劳动关系三方协商机制”在劳动争议调解中的作用探索

（一）什么是“劳动关系三方协商机制”（以下简称“三方机制”）

三方机制，亦称三方协商机制，是市场经济条件下劳动关系发展到一定阶段的产物，是对劳动关系在较高层次进行协商的一种组织形式，在协调劳动关系方面发挥着政府、工会和雇主组织任何一方不能替代的重要作用。根据 1966 年国际劳工大会第 83 届会议所做的题为“国家一级有关经济与社会政策的三方协商”的报告，三方机制可以表述为：在一般情况下，三方协调是指国家（通常以政府作为代表）、雇主和工人之间，就制定和实践经济与社会政策而进行的所有交往。在经济全球化发展的今天，劳资关系已从以往的劳资间的“斗争”逐渐被以“合作”为本质的劳资关系体制所替代。这使得三方机制的实施成为世界性的趋势。

国际劳工组织 1976 年第 144 号《三方协商促进履行国际劳工标准公约》进一步对三方机制进行了明确。按照该《公约》的相关规定，三方机制是指政府、雇主和工人之间，就制定和实施经济和社会政策而进行的所有交往和活动。即由政府、雇主组织和工会通过一定的组织机构和运作机制共同处理涉及劳动关系的问题，如劳动立法、经济与社会政策的制订、就业与劳动条件、工资水平、劳动标准、职业培训、社会保障、职

业安全与卫生、劳动争议处理以及对产业行为的规范与防范等。

在我国，劳动关系三方协商机制是国家（以政府劳动行政部门为代表）、职工（以工会组织为代表）和企业（以企业组织为代表）三方，就以劳动关系为主的社会经济政策、法律的制定和实施等进行相互协商的组织体制、法律制度以及运作程序。三方协商机制是国家、企业、职工三方有组织、有目的的共同行为，是三方通过地位对等的协商、谈判以及其他各种合作手段和形式来实现优化劳动关系的目标，是为了促进三方的相互了解和建立良好的关系，从而促进经济发展、改善劳动条件、提高生活水平。具体来说，处理劳动争议的三方协商机制中的“三方”是指以下三方：

1. 政府代表

我国《工会法》和《劳动法》中都明确规定三方协商机制中的政府代表是劳动行政部门。一直以来，我国参加国际劳工大会的政府代表也是劳动行政部门。因此，处理劳动争议的三方协商机制中的政府代表理应由政府劳动行政部门担任。

2. 职工代表

由于三方机制协商劳动关系方面的重大问题，例如处理劳动争议的重大共性问题，往往会超出具体企业的范围。在这种情况下，代表职工参加三方协商机制的是全国总工会和各级地方总工会。

3. 企业组织代表

由于受我国经济体制改革的影响，企业的所有制形式和组织形式发生了巨大变化，代表企业的各种组织也有一个变化发展的过程。改革开放初期，我国是由经贸委代表企业组织。之后，全国各地建立了企业联合会（企业家协会），不过当时该组织代表的是国有企业。随着各类新建企业的迅猛发展，代表非公有制经济的各级工商联组织逐步完善。此外，个体经营者协会、青年企业家协会、民间的商会等纷纷成立，作为企业一方代表，它们都可以成为三方协商机制的一方。

（二）三方机制在我国的实践与探索

1. 我国劳动关系调整迫切需要建立三方机制

过去在计划经济条件下，我国劳动者与国家的利益是一体的，主要依靠行政手段调整劳动关系。随着改革开放的深入和社会主义市场经济体制的逐步建立，国家、企业、职工三方利益格局日益明晰，企业劳动关系发生了深刻的变化。伴随着新旧体制的更替进程，劳动者和劳动力使用者的利益差别不断扩大，劳动者和用人单位的矛盾日益凸现。资料显示，我国近年的劳动争议不仅在总量上持续增长，同时集体劳动争议和突发事件的规模不断扩大。2002 年各级劳动争议仲裁委员会立案受理劳动争议案件 18.4 万件，涉及劳动者 61 万人，分别比上年增加 19.1% 和 30.2% 。其中集体劳动争议案件 1.1 万件，比上年增长 12% 。随着产业结构的调整，城镇登记失业率逐年攀升。据国家统计局公布的数据，城镇登记失业率从 2000 年的 3.1% 逐年上升，2003 年 3 月底更达到 4.1% 的历史新高。工矿企业的伤亡事故时有发生，2002 年 1—8 月，全国工矿企业共发生伤亡事故 8 513 起，死亡 9 216 人，同比增加 830 起，死亡增加 673 人，分别上升 10.8% 和 7.9% 。种种迹象表明，我国现实劳动关系矛盾已十分突出，若不及时应对，势必对社会稳定和经济持续发展构成巨大的威胁。因此，劳动关系除依靠劳动合同、集体合同和争议处理制度等微观调整制度外，迫切需要在宏观层次上建立由政府、工会和雇主组织组成的三方机制，以在整体上协调劳动关系。

在这种新形势下，依靠单一的行政手段调整劳动关系，显然与市场经济的变化不相适应。协调劳动关系已不仅仅是劳动保障部门的事情，通过政府、工会、企业组织建立三方协调机制已成为在市场经济条件下，保护稳定和谐的劳动关系和社会安定的必然选择。

2. 我国建立了多层次的三方协调机制

1990 年 11 月 2 日，我国批准了国际劳工组织颁布的《三方协商促进履行国际劳工标准公约》。在我国，政府与中华全国总工会、中国企业联合会作为参加国际劳工组活动的三方，具有良好的合作关系，形成了定期与不定期的协商机制。批准《公约》既表明我国促进三方协商机制的积极态度，也会进一步推动三方协商机制在我国的制度化和法律化。目前，我国绝大多数省份县级以上地方都建立了协调劳动关系三方机制，一些地方继续将三方机制建设向街道（乡镇）、社区延伸。

2001 年 8 月 3 日，劳动和社会保障部、中华全国总工会、中国企业联合会联合宣布，国家协调劳动关系三方会议正式成立，并召开了第一次会议，从而标志着我国国家一级协商劳动关系三方机制的正式启动。截至 2003 年 6 月 30 日，国家三方会议已召开了五次会议。在国家级三方会议的推动下，各地加大了推进劳动关系三方协商机制的力度，截至 2002 年年底，全国已有三十个省、自治区、直辖市建立了三方协商机制。三方协商机制的建立对建立和谐稳定的劳动关系，维护改革、发展、稳定的大局起到了积极的作用。

各省、自治区、直辖市在建立三方机制后，积极向地（市）、县（市、区）、乡镇、街道延伸，形成多层次的三方机制。截至 2002 年年底，上海市、河北省、江苏省、河南省、海南省所属地级市全部建立了三方机制。江苏省和海南省 100% 的县（市、区）、广西壮族自治区 95% 的县（市、区）、河北省 92% 的县（市、区）、山西省 90% 的县（市、区）建立了三方机制。重庆市的 40 个县（市、区）中已有 39 个建立了三方机制。上海市 75% 的乡镇、街道建立了三方机制，普陀区还建立了区域性三方机制。天津市、大连市经济技术开发区也建立了三方机制。2002 年 8 月 2 日，全国建设系统建立了协调劳动关系的三方会议制度，这是全国第一个行业性最高层面的劳动关系三方机制，标志着行业性三方机制的启动。已经建立了三方机制的各地方，除有健全的组织外，都分别制定了规范的制度，明确了职责，各项工作正在逐步开展，并取得了较好的效果。特别是各地三方协商的内容由过去研究推进集体合同和劳动合同工作逐步扩大到劳动关系领域的其他内容，协商议题紧扣本地、本行业劳动关系重大问题，使三方机制的实施得到各方和社会的认同和支持。

2001 年 10 月 27 日，新修改颁布的《工会法》第三十四条就对三方机制做了规定："各级人民政府劳动行政部门应当会同同级工会和企业方面代表，建立劳动关系三方协商机制，共同研究解决劳动关系方面的重大问题。"这一规定使三方协商机制成为我国法律保障的、协调劳动关系的一项基本制度。2007 年 12 月 29 日通过的《劳动争议调解仲裁法》第八条规定："县级以上人民政府劳动行政部门会同工会和企业方面代表建立协调劳动关系三方机制，共同研究解决劳动争议的重大问题。”这是在一项专门法律中对三方机制做出了专门性的明确规定。这两部立法表明，我国的三方机制具有两项功能，即“解决劳动关系方面的重大问题”与“解决劳动争议的重大问题”。

第一项功能似乎与第 144 号《公约》本身的内容更加接近。该《公约》要求已经批准《公约》的成员国承诺在政府、雇主和工人代表之间就促进履行国际劳工标准事项进行有效协商。协商的事项包括政府对国际劳工大会议程项目调查表的答复和政府对供大会讨论的拟议文本的意见，根据《国际劳工组织章程》第十九条向主管当局提交公约和建议书时提出的建议，每隔适当时间重新审查未批准的公约和尚未实施的建议书，按照《国际劳工组织章程》第二十二条的规定向国际劳工局提交的有关问题，对已批准的公约的解约建议等。

在我国，“解决劳动关系方面的重大问题”主要包括劳动就业、劳动报酬、社会保险、职业培训、劳动争议、劳动安全卫生、工作时间和休息休假、集体合同和劳动合同等相关问题。这些问题与国际劳工公约和我国劳动立法所关注的基本问题是一致的。2002 年 8 月 13 日，劳动和社会保障部、中华全国总工会、中国企业联合会、中国企业家协会在《关于建立健全劳动关系三方协调机制的指导意见》中，强调“三方要本着相互理解、相互信任、相互支持和兼顾国家、企业、职工利益的原则，充分发挥三方协调机制的优势，在最广泛的范围内达成一致意见。要紧紧围绕本地区劳动关系方面的突出问题开展工作。根据不同时期的实际情况，突出工作重点，抓住职工普遍关心的影响劳动关系和谐稳定的全局性问题，开展工作，充分发挥三方协调机制的作用。”

第二项功能可以看作三方机制的一种发展，也是我国解决劳动争议的经验与特色。我国的劳动争议解决程序包括了和解与调解、仲裁和诉讼。要实现“解决劳动争议的重大问题”的目标，有必要在这三种程序中加以具体落实。

3. 我国对三方机制若干问题的探索

（1）增强工会和雇主组织的代表性。工会和雇主组织是否具有代表性是决定三方机制构成的前提，更是决定三方机制能否得以顺利运行的保证。现实中，工会和雇主组织呈现出一种失衡状态，在社会和产业层面，工会组织在组织体系、机构设置和人员配备等方面具有相对的优势，而雇主组织略显薄弱；而在企业层面，强资本、弱劳工使工会的实际地位和作用难以发挥。因此，工会如何增强其代表性，使其真正成为职工的代言人和广大职工信赖的组织，这是现阶段工会面临的首要任务。当前，工会组建、工会干部素质的提升以及工会自身建设和改革都显得尤为迫切。而雇主组织与工会组织相比则具有多元化的特点，但将各类企业最大限度地吸收到统一的雇主组织中，是实现其代表性进而达到三方机制目的的必然要求。实践中，一些地方的探索无疑为今后雇主组织实现自身的联合和统一提供了有益经验，但培育和规范一个成熟的雇主阶层，发展不同类型的雇主组织，增强雇主组织的凝聚力和对企业的约束力，乃是今后一段时期内十分艰巨的任务。

（2）提高三方机制的权威性。三方协调机构虽然不是政府的部门，不具有政府的行政权力，但因其在组织形式上具有广泛的代表性，在劳动关系立法、社会经济政策制定以及对劳动关系协调上发挥着重要作用，这决定了三方机构不同于一般的议事机构，应具有相应的权威性。目前，我国的三方机制才刚刚起步，其权威性有待加强：首先，应树立政府在三方中的权威性。在改革转型期和三方机制的初始阶段，政府的作用不是削弱而应当加强。在国家一级和地方一级的协商中，应以政府为中心和主导，政府不仅要负责三方协商的组织、议题的提出和协商结果的形成和落实，更应当注意劳动部门与其他政府部门之间的协调，三方协商遇到重大分歧时由劳动部门提请政府调解和斡旋。其次，三方协商的结果应当得到各方的有效落实，三方可以通过报告的方式，或者组成监督检查委员会或责成劳动部门进行执法监督，对未落实三方协商结果的给予谴责或处罚。最后，在出台有关劳动关系方面的法律、法规和规章前，应当听取三方的意见并将其作为立法的必经程序，以有效规避劳动关系矛盾，保证法律的公正性。

（3）加强三方机制的实效性。三方机制的建立不在于其组织形式，更重要的是保证三方机制的有效运行。首先，在我国三方机制基本建立的基础上，应尽快建立由三方组成的专业化的内设机构，如劳动立法委员会、促进就业委员会、劳动合同和集体合同委员会、劳动标准委员会、职业安全卫生委员会、劳动争议和重大突发事件委员会、社会保险委员会、劳动法律监督检查委员会等。其次，赋予三方机构一定的职权，如就业政策的制定、当地劳动标准的确立、因签订集体合同发生争议的调解等，针对当前集体劳动争议大幅增加的现实，可考虑由地方一级三方机构介入较重大的集体劳动争议的调解，以有效避免矛盾的进一步激化。第三，建立三方协商的调控与应急机制，包括应急机制的启动、协商的程序、协商结果的达成和落实均要迅速而灵活，并形成一套完整且行之有效的制度。

（4）三方机制的法制化。我国于1990年批准了国际劳工组织的第144号公约，即《三方协商促进履行国际劳工标准》。1994年颁布的《劳动法》以及2001年修改的《工会法》均有三方机制的原则性规定，但面对日益复杂的劳动关系矛盾和法治建设的要求，三方机制的运行仅依靠这些原则性的规定远不能适应实际的需要，亟需完善有关三方机制的立法。2007年12月29日通过的《劳动争议调解仲裁法》，将“三方机制”作为劳动法律体系的一个组成部分，从一定意义上而言，其整体调整的作用要远高于劳动合同和集体合同。可以说，正是由于逐渐完善健全的三方机制，才使得我国的劳动法律体系变得更加系统和完整。

（三）申请劳动仲裁前劳动争议和解与调解中的三方机制

《劳动争议调解仲裁法》第四条规定：“发生劳动争议，劳动者可以与用人单位协商，也可以请工会或者第三方共同与用人单位协商，达成和解协议。”第五条规定：“发生劳动争议，当事人不愿协商、协商不成或者达成和解协议后不履行的，可以向调解组织申请调解。”劳动争议的调解组织包括企业劳动争议调解委员会，基层人民调解组织和乡镇、街道设立的具有劳动争议调解职能的组织。企业劳动争议调解委员会由职工代表和企业代表组成，主任由工会成员或者双方推举的人员担任。调解员由公道正派、联系群众、热心调解工作，并具有一定法律知识、政策水平和文化水平的成年公民担任。

在区域性、行业性的劳动争议和解或者调解中，三方机制可以发挥重要作用。我国的行政管理体制决定了我国三方机制的多层次性，各地区各行业的经济社会发展水平和劳动关系存在较大差异，不同层面、不同产业行业三方机制的工作重点和工作方式也有所区别，突出三方机制的多层次性是建立健全该项制度有效的组织保证。从现在经济的发展情况看，外资企业、私营企业、小企业越来越多，区域性、行业性的工会组织也会越来越多，所以要发挥区域性、行业性和解和调解的作用。在这类和解与调解中，由工会、政府和企业代表组织等组成的区域性、行业性劳动争议调解组织，负责调解重大疑难劳动争议、集体活动争议和跨区域、跨行业的劳动争议，起到了扩大调解工作的覆盖面，增强调解工作的权威性，加强对企业调解工作的指导和支持等重大作用。

在基层的劳动争议和解或者调解中，有的地方建立了协调劳动关系三方会议制度，并且制定《街道、乡镇协调劳动关系三方会议职责》一类的规范文件，从组织上、制度上加强街道、乡镇协调劳动关系三方机制建设。要求基层三方会议及时协调、处理涉及社会稳定的重大劳动争议，准确掌握涉及稳定和全局的劳动关系矛盾，及时向街道办事处、乡镇政府和区县有关部门报告，协助有关部门化解劳动关系矛盾，充分发挥街道、乡镇协调劳动关系三方会议的作用。在调解集体合同争议中，三方机制之一方的政府机构作用突出。在集体合同中一般都规定了发生争议时应当进行协商。如果双方难以达成一致的意见，政府机构可以为集体利益争议提供调解，促使双方重新回到集体协商的谈判桌上。在政府机构参与调解下，争议双方可以寻求变更或终止相关的集体合同，并且在一定期限内争议双方均不得采取任何不利于和解的行动。

四、充分发挥劳动争议调解机制作用

劳动关系是市场经济条件下最基本、最重要的社会关系，劳动关系的和谐是社会和谐的基础，是企业得以发展、社会能够稳定和全面建设小康社会的保证，是以人为本思想和科学发展观在企业的重要体现。

劳动争议调解是在企业调解委员会的主持下，针对企业与劳动者之间发生的劳动争议，在查明事实、分清是非、明确责任的基础上，依照国家劳动法律、法规，以及依法制定的企业规章和劳动合同，通过民主协商的方式，推动双方互谅互让，达成协议，消除纷争，将矛盾化解在企业内部的一种活动。大量实践证明，企业建立劳动争议调解机制是构建和谐劳动关系的必然选择。

第一，劳动争议调解采用在企业内部民主协商的方式，调解员为本企业职工，对劳动争议事件相对比较清楚，能够避免双方矛盾激化，劳动争议处理具有及时、成本较低等优势，有利于及时化解纠纷，促进企业劳动关系和谐稳定。

第二，劳动争议调解有利于企业内部和谐。一方面，劳动争议调解在企业内部建立了职工诉求表达平台，能够引导职工通过正当渠道理性维权，体现出尊重职工的企业管理理念。另一方面，调解化解矛盾的过程同时也是宣传劳动法律法规和企业规章制度的过程，对引导职工和企业遵章守法起到积极作用。

第三，劳动争议调解有利于和谐社会建设。劳动关系是市场经济条件下最基本、最重要的社会关系。劳动关系的和谐是工会、企业和广大职工共同追求的目标，也是社会和谐稳定、经济良性发展的基础。劳动争议调解有利于构建和谐的劳动关系，从而促进构建和谐的社会关系。

（一）我国劳动争议调解工作中存在的主要问题

根据《劳动法》和《企业劳动争议处理条例》的相关规定，我国劳动争议的调解仅仅是指设在用人单位内部的劳动争议调解委员会进行的调解。而企业劳动争议调解委员会在现实中面临的一些问题，致使调解制度没有发挥应有的作用。

第一，立法上未有关于企业设立劳动争议调解委员会的强制性规定。《劳动法》第八十条规定："在用人单位内，可以设立劳动争议调解委员会。"这是一种典型的任意性规范，是否设立调解委员会完全由企业自主决定，有些企业（特别是中小企业和乡镇企业）由于经济及人力资源的有限，根本不设立调解委员会，致使劳动争议解决的制度不能发挥作用。此外，即使设立了调解委员会，其人员配置、制度规范都很不完善，而且调解人员素质难以保证，不但无法有效发挥调解功能，并且有可能导致矛盾激化。

第二，企业劳动争议调解组织作用弱化。主要原因：一是有关方面对劳动争议调解组织建设重视不够，认识上存在误区，多数调解组织由企业人力资源部或工会代为行使职能，且存在制度不健全或虚设等现象，职工对调解委员会的公平公正性信任度较低；二是一些用人单位领导对劳动争议调解工作缺乏正确认识，不重视，不支持；三是劳动争议调解委员会工作因经费、办公场所、人员配备受制于企业，很难具备独立性，一些调解人员怕得罪领导，不敢大胆依法公正调解，丧失劳动者当事人的信任；四是劳动争议调解委员会宣传力度不足，导致企业劳动争议调解委员会在职工和企业中缺乏影响力，相当一部分企业在处理劳动争议时并不使用劳动争议调解机制；五是劳动争议调解员队伍专业素质有待提高，培训工作不到位，对劳动争议案件缺乏主动参与的积极性，在劳动争议出现后才进行政策解释，加之企业管理制度改革尚不能与调解工作良性互动，制约了调解组织作用的发挥；六是因企业改制或裁员等原因引发的劳动争议特别是集体争议矛盾尖锐，劳动争议调解委员会无力调解。

第三，调解协议不具有法律强制性。劳动调解是否成功主要看争议双方能否达成真实、自愿的调解协议和调解协议能否得到及时、有效的履行。而在调解委员会主持下达成的协议只能靠当事人自觉遵守并没有强制执行的效力。虽然《劳动争议调解仲裁法》针对因拖欠劳动报酬、工伤医疗费、经济补偿或者赔偿事项达成的调解协议赋予劳动者申请支付令的权利，但这毕竟只是调解协议的一部分，如果不能制定措施，保障调解协议的有效履行，则将使劳动调解形式化，很难达到预想的效果。

第四，工会代表在企业劳动争议调解中的主体身份受到质疑。我国《企业劳动争议处理条例》规定："企业劳动争议调解委员会由职工代表、用人单位代表和工会代表组成，工会代表担任调解委员会主任，主持调解劳动争议。"但市场经济体制逐步确立，劳动者和用人单位成为劳动力市场中的平等主体，工会是劳动者合法权益的代表者和维护者，不再是企业内部协调劳动关系的中立者，原有的劳动争议调解委员会三方机制已经不复存在，工会和职工完全是一方。这使得企业劳动争议调解委员会中的工会代表难以或无法居中调解用人单位和自己所代表的劳动者之间的劳动争议。

由于企业劳动争议调解委员会存在以上缺陷，因此，2008 年 5 月 1 日施行的《劳动争议调解仲裁法》十分重视劳动争议调解组织在劳动争议案件中调解作用的发挥，设章对劳动争议调解主体、程序以及调解协议的效力等问题进行了规范，进一步完善了劳动争议的调解制度。然而，从“更高的要求”来看，《劳动争议调解仲裁法》在对劳动争议调解主体的规定上存在着明显缺陷。《劳动争议调解仲裁法》第十条规定，发生劳动争议，当事人可以到下列调解组织申请调解：企业劳动争议调解委员会或者依法设立的基层人民调解组织或者在乡镇、街道设立的具有劳动争议调解职能的组织。《劳动争议调解仲裁法》对调解组织进行了扩大化，其中，由基层人民调解组织和乡镇、街道中设立的劳动争议调解组织进行的劳动争议的调解被学术界称为“劳动争议调解的社会化”。这三类调解组织，看似方便了广大劳动者，而事实上可能只是立法者的一厢情愿。我国的历史实践已经证明，由于组织萎缩、缺乏独立性、人员素质较低等原因，企业劳动争议调解委员会在化解劳动争议中作用有限。基层人民调解组织，主要是村委会、居委会，由于其地域所限，在调解劳动争议中也难以有很大的作为。虽然乡镇、街道设立的具有劳动争议调解职能的组织对化解中小企业劳动争议发挥了重要作用，但对跨乡、跨街的大型企业，或矛盾纷繁复杂的劳动争议其作用是有限的。从我国基层人民调解组织现状来看，特别是村委会、居委会设立的人民调解组织，由于人力资源不足、人员素质较低等原因，也只是形式上存在，根本不能发挥调解劳动争议的作用，最终还是要通过劳动争议仲裁委员会和诉讼途径解决。

（二）完善我国现行的劳动争议调解制度

1. 完善劳动争议调解制度立法工作

第一，根据现实需要，建立符合我国国情和经济发展要求的、完善的劳动争议处理制度。因劳动争议调解委员会对保证劳动争议调解工作落到实处的作用不大，有时反而阻碍劳动争议调解工作的开展，很多劳动争议主体正如前面所述，对劳动争议调解委员会不信任，使其不能发挥争议调解的作用。通过改变这种由企业内部建立劳动调解委员会的立法，把劳动争议调解组织从企业内部分离出来，让其保持中立性，发挥其应有的作用。

第二，推动地方性劳动争议调解专项法规和政府规章的制定。对劳动争议调解制度迫切需要解决的实际问题，提出立法建议，努力解决诸如区域性、行业性劳动争议调解组织的法律地位、工作秩序和制度，劳动争议调解书的法律效力等问题，为劳动争议调解工作提供必要的法律保障。

第三，推动最高人民法院和地方各级法院制定、完善相关的司法解释，弥补现行劳动争议调解的立法不足。

2. 加强劳动争议调解组织的独立性

第一，重构劳动调解组织，保持调解组织的独立性。调解组织的独立性是劳动争议调解制度充分实施的组织基础，也是获得劳动争议当事人信任的心理基础，即劳动争议调解机构能否取得当事人的充分信任，是由当事人对劳动争议调解机构的信任程度决定的。因此，必须改变以往调解组织的设立方式，使其真正独立起来。建议在劳动仲裁部门下设劳动争议调解员制度，实施当事人选择调解员制度。通过推行劳动争议调解当事人选择调解员制度，使劳动调解活动置于社会公众的监督之下，全面实施公开透明的阳光调解，增强当事人对调解的信任度，增强调解员的责任感和使命感，提高办案调解质量，也切实维护双方当事人的合法权益。可见，保持调解组织的独立性对劳动争议处理工作有着积极而深远的意义。建立专门的调解人员库，调解员可以由政府之外的社会团体、官方人士甚至私人担任。如双方当事人不同意调解，则可以直接进入劳动仲裁程序，这样可以缩短解决劳动争议的时效，从而真正维护当事人的利益。

第二，遵循调解员、雇主和劳工代表构成调解组织的三方机制。三方机制是国际劳工组织积极倡导的协调劳动关系的重要原则。我国在成立劳动争议调解组织时应严格遵守三方机制，调解组织的成员既有劳动者代表和用人单位的代表，也有地位独立的第三方代表即调解员，而且第三方代表既可以由政府机构担任，又可以选择政府之外的社会团体、官方人士甚至私人担任。在调解程序中坚持三方机制是由调解的性质——第三方主持或协助下的私法自治——决定的，第三方必须中立、公正，由与争议双方没有利益关系的、双方都认可的人员担任。

第三，充分发挥工会的作用。2001 年 10 月 27 日修改的《工会法》第二条规定：“工会是职工自愿结合的工人阶级的群众组织。中华全国总工会及其各工会组织代表职工的利益，依法维护职工的合法权益。”在劳动争议中，职工一方明显处于弱势地位，因此必须组织起来，以团体的力量抗衡用人单位的强势，使双方真正能够在地位上平等。工会作为职工合法权益的代表者和维护者，积极参与劳动争议的调解工作是其义不容辞的责任，工会在劳动争议调解工作中具有重要的地位和作用。一是做好劳动争议的预防工作。重视劳动争议的预防工作，把问题解决在萌芽状态，是解决劳动争议的最根本、最有效的途径。工会应通过各种渠道，对职工进行普法教育，使其熟悉并掌握有关法律法规。同时工会应该设立咨询服务台，随时向职工提供劳动政策咨询，使职工对自己的合法权益有清醒的认识和了解，减少劳动争议的发生。二是适应市场经济发展，推进自身改革完善。工会作为职工代表，能够忠实代表职工的前提是：企业工会必须具有独立的地位。因此工会必须逐步消除在人事制度和活动方式等方面存在的行政化色彩，以及在经费管理方面存在的依附性。同时可以借鉴美国的工会制度，由法律规定建立工会约束监督机制，工会在维护其所代表的职工利益过程中，应接受职工的监督，有助于增强工会维权的责任感。不断提高自身人员的法律素质，增强业务水平，更好地为职工维权服务。

3. 构建区域性、行业性劳动争议调解组织

在我国大力创建和谐社会的今天，维护和谐劳动关系是维护和谐社会的重要组成部分，劳动争议调解制度更有利于维护和谐的劳动关系，也是社会主义和谐社会发展的必然要求。

区域性、行业性劳动争议调解组织可以由工会组织、劳动保障部门、企业代表、职工代表、律师志愿者等方面的人员组成。有关主管部门对这些组成人员进行专业的培训后，建立专门的调解人员库。当发生劳动争议，需要进行调解时，由当事人在调解人员库中自愿选择或者选举产生调解员。劳动争议往往具有人身、财产、社会三重属性，因而要求处理人员不仅要有法律知识，更要有丰富的社会知识和高超的人际沟通能力，只有如此才能及时化解劳资纠纷、减少劳资对抗、构建和谐劳动关系。因此，有关劳动保障部门应逐步提高劳动争议调解员的专业素质和工作能力，强化统一培训和持证上岗等

管理措施，最终实现调解人员的专业化。只有这样，才能提高调解工作的成功率、调解结果的公信力。随着金融风暴的发生，企业大量裁员，使得职工群体性事件也时有发生。劳动关系矛盾和纠纷已经成为影响社会稳定的突出问题，也极大地影响了和谐社会的建设。积极开展劳动争议调解工作，切实维护企业和劳动者双方的合法权益，建立和谐的劳动关系是当前的必然要求。工会组织作为广大工人阶级的利益维护者，也应将调解劳动争议作为自身推进构建社会主义和谐社会的一个重要切入点。工会组织应发挥自身的独特优势，使劳资双方在让步和妥协中化解、缓和矛盾，彼此相互尊重、忍让、协商、合作、信任，营造和谐的劳动关系，从而达到“劳资两利”的“双赢”效果，为和谐社会的建设奠定基础。

（三）加强企业劳动争议调解管理

1. 促进劳动争议调解机制在企业切实发挥作用

调查表明，当前企业劳动关系整体和谐稳定，但从劳动争议防范与预警角度以及劳动关系不断变化发展的角度来看，加强企业劳动争议调解机制建设非常必要。

（1）在企业依法建立劳动争议调解组织。根据 2012 年 1 月 1 日施行的《企业劳动争议协商调解规定》的相关要求，企业应当首先依法设立劳动争议调解组织。一般来说，大中型企业应当依法设立调解委员会，并配备专职或者兼职工作人员。有分公司、分店、分厂的企业，可以根据需要在分支机构设立调解委员会，总部调解委员会指导分支机构调解委员会开展劳动争议预防调解工作。调解委员会可以根据需要在车间、工段、班组设立调解小组。小微型企业可以设立调解委员会，也可以由劳动者和企业共同推举人员，开展调解工作。

企业劳动争议调解委员会由劳动者代表和企业代表组成，人数由双方协商确定，双方人数应当对等。劳动者代表由工会委员会成员担任或者由全体劳动者推举产生，企业代表由企业负责人指定。调解委员会主任由工会委员会成员或者双方推举的人员担任。

（2）进一步明确企业劳动争议调解委员会功能定位，加强调解机构的力量。劳动争议调解委员会是以行政方、职工代表、工会为成员，促进企业劳动关系和谐稳定发展的工作机构，其工作依据是现行劳动法律法规及企业规章制度，既要解决好劳动争议出现后的调解工作，又要注重做好劳动争议出现前的预防工作，促进企业劳动关系的稳定。

概括来说，企业劳动争议调解委员会的职能主要包括：宣传有关法律法规并开展教育活动，监督劳动关系建立、续存与解除中行为合法性，依法协调处理劳动争议问题并形成处理结论和监督劳动争议仲裁结果公开透明。

企业的劳动争议调解委员会并非企业行政机构，也不是企业工会所属的工作机构，其与工会组织有着密切的联系和工作上的交流，但并不能互相替代，与工会是配合与协作的关系。此外，企业的劳动争议调解委员会是保障职工合法权益的企业内部调解机构，但并非企业职工组织，而是职工与企业在依法处理劳动纠纷时的一个工作平台。

（3）进一步重视和加强企业劳动争议调解组织网络建设。劳动争议调解组织网络建设是劳动争议调解机制发挥作用的基础条件，劳动争议调解制度的建立是劳动争议调解机制发挥作用的根本保证。控股公司应进一步建立健全劳动争议调解委员会组织网络，重视劳动争议调解预警机制、劳动争议调解执行反馈机制等制度建设，加强劳动争议专兼职仲裁员队伍建设，注重总结分析企业改革发展过程中影响和谐劳动关系建设的各类劳动纠纷，企业上级主管部门定期或不定期对下属企业劳动争议处理情况及调解员培训工作进行监督检查，避免劳动争议调解的随意性，增强劳动争议调解的权威性，为有效维护职工合法权益，保障企业良性发展，实现劳企双赢发挥积极作用。

（4）将企业劳动争议调解与“劳动关系和谐企业”创建活动有机结合。利用我国特有的文化传统，将“和为贵”思想变为争议当事人双方的理念。国外大部分劳动纠纷经过调解和仲裁就得到了很好的解决，经过过滤后只有不到 10% 的劳动纠纷寻求法院的判决。中国人的道德观念很强，民间解决纠纷的风气自古就有，这可以成为化解劳动争议的社会基础。对于企业而言，“创建劳动关系和谐企业”活动是推动以“和为贵”为思想基础的和谐劳动关系建立的有效途径。企业通过“创建劳动关系和谐企业”活动，推动企业严格地执行国家劳动法律法规，切实保障职工合法权益，充分调动职工的积极性和创造性，促进企业持续健康发展，实现劳动关系和谐稳定。劳动争议调解委员会与“劳动关系和谐企业”创建活动有机结合，切实发挥劳动争议调解委员会的政策宣传职能，及时总结劳动争议调解工作经验，为企业建立稳定和谐的新型劳动关系创造条件。

2. 加强和完善企业劳动争议调解管理

为了有效地避免劳动争议的发生，劳动争议事先预防与事后管理非常重要。

（1）劳动争议事先预防。劳动争议事先预防的关键是企业经营管理者应当转变观念，树立依法经营和以人为本的思想。目前我国正在积极创建和谐社会，而和谐社会是由和谐劳动关系企业共同构成的。也就是说，没有和谐的企业，创建和谐社会就很可能会变成一句空话。要构建和谐企业，和谐的劳动关系是关键。因此，预防出现劳动争议的重要措施之一就是企业应该创建和谐的劳动关系。

因此，企业应该树立促进企业和职工双赢的科学工作理念。企业的管理者必须树立企业发展依靠职工、成果惠及职工，维护职工合法权益就是维护企业利益，关心职工就是重视企业发展的工作理念。要切实认识到，和谐稳定的劳动关系是企业发展的“软实力”，是提高企业竞争力的重要内容。要把职工最关心，最直接、最现实的利益问题作为构建和谐劳动关系工作关注的重点，促进企业依法行政，使企业走上依靠劳动关系和谐、技术进步和管理创新提高企业效益的发展道路。要重点抓好以下工作：一是以落实《劳动合同法》等法律法规制度为重点，全面加强劳动合同管理，进一步完善劳动合同制度，从源头上规范企业与职工的行为，为依法调整劳动关系奠定基础。二是积极推行集体协商与集体合同制度，充分发挥平等协商工作在构建和谐劳动关系方面的作用。

（2）劳动争议事后管理。劳动争议发生后，企业应当通过各种渠道积极地与员工进行沟通，化解彼此之间产生的误解和分歧，使劳动争议在企业内部得以解决。劳动争议一经发生，企业应当充分利用各种沟通渠道和途径，与员工进行开诚布公的沟通，找出问题的症结和原因，通过协商妥善加以解决。

第三节　劳动争议仲裁及其管理

当发生劳动争议后，当事人不愿协商、协商不成或者达成和解协议后不履行的，可以向调解组织申请调解；不愿调解、调解不成或者达成调解协议后不履行的，可以向劳动争议仲裁委员会申请仲裁。按照相关法律规定，劳动争议仲裁是劳动争议诉讼前的必经法律程序。

所谓劳动争议仲裁，是指劳动争议仲裁委员会根据当事人的申请，依法对劳动争议在事实上作出判断、在权利义务上作出裁决的一种法律制度。劳动争议仲裁应当根据事实，合法、公正、及时、着重调解。劳动争议仲裁的目的是公正、及时解决劳动争议，保护当事人合法权益，促进劳动关系和谐稳定。

一、劳动争议仲裁机构

在我国，劳动争议仲裁机构为劳动争议仲裁委员会。劳动争议仲裁委员会是指县、市、市辖区设立的裁处企业与职工之间发生的劳动争议的组织机构。

（一）劳动争议仲裁委员会的设立

劳动争议仲裁委员会按照统筹规划、合理布局和适应实际需要的原则设立。省、自治区人民政府可以决定在市、县设立；直辖市人民政府可以决定在区、县设立。直辖市、设区的市也可以设立一个或者若干个劳动争议仲裁委员会。劳动争议仲裁委员会不按行政区划层层设立。

（二）劳动争议仲裁委员会的工作规则

国务院劳动行政部门依法制定劳动仲裁规则。省、自治区、直辖市人民政府劳动行政部门对本行政区域的劳动争议仲裁工作进行指导。

（三）劳动争议仲裁委员会的组成和职责

劳动争议仲裁委员会由劳动行政部门代表、工会代表和企业方面代表组成。劳动争议仲裁委员会组成人员应当是单数。劳动争议仲裁委员会依法履行职责，即聘任、解聘专职或者兼职仲裁员，受理劳动争议案件，讨论重大或者疑难的劳动争议案件，对仲裁活动进行监督等。

劳动争议仲裁委员会下设办事机构，负责办理劳动争议仲裁委员会日常工作。

（四）劳动争议仲裁委员会受理劳动争议的主体

劳动争议仲裁委员会受理争议的主体包括：（1）我国境内的企业与职工；（2）个体工商户与学徒、帮工；（3）国家机关、事业组织、社会团体与本单位的工人及与之建立劳动合同关系的非工勤人员；（4）军队、武警部队的机关、事业组织、企业与无军籍的职工；（5）用人单位与一部分离退休人员及其聘用的离退休人员；（6）我国境外企业或劳动者与境内劳动者或企业在我国境内签订或履行劳动合同的。

（五）仲裁员

劳动争议仲裁委员会应当设仲裁员名册。仲裁员应当公道正派并符合下列条件之一：（1）曾任审判员的；（2）从事法律研究、教学工作并具有中级以上职称的；（3）具有法律知识、从事人力资源管理或者工会等专业工作满五年的；（4）律师执业满三年的。

（六）劳动仲裁管辖

劳动争议仲裁委员会负责管辖本区域内发生的劳动争议。劳动争议由劳动合同履行地或者用人单位所在地的劳动争议仲裁委员会管辖。双方当事人分别向劳动合同履行地和用人单位所在地的劳动争议仲裁委员会申请仲裁的，由劳动合同履行地的劳动争议仲裁委员会管辖。

发生争议的用人单位被吊销营业执照、责令关闭、撤销以及用人单位决定提前解散、歇业，不能承担相关责任的，依法将其出资人、开办单位或主管部门作为共同当事人。

劳动者与个人承包经营者发生争议，依法向劳动仲裁委员会申请仲裁的，应当将发包的组织和个人承包经营者作为当事人。

劳动合同履行地为劳动者实际工作场所地，用人单位所在地为用人单位注册、登记地。用人单位未经注册、登记的，其出资人、开办单位或主管部门所在地为用人单位所在地。案件受理后，劳动合同履行地和用人单位所在地发生变化的，不改变争议仲裁的管辖。多个仲裁委员会都有管辖权的，由先受理的仲裁委员会管辖。劳动仲裁委员会发现已受理案件不属于其管辖范围的，应当移送至有管辖权的仲裁委员会，并书面通知当事人。对上述移送案件，受移送的仲裁委员会应依法受理。受移送的仲裁委员会认为受移送的案件依照规定不属于本仲裁委员会管辖，或仲裁委员会之间因管辖争议协商不成的，应当报请共同的上一级仲裁委员会主管部门指定管辖。

（七）劳动争议仲裁委员会处理劳动争议案件的要点

劳动仲裁委员会处理劳动争议案件，遵循合法、公正的原则，先行调解，及时裁决。

劳动者一方在十人以上的争议，或者因履行集体合同发生的劳动争议，仲裁委员会可优先立案，优先审理。发生争议的劳动者一方在十人以上，并有共同请求的，劳动者可以推举三至五名代表人参加仲裁活动。代表人参加仲裁的行为对其所代表的当事人发生效力，但代表人变更、放弃仲裁请求或者承认对方当事人的仲裁请求，进行和解，必须经被代表的当事人同意。

劳动仲裁委员会处理因履行集体合同发生的劳动争议，按照三方机制组成仲裁庭处理。

因履行集体合同发生的劳动争议，经协商解决不成的，工会可以依法申请仲裁；尚未建立工会的，由上级工会指导劳动者推举产生的代表依法申请仲裁。

二、劳动争议仲裁程序

（一）当事人

发生劳动争议的劳动者和用人单位为劳动争议仲裁案件的双方当事人。劳务派遣单位或者用工单位与劳动者发生劳动争议的，劳务派遣单位和用工单位为共同当事人。与劳动争议案件的处理结果有利害关系的第三人，可以申请参加仲裁活动或者由劳动争议仲裁委员会通知其参加仲裁活动。

当事人可以委托代理人参加仲裁活动。委托他人参加仲裁活动，应当向劳动争议仲裁委员会提交有委托人签名或者盖章的委托书，委托书应当载明委托事项和权限。

丧失或者部分丧失民事行为能力的劳动者，由其法定代理人代为参加仲裁活动；无法定代理人的，由劳动争议仲裁委员会为其指定代理人。劳动者死亡的，由其近亲属或者代理人参加仲裁活动。

（二）劳动争议仲裁时效

劳动争议仲裁时效是指当事人因劳动争议纠纷要求保护其合法权利，必须在法定的期限内向劳动争议仲裁委员会提出仲裁申请，否则，法律规定终止其申请仲裁权利的一种时效制度。

1. 劳动争议仲裁时效期间

2008 年 5 月 1 日后受理的劳动争议案件适用《劳动争议调解仲裁法》，劳动争议申请仲裁的时效期间为一年。仲裁时效期间从当事人知道或者应当知道其权利被侵害之日起计算。2008 年 5 月 1 日前发生的劳动争议案件，有关仲裁时效和起诉的规定适用《劳动法》。《劳动法》关于仲裁时效规定见第八十二条规定：提出仲裁要求的一方应当自劳动争议发生之日起六十日内向劳动争议仲裁委员会提出书面申请。

2. 劳动争议仲裁时效的中断

因当事人一方向对方当事人主张权利，或者向有关部门请求权利救济，或者对方当事人同意履行义务而中断。从中断时起，仲裁时效期间重新计算。

当事人能够证明在申请仲裁期间内具有下列情形之一的，人民法院应当认定申请仲裁期间中断：（1）向对方当事人主张权利；（2）向有关部门请求权利救济；（3）对方当事人同意履行义务。

申请仲裁期间中断的，从对方当事人明确拒绝履行义务，或者有关部门作出处理决定或明确表示不予处理时起，申请仲裁期间重新计算。

3. 劳动争议仲裁时效的中止

因不可抗力或者有其他正当理由，当事人不能在规定的仲裁时效期间申请仲裁的，仲裁时效中止。从中止时效的原因消除之日起，仲裁时效期间继续计算。

劳动关系存续期间因拖欠劳动报酬发生争议的，劳动者申请仲裁不受一年仲裁时效期间的限制。但是，劳动关系终止的，应当自劳动关系终止之日起一年内提出。

（三）劳动争议仲裁的申请和受理

申请人申请仲裁应当提交书面仲裁申请，并按照被申请人人数提交副本。仲裁申请书应当载明下列事项：（1）劳动者的姓名、性别、年龄、职业、工作单位和住所，用人单位的名称、住所和法定代表人或者主要负责人的姓名、职务；（2）仲裁请求和所根据的事实、理由；（3）证据和证据来源、证人姓名和住所。

书写仲裁申请确有困难的，可以口头申请，由劳动争议仲裁委员会记入笔录，并告知对方当事人。

劳动争议仲裁委员会收到仲裁申请之日起五日内，认为符合受理条件的，应当受理，并通知申请人；认为不符合受理条件的，应当书面通知申请人不予受理，并说明理由。对劳动争议仲裁委员会不予受理或者逾期未作出决定的，申请人可以就该劳动争议事项向人民法院提起诉讼。

劳动争议仲裁委员会受理仲裁申请后，应当在五日内将仲裁申请书副本送达被申请人。

被申请人收到仲裁申请书副本后，应当在十日内向劳动争议仲裁委员会提交答辩书。劳动争议仲裁委员会收到答辩书后，应当在五日内将答辩书副本送达申请人。被申请人未提交答辩书的，不影响仲裁程序的进行。

（四）劳动争议仲裁开庭和裁决

1. 劳动争议仲裁庭的组成

劳动争议仲裁委员会裁决劳动争议案件实行仲裁庭制。仲裁庭由三名仲裁员组成，设首席仲裁员。简单劳动争议案件可以由一名仲裁员独任仲裁。

劳动争议仲裁委员会应当在受理仲裁申请之日起五日内将仲裁庭的组成情况书面通知当事人。

仲裁员有下列情形之一的，应当回避，当事人也有权以口头或者书面方式提出回避申请：（1）是本案当事人或者当事人、代理人的近亲属的；（2）与本案有利害关系的；（3）与本案当事人、代理人有其他关系，可能影响公正裁决的；（4）私自会见当事人、代理人，或者接受当事人、代理人请客送礼的。

劳动争议仲裁委员会对回避申请应当及时作出决定，并以口头或者书面方式通知当事人。

仲裁员私自会见当事人、代理人，或者接受当事人、代理人的请客送礼的，或者有索贿受贿、徇私舞弊、枉法裁决行为的，应当依法承担法律责任。劳动争议仲裁委员会应当将其解聘。

2. 开庭

仲裁庭应当在开庭五日前，将开庭日期、地点书面通知双方当事人。当事人有正当理由的，可以在开庭三日前请求延期开庭。是否延期，由劳动争议仲裁委员会决定。

申请人收到书面通知，无正当理由拒不到庭或者未经仲裁庭同意中途退庭的，可以视为撤回仲裁申请。

被申请人收到书面通知，无正当理由拒不到庭或者未经仲裁庭同意中途退庭的，可以缺席裁决。

3. 劳动争议仲裁过程

（1）鉴定。仲裁庭对专门性问题认为需要鉴定的，可以交由当事人约定的鉴定机构鉴定；当事人没有约定或者无法达成约定的，由仲裁庭指定的鉴定机构鉴定。根据当事人的请求或者仲裁庭的要求，鉴定机构应当派鉴定人参加开庭。当事人经仲裁庭许可，可以向鉴定人提问。

（2）质证、辩论、陈述最后意见。当事人在仲裁过程中有权进行质证和辩论。质证和辩论终结时，首席仲裁员或者独任仲裁员应当征询当事人的最后意见。

（3）证据和举证责任。当事人对自己提出的主张有责任提供证据。当事人提供的证据经查证属实的，仲裁庭应当将其作为认定事实的根据。劳动者无法提供由用人单位掌握管理的与仲裁请求有关的证据，仲裁庭可以要求用人单位在指定期限内提供。用人单位在指定期限内不提供的，应当承担不利后果。在法律没有具体规定且无法确定举证责任承担时，仲裁庭可以根据公平原则和诚实信用原则，综合当事人举证能力等因素确定举证责任的承担。承担举证责任的当事人应当在仲裁委员会指定的期限内提供有关证据。当事人在指定期限内不提供的，应当承担不利后果。

（4）笔录。仲裁庭应当将开庭情况记入笔录。当事人和其他仲裁参加人认为对自己陈述的记录有遗漏或者差错的，有权申请补正。如果不予补正，应当记录该申请。笔录由仲裁员、记录人员、当事人和其他仲裁参加人签名或者盖章。

（5）和解、调解和审限。当事人申请劳动争议仲裁后，可以自行和解。达成和解协议的，可以撤回仲裁申请。

仲裁庭在作出裁决前，应当先行调解。调解达成协议的，仲裁庭应当制作调解书。调解书应当写明仲裁请求和当事人协议的结果。调解书由仲裁员签名，加盖劳动争议仲裁委员会印章，送达双方当事人。调解书经双方当事人签收后，发生法律效力；调解不成或者调解书送达前，一方当事人反悔的，仲裁庭应当及时作出裁决。

仲裁庭裁决劳动争议案件，应当自劳动争议仲裁委员会受理仲裁申请之日起四十五日内结束。案情复杂需要延期的，经劳动争议仲裁委员会主任批准，可以延期并书面通知当事人，但是延长期限不得超过十五日。逾期未作出仲裁裁决的，当事人可以就该劳动争议事项向人民法院提起诉讼。仲裁庭裁决劳动争议案件时，其中一部分事实已经清楚，可以就该部分先行裁决。

4. 仲裁裁决

（1）先予执行。仲裁庭对追索劳动报酬、工伤医疗费、经济补偿或者赔偿金的案件，根据当事人的申请，可以裁决先予执行，移送人民法院执行。仲裁庭裁决先予执行的，应当符合下列条件：当事人之间权利义务关系明确；不先予执行将严重影响申请人的生活。劳动者申请先予执行的，可以不提供担保。

（2）裁决书。裁决应当按照多数仲裁员的意见作出，少数仲裁员的不同意见应当记入笔录。仲裁庭不能形成多数意见时，裁决应当按照首席仲裁员的意见作出。

裁决书应当载明仲裁请求、争议事实、裁决理由、裁决结果和裁决日期。裁决书由仲裁员签名，加盖劳动争议仲裁委员会印章。对裁决持不同意见的仲裁员，可以签名，也可以不签名。

（3）终局裁决。下列劳动争议，除另有规定的外，仲裁裁决为终局裁决，裁决书自作出之日起发生法律效力：第一，追索劳动报酬、工伤医疗费、经济补偿或者赔偿金，不超过当地月最低工资标准十二个月金额的争议；第二，因执行国家的劳动标准在工作时间、休息休假、社会保险等方面发生的争议。

（4）起诉。劳动者对仲裁裁决不服的，可以自收到仲裁裁决书之日起十五日内向人民法院提起诉讼。

用人单位有证据证明《劳动争议调解仲裁法》第四十七条规定的仲裁裁决有下列情形之一，可以自收到仲裁裁决书之日起三十日内向劳动争议仲裁委员会所在地的中级人民法院申请撤销裁决：第一，适用法律、法规确有错误的；第二，劳动争议仲裁委员会无管辖权的；第三，违反法定程序的；第四，裁决所根据的证据是伪造的；第五，对方当事人隐瞒了足以影响公正裁决的证据的；第六，仲裁员在仲裁该案时有索贿受贿、徇私舞弊、枉法裁决行为的。

人民法院经组成合议庭审查核实裁决有前款规定情形之一的，应当裁定撤销。仲裁裁决被人民法院裁定撤销的，当事人可以自收到裁定书之日起十五日内就该劳动争议事项向人民法院提起诉讼。

当事人对终局裁决以外的其他劳动争议案件的仲裁裁决不服的，可以自收到仲裁裁决书之日起十五日内向人民法院提起诉讼；期满不起诉的，裁决书发生法律效力。

（五）执行

当事人对发生法律效力的调解书、裁决书，应当依照规定的期限履行。一方当事人逾期不履行的，另一方当事人可以依照民事诉讼法的有关规定向人民法院申请执行。受理申请的人民法院应当依法执行。

三、企业劳动争议仲裁管理

（一）劳动争议仲裁中的三方机制

《劳动争议调解仲裁法》第十九条规定：“劳动争议仲裁委员会由劳动行政部门代表、工会代表和企业方面代表组成。”这一规定是三方机制在劳动争议仲裁程序中的直接体现。但是，在劳动争议仲裁中具体落实三方机制的形式和内容都有待立法的进一步完善。比如，该法第十二条规定的劳动争议仲裁委员会组成人员就与三方机制很难对接。该条所规定的仲裁员的资格条件对于担任仲裁员是必要的，但与三方机制却并不是对应的或者说接轨的。

首先，其中的四项条件对于劳动者一方的“工会代表”不是必然具备的。其次，即便是在仲裁员的任职资格上与三方机制实现了对接，但在仲裁庭的组成上也有可能出现例外。例如，该法第三十一条规定了“劳动争议仲裁委员会裁决劳动争议案件实行仲裁庭制。仲裁庭由三名仲裁员组成，设首席仲裁员。简单劳动争议案件可以由一名仲裁员独任仲裁。”但对于组成仲裁庭的“三名仲裁员”并没有体现三方机制的具体要求，尤其是“由一名仲裁员独任仲裁”时。如果考虑到仲裁庭组成人员可能出现的“回避”情形、“解聘”情形，这方面的不协调就会更加明显。

三方机制在劳动争议仲裁中具有特别重要的意义，由三方人员组成的仲裁庭，即各自代表了政府的劳动行政部门、代表了职工地方总工会、代表了用人单位的企业代表组织（企业联合会、企业家协会、商会等），各有侧重和相互独立，相互没有隶属关系，各自的职能不能相互替代，又在仲裁庭中享有平等的权利，进行着平等的对话，能够有效地维护双方当事人的合法权益。因此，应当在劳动仲裁立法中进一步规定三方机制的具体内容，对仲裁庭的组成人员、仲裁庭的人员更换等都进行专门的规定。

在我国经济发达地区，出现了工会劳动争议调解中心和劳动争议仲裁委员会工会仲裁庭。在工会组织中建立劳动争议调解中心并设立劳动争议仲裁庭，组成人员由三方机制成员单位共同派驻组成，建立健全“三方驻会”制度，进而建立起仲裁委员会“三方驻会”办公室与工会援助中心、工会劳动争议调解中心、工会劳动争议调解庭、工会劳动争议仲裁庭“五位一体”的联动机制，把协调劳动关系的三方机制落到实处。为快速有效调处劳动争议，特别是调处重大集体劳动争议提供了一个新的平台。依托这一平台，能更好地发挥各级工会组织的作用，督促和指导企业内部劳动争议调解组织，促进劳动关系和谐稳定。

三方机制在强制仲裁中表现为政府直接参与仲裁。仲裁机构由政府设置，仲裁员由政府直接任命，劳资双方没有选择仲裁机构和仲裁员的权利。强制仲裁的裁决对劳资双方具有强制约束力。劳动争议的强制仲裁体现了政府对劳动关系的强制干预，这类仲裁主要限于与国计民生有密切关系的产业或者职业。在这些产业或者职业领域发生劳动争议，如果政府不进行积极干预，就有可能影响到产业的发展，影响到社会生活和社会秩序。在事关国计民生的强制仲裁中，政府在仲裁管辖权上具有法定优先性，即这类仲裁管辖权往往优先于诉讼管辖权。

（二）企业劳动争议仲裁管理

通常，劳动争议到了仲裁阶段，除非企业有很强的法律部团队，企业一般都会聘请外部相关律师事务所的劳动法律师代表企业应对和处理劳动仲裁。此时，企业的人力资源部门的主要任务是配合企业的法律部门或者外部劳动法律师，收集和整理与劳动争议案件相关的文件和信息，为应对劳动争议仲裁做必要的准备。

1. 收集和整理与该劳动争议案件相关的所有文件和资料

为了更好地应对劳动仲裁，做好必要的准备至关重要。在劳动法律师对案件做出分析和初步判断后，人力资源部应该配合法律部，按照相关要求收集和整理与案件相关的文件和信息。劳动争议案件相关文件的收集和整理，应该始于劳动争议开始阶段而非劳动争议仲裁阶段。也就是说，企业的管理者和人力资源部工作人员应该在员工与企业出现劳动争议时，就建立相关信息档案，将员工与企业的争议、企业所进行的各种沟通及其内容和所采取的各种措施以及员工的反应及其行动等，都记录在案并妥善保管。

通常，在劳动争议发生后，企业应当收集和整理如下相关文件和信息：

（1）员工所签署的劳动合同及其相关附件（如聘用意向书、保密协议、员工手册等）；

（2）员工的个人信息，如身份证信息、工作职位、级别、薪资福利、联系电话和有效的通信地址等。如果是外籍员工，还应收集其工作许可证等信息；

（3）劳动争议的原因及其相关材料；

（4）过去相关调查及其材料；

（5）如果是企业单方解除劳动合同，解除劳动合同的背景材料、与企业工会就该单方解除劳动合同的沟通材料等；

（6）该劳动争议过去进行过的调解及其相关材料等。

2. 人力资源部工作人员（人力资源战略伙伴）要扮演好企业与员工之间协调人的角色

人力资源部工作人员应当根据企业法律部和外部劳动法律所的意见和指示，扮演好企业与员工之间协调人的角色，将企业的意见准确传达给员工，与此同时，也将员工的诉求准确传达给企业。人力资源部工作人员还要与员工的直接主管密切配合，按照企业法律的相关要求，与员工进行必要的沟通，收集整理相关信息和资料，并配合接待外部劳动部门可能的拜访和问询。

3. 在劳动仲裁阶段，不放弃与员工通过调解解决劳动争议

在劳动仲裁过程中，企业的人力资源部与法律部应该拿出最大的诚意，充分利用劳动仲裁委员会这一平台，与员工通过协商和调解解决彼此之间的劳动纠纷。

总之，加强劳动争议仲裁管理，是企业规范劳动管理的重要措施。通过劳动争议仲裁管理，企业可以有效地降低法律风险，有利于推动企业构建和加强和谐劳动关系。

第四节　劳动争议诉讼及其管理

劳动争议诉讼是解决劳动争议的最终程序。劳动争议诉讼与劳动争议仲裁的关系可以概括为：劳动争议仲裁是劳动争议诉讼前的必经法律程序，劳动争议诉讼是劳动争议仲裁的重新处理方式，两者既相互联系又彼此独立。

一、劳动争议诉讼概述

（一）什么是劳动争议诉讼

劳动争议诉讼又称劳动诉讼，是指劳动争议当事人不服劳动争议仲裁委员会的裁决，在规定的期限内向人民法院起诉，人民法院依照民事诉讼程序，依法对劳动争议案件进行审理的活动。此外，劳动争议诉讼还包括当事人一方不履行仲裁委员会已发生法律效力的裁决书或调解书，另一方当事人可以申请法院强制执行的活动。

（二）劳动争议诉讼的性质

《劳动法》第七十九条规定："劳动争议发生后，当事人可以向本单位劳动争议调解委员会申请调解；调解不成，当事人一方要求仲裁的，可以向劳动争议仲裁委员会申请仲裁。当事人一方也可以直接向劳动争议仲裁委员会申请仲裁。对仲裁裁决不服的，可以向人民法院提起诉讼。"该法第八十三条还规定："劳动争议当事人对仲裁裁决不服的，可以自收到仲裁裁决书之日起十五日内向人民法院提起诉讼。一方当事人在法定期限内不起诉又不履行仲裁裁决的，另一方当事人可以申请人民法院强制执行。"

以上规定说明，仲裁程序是劳动争议案件的前置程序，未经仲裁，案件不能进入诉讼程序。审判实践中，劳动争议案件在适用《民事诉讼法》规定的反诉程序时是不合适的，其主要原因是：第一，一方不服仲裁起诉后，另一方提出反诉，反诉的请求如未经过仲裁裁决，那么双方的争议是未经仲裁就进入诉讼程序，违反了上述"前置程序"的规定。第二，一方不服仲裁起诉后，另一方提起反诉的内容如经过了仲裁，那么《劳动法》第八十三条规定的"不服仲裁裁决，可向人民法院提起诉讼"就又形同虚设，没有意义了。另外，在劳动争议双方都不服仲裁结果的情况下，如果双方都起诉，案件总得有原告和被告，双方的诉请也都应得到处理，而此时适用反诉又会产生一些问题。

因此，是否对劳动争议诉讼也像离婚诉讼一样，作为一种复合之诉，即一方当事人

不服仲裁提起诉讼后，不管另一方是否服从仲裁裁决，法院都会把仲裁的内容一并审理，对于合理合法的予以维持，对于不合理合法的予以纠正。这样可以和《劳动法》的相关规定协调一致，同时还减轻了当事人的诉累（法律术语，即诉讼的劳累）。对于未经过仲裁的内容，如双方当事人有争议的，可先经仲裁程序，再另行起诉。

（三）我国劳动争议诉讼的相关法律规定

我国有关劳动争议诉讼审判制度的法律主要有：1994 年 7 月 5 日通过并公布实施的《劳动法》、1991 年 4 月 9 日颁布并于 2007 年 10 月 28 日修订的《民事诉讼法》、2007 年 12 月 29 日颁布并于 2008 年 5 月 1 日施行的《劳动争议调解仲裁法》。

中华人民共和国最高人民法院颁布了十余条规定、解释、批复、复函、答复，其中最重要的是：2001 年 4 月 16 日公布的《最高人民法院关于审理劳动争议案件适用法律若干问题的解释》（法释［2001］14 号）、2003 年 8 月 27 日公布的《最高人民法院关于人民法院审理事业单位人事争议案件若干问题的规定》、2006 年 8 月 14 日公布并于 2006 年 10 月 1 日施行的《最高人民法院关于审理劳动争议案件适用法律若干问题的解释（二）》（法释［2006］6 号）、2010 年 7 月 12 日由最高人民法院审判委员会第 1489 次会议通过并于 2010 年 9 月 14 日起施行的《最高人民法院关于审理劳动争议案件适用法律若干问题的解释（三）》（法释［2010］12 号）以及 2013 年 2 月 1 日起施行的《最高人民法院关于审理劳动争议案件适用法律若干问题的解释（四）》（法释［2013］4 号）。

二、劳动争议诉讼的程序

劳动争议诉讼是人民法院对当事人不服劳动争议仲裁机构的裁决或决定而起诉的劳动争议案件，依照法定程序进行审理和判决，并对当事人具有强制执行力的一种劳动争议处理方式。

（一）劳动争议诉讼受案范围

1. 人民法院受理劳动争议案件的一般范围

劳动者与用人单位之间发生的属于《劳动法》第二条和《劳动争议调解仲裁法》第二条规定的劳动争议，当事人不服劳动仲裁委员会作出的裁决，依法起诉的，人民法院应当受理。

2. 人民法院受理劳动争议案件的特殊情形

人民法院受理劳动争议案件的特殊情形主要包括：

（1）劳动争议仲裁委员会以当事人申请劳动仲裁的事项不属于劳动争议为由，作出不予受理的书面裁决、决定或者通知，当事人不服，向人民法院依法起诉的，如果属于劳动争议案件，人民法院应当受理；或者虽然不属于劳动争议案件，但属于人民法院主管的其他案件，人民法院应当依法受理。

（2）劳动争议仲裁委员会根据《争议调解仲裁法》第二十七条的规定，以当事人的劳动仲裁申请超过仲裁时效期间为由，作出不予受理的书面裁决、决定或者通知，当事人不服，向人民法院依法起诉的，人民法院应当受理；对确实已经超过劳动仲裁申请期限，又无不可抗力或者其他正当理由的，人民法院应当依法驳回其劳动诉讼请求。

（3）劳动争议仲裁委员会以当事人申请劳动仲裁的主体不适合为由，作出不予受理的书面裁决、决定或者通知，当事人不服，向人民法院依法起诉的，如果经过审查确实属于主体不适合的，人民法院应当裁定不予受理或者驳回起诉。

（4）劳动争议仲裁委员会为了纠正原来的仲裁裁决错误重新作出裁决，当事人不服，向人民法院依法起诉的，人民法院应当受理。

（5）劳动争议仲裁委员会仲裁的事项不属于人民法院受理的案件范围，当事人不服，向人民法院依法起诉的，人民法院应当裁定不予受理或者驳回起诉。

（二）劳动争议诉讼管辖

人民法院对劳动争议案件的管辖是指人民法院之间受理第一审劳动争议案件的具体分工，主要包括地域管辖和级别管辖两种。

1. 地域管辖

劳动争议案件由用人单位所在地或者劳动合同履行地的基层人民法院管辖。劳动合同履行地不明确的，由用人单位所在地的基层人民法院管辖。当事人双方就同一个劳动仲裁裁决分别向有管辖权的人民法院起诉的，后受理的人民法院应当将案件移交给先受理的人民法院。

2. 级别管辖

截至目前，我国还没有特别明确的关于劳动争议案件诉讼级别管辖的具体规定。在实践中，各地的做法各不相同。一般来说，对于案情比较简单、影响不大的劳动争议案件，一般由当地基层人民法院管辖；对于案情比较复杂、影响很大的劳动争议案件，基层人民法院审理有一定的困难的，可由中级人民法院管辖。

（三）劳动争议诉讼主体

当事人双方不服劳动争议仲裁委员会作出的同一个劳动仲裁裁决，均向同一个人民法院起诉的，先起诉的一方当事人为原告，但对双方的诉讼请求，人民法院应当一并作出裁决。

企业与其他企业合并的，合并前发生的劳动争议，由合并后的企业为当事人。企业分立为若干单位的，其分立前发生的劳动争议，由分立后的实际企业为当事人。企业分立为若干单位后，对承受劳动权利义务的企业不明确的，分立后的企业均为当事人。企业招用尚未解除劳动合同的劳动者，原企业与劳动者发生的劳动争议，可以列新的企业为第三人。原企业以新的企业侵权为由向人民法院起诉的，可以列劳动者为第三人。原企业以新的企业和劳动者共同侵权为由向人民法院起诉的，新的企业和劳动者可以列为共同被告。劳动者在企业与其他平等主体之间的承包经营期间，与发包方和承包方双方或者一方发生劳动争议，依法向人民法院起诉的，应当将承包方和发包方作为共同当事人。

（四）劳动争议起诉的要件

劳动争议起诉必须符合下列条件：（1）原告是与本案有直接利害关系的公民、法人和其他组织；（2）有明确的被告；（3）有具体的诉讼请求和事实、理由；（4）属于人民法院受理民事诉讼的范围和受诉人民法院管辖。

劳动争议起诉应当向人民法院递交起诉状，并按照被告人人数提出副本。

原告应预交案件受理费，如申请缓交、减交、免交的，要提出书面申请，并附有特困证明或其他材料等。

当事人必须依法正确地行使劳动争议诉讼权利，按法院的要求提供必须提供的劳动争议诉讼材料。

（五）劳动争议诉讼举证指南

劳动争议诉讼当事人应详细阅读法院送达的《民事诉讼案件举证通知书》，并按照其规定全面地向法院提供认为可以证明其主张或反驳对方的证据材料等证据。

1. 一般举证范围

（1）劳动仲裁委员会的裁决书及送达日期。

（2）劳动关系的证明。如双方所签订的劳动合同，聘用、雇佣关系的证明，未签订劳动合同的应提供工作起止日期及相关证明或者当事人其他协议等证明材料。

（3）当事人是公民的应提供居民身份证明。是法人或者其他组织的，应提供营业执照、法定代表人身份证明或者负责人身份证明。

2. 因涉及企业开除、除名、辞退职工而引起的劳动争议的举证范围

（1）企业开除、除名、辞退职工的决定通知等。

（2）按企业内部规章制度处罚的，提供相应的规章制度。

（3）职工违章违法的有关证据材料等。

（4）职工的工资、奖金收入情况等。

（5）涉及培训费的，企业必须提供支付培训费的具体依据及必须服务期限等。

3. 追索劳动报酬的举证内容

提供劳动起止日期，所欠劳动报酬的具体数额等有关证据。

4. 劳动保险、劳动保护引起的劳动争议的举证范围

（1）企业缴纳养老保险金、住房公积金的有关证据等。

（2）职工的工资奖金情况。

（3）职工伤势鉴定及医疗费单据等。

（六）劳动争议诉讼结局

劳动争议仲裁委员会作出仲裁裁决后，当事人对裁决中的部分事项不服，依法向人民法院起诉的，劳动争议仲裁裁决不发生法律效力。劳动争议仲裁委员会对多个劳动者的劳动争议作出仲裁裁决后，部分劳动者对劳动仲裁裁决不服，依法向人民法院起诉的，仲裁裁决对提出起诉的劳动者不发生法律效力；对未提出起诉的部分劳动者发生法律效力，如其申请执行的，人民法院应当受理。

企业对劳动者作出的开除、除名、辞退等处理，或者因其他原因解除劳动合同确有错误的，人民法院可以依法判决予以撤销。

对于追索劳动报酬、养老金、医疗费以及工伤保险待遇、经济补偿金、培训费及其他相关费用等案件，给付数额不当的，人民法院可以予以变更。

（七）劳动争议诉讼时效

根据《劳动法》和《劳动争议调解仲裁法》的相关规定，劳动争议当事人对除了终局裁决以外的劳动仲裁裁决不服的，可以自收到劳动仲裁裁决书之日起 15 日内向人

民法院起诉。

《最高人民法院关于审理劳动争议案件适用法律若干问题的解释（二）》（法释［2006］6号）对“劳动争议发生之日”作出了一整套具体规定。例如，根据该解释（二）第一条的规定，人民法院审理劳动争议案件，对下列情形，视为《劳动法》中所规定的“劳动争议发生之日”是指：“（一）在劳动关系存续期间产生的支付工资争议，用人单位能够证明已经书面通知劳动者拒付工资的，书面通知送达之日为劳动争议发生之日。用人单位不能证明的，劳动者主张权利之日为劳动争议发生之日。（二）因解除或者终止劳动关系产生的争议，用人单位不能证明劳动者收到解除或者终止劳动关系书面通知时间的，劳动者主张权利之日为劳动争议发生之日。（三）劳动关系解除或者终止后产生的支付工资、经济补偿金、福利待遇等争议，劳动者能够证明用人单位承诺支付的时间为解除或者终止劳动关系后的具体日期的，用人单位承诺支付之日为劳动争议发生之日。劳动者不能证明的，解除或者终止劳动关系之日为劳动争议发生之日。”

《最高人民法院关于审理劳动争议案件适用法律若干问题的解释（二）》（法释［2006］6号）有针对性地解释了“劳动争议发生之日”，实质上是具体明确了劳动争议诉权保护的起算时间，切实有效地保护了劳动者的合法权益。

此外，劳动争议案件的一般诉讼时效为二年。即从知道或者应当知道自己的权利被侵害之日起计算。

（八）劳动争议诉讼裁决的执行

对劳动争议仲裁裁决不服，一方当事人在法定期限内既不起诉，又不履行劳动仲裁裁决的，另一方当事人可以申请人民法院强制执行。

2001年4月16日公布的《最高人民法院关于审理劳动争议案件适用法律若干问题的解释》（法释［2001］14号）第二十一条规定：“当事人申请人民法院执行劳动争议仲裁机构作出的发生法律效力的裁决书、调解书，被申请人提出证据证明劳动争议仲裁裁决书、调解书有下列情形之一，并经审查核实的，人民法院可以根据《民事诉讼法》第二百一十七条之规定，裁定不予执行：（一）裁决的事项不属于劳动争议仲裁范围，或者劳动争议仲裁机构无权仲裁的；（二）适用法律确有错误的；（三）仲裁员仲裁该案时，有徇私舞弊、枉法裁决行为的；（四）人民法院认定执行该劳动争议仲裁裁决违背社会公共利益的。人民法院在不予执行的裁定书中，应当告知当事人在收到裁定书之次日起三十日内，可以就该劳动争议事项向人民法院起诉。”

三、企业劳动争议诉讼管理

（一）劳动争议诉讼中的三方机制

在劳动诉讼案件审理中体现三方机制是解决问题的有效途径。德国劳动法院为此提供了现成的模式。虽然三方中的“政府”被“职业法官”所取代，但雇员和雇主的角色则在审判中得到了强化。

德国劳动法院负责审理劳动案件的法庭由职业法官和名誉法官组成。首席法官由职业法官担任，名誉法官由来自雇员和雇主方代表中的各一人担任。联邦劳动法院名誉法官的前提条件是在劳动法和劳资领域具有特别丰富的经验，且至少在劳动法院任过四年法官。名誉法官由工会、带有社会福利和就业政策目的的独立的雇员联合会、雇主协会、公法法人团体和法人团体联合会推荐给法院，推荐名单中候选法官的数量必须多于实际需要的数量。雇员、雇主以及其他团体的候选人在聘任选举中应占有适当的比例。由于名誉法官直接来自于劳资双方，在审判中充分利用他们在劳动关系方面的经验，帮助法庭作出更加符合劳动关系实际的判决；由于雇主与雇员的代表在法庭中数量相等，使双方增加了对法庭的信任，更容易接受法院的判决。并且，名誉法官对于案件的审理也可以在一定程度上避免职业法官的独断，提高案件审理的质量。

在我国的劳动争议诉讼中，现行的人民陪审员制度为在审判中体现三方机制提供了条件。根据《人民法院组织法》的规定，人民法院可以设立人民陪审员参与审判活动，人民陪审员在审判活动中和审判员具有同等的地位，行使相同的权利。吸收劳动关系双方的团体代表参与审判，可平衡双方诉讼力量，并加强案件调解工作。在劳动争议案件审判中，参与案件审理的人民陪审员可以由工会代表和企业家协会代表担任，按照劳动关系争议双方数量相等的模式组成合议庭。人民陪审员可以有效地发挥他们熟知劳动法律，对用人单位的生产经营状况、劳动用工情况和劳动者在劳动争议中的实际状况了解等优势，有助于审判机关对于劳动争议案件作出更加符合实际情况的裁判。同时，由于参与审判活动的人员中有争议双方能够信任的人，也有利于争议的及时妥善解决，有效地促进劳动争议案件的双方当事人达成和解。

因此，有条件的企业可以以企业工会为基础，建立企业内部劳动争议调解组织，力争在企业内部解决一切可能的劳动纠纷，并创立和维护积极和谐的劳动关系环境。作为员工的一个维权组织，企业工会应当在企业管理层与员工之间架起一座沟通的“桥梁”。通过这个沟通平台，员工可以表达自己的合理诉求，并通过企业工会维护自己的合法权益。作为一级劳动争议调解组织，企业工会在履行劳动争议调解职责时，合理的人员组成是一个非常重要的因素。一般来说，企业工会的主席和副主席在劳动争议调解过程中扮演着非常重要的角色。除了企业工会的主席、副主席之外，选择一至两名有影响力的员工代表参与劳动争议调解也非常重要。

员工与企业的劳动争议到了劳动诉讼阶段，表明员工与企业之间的劳动争议分歧已经到了很难调解的程度。但是，这并非意味着员工与企业之间的劳动争议和矛盾到了不可调和的地步。事实上，人民法院在审理劳动争议案件过程中，主要也是以调解为主，判决为辅，并积极创造条件使员工和企业达成和解。企业应当通过企业工会或者人民法院，拿出诚意，尽最大努力达成与员工的和解，争取以和平的方式解决劳动争议和纠纷。

（二）企业劳动争议诉讼管理

一般来说，劳动争议到了诉讼阶段，企业一般会聘请外部相关律师事务所的劳动法律师代表企业应对和处理劳动诉讼。此时，企业的人力资源部门的主要任务与在劳动仲裁阶段一样，主要是配合企业的法律部门或者外部劳动法律师，收集和整理与劳动争议案件相关的文件和信息，为应对劳动争议诉讼作必要的准备。由于在上一节的“企业劳动争议仲裁管理”部分已经进行了详细描述，这里不再赘述。

一般来说，在劳动争议案件审理完毕或者审理过程中，人力资源部门应该与企业法律部密切配合，对该劳动争议案件进行深入解剖，找出劳动争议发生的根本原因，总结经验和教训，制定相应的应当措施，从根本上消除劳动争议案件发生的“土壤”和因素。

从企业的角度来看，概况来说，发生劳动争议案件的主要原因有：

（1）企业缺乏必要的人力资源政策和规定或者企业当前的人力资源政策和规定存在着制度性缺陷。例如，由于企业没有关于低绩效员工管理的相关政策，企业在管理低绩效员工的过程中，每一个管理人员的做法和把握尺度就会各种各样，稍有不慎，就会引起劳动争议。

（2）员工直接主管没有按照企业的人力资源政策和规定正确处理员工关系事务。员工直接主管不严格按照企业的人力资源政策和规定正确处理员工关系问题，是造成劳动争议的一个主要原因。在日常的管理过程中，由于企业内外环境的不断变化，往往会造成一定的特殊要求。在这种情况下，员工的直接主管只有两种选择，要么得到企业人力资源部和更高管理层的特批，要么严格依照相关人力资源政策和规定办事。如果员工的直接主管擅自处理员工的特殊要求，往往会引发劳动纠纷。

（3）员工直接主管的沟通与管理技能存在着一定的不足。大量的事实证明，出现劳动争议案件，与员工直接主管的沟通技巧、管理方法等有着密切的关系。换句话说，员工有“问题”，员工的直接主管也很可能有“问题”。俗话说，一个巴掌拍不响。如果对发生的劳动争议案件进行仔细分析，人们不难发现，员工的直接主管沟通技巧、管理方法等是造成劳动争议的重要因素之一。

相应地，在找出劳动争议案件发生的根本原因后，有针对性地制定预防措施非常重要。目前，很多企业都建立了“问题原因识别”机制，其目的就是针对发生的问题确定根本原因，从而从根本上预防问题的再发生。

如果问题发生的根本原因是企业缺乏必要的人力资源政策和规定或者企业当前的人力资源政策和规定存在着制度性缺陷，解决的办法就是尽快制定相关的人力资源政策和规定，使企业的日常管理制度化和规范化。如果问题发生的根本原因是员工直接主管没有按照企业的人力资源政策和规定正确处理员工关系事务，解决的办法就是要对企业的管理人员进行培训和沟通，强调企业人力资源政策的严肃性。必要时，将企业人力资源政策和规定培训作为每一个管理人员必须要完成的课程，甚至将参加企业人力资源政策培训作为管理人员的绩效目标之一。通过必要的培训和沟通，使企业的每一个管理人员都意识到，日常管理必须要依法和依照企业人力资源政策和规定进行，日常管理过程中出现的任何例外，都必须要经过企业法律部和高层管理的特批。如果问题发生的根本原因是员工直接主管的沟通与管理技能存在一定的不足，解决的办法就是不断对他们进行管理指导和培训，尤其是人力资源战略伙伴要切实起到人力资源管理专家的作用，针对一线直接主管人员的沟通与管理能力，有计划地为他们设计一些具有很强操作性的管理培训课程，使他们不断改善和提高日常管理能力。

总之，加强劳动争议诉讼管理，是企业解决劳动争议案件和预防劳动争议案件发生的重要措施。通过劳动争议诉讼管理，不仅可以有效地降低企业的法律风险，还有利于企业构建和谐的劳动关系。

本章小结

劳动争议是指劳动者与用人单位之间所发生的争议及用人单位或用人单位团体与工会之间围绕权利、义务以及相关利益所发生的争议。本章介绍了劳动争议的定义、本质、范围、管辖原则及分类；介绍了劳动争议处理的模式及其特征以及我国劳动争议的处理体制；介绍了《中华人民共和国劳动争议调解仲裁法》颁布实施的意义、新变化、存在的不足及其完善建议；介绍了劳动争议调解、劳动争议仲裁、劳动争议诉讼的定义和处理程序；介绍了劳动争议三方机制的定义以及我国的相关探索；最后，介绍了企业应该如何依法管理劳动争议调解、仲裁和诉讼。

复习思考题

1. 劳动争议的主要特征是什么？
2. 劳动争议的适用范围是什么？
3. 从实体内容和程序内容两个方面来看，《中华人民共和国劳动争议调解仲裁法》有哪些主要变化？
4. 劳动争议的一般调解程序是什么？
5. 国外劳动争议调解制度对我国劳动争议调解制度的建立有哪些有益的启示？
6. 劳动争议仲裁适用的争议范围是什么？
7. 我国劳动争议仲裁的一般程序是什么？
8. 简要论述一下我国对劳动争议三方机制建设的探索。
9. 我国劳动争议诉讼的一般程序是什么？

案例讨论

B公司以试用期不胜任工作为由解除劳动合同合法吗？

A先生在世界500强外企任职10年，后经猎头推荐应聘某知名互联网B公司的市场总监职位。经过几轮的甄选，A先生最终应聘成功。经过慎重的思考以及B公司的一再邀请，A先生经过一个月的工作交接进入B公司工作。入职时B公司与A先生签订了劳动合同，约定试用期为3个月，劳动合同期限为4年。

B公司的管理模式有着民营企业的管理风格。A先生一直在外企工作，文化和体制的不同让A先生适应新的工作有一定的难度。一方面A先生在努力融入新公司的环境，适应新岗位的要求。但这种不适应性还是影响到了工作的进度。A先生的主管C女士对其试用期的工作表现非常不满。C女士认为A先生工作能力有问题，态度也很不配合，于是向人力资源部提出在试用期解除A先生的劳动合同。

A先生在业内具有一定的知名度。A先生来到B公司也放弃了很多，他在之前的公司有较好的职位、稳定的收入和人性化的工作环境，经过慎重思考才放弃原来的工作。但在试用期内被解雇，这让他难以接受。在试用期内，B公司未与A先生签订书面的绩效考核任务书，而不胜任工作的依据只有其主管C女士的评价。A先生对此不服提出自己的反对意见，认为B公司解除劳动合同不合法，要求恢复劳动关系。于是，A先生向劳动争议仲裁委员会提出仲裁申请。

案例思考题：

1. B公司单方解除劳动合同的行为合法吗？为什么？

2. 如果让你来处理这个劳动争议，你会怎么处理？为什么？

第八章

企业人力资源政策管理

学习目标

- 掌握企业人力资源政策的定义和特点
- 掌握制定企业人力资源政策的意义
- 了解未来人力资源政策的方向与空间
- 掌握企业人力资源政策制定的基本原则、主要内容和基本结构
- 掌握企业人力资源政策制定的一般过程
- 了解企业应该如何科学管理企业人力资源政策

关键概念

政策　劳动政策　企业人力资源政策　扩张性企业人力资源政策　紧缩性企业人力资源政策

第一节　企业人力资源政策及其制定的意义

一、什么是企业人力资源政策

政策是一个国家的政权机关、政党组织和其他社会政治集团为了实现自己所代表的阶级、阶层的利益与意志，以权威形式标准化地规定在一定的历史时期内，应该达到的奋斗目标、遵循的行动原则、完成的明确任务、实行的工作方式、采取的一般步骤和具体措施。政策的实质是阶级利益的观念化、主体化、实践化反映。

劳动政策是国家的劳动部门为了更好地规范用人单位的劳动实践和劳动力市场，为了更好地保护劳动者的合法权益和促进企业劳动关系的和谐而制定的一系列有关劳动就业、劳动合同、劳动保护、劳动定员定额、职工培训、社会保障、劳动工资待遇等政策和制度。国家的劳动政策主要包括劳动预备制度、劳动就业政策、劳动合同制、劳动市场制度、劳动保护制度、劳动定员定额制度、员工培训制度、社会保障制度、劳动工资制度、退休制度等。类似地，国家的人事政策主要包括尊重知识、尊重人才的政策，学位、职称以及职业资格制度，人才流动与人才市场制度，双向选择制度，聘任制，竞争

上岗制度，奖励制度，培训与继续教育制度，以按劳分配为主、按劳分配与按生产要素分配相结合的政策以及退休制度等。

企业的人力资源政策也不例外。企业人力资源政策是企业为了实现其战略目标和业务目标而制定的有关人力资源的获取、开发、保持和利用的政策规定。可见，企业的人力资源政策主要反映的是企业的意志和利益。但是，企业的这种意志和利益在通过其人力资源政策进行表达时，必须是以合规和不与自己所倡导的企业文化相矛盾作为前提条件的。也就是说，企业的人力资源政策只能是在国家相关法律法规框架内和自己所倡导的企业文化氛围内来实现自己的意志和利益的最大化。

二、企业人力资源政策的特点

基于企业人力资源政策的涵义，概括来说，企业人力资源政策具有合规性、时效性、表述性、与企业经营战略的匹配性等主要特点。

（一）合规性

合规性是企业人力资源政策最根本的特点。一个不合规的企业人力资源政策在当今中国就是一个无效的政策。这里，企业人力资源政策合规不仅要求人力资源政策内容本身不能与国家现行的法律、法规和政策相抵触或相矛盾，而且还要求制定企业人力资源政策的相关程序也必须符合法律规定。

（二）时效性

企业的人力资源政策是企业在一定时间内的历史条件和企业自身情况等条件下推行的现实政策。在合规的基础上，企业的人力资源政策反映的是企业在一定时期内的现实需求。此外，由于企业人力资源政策的合规性特点，如果国家相关法律法规发生变化，企业的人力资源政策也要随之进行调整。

（三）表述性

就表现形态而言，企业人力资源政策不是物质实体，而是外化为符号表达的观念和信息。它由企业的人力资源部用语言和文字等表达手段进行表述。作为企业的一种重要的政策，按照政策公开的范围，企业人力资源政策一般可分为公开给全体员工的正式的企业人力资源政策和由人力资源部内部掌握的企业人力资源指南。一般来说，凡是直接涉及企业员工的人力资源政策，如有关劳动报酬、工作时间、休息休假、劳动安全卫生、保险福利、职工培训、劳动纪律以及劳动定额管理等规章制度，其政策内容不仅不能与国家现行的相关法律法规相抵触，而且制定程序上还应当经职工代表大会或者全体职工讨论，提出方案和意见，与企业工会或者职工代表平等协商确定。这样的企业人力资源政策一经建立，还需要进行公示和公开与全体员工进行沟通，并到企业辖区内的劳动部门进行备案。这就是公开给全体员工的正式的企业人力资源政策。还有一些企业人力资源政策，或者与员工的切身利益相关性不大，或者只是部分员工享受该政策，或者该政策目前还不成熟，处于尝试阶段等，这样的企业人力资源政策暂时只由人力资源部内部掌握，我们称之为企业人力资源指南。

（四）与企业经营战略的匹配性

企业的人力资源政策是和企业经营战略相适应的人力资源战略的具体化，因此，企业的人力资源政策是与外部的经济状况、市场环境、行业状况紧密相联系的。根据企业人力资源政策是企业经营战略的现实表现的特点，企业人力资源政策又可以分为扩张性企业人力资源政策和紧缩性企业人力资源政策。

1. 扩张性企业人力资源政策

在企业具备天时、地利、人和的条件下，企业又是行业的先驱者，这时企业面临着扩张的市场环境、需求旺盛的行业市场，企业不仅赢得了市场，也赢得了可观的经济效益。为了进一步扩大市场占有率，获得更大的经济效益，企业往往会紧紧抓住这一时机，不断巩固、扩大和丰富自己的业务。因此，实施扩张性的企业人力资源政策就可能成为这些企业的选择。

对于实施扩张性企业人力资源政策的企业，尤其在员工的薪资福利方面，一般其企业人力资源政策规定都远远优于国家法律法规的规定与要求。其目的在于企业能快速吸引和招聘到市场上最优秀的人才，以保持甚至扩大企业所取得的市场竞争优势。

实施扩张性企业人力资源政策主要包括工作岗位增设的宽松性、宽松的外部招聘人员计划、工资的快速增长以及高福利及丰富多样的福利项目等政策。

（1）工作岗位增设的宽松性。由于企业业务迅速扩张的需要，企业往往来不及进行科学论证，仅仅凭着管理层的意志（有时甚至是个人意志）不断增加新的工作岗位。公司的管理层对企业的招人指标往往也不做特别严格的控制。

（2）宽松的外部招聘人员计划。由于企业对招人指标不进行特别控制，企业的各个业务部门和职能部门往往按照自己的需求和意愿规划当前和未来的招聘计划，企业往往会在短时间内在外部招聘大量人才。

（3）工资的快速增长。为了吸引和留住所需人才，企业的薪资往往会引领相关业务领域的劳动力市场，其员工工资的增幅也往往远高于相关劳动力市场的增幅。

（4）高福利及丰富多样的福利项目。为了吸引和留住所需人才，增加员工在企业工作的自豪感，企业不仅会为员工提供远远高于法律规定的员工福利和社会保险（例如企业为员工支付应由员工个人支付的社会保险部分），而且还会基于员工的需求，设立更多的员工福利项目，不断丰富员工的文化娱乐生活，平衡员工的工作与生活。

2. 紧缩性企业人力资源政策

如果企业面临紧缩的市场环境、需求减少的行业市场，企业的经营状况无疑会受到相应的影响和打击，因此，实施紧缩性的企业人力资源政策就可能成为这些企业的选择。对于长期习惯了人力资源扩张的企业而言，实施紧缩性的企业人力资源政策确实存在难度与苦恼。那么，如何有效实施紧缩性的企业人力资源政策呢？

其实，在经济高涨时期保持发展成长的企业不一定是优秀企业，而在经济低潮、行业萎缩、需求不足的状况下依然运作井然保持成长的企业一定会是优秀的企业。实施紧缩性企业人力资源政策并不能理解为企业是在衰落，应该理解成企业为增强企业竞争力而进行的人力资源调整与政策调整。日本企业在历经十年的经济衰退期间，许多企业近十年都没有增加工资，而企业依然充满竞争力，员工没有任何躁动、不满与怨气，依然平和、乐观和敬业，这才是世界级优秀企业的表现。

实施紧缩性的企业人力资源政策主要包括增强岗位的灵活性、冻结人员外部招聘或裁减人员招聘计划、冻结工资增长或减薪、裁员等政策。

（1）增强岗位的灵活性。通过岗位培训提高员工的岗位工作技能，实现员工的“一专多能”，既能专精于本职工作，又能胜任更多的岗位，从而提高员工从事岗位工作的灵活性。俗话说：淡季不淡，忙季不忙。淡季的时候，多将时间放在员工的培训与开发上；忙季的时候，员工的技能提高了，而且还可以根据工作需要补充到其他岗位上去。提高员工岗位的灵活性还可以通过岗位轮换来实现。

（2）冻结人员外部招聘或裁减人员招聘计划。当通过有效的培训开发，员工具有了更强的岗位灵活性之后，就能胜任多种不同的工作岗位，也能够补充到需要的工作岗位上，这样就可以冻结人员外部招聘或裁减人员招聘计划，工作需要的岗位可以借助内部劳动力市场从内部员工中招聘，或者裁减人员招聘计划，仅从外部市场招聘公司内无法补充的关键岗位人才。

（3）冻结工资增长或减薪。在一个工资钢性（即工资能涨而不能降）的企业中，冻结工资增长就难以得到员工的接受，更不用说减薪了。因此，企业在实施冻结工资增长或减薪政策的同时一定要先与员工沟通，让员工理解企业的决定和企业的困难，同时也鼓励他们同舟共济，团结一心，与企业结成“命运共同体”，战胜困难，并激发更大的精神动力与工作热情。如果真有员工不能认同企业的政策，那些不愿与企业同患难、共命运的员工也不能算是企业所需要的员工了。

（4）裁员。任何事物都具有两面性，即所谓的“双刃剑”，裁员也不例外。裁员应该是降低人力资源成本最明显最有效的行动了，短期而言马上就能看得见效益，但它又是一个对员工心理打击最大的行动，它可能会使企业丧失凝聚力，长期而言对企业的伤害很大。所以裁员永远不能算是最好的方法，最多只能算是权宜之计。而且当企业面临经济状况回暖的时候，又要支付一定的招募成本，裁员减少的成本又可能会被抵消。

尤其重要的是，任何一种紧缩性的企业人力资源政策，都需要通过对企业价值观的调整来获得员工对企业政策的理解，并树立起员工战胜困难的信心，让企业经营上的困难变成全体员工万众一心、团结奋进的精神动力。

总之，上述不同的方式，不能绝对地来评判哪一种方式好与坏，都有其好的一面和不好的一面，因此，企业在选择有效的人力资源政策的时候一定根据自己企业的实际情况、经营特点、人力资源状况与企业发展战略而采用灵活的方式。

三、企业人力资源政策制定的意义

由于企业人力资源政策是企业为了实现其战略目标和业务目标而制定的有关人力资源的获取、开发、保持和利用的政策规定，因而企业人力资源政策的制定，对于确保企业的人力资源管理和人力资源实践的合规性、一致性和规范性具有非常重要的意义。

（一）企业人力资源政策的制定是企业人力资源管理和人力资源实践合规的重要保证

合规性是企业人力资源政策最基本的特点。也就是说，企业的人力资源政策的内容和制定的程序必须要符合法律规定。因而，企业人力资源政策的制定，使得企业的人力资源管理有了法律基础，企业的人力资源实践有了法律保障。国家的劳动与社会保障相关的法律法规通过企业的人力资源政策在企业得到遵守、贯彻和执行。可见，如果企业没有一套完整的人力资源政策，企业的人力资源管理就会变得无章可循，企业也往往会面临着随时违法的风险。

（二）企业人力资源政策的制定是企业人力资源管理和人力资源实践一致性和规范性的重要保证

企业人力资源政策的制定，使得企业的人力资源管理有了制度保证，企业的人力资源管理实践有了规范要求。更为重要的是，企业人力资源政策的制定，使得企业的人力资源治理成为可能，企业各业务部门和职能部门的人力资源管理实践更加规范和高度一致。如果企业没有一套完整的人力资源政策，企业各业务部门和各职能部门的人力资源管理不仅会变得无章可循，而且会给企业带来成本的增加，甚至还会使员工认为受到不公平对待等问题，从而会影响到整个企业战略目标的实现。

（三）企业人力资源政策的制定也是完善企业人力资源管理的重要手段

一个企业是否有规范和成熟的人力资源管理，重要标志是该企业是否拥有一套完整的企业人力资源政策和管理企业人力资源政策的机制。如果一个企业的人力资源部没有制定一套行之有效的企业人力资源政策，那么，该企业的人力资源管理必然无章可循，人力资源管理往往不是依法、按照政策进行，而是凭借个人的经验，具有很大的随意性，其管理效果必然会大打折扣。

四、未来企业人力资源政策的方向与空间

鉴于企业人力资源政策的合规性、时效性和与企业经营战略匹配性等特点以及企业未来发展战略与定位，为了使企业的人力资源政策能更好地反映出企业的现实需求和未来发展需求，为了使企业的人力资源政策能更好地反映出时代的特征（如创新性），在制定企业人力资源政策时，需要考虑以下主要因素：

（一）企业文化是否能支持企业战略目标的达成

企业文化具有约束成员行为、支持企业竞争优势的功能，问题是企业有无塑造特有的企业文化，这种特有的企业文化对企业是否产生支持作用。

（二）企业是否拥有足够的知识、技术与能力

随着知识经济的来临，未来人力资源训练与发展将是人力资源管理的主轴，有了完备的教育训练体系才能建造组织的知识架构，发展与核心能力有关的知识。

教育训练体系除了在职的补救式训练外，应该配合生涯规划及企业未来需要进行更大规模的人才发展训练，如送主管接受 EMBA 的训练或到国外接受长期训练课程。

具备上述做法才能谈得上知识管理，毕竟知识除了自己不断地充电之外，更有赖于企业有制度、有计划地加以培训。

（三）企业是否有适用的衡量指标来评价薪酬及激励制度

未来的竞争是高绩效高价值的竞争，而高绩效来自高能力与高意愿的相乘效果。一套适用的薪酬制度可以使员工珍惜工作，发挥工作绩效。同样地，一套只要努力只要有贡献就有机会的绩效考核制度，更是激励员工最重要的法宝。

薪酬制度与考核制度，贵在公平与合理，更需要明确的评价标准。至于需要的评价基准，不管是传统的企业还是新型的企业，业务贡献、业务能力及工作态度还是最重要的衡量指标。

(四) 企业是否有适当的组织架构、沟通系统和政策

由于环境与策略方向的改变，组织也有了新的演变方向，未来的组织为了使沟通顺畅，组织的形态必须趋向简化、扁平化。更因为企业之间的竞争越来越激烈，未来的策略及组织必须走向专业化，进行专业化经营。企业只有舍弃非核心能力的业务，才能有竞争力。

(五) 企业是否有足够的能力改善流程、进行变革

知识经济时代最大的特征就是不断地创新，也就是"变"。缺乏变的能力，企业最终只能成为落后的一群。

第二节 企业如何制定人力资源政策

一、企业人力资源政策制定的五维模型

一般来说，企业人力资源政策的制定，应当从分层、分类、分等、分阶段和人性化这五个维度来考虑：

(一) 分层

分层是企业人力资源政策中需要考虑到不同层级的人员差别，如针对企业高层、中层和基层人员的企业人力资源政策，其内容应是不同的。

(二) 分类

分类是企业人力资源政策中要考虑到不同类别的人员差别，如针对技术、市场、生产等类别人员的政策制定是不同的。

(三) 分等

分等是企业人力资源政策中要考虑到既要鼓励员工从低向高发展，更要鼓励大多数员工在本岗位深化。政策要能体现鼓励脚踏实地，岗位内深化的含义，同时使得管理更加精细化。

(四) 分阶段

分阶段指的是不同时期的人力资源管理重点是不同的，企业人力资源政策要能够因时而变，因势而变，与时俱进，建立与不同时期的不同战略相匹配的企业人力资源政策。

(五) 人性化

人性化指的是在企业人力资源政策中要能体现出人性化，因为人力资源和其他资源最大的区别就是人性化，但要注意，可以在企业人力资源政策中体现人性化，而不能用人情解释政策。

比如任职资格政策的制定，就需针对不同层级不同类别的人员分别建立任职资格标准，并在标准中分等以鼓励员工在岗位内深化，任职资格标准的修订在不同时期需要体现公司不同的战略重点和要求，同时辅以培训和培养等人性化手段牵引和帮助员工发展。

企业人力资源政策制定的五维模型对应于自然界的四维空间（X、Y、Z 轴和时间轴），加上体现人力资源特点的人性化维度，构成了五维模型，充分体现了古语的“大道至简”和“道法自然”的精神，克服了以往以一种企业人力资源政策来适用各种情况的弊端，建立了一套思维模式，为企业解决错综复杂的人力资源管理问题提供了很好的分析工具和方法。

二、企业人力资源政策制定的基本原则

我们知道，企业人力资源政策是一个企业为了实现其战略目标和业务目标而制定的有关人力资源的获取、开发、保持和利用的政策规定。因而，企业人力资源政策的制定必须要遵循一定的原则。概况来说，企业人力资源政策的制定应该遵循整体性原则、合规性原则、系统性原则和操作性原则。

（一）整体性原则

企业人力资源政策是企业人力资源管理的重要依据。人力资源管理的主要目的是根据企业宏观经济环境、企业发展战略、人力资源市场状况和内部人力资源现状，为企业编制合理的岗位、配备合适的人选，以谋求全局的优化；通过对企业人力资源的整合，来驱动企业核心能力的形成与保持；充分、有效地激发全员的内在潜能，并依靠人的潜能发挥来支撑企业战略的有效实施，从而提升企业的综合竞争力。现代企业之间的竞争从本质上来讲，是企业人力资源的竞争。因此，在制定具体的人力资源政策时，一定要牢牢把握人力资源管理的目的这一主题，使得每一个具体的人力资源政策都能紧紧围绕着这一主题展开，都能促进企业真正实现人力资源管理的最终目的。人力资源政策制定的整体性原则要求人力资源部的各个具体的人力资源政策之间要有内在的联系，实现人力资源管理的目的是贯穿企业全部人力资源政策的一根红线。

（二）合规性原则

合规性是企业制定人力资源政策不能逾越的底线。按照国家相关法律规定，任何与现行相关法律相矛盾或者违法的政策都是无效的，人力资源政策也不例外。人力资源政策制定的合规性原则要求企业在制定人力资源政策时，要反映当今国家相关法律的最新规定和最新进展。因此，在人力资源政策中往往会有这样的约定，即“该政策如遇到国家相关法律发生变化，以国家新的法律政策为准。”一般来说，人力资源政策安全的合规性，往往体现在企业的人力资源政策规定要高于或者优于国家法律的相关规定。尤其对于那些倡导“以人为本”企业文化的企业来说，企业的人力资源政策就是企业文化的晴雨表。也就是说，企业的人力资源政策应当与企业所倡导的“以人为本”的企业文化相匹配。否则，“以人为本”的企业文化就是一句空话。

（三）系统性原则

由于人力资源管理是一个系统工程，企业人力资源政策又是企业人力资源管理的外

在实体表现，因而制定人力资源政策应当遵循系统性原则。系统性原则要求企业在制定企业人力资源政策时，不仅要把企业整个的人力资源政策看成一个系统，而且还要把人力资源部各职能部门所属的人力资源政策看成一个子系统，它们之间既各成体系又共同构成企业的人力资源政策这一整体。系统性原则要求企业在制定企业人力资源政策时，要充分考虑各个具体的企业人力资源政策之间的关系和衔接，避免出现自相矛盾的情形或者出现政策规定的空白。

（四）操作性原则

企业制定人力资源政策的目的是为了规范企业的人力资源管理行为，因此，企业所制定的人力资源政策必须具有很强的操作性。操作性原则要求企业在制定人力资源政策时，要充分考虑企业的实际和企业文化，使得政策规定能够容易落地和实施。为了更好地体现制定人力资源政策的操作性原则，企业在制定人力资源政策后，往往紧接着会制定实施该政策的细则，即企业人力资源政策的标准操作程序。一般来说，一个企业人力资源政策往往会有至少一个标准操作程序。标准操作程序的制定，使得企业的人力资源政策能够真正落到实处，使得企业的人力资源管理实践能够真正标准和规范。

三、企业人力资源政策的内容及其框架结构

（一）企业人力资源政策的主要内容

基于企业人力资源政策的定义与性质，每一个人力资源管理职能部门所制定的相关政策都属于企业人力资源政策。一般来说，人力资源管理职能部门包括招聘、培训（学习）与发展、薪资福利、员工（劳动）关系、组织发展、员工沟通、人力资源治理等。因而，企业人力资源政策通常包括招聘政策、培训（学习）政策、组织发展政策、薪资福利政策、员工关系政策、员工沟通政策等。

1. 招聘政策

一般来说，企业的招聘政策通常包括：

（1）聘用政策；

（2）接受聘用金政策；

（3）员工推荐政策；

（4）聘用前员工政策；

（5）内部招聘政策；

（6）聘用归国人员政策；

（7）聘用外籍员工政策；

（8）使用招聘广告政策；

（9）使用招聘公司、猎头公司及招聘顾问政策。

2. 薪资福利政策

一般来说，企业的薪资福利政策通常包括：

（1）薪资福利责任范围政策；

（2）薪资管理政策；

（3）员工薪资信息记录与保存政策；

（4）工作时间及加班管理政策；
（5）工作调动政策（国内调动）；
（6）工作调动政策（国际调动）；
（7）奖金政策；
（8）晋升政策；
（9）降职降薪政策；
（10）调岗调薪政策；
（11）退休政策；
（12）使用退休人员政策；
（13）带薪事假政策；
（14）无薪事假政策；
（15）病假政策；
（16）医疗期政策；
（17）带薪年休假政策；
（18）企业年资假政策；
（19）节假日政策；
（20）服兵役假政策；
（21）社会保险政策；
（22）住房公积金政策；
（23）女职工保护政策；
（24）班车政策/交通补助政策；
（25）餐饮补助政策；
（26）商务工具政策；
（27）第十三月工资政策；
（28）倒班津贴政策；
（29）灵活办公（如在家办公、移动办公等）政策；
（30）员工帮助政策；
（31）特殊工时管理政策；
（32）员工出差及补助政策。

3. 培训（学习）政策

一般来说，企业的培训（学习）政策通常包括：
（1）培训（学习）资助政策；
（2）培训（学习）过迟取消或者缺席政策；
（3）培训（学习）服务期政策；
（4）新员工培训（学习）政策。

4. 员工（劳动）关系政策

一般来说，企业的员工（劳动）关系政策通常包括：
（1）员工离职管理政策；

(2) 裁员政策;
(3) 劳动纪律及纪律处分政策;
(4) 绩效改进计划政策;
(5) 员工投诉政策;
(6) 开放办公政策;
(7) 员工沟通政策;
(8) 员工案例调查政策;
(9) 员工礼品及奖励政策;
(10) 试用期管理政策;
(11) 员工困难救助政策;
(12) 员工行为规范;
(13) 劳动关系政策;
(14) 企业工会管理政策。

5. 其他企业人力资源政策

一般来说，企业的人力资源政策通常还包括:
(1) 派遣员工管理政策;
(2) 公司人力资源政策管理指南;
(3) 使用公司产品政策。

(二) 企业人力资源政策及其标准操作流程的结构

1. 企业人力资源政策的一般结构

通常来说，企业的人力资源政策的结构主要包括以下内容:

(1) 政策名称。企业人力资源政策名称应该简明，开门见山，从政策名称就能很容易知道该政策是关于什么的，以便员工查询和使用。

(2) 政策编号/版本号。政策编号的主要目的，一是方便员工查询，另一是标注该政策的版本，以方便企业保存和查询。特别是当未来出现员工关系案件时，与该案件相匹配的当时正在执行的企业人力资源政策将是了解和判断该案件的重要资料。

(3) 政策生效日期。政策生效日期是企业人力资源政策的重要组成部分，也是确定该政策修改和变化的重要参考信息。

(4) 政策修订日期。政策修订日期是标注该政策何时进行过修订的重要信息。

(5) 页数。政策标注页数主要是为了方便阅读和查询。

(6) 政策制定的目的。政策制定目的主要描述该政策制定的目的和意义，以便员工清楚地了解该政策制定的真实意图。

(7) 政策适用范围。政策适用范围主要确定该政策适用于哪些员工或者哪些员工不适用。

(8) 政策描述/政策内容。政策描述/政策内容是企业人力资源政策的主体，主要描述该政策的主要内容、详细规定和规则，语言要清楚明确，避免出现歧义。

(9) 操作流程。一般来说，一个企业人力资源政策应该至少对应一个标准操作流程。如果企业人力资源政策另外有对应的标准操作流程，则企业人力资源政策中的

“操作流程”部分可以省略。反之，操作流程则是该企业人力资源政策的执行细则，也是企业人力资源政策的重要组成部分。

（10）参考资料。完整的企业人力资源政策应该标注制定或者修改政策所依据的相关法律规定和相关的参考资料，以便员工和未来的人力资源管理人员更好地理解该政策。

（11）附件。附件也是企业人力资源政策的重要组成部分。一般来说，企业人力资源政策的附件通常包括该政策的标准操作流程、相关法律文件或规定、执行政策所需的表格及文件模板等。比如，加班政策的附件应该包括加班管理的标准操作流程、《加班申请表》、国家有关特殊工时的规定等。

（12）批准人（签字）。批准人是企业人力资源政策的关键部分之一，也是该政策是否合规的重要标准之一。一般来说，企业人力资源政策的批准人是该企业人力资源部的最高负责人（至少为总监）和该政策的所属部门的负责人。例如，薪资福利部门的主管为所有薪资福利政策批准人之一。如果该企业人力资源政策涉及员工的薪资福利且其标准远远高于相关法律规定，由于需要企业额外支付员工成本，则该企业人力资源政策的批准人也常常包括财务总监甚至要求得到该企业的最高负责人（如CEO）的批准。

2. 企业人力资源政策的标准操作流程的一般结构

通常来说，企业的人力资源政策的标准操作流程的结构主要包括以下内容：

（1）标准操作流程名称。标准操作流程的名称应该简明，与对应的企业人力资源政策密切相联，以便人力资源管理人员查询和使用。

（2）标准操作流程编号/版本号。同政策的编号/版本号一样，标准操作流程编号的主要目的，一是方便人力资源管理人员查询，另一个目的是标注该标准操作流程的版本，以方便人力资源部保存和查询。

（3）标准操作流程生效日期。标准操作流程生效日期应当与相应的企业人力资源政策的生效日期一致。

（4）标准操作流程修订日期。标准操作流程修订日期也是标注该标准操作流程修订的相关信息，以方便未来查询和使用。

（5）页数。标准操作流程标注页数主要是为了方便阅读和查询。

（6）标准操作流程制定的目的。标准操作流程制定的目的主要描述相应的人力资源政策如何具体执行，其执行流程是什么。

（7）标准操作流程适用范围。标准操作流程适用范围应该与对应企业人力资源政策的适用范围一致。

（8）标准操作流程描述。标准操作流程描述是标准操作流程的主体，主要描述相对应的企业人力资源政策的详细操作流程和规则，语言要清楚明确，避免出现歧义。

（9）参考资料。完整的标准操作流程应该标注制定或者修改标准操作流程所依据的相关法律规定和相关的参考资料，以便未来人力资源管理人员更好地理解该标准操作流程。

（10）附件。附件也是标准操作流程的重要组成部分。一般来说，标准操作流程的附件通常包括执行相应人力资源政策所需的表格、文件模板等。

（11）批准人（签字）。批准人（签字）是标准操作流程的重要组成部分。一般来说，标准操作流程的批准人是相应企业人力资源政策的所属部门的负责人。例如，薪资福利部门的主管为薪资福利政策的所有标准操作流程的批准人。

四、企业人力资源政策制定的过程

（一）企业人力资源政策制定或者修订的原因分析

一般来说，当一个企业需要制定新的人力资源政策或者修订现存的人力资源政策时，往往基于两个重要原因，一是企业业务经营和发展的需要，一是企业外部新的劳动法律的出台或者更新，或者两者兼而有之。

1. 企业业务经营和发展的需要

企业在创立和发展过程中如何赢得竞争优势并且不断发展壮大，已经成为每一个企业经营者必须面对的重要问题，也是每一个企业经营者工作的核心。人是企业最重要的资源，赢得了人才，企业往往就赢得了竞争的先机。如何吸引人才、培养人才、激励人才和留住人才便成为了一个企业管理工作的重中之重。而要吸引人才、培养人才、激励人才和留住人才以及创建以人为本的企业文化，企业必须要有一套合规的、科学的、切实可行的企业人力资源政策的支持。大量的事实证明，企业合规、完整而科学的企业人力资源管理政策在吸引人才、培养人才、激励人才和留住人才过程中发挥着核心关键的作用。正是由于企业拥有这样一套完整而科学的人力资源政策，使得企业在吸引人才、培养人才、激励人才和留住人才过程中有法可依、操作标准，更重要的是，可以使企业在对待人才方面能够保持连续性和持久性，能够有力地推动企业以人为本的企业文化的形成。

可见，企业业务经营和发展的需要是企业制定或者修订企业人力资源政策的根本动因之一。随着企业的不断发展壮大和员工人数的不断增多，为了使企业的管理人员在日常的管理过程中管理统一、行为规范和有法可依，制定或者修订企业的人力资源政策成为企业管理层的必然要求。具体来说，企业在其业务不断发展壮大过程中，必然需要人力资源部门制定相应的人力资源政策来支持和推动企业的业务发展，比如标准统一的员工薪资福利政策、培训与职业发展政策、员工招聘政策以及员工离职政策等。也正是由于企业的这些标准的人力资源政策，统一了企业管理人员的思想与行为，使得各类员工都能得到公平、公正的对待，有力地减少了矛盾的发生，促进了企业的和谐稳定。

2. 企业合规管理的需要

随着企业外部劳动法律的不断变化，企业必须密切关注外部的这些法律变化，并通过其对企业的影响力与危机分析，进而决定是否要制定新的企业人力资源政策或者修订现存的企业人力资源政策。

合规管理已经成为越来越多的企业（尤其是外资企业）的共识。而有效预防企业违法经营和管理的最有力的措施就是依法建立企业人力资源政策。可见，依外部劳动法律变化而相应制定或者修订企业人力资源政策成为了必然。依法制定或者修订企业人力资源政策已经成为企业人力资源部的重要工作内容之一，也成为企业人力资源管理工作者的重要工作能力之一。

（二）企业人力资源政策制定或者修订的过程

一般来说，企业制定或者修订人力资源政策要经过如下过程：

1. 企业经营和发展需求或者外部劳动法律变化及其影响分析

企业经营和发展需求或者外部劳动法律变化及其影响分析是制定和修订企业人力资源政策的第一步，也是非常重要的一步。一般既要对企业经营和发展对人力资源政策制定和修订的必要性和紧迫性（紧迫或不紧迫）及其影响程度做出系统分析，又要对所制定和修订人力资源政策的涉及成本以及可能对员工切身利益产生的影响做出系统分析；既要对外部劳动法律变化对企业日常经营和业务发展的法律风险及其风险程度（法律风险高、中等或低）做出系统分析，又要对外部劳动法律变化对企业运营成本的可能影响做出分析。通过这些分析，为形成一个关于制定或者修订人力资源政策的提案打下基础。

2. 形成关于制定或者修订企业人力资源政策的提案并提交企业的管理层和法律部进行审议和批准

在完成上述影响分析后，如果分析的结果是制定或者修订企业人力资源政策，接下来由人力资源治理管理人员起草关于制定或者修订人力资源政策的提案。必要时，在起草该提案之前，还需要通过市场调研，了解其他类似企业是否也制定了相类似的企业人力资源政策，其主要内容是什么，对相应的外部劳动法律变化是如何应对和处理的等。

关于制定或者修订企业人力资源政策提案的结构和主要内容一般包括：

（1）为什么要制定或者修订企业人力资源政策。在这一部分，提案应该阐述清楚企业经营和发展的真正需求以及外部劳动法律变化的影响和主要法律风险。为了清晰地阐明企业的需求和主要法律风险，提案可以通过 SWOT 分析，找出企业制定或者修订人力资源政策的优势（Strength）、劣势（Weakness）、机会（Opportunity）以及威胁（Threat）之所在；提案还可以通过“理想（Should Be）”与“现实（As Is）”分析，找出企业管理过程中存在的“差距”，并确定该“差距”与新制定或者修订的人力资源政策之间的内在联系。提案通过这一分析，指出制定或者修订企业人力资源政策的必要性和紧迫性。此外，提案还应该对外部劳动法律变化对企业可能产生的法律风险进行分析，并明确法律风险的高低。

（2）其他类似企业的实践和相关信息。在这一部分，其他相类似企业的实践，从另一个侧面表明了企业制定或者修订企业人力资源政策的必要性。人力资源治理管理人员会同企业薪资福利部门一起，通过市场调研，了解其他企业的相关实践，获得其他企业所制定的相关企业人力资源政策的主要思路和内容，为制定和修订企业人力资源政策奠定坚实的基础。

（3）建议所制定或者修订的企业人力资源政策的主要思路和内容。在这一部分，针对企业的需求和外部劳动法律的变化，建议新的企业人力资源政策应该包括哪些内容及其要点，或者修订哪些内容及其要点，并一一将其列举出来。

（4）提案执行计划和时间表。在这一部分，如同项目管理一样，提案中还包括制定或者修订企业人力资源政策的具体执行计划和时间表，诸如制定或者修订企业人力资源政策的起始和终结时间、具体的行动步骤、每一步骤所期望的结果、主要负责人、行动截至时间以及执行情况等。

在提案完成后，首先需要将该提案提交给企业的法律部或者外部的律师事务所从法律方面进行审查并提供反馈意见，以确保提案所涉及的内容合法合规。在企业的法律部审查通过后，如果企业设有人力资源政策管理委员会（该委员会往往是虚拟组织，一般由人力资源部的主要负责人、人力资源战略伙伴以及人力资源各职能部门的负责人组成），应该提交给该委员会全体委员进行审议和表决。如果该委员会的委员对提案提出了相应的合理的反馈意见，人力资源治理管理人员应该根据反馈意见对提案进行必要的修改，直至得到全体委员会委员的一致批准。如果企业的人力资源部没有设人力资源政策管理委员会这一虚拟组织，该提案应该提交企业人力资源部的管理层进行审议和表决。人力资源政策管理委员会委员或者企业人力资源部的管理层在对提案进行审议的过程中，如必要，还可以征求业务部门管理层的意见和建议，以便该人力资源政策的制定和修订真正满足企业需求。在通过企业人力资源政策管理委员会或者企业人力资源部管理层审核后，由企业人力资源部的相关负责人将该提案提交企业最高领导层进行审议和批准，并根据企业最高领导层提出的意见和建议确定最终的政策制定或者修订提案。

需要指出的是，如果外部劳动法律变化对企业人力资源管理实践的法律影响较低且不紧迫，该提案往往会作为一个重要信息供企业的管理层参考。

3. 企业人力资源政策相应的所属部门草拟或者修订人力资源政策

一旦关于制定或者修订企业人力资源政策的提案得到公司管理层的批准，根据该提案的建议和所确定的政策框架，人力资源治理管理者将该提案转交给相应政策所属部门，由该部门责成相关人员具体起草和修改该企业人力资源政策。起草完新政策或者修订意见后，准备征求相关人员对草拟或者修订的企业人力资源政策的意见和建议。

一般来说，制定或者修订企业人力资源政策的提案已经确定了该企业人力资源政策的法律依据、基本框架和结构以及制定或者修订政策的时间表，政策所属部门只要根据提案的要求来进行即可。但是，如果政策所属部门对提案所策划的政策结构和行动时间表有不同意见，应当会同人力资源治理人员一起，与相关的管理层进行沟通，以得到他们的理解和支持。

4. 草拟或者修订的企业人力资源政策广泛征求企业管理层以及相关人力资源管理人员的意见和建议

在合规的基础上，为了使新草拟或者修订的企业人力资源政策真正满足企业日常管理的需求，广泛征求企业管理层以及相关人力资源管理人员的意见和建议非常重要。这一步骤的重要意义在于，一方面让企业的管理人员根据其日常管理的实际与需要，为新政策或新的修订提供反馈意见和建议，以便今后新制定或者修订的企业人力资源政策容易推动和执行。因为新制定或者修订的企业人力资源政策是否合理，在实际的执行过程中是否可行，企业的广大管理人员最有发言权；另一方面，广泛征求企业管理层以及相关人力资源管理人员的意见和建议也是企业发扬民主，让更多的人参与企业管理的一个重要措施。企业人力资源政策制定或者修订通过这一个环节，让企业广大的管理层和相关人力资源管理人员在第一时间了解企业正在制定或修订的人力资源政策，为该企业人力资源政策最终在企业内部的执行打下坚实的基础。

5. 如果新制定或者修订的企业人力资源政策直接涉及与员工切身利益密切相关的劳动报酬、工作时间、休息休假、劳动安全卫生、保险福利、职工培训、劳动纪律以及劳动定额管理、规章制度或者其他重大事项，草拟或者修订的人力资源政策必须要提交给企业职工代表大会或者全体职工或者企业工会进行讨论，提出方案和意见，与工会或者职工代表平等协商确定。

按照相关法律规定，企业在规章制度和重大事项决定实施过程中，工会或者职工认为不适当的，有权向用人单位提出，通过协商予以修改完善。因此，草拟或者修订的人力资源政策应当基于工会或者职工代表的意见和建议进行适当的修改和调整，不能接纳的意见和建议，也应当与工会或者职工代表进行沟通，讲明不能接纳的原因和理由，取得工会或者职工代表的理解和支持。

需要指出的是，由于这一程序是一个法定程序，企业一定要将征求企业工会或者职工代表意见和建议的过程以及他们对新制定或者修订的企业人力资源政策的最终同意意见（即他们的签字）以书面的形式记录下来，并做好存档工作，以便企业未来有劳动关系纠纷时，证明该企业人力资源政策已经履行和通过了法定的民主程序。

6. 新制定或者修订的企业人力资源政策最终定稿并提交相应的批准人批准

通过了民主程序后，下一个环节就是将新制定或者修订的企业人力资源政策提交相应的批准人批准。一般来说，先由该政策所属部门的负责人签字，然后再由企业人力资源部的最高负责人签字。签字后，由人力资源治理管理人员将签了字的人力资源政策存档保存。

企业一般都会将已更新的全部企业人力资源政策放到企业的人力资源网站上供员工阅读和查询，与此同时，企业还会更新《员工手册》，确保《员工手册》上的人力资源政策为最新版本。此外，有条件的企业还会将已更新的全部企业人力资源政策装订成册，供人力资源部管理人员内部使用。

7. 颁布新制定或者修订的企业人力资源政策，并与全体员工就新制定或者修订的企业人力资源政策进行沟通

企业人力资源政策在批准生效后，需要及时与全体员工进行沟通。人力资源治理管理人员应该根据企业实际，制定切实可行的沟通计划，保证全体员工及时了解和学习新的企业人力资源政策。企业通常采取下列方式与员工沟通新的企业人力资源政策：

（1）通过电子邮件，告知全体员工企业新制定或者新修订的企业人力资源政策。该邮件往往只是强调政策的要点及员工需要注意的地方，并将新的企业人力资源政策作为该邮件的一个附件或者附上一个网页链接。

（2）如果该政策对员工影响巨大或者该政策不易理解，企业往往会组织几场专门的沟通会，由政策的所属部门的负责人对该政策做出详细的介绍，并现场解答员工的问题。

（3）为了使新加入企业的员工也能够很好地理解该政策，企业往往同时更新新员工入职培训教材和《员工手册》，确保所有的员工都能及时知晓新的人力资源政策。

需要强调的是，按照《劳动合同法》的相关规定，“用人单位应当将直接涉及劳动者切身利益的规章制度和重大事项决定公示，或者告知劳动者。”可见，这一程序也是

一个法定程序。因此，这一环节也是企业制定或者修订企业人力资源政策必经的一个步骤，并将履行这一步骤相关的证据存档保存。换句话说，企业需要保存好所有能够证明员工了解和知晓该政策的书面证据。所以，企业在与全体员工进行沟通的同时，还应保存好相关的文件和书面证据，诸如发给全体员工的电子邮件存根、员工参加新政策沟通会的签字表、新员工参加新员工培训的记录等。

通过上述七个步骤，一个完整的企业人力资源政策就制定或者修订完毕。当然，目前一些企业由于种种原因，往往委托外部的专业公司来帮助制定，或者复制其他相关企业的人力资源政策。无论是委托制定还是复制其他企业的政策，都必须要按照相关的法律要求履行必要的民主程序，以确保所制定或者修订政策的合规性。

第三节　企业人力资源政策的管理

企业制定完人力资源政策后并非万事大吉，实际上，企业制定完人力资源政策，这只是企业人力资源政策管理的第一步。企业应当制定一套相应的人力资源政策管理规则对政策进行科学管理。

为了加强对企业人力资源政策的管理，有条件的企业可以制定企业人力资源政策的管理政策，甚至成立人力资源政策管理委员会，以系统科学地管理好企业的人力资源政策。

一、企业人力资源政策的管理政策

企业人力资源政策的管理政策是对企业人力资源政策制定、修订以及日常管理的指南，其目的是确定管理企业人力资源政策的工作内容和职责，包括如何制定企业人力资源政策，如何修订企业人力资源政策，谁是企业人力资源政策的正确批准人，谁是企业人力资源政策的所属人，如何进行企业人力资源政策的文档管理以及如何进行例外管理等。

（一）企业人力资源政策的制定与修订

企业人力资源政策的制定与修订是企业人力资源政策的管理政策的重要内容。这一部分内容在本章第二节中已经详细介绍，这里不做过多赘述。

（二）企业人力资源政策的审核周期

一般来说，一个新的企业人力资源政策正式颁布实施后三个月，人力资源治理管理人员应该召开一个专门的会议，对新政策执行三个月以来的总体情况和出现的问题进行汇总分析，找出问题的原因和解决办法。如有必要，需要对相关企业人力资源政策所对应的标准操作流程进行修改和调整。

对于现存的企业人力资源政策，企业人力资源政策所属部门的负责人应当每年对所有所属的企业人力资源政策至少审核一次。审核的重点主要包括：

（1）审核该企业人力资源政策的相关规定是否与现行的相关法律规定有矛盾和冲突的地方。

（2）审核该企业人力资源政策的相关规定是否还能满足企业经营与发展的需要。

（3）审核过去的一年实践中出现的主要问题并找出相应的解决办法。

（三）企业人力资源政策管理委员会

有条件的企业可以建立一个虚拟的企业人力资源政策管理委员会。

1. 企业人力资源政策管理委员会的职责

企业人力资源政策管理委员会负责审议和批准企业是否要制定或修改人力资源政策。人力资源治理管理人员或者人力资源部相关职能部门负责人负责撰写制定或者修订企业人力资源政策的提案，并提交企业人力资源政策管理委员会审批。

2. 企业人力资源政策管理委员会的组成

企业人力资源政策管理委员会主要由企业人力资源部的最高负责人、人力资源战略伙伴的负责人以及人力资源部各职能部门（如招聘部、培训与发展部、薪资福利部、员工（劳动）关系部、人力资源治理部、组织发展部等）的主要负责人共同组成。

3. 企业人力资源政策管理委员会审议政策执行情况

企业人力资源政策管理委员会应该每半年召开一次全体会议，对企业目前人力资源政策执行情况进行审议。如遇企业有紧急需求或者国家劳动法律发生重大变化，企业人力资源政策管理委员会可以临时召开紧急会议。

4. 企业人力资源政策管理委员会各成员的角色与分工

企业人力资源政策管理委员会主要由召集人、政策所属部门负责人及委员会成员三部分组成。他们的分工与职责如下：

（1）企业人力资源政策管理委员会召集人。一般来说，企业人力资源政策管理委员会召集人由人力资源治理负责人担任，其工作职责主要包括安排企业人力资源政策管理委员会会议、准备会议议程、确保每次会议不少于三分之二的委员参加，协调委员讨论并作出决定以及撰写会议纪要等。

（2）企业人力资源政策所属部门负责人。其工作职责主要是讲解所撰写的关于制定或修订企业人力资源政策的提案，组织委员讨论并作出决定。

（3）企业人力资源政策管理委员会委员。企业人力资源政策管理委员会委员的主要工作职责是按时参加企业人力资源政策管理委员会会议，积极参与讨论并共同作出决定。

5. 企业人力资源政策的决定过程

如果新制定的企业人力资源政策被全体委员一致通过，则该企业人力资源政策提交企业人力资源部的最高负责人签字生效。如果委员对新制定的企业人力资源政策出现不同的意见，或者按照少数服从多数的原则进行举手表决，或者提交企业人力资源部的最高负责人做最终决定；如果新制定的企业人力资源政策被全体委员一致否决，则该企业人力资源政策所属部门的负责人应该对该政策重新进行调研和重新规划提案。

6. 企业人力资源政策的批准

要修订企业人力资源政策，必须经过企业人力资源政策管理委员会的审核和人力资源部最高负责人的批准。而企业人力资源政策标准操作流程的修改，只要得到该政策所属部门负责人的批准即可。

（四）企业人力资源各具体政策的所属人的职责

企业人力资源部每一个职能部门的负责人就是相应企业人力资源政策的所有者。除了负责制定或者修订相应的企业人力资源政策之外，还负责对相应企业人力资源政策做出解释，澄清政策中模糊或者有歧义的地方。

（五）企业人力资源政策存档管理

一般来说，人力资源治理管理人员负责收集和保存所有已经批准生效的企业人力资源政策的原始文件，并负责将企业人力资源政策及时在企业相应的网页上进行更新。与此同时，要及时更新新员工入职培训教材和《员工手册》，以及协同政策所属人共同做好新政策的沟通工作。

（六）企业人力资源政策例外管理

对于规模较大的企业来说，由于各业务部门的特殊性或者业务发展的需要，需要突破现行的企业人力资源政策的规定，这种情况我们称之为“例外”。在日常的企业人力资源管理过程中，在合规的前提下，任何例外都必须要得到企业人力资源部的最高负责人的特批。必要时，还需要得到整个企业的最高负责人的批准。如果要突破政策的标准操作流程，需要得到该政策所属人的特批。

需要指出的是，特批的任何例外的情形，必须要提供书面的例外审批申请，说明为什么要申请例外处理。该例外特批申请及其批准人的签字必须要做好存档工作，当未来企业在接受内部或者外部人力资源管理稽核时，例外特批文件可作为证明材料，表明企业在日常的企业人力资源管理工作中没有出现违规操作的情况。

二、企业人力资源政策的日常管理与监控

有了管理企业人力资源政策的政策只是管理企业人力资源政策的第一步，只有将该政策在日常的企业人力资源管理实践中落到实处，企业人力资源政策才能真正发挥其作用，企业的人力资源管理实践才能更加规范。

（一）重视和加强对企业管理人员和人力资源管理人员的培训

随着我国改革开放、外资企业进入中国以及人才观念的变化，员工在各企业间的流动已经变成常态。企业的管理人员和人力资源管理人员是企业人力资源政策的执行者，他们对企业人力资源政策的准确理解和把握，是一个企业是否能够正确执行人力资源政策的关键。由于人员的流动性，企业的管理人员和人力资源管理人员常常会发生人员变化。因此，企业应该定期对新加入企业的管理人员和人力资源管理人员进行人力资源政策培训，使他们能够准确理解相关的人力资源政策。事实上，企业在执行人力资源政策过程中出现的偏差，经常是由于政策的执行人员对政策理解出现偏差造成的。这种执行偏差常常给企业带来很多的麻烦，甚至造成巨大的经济损失和影响员工的士气。

企业的人力资源治理管理人员或者政策所属人应当针对企业管理人员的流动情况制定政策培训计划。当管理人员发生变化时，应及时对他们进行政策培训，使他们在实际的管理过程中正确把握企业的人力资源政策。

（二）注意收集在企业人力资源政策执行过程中出现的情况和问题

在日常的人力资源管理过程中，注意收集企业人力资源政策执行过程中出现的情况

和问题非常重要。企业的人力资源治理管理人员或者政策所属人不仅要收集出现的问题，还有探究出现问题的原因，为及时修订或者调整人力资源政策收集第一手资料。大量事实证明，在人力资源政策执行过程中，随着问题的出现与改善，相应的人力资源政策就会变得越来越贴近企业和员工的实际，员工对人力资源政策的满意度也会越高。

必要时，企业还可以组织专场沟通会，与出现问题的员工就该政策进行解读和沟通，虚心听取员工的意见和建议。通过有效的沟通，不仅能够化解员工与公司之间出现的问题与矛盾，还能让员工了解政策制定的背景与真正目的，使员工理解并支持企业人力资源政策规定。

（三）加强企业人力资源政策执行中的例外管理

"例外"处理是企业在执行人力资源政策过程中很难避免的。因此，加强对执行企业人力资源政策过程中出现的例外管理非常重要。

一般来说，在执行企业人力资源政策时，在下列情况下容易要求得到"例外"对待：

1. 留住对企业非常关键且具有特殊技能的员工

由于这类员工在劳动力市场上非常紧俏，他们往往成为相关企业猎取的对象。在这种情况下，为了留住这类人才，企业往往需要突破现有的人力资源政策规定，对他们给予特殊对待。

2. 当员工出现特殊情况时，企业如果不进行例外处理，可能会对企业的名声产生负面影响

例如，某一员工家里出现重大变故需要申请停薪留职，而按照企业的相关人力资源政策规定，员工申请停薪留职必须在企业工作至少一年以上。在这种情况下，企业可能不得不通过例外处理批准该员工的申请。

3. 由于业务发生变化，如果不突破相关政策规定可能会给企业带来一定的经济损失

比如，企业相关人力资源政策可能规定在临时工作岗位上使用同一劳务派遣员工时间最多不能超过一年。但由于某种特殊原因，某项目的某一临时工作岗位在一年内已经不可能完成，比如至少需要一年半的时间。在权衡利弊之后，在法律风险不大的情况下，企业很可能例外批准将其劳务合同延至一年半。

可见，在执行企业人力资源政策时，由于情况的复杂性，往往会出现特殊情形。在这种情况下，作为企业人力资源治理管理人员，可以从三个方面来判断是否需要对这种特殊情况进行例外处理：

（1）如果给予例外处理，企业是否存在法律风险。

（2）进行例外处理是否会给企业带来额外成本，如果是，额外成本是多少，企业是否愿意承担。

（3）对该员工进行例外处理的理由是什么，该理由是否具有独特性且其他员工很难甚至不可能再有与该员工相同的理由。

如果对上述三个方面的回答是基本没有什么法律风险、有成本但企业能够也愿意承担、要求例外处理的理由合理且其他员工很难出现同样的理由，这一例外很可能会被企

业特批。

需要指出的是，当出现需要进行例外特批时，规定由哪个层次的管理者作为批准人非常重要。如果批准人规定的管理层层次较低，会使得例外很容易被批准，这样会使得人力资源政策管理失控；如果批准人规定的管理层层次较高，又很难使得例外被批准。一般来说，由于是企业的人力资源管理政策，该企业人力资源部的最高负责人应该作为例外的批准人之一，而企业的总经理则是另一个必须扮演例外批准人的不二选择。

（四）密切监控外部劳动法律的变化，及时更新人力资源政策

为了使企业人力资源政策能够反映国家劳动法律法规的最新规定，密切关注国家劳动法律法规的变化具有非常重要的意义。有条件的企业可以与外部相关律师事务所或者与相关的劳动机构建立长期的合作关系，让他们定期（如按月或者按季度）将国家与地方的相关劳动法律法规动态和变化及时发送给企业，以便于企业及时对相关的企业人力资源政策作出调整。没有条件的企业，也可以责成人力资源部的相关部门，通过报刊杂志、相关网站以及其他各种关系，获得有关国家劳动法律法规方面的最新动态和变化，并定期撰写外部劳动法律扫描分析报告供企业的管理层参阅。

外部劳动法律扫描分析报告不仅包括有关国家和地方劳动部门劳动法律法规的最新动态与变化，还应对法律变化对企业可能产生的法律影响和成本影响进行系统分析，并提出可能的应对建议。这样，就为企业制定或者修订企业人力资源政策提供了法律依据。

总之，为了规范企业的人力资源管理，企业应当制定一套科学合理的企业人力资源政策，并通过日常对企业人力资源政策的科学管理，使企业人力资源政策在人力资源的获取、开发、保持和利用等方面真正起到促进企业实现其战略目标和业务目标的作用。

本章小结

企业人力资源政策是企业为了实现其战略目标和业务目标而制定的有关人力资源的获取、开发、保持和利用的政策规定。本章介绍了企业人力资源政策的定义、特点，阐述了制定企业人力资源政策的意义；详细描述了制定企业人力资源政策的基本原则、企业人力资源政策的主要内容和结构；详解了企业人力资源政策制定的一般过程；最后，对企业如何科学管理企业人力资源政策提出了意见和建议。

复习思考题

1. 企业人力资源政策的特点有哪些？
2. 制定企业人力资源政策的意义是什么？
3. 制定企业人力资源政策的基本原则有哪些？
4. 企业人力资源政策的主要内容和结构是什么？
5. 企业人力资源政策制定的一般过程是什么？
6. 如何科学管理企业人力资源政策？

案例讨论

规章制度必须“合理”吗?

某公司是一家外贸企业，公司人力资源部代表公司制定了《员工手册》，并在公司全体会议上公开宣读。该《员工手册》中规定，为了切实做好员工管理工作，要求员工在工作时间内不许上 QQ 与他人聊天，否则立即解除劳动合同。当时很多员工对此条规定表示不满，认为与客户沟通时有网络聊天工具会更加方便、快捷。但是公司没有采纳广大员工的意见，公司人力资源部特意将此条规定从《员工手册》中摘录并张贴在公司走廊的宣传栏里，目的是对员工起到警示作用。

梁某是该公司的一名外贸业务员。2009 年 6 月，梁某在工作时间内上 QQ 与他人聊天时，恰好被人力资源经理发现。人力资源经理认为梁某的行为符合《员工手册》中规定的“员工在上班时聊 QQ，公司有权单方解除劳动合同”的规定，于是向梁某发出解除劳动合同通知书。梁某对公司单方解除劳动合同的行为不服，向某区劳动争议调解中心申请调解。

案例思考题：

1. 按照相关法律规定，企业制定规章制度必须履行的法定程序是什么?

2. 企业在制定规章制度时履行了法定程序，是否意味着企业所制定的规章制度就完全合法了？企业在制定规章制度时还应该考虑哪些因素？为什么?

中英文名词对照

1. 人力资源治理：Human Resources Governance，HR Governance
2. 合规：Legal Compliance
3. 人力资源管理稽核：HR Management Audit
4. 公司治理：Corporate Governance
5. 例外管理：Exceptional Management
6. 养老保险：Pension
7. 基本医疗保险：Medical Insurance
8. 失业保险：Jobless Insurance，Out-of-work Insurance，Unemployment Compensation Insurance，Unemployment Insurance
9. 工伤保险：Injury Insurance
10. 生育保险：Maternity Insurance
11. 平等就业：Equal Employment
12. 就业歧视：Employment Discrimination
13. 直接歧视：Direct Discrimination
14. 间接歧视：Indirect Discrimination
15. 个体经济组织：Individual Economic Organizations
16. 劳动者：Laborer，Worker
17. 劳动报酬：Remuneration of Labor
18. 劳动合同期限：Term of Employment Contract
19. 固定期限劳动合同：Fixed-term Employment Contract
20. 无固定期限劳动合同：Non Fixed-term Employment Contract，Open-ended Employment Contract
21. 平等就业机会委员会：Equal Employment Opportunity Commission，EEOC
22. 劳动合同：Labor Contract，Employment Contract
23. 聘用意向协议：Offer Letter
24. 试用期：Probation Period
25. 无效劳动合同：Invalid Employment Contract
26. 实习期：Internship
27. 服务期：Period of Service
28. 违约金：Penalty
29. 竞业限制：Prohibition of Business Strife，Non-compete
30. 商业秘密：Business Secret ，Trade Secret
31. 保密协议：Non-disclosure Agreement，NDA

32. 社会保障：Social Security
33. 社会保障制度：Social Security System
34. 社会保险：Social Insurance
35. 社会保险制度：Social Insurance System
36. 社会福利制度：Welfarism，Social-Welfare System
37. 医疗期：Period of Medical Treatment
38. 职业病：Occupational Disease
39. 劳动能力鉴定：Ability to Work Appraisal
40. 意外伤害保险：Accident Injury Insurance
41. 住房公积金：Housing Fund
42. 劳动合同变更：Modification of Employment Contract
43. 劳动保护：Labor Protection
44. 并购：Merger and Acquisition，M&A
45. 兼并：Merger
46. 收购：Acquisition
47. 合并：Consolidation
48. 工作时间：Working Hours
49. 标准工时制：Standard Working Time System
50. 不定时工时制 ：Flexible Working Time System
51. 综合工时制：Comprehensive Working Time System
52. 加班：Overtime，OT
53. 劳动合同终止：Termination of Employment Contract
54. 劳动合同解除：Dissolution of Employment Contract
55. 离职补偿金：Severance Package
56. 劳动争议：Labor Dispute
57. 劳动仲裁：Labor Arbitration
58. 劳动诉讼：Labor Litigation
59. 三方机制：Tripartite
60. 诉累：Litigation Exhaustion
61. 政策：Policy
62. 劳动政策：Labor Policy
63. 人事政策：Personnel Policy
64. 人力资源政策：Human Resources Policy
65. 人力资源指南：Human Resources Guidelines
66. 标准操作程序：Standard Operation Procure，SOP
67. 接受聘用金：Sign-on Bonus
68. 员工帮助计划：Employee Assistance Plan，EAP

主要参考文献

一、主要参考书籍

[1] 郑尚元，李坤刚．劳动和社会保障法学．北京：北京师范大学出版社，2010.

[2] 范围．劳动法和社会保障法．北京：对外经济贸易大学出版社，2011.

[3] 北京市怀柔区总工会，北京市盈科律师事务所．劳动争议调解案例解析及实务指引．北京：中国法制出版社，2011.

[4] 北京市劳动和社会保障法学会．劳动法与社会保险法前沿问题研究．北京：法律出版社，2011.

[5] 北京市劳动和社会保障法学会．最新劳动争议处理实务与诉讼指引．北京：法律出版社，2011.

[6] 郑爱青．法国劳动合同法律法概要．北京：光明日报出版社，2010.

[7] 王瑞永．人力资源管理适用法律法规全案．北京：人民邮电出版社，2009.

[8] 信春鹰．中华人民共和国劳动争议调解仲裁法释义．北京：法律出版社，2008.

[9] 孙延祐，刘鹏，吴颖萍．人力资源经理劳动合同法实务手册．北京：企业管理出版社，2007.

[10] 应红．中国住房金融制度研究．北京：中国财经出版社，2007.

[11] 史探径．社会法学．北京：中国劳动社会保障出版社，2007.

[12] 石美遐．非正规就业劳动关系研究——从国际视野探讨中国模式和政策选择．北京：中国劳动社会保障出版社，2007.

[13] 约翰．W. 巴德．人性化的雇佣关系——效率、公平与发言权之间的平衡．北京：北京大学出版社，2007.

[14] 杨景宇，信春鹰．中华人民共和国劳动合同法解读．北京：中国法制出版社，2007.

[15] 张彦宁，陈兰通．2005 中国企业劳动关系状况报告．北京：企业管理出版社，2005.

[16] 北京市劳动和社会保障法学会．劳动合同与对女职工合法权益的保护研究．北京：人民日报出版社，2005.

[17] 范战江．劳动法精要与依据指引．北京：人民出版社，2005.

[18] 关彬枫．中国劳动争议现状、问题与思考．北京：中国工人出版社，2004.

[19] 北京外企人力资源服务有限公司．劳动用工相关法律法规实用手册．北京：北京外企服务有限公司内部资料，2003.

[20] 林嘉．社会保障法的理念、实践与创新．北京：中国人民大学出版社，2002.

[21] 夏积智．中国劳动法若干重要理论与政策问题研究．北京：中国劳动社会保障出

版社，1999.
[22] [加] A. E. 奥斯特，L. 夏莱特．雇佣合同．北京：中国对外翻译出版公司，1995.

二、主要参考论文

[1] 刘凤瑜．积极的员工关系管理．清华管理评论，2011（5）.
[2] 刘凤瑜．从员工关系到积极的员工关系：一种管理理念的转变．HRA 会刊，2011（3）：43 -46.
[3] 刘凤瑜．影响外资企业建会的因素及几点建议．2011 北京工会论坛论文集，北京市工运理论研究会、北京市劳动和社会保障法协会．2011：249 -254.
[4] 樊爱军．小议企业住房公积金的缴存．经济师，2010（10）.
[5] 郑秉文．中国社保“碎片化制度”危害与“碎片化冲动”探源．兰州社会科学，2009（3）.
[6] 张丽云．完善我国社会保险费征缴体制的四点建议．企业家天地，2009（4）.
[7] 郑功成．中国社会保障三十年的回顾与展望．群言，2009（1）.
[8] 张爱权．保障职工体面劳动新思考．理论探索，2009（1）.
[9] 张举国．社会保险立法的若干思考．湖北广播电视大学学报，2009（2）.
[10] 吴颖萍，吴央勤．关于试用期相关问题的立法建议．劳动与社会保障，2009（3）.
[11] 杨莉莉．浅谈新劳动合同法对构建和谐社会的促进作用．现代经济，2008（7）.
[12] 韩桂君．《劳动合同法》制度创新及其理论研究基础．财经政法资讯，2008（5）.
[13] 傅志明．论社会保险服务及其公平性．中国行政管理，2008（12）.
[14] 芦铭．浅议生育保险存在的问题及对策．经济师，2008（2）.
[15] 刘云甫，朱最新．和谐社会视角下的劳动调解仲裁法．法学论坛，2008（4）.
[16] 江山，常昕．劳动规章制度体系的构建．中国劳动，2008（1）.
[17] 刘继臣．各地工会组织创新劳动争议调解机制涌现新成果．工人日报，2007 -09 -21.
[18] 刘波．劳动争议调解制度的重构．河南公安高等专科学校学报，2007（3）.
[19] 吴思嫣．劳动合同法对企业用人机制的影响及应对．中国人力资源开发，2007（2）.
[20] 芮立新．劳动合同法立法的宗旨、背景及主要制度．中国劳动，2007（7）.
[21] 刘诚．不同模式劳动争议调解制度的异同分析．中国劳动，2006（5）.
[22] 周宇．试析我国劳动争议调解制度的完善——兼及劳动争议调解与劳动争议仲裁的关系．天津市工会管理干部学院学报，2006（3）.
[23] 黄赛英．浅谈非公有制企业住房公积金制度的建立．浙江统计，2005（7）.
[24] 姜列青．国外劳动争议的调解与工会．工人日报，2005 -11 -04.
[25] 冯虹，蔡阳阳．我国劳动争议调解制度的反思与重构．北京联合大学学报（人文社会科学版），2005（4）.
[26] 程延园．德国社会保障争议处理制度．中国社会保障，2004（3）.

[27] 谢柳生．建立劳动关系三方协调机制促进劳动关系和谐协调发展．学术论坛，2002 (3).

三、主要参考网站

[1] 百度百科：http：//baike. baidu. com/？source = 114la. com
[2] 百度文库：http：//wapwenku. baidu. com/
[3] 法律图书馆：http：//www. law - lib. com/law/
[4] 中华人民共和国人力资源和社会保障部网站：http：//www. mohrss. gov. cn/
[5] 中华人民共和国中央人民政府网站：http：//www. gov. cn/
[6] 中华全国总工会网站：http：//www. acftu. org/
[7] 中华人民共和国最高人民法院网站：http：//www. court. gov. cn/
[8] 劳动仲裁网：http：//www. ldzc. com/
[9] 中国劳动争议网：http：//www. btophr. com/v2/
[10] 中国劳动法网：http：//www. chinahrlaw. com/index. asp
[11] 劳动合同法网：http：//www. ldht. org/
[12] 新劳动法网：http：//www. newldf. com/
[13] 中国劳动和社会保障法律网：http：//www. cnlsslaw. com/
[14] 学法网：http：//www. xuefa. com/
[15] 找法网：http：//china. findlaw. cn/
[16] 大众法网：http：//www. peoplelaws. cn/index. asp
[17] 中国劳动保障新闻网：http：//www. clssn. com/html/Home/folder/1 - 1. htm
[18] 用法网：http：//www. usefa. com/index. php